本書係
高校古委會項目“《忠穆集》整理”（項目编号：1921）階段性成果

河北大學燕趙文化高等研究院
INSTITUTE FOR ADVANCED STUDY OF YANZHAO CULTURE,HEBEI UNIVERSITY
成果文庫

南澗甲乙稿

〔宋〕韓元吉○著
劉雲軍○點校

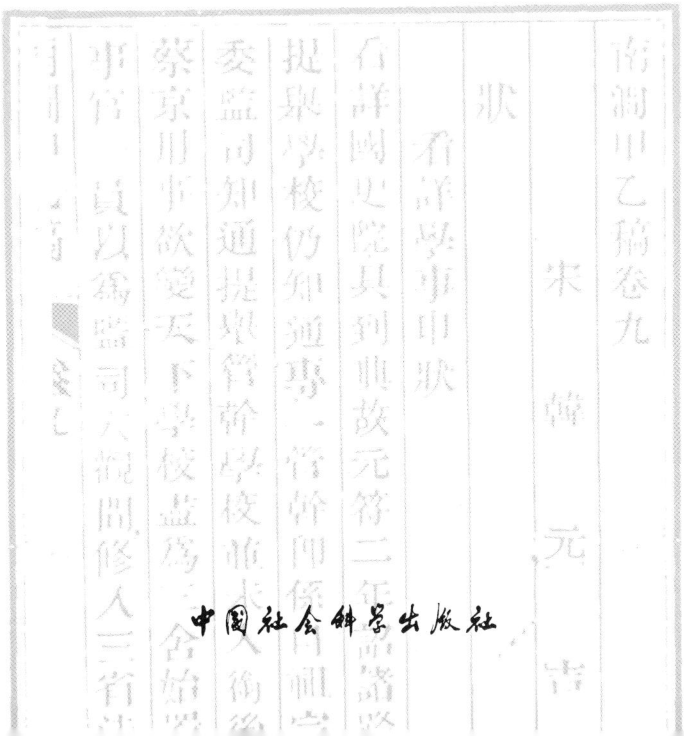
南澗甲乙稿卷九
宋 韓 元 吉
狀
看詳學事申狀
看詳國史院具到典故元符二年
提舉學校仍知通專一管幹

中国社会科学出版社

圖書在版編目(CIP)數據

南澗甲乙稿/(宋)韓元吉著;劉雲軍點校.—北京:中國社會科學出版社,2022.4

(河北大學燕趙文化高等研究院成果文庫)

ISBN 978-7-5203-9921-0

Ⅰ.①南… Ⅱ.①韓…②劉… Ⅲ.①古籍—善本—中國—宋代 Ⅳ.①Z121

中國版本圖書館CIP數據核字(2022)第049758號

出版人 趙劍英
責任編輯 宋燕鵬
責任校對 李 碩
責任印製 李寡寡

出 版 中國社會科學出版社
社 址 北京鼓樓西大街甲158號
郵 編 100720
網 址 http://www.csspw.cn
發行部 010-84083685
門市部 010-84029450
經 銷 新華書店及其他書店

印刷裝訂 北京明恒達印務有限公司
版 次 2022年4月第1版
印 次 2022年4月第1次印刷

開 本 710×1000 1/16
印 張 31.5
插 頁 2
字 數 483千字
定 價 178.00元

前　言

韓元吉（1118—1187），字無咎，號南澗。韓元吉出身“真定韓氏”（或“桐木韓氏”），是北宋名門之後。其祖上居於真定靈壽（今屬河北），后徙居開封雍丘（今河南杞縣），再徙潁昌（今河南許昌）[①]。仁宗朝參知政事韓億是其五世祖，哲宗朝宰相韓維是其高祖。受北宋後期黨爭的影響，韓元吉的祖父僅至通判，父韓冕則未仕。

韓元吉生於北宋徽宗政和八年（1118）五月，四歲喪父，與母親和兄長相依為命[②]。南宋高宗紹興十二年（1142），韓元吉以蔭補入仕，任處州麗水縣屬吏，孝宗朝曾官至吏部尚書。淳熙六年（1179），韓元吉知婺州期間，以言者彈劾放罷，結束長達近四十年的仕宦生涯。

韓元吉為官頗有政聲，在地方任職期間，他注意興修水利，大力發展地方經濟；入朝為官後，韓元吉一方面勇於除弊，關心民生，同時心繫故土，志在恢復。宋孝宗乾道八年（1172），韓元吉假禮部尚書使金，賀金世宗生辰。歸國後，他向孝宗建議“養威蓄力，以俟可乘之舋，不必規小利以觸其幾也”[③]。

韓元吉善屬文，為時人所稱道。如陸游稱讚韓元吉的文章“落筆天成，不事雕鎸，如先秦書，氣充力全”[④]。朱熹稱“韓無咎文做著

---

① （元）脱脱等：《宋史》卷三一五《韓億傳》，中華書局 1985 年版，第 10297 頁。

② 韓酉山：《韓南澗年譜》，安徽教育出版社 2005 年版，第 7 頁。

③ 《南澗甲乙稿》卷一六《書〈朔行日記〉后》，武英殿聚珍本。

④ （宋）陸游著，馬亞中校注：《渭南文集校注》卷四一《祭韓無咎尚書文》，錢仲聯、馬亞中主編《陸游全集校注》第十冊，浙江教育出版社 2011 年版，第 462 頁。

盡和平，有中原之舊，無南方啁哳之音”①。黄昇稱讚韓元吉“文獻、政事、文學為一代冠冕”②。清代四庫館臣亦稱讚韓元吉“詩體文格均有歐、蘇之遺，不在南宋諸人下”③。

韓元吉《宋史》中無傳，清人陸心源《宋史翼》中有其傳記，但比較簡略且有疏誤④。今人胡可先、韓酉山分别撰有韓元吉年譜，對其生平事跡條分縷析，讀者可參考⑤。

據史料記載，韓元吉著述頗豐，有《繫辭解》《焦尾集》《南澗甲乙稿》《朔行日記》等，惜大多散佚，現僅存《南澗甲乙稿》《桐蔭舊話》等，均為後人輯本⑥。據宋人陳振孫《直齋書錄解題》記載，《南澗甲乙稿》有七十卷⑦，後逐漸散佚。現存武英殿聚珍本（以下簡稱“聚珍本”）、四庫全書本等，均源自《永樂大典》輯佚本，收錄詩七卷、詞一卷、文十四卷，共計二十二卷，篇幅不及原書三分之一。由於同出一源，現存《南澗甲乙稿》諸本文字大同小異，相比之下，四庫全書本內容有殘缺。如卷九《又集議繁冗虚偽弊事狀》，文淵閣本缺“汰冗冒之兵”與“覈補授之詐”兩條內容，“罷添置之員”一條中也有文字錯竄。在文字諱改上，文淵閣本最嚴苛，文津閣本反而偶有諱改不徹底之處。如卷九《蔡洸等集議安南國奏狀》，聚珍本中的“外夷”，文淵閣本改作“外邦”，如此之類，不一而足。另外，諸本若干篇名後有小字“案語”，除少量原有案語外，多為清人所加。通過比對，我們發現文津閣本所附“案語”最少。現存《永樂大典》中保存了部分韓元吉的文字，在引用時書名題作

① （宋）朱熹：《朱子語類》卷一三九《論文上》，朱傑人、嚴佐之、劉永翔主編《朱子全書》（修訂本）第18冊，上海古籍出版社、安徽教育出版社點校本2010年版，第4310頁。

② （宋）黄昇：《中興以來絕妙詞選》卷三，四部叢刊本。

③ （清）永瑢等：《四庫總目提要》。

④ （清）陸心源：《宋史翼》卷十四《韓元吉列傳》，中華書局1991年版；童向飛：《韓元吉仕歷係年考辨——兼補〈宋史翼·韓元吉列傳〉》，《南京化工大學學報（哲學社會科學版）》2000年第2期。

⑤ 胡可先：《韓元吉年譜》，王水照主編《新宋學》第二輯，上海辭書出版社2003年版；韓酉山《韓南澗年譜》，安徽教育出版社2005年版。

⑥ 後人將韓元吉的詞作（《南澗甲乙稿》卷七）單獨整理成書，題作《南澗詩餘》。

⑦ （宋）陳振孫：《直齋書錄解題》卷一八，上海古籍出版社1987年版，第537頁。

《韓元吉集》或《韓元吉文集》，因為宋代書目並不存在這兩種韓元吉文集的名字，所以極有可能這是明人在抄錄韓元吉文集時採用了慣用的作者名加文集的做法。

本次整理，以廣雅書局影印聚珍本為底本，參校四庫全書本（影印文淵閣本、影印文津閣本），以及現存《永樂大典》和《歷代名臣奏議》等書中所引韓元吉的相關文字。廣雅書局影印聚珍本後附錄清人孫星華輯佚的韓元吉佚文三篇（《大戴禮記跋》《四老堂記》《江東轉運使題名記》），此番整理，重新輯佚，將此三篇文字一併收入。

《南澗甲乙稿》的整理，前人已經做了很多工作，如唐圭璋先生的《全宋詞》，以《彊村叢書》本《南澗詩餘》為底本，整理了韓元吉的詞。二十世紀八十年代，欒貴明先生出版《四庫輯本別集拾遺》一書，利用現存的《永樂大典》，比對聚珍本《南澗甲乙稿》，又重新輯佚了四庫館臣漏輯的八條文字①。韓酉山先生所撰《韓南澗年譜》，正文後附錄了若干條輯佚文字，其中除了轉錄欒貴明先生《四庫輯本別集拾遺》中收錄的韓元吉佚文外，還從其他史料中輯佚了十二條佚文②。楊訥先生將四庫全書文津閣本文集中不見於文淵閣本的內容進行輯佚出來，其中《南澗甲乙稿》文津閣本比文淵閣本多一篇文章③。《全宋詩》《全宋文》則分別對韓元吉的詩文進行整理和輯佚④。本次整理，在標點、校勘、輯佚上參考並吸收了這些前人的整理成果。

---

① 欒貴明輯：《四庫輯本別集拾遺》，中華書局 1983 年版，第 137—141 頁。

② 韓酉山：《韓南澗年譜》附錄一《韓元吉詩文輯佚》，安徽教育出版社 2005 年版，第 295—307 頁。

③ 楊訥：《文淵閣四庫全書補遺·集部》（宋元卷），北京圖書館出版社 2006 年版。經整理者細緻比對，發現《南澗甲乙稿》文津閣本實際上比文淵閣本多三篇文字。

④ 北京大學古文獻研究所編：《全宋詩》，北京大學出版社 1998 年版，第三十八册，卷二〇九三—二〇九八，第 23600—23700 頁；曾棗莊、劉琳主編《全宋文》，第二一五—二一六册，卷四七八三—四八〇七。

目　　錄

南澗甲乙稿　卷一 …………………………………………………… (1)
賦 ……………………………………………………………………… (1)
萬象亭賦有序 …………………………………………………… (1)
拙蠶賦 ………………………………………………………………… (2)
湘竹賦 ………………………………………………………………… (3)
擬騷 ………………………………………………………………… (4)
鷃鳳辭 ………………………………………………………………… (4)
五言古詩 …………………………………………………………… (4)
遠遊十首 …………………………………………………………… (4)
戊辰二月清明後三日，見葉丈于石林，承命賦詩作
古風一首 ………………………………………………………… (6)
子雲兄命賦祿隱 ………………………………………………… (6)
題畫卷 ………………………………………………………………… (6)
梵隆大師乞詩 …………………………………………………… (7)
逢人 …………………………………………………………………… (7)
寒食前三日攜家至丁山 ……………………………………… (7)
上巳日王仲宗趙德温見過，因招趙仲縝任卿小集，
以流水放杯行分韻得“行”字 ………………………… (8)
上巳日與客遊張園 …………………………………………… (8)
避暑靈泉分韻得水字 ………………………………………… (8)
七夕與孟墳約湯朝美率徐行中遊鶴山 ………………… (9)
雪中以獨釣寒江雪分韻得獨字 …………………………… (9)
雪中從邢懷正乞酒 …………………………………………… (9)

自國清寺至石橋 …………………………………………（10）
巖泉道中……………………………………………………（10）
礲豁巖………………………………………………………（10）
寒巖分韻得水字 …………………………………………（10）
松江感懷……………………………………………………（11）
丁丑仲春將渡浙江，從者請盤沙，予畏而不許。
既登舟，乘潮以濟，中流膠焉。捐十金，募
數力，竟至沙上，僅達西興，狼狽殊甚。
從者笑之，感而賦詩 ……………………………………（11）
望靈山………………………………………………………（11）
李仲鎮懶窠…………………………………………………（13）
趙仲縝梅川…………………………………………………（13）
題鄭舜舉蔗庵………………………………………………（14）
朱元晦清湍亭………………………………………………（14）
題潘叔玠家達觀亭 ………………………………………（14）
列岫亭用范伯升韻 ………………………………………（15）
凌風亭………………………………………………………（15）
丹青閣………………………………………………………（15）
清暉閣………………………………………………………（15）
溪山堂次韻…………………………………………………（16）
歸樂堂………………………………………………………（16）
護國寺次前婺州韻 ………………………………………（16）
喜呂令防歸…………………………………………………（17）
毛文仲惠文編………………………………………………（17）
寄趙德莊以過去生中作弟兄為韻七首 …………………（17）
送湯朝美還金壇 …………………………………………（18）
送湯安止罷信幕赴調 ……………………………………（18）
送趙任卿蕪湖丞 …………………………………………（19）
送杜少卿起莘知遂寧府以高名千古重如山為韻七首 ……（19）
清曠亭送子雲得有字 ……………………………………（20）
別子雲 ……………………………………………………（20）

次韻韓子師遊三洞過赤松 …………（20）
次韻祐父秋懷 …………（20）
依韻恭和御製秋懷 …………（21）
次韻升之叔秋懷 …………（21）
平生八見女而存者五人比又得女少稷作詩見寬次韻謝之 …………（21）
明遠次韻超然談道因以謔語為戲將無同耶 …………（22）
次韻子雲送兒女至昭亭見寄 …………（22）
次韻子雲種竹 …………（22）
連日得雜花數株藝之池亭感而有作 …………（23）
對梅 …………（23）
食田螺 …………（23）
雲洞 …………（24）

南澗甲乙稿　卷二 …………（25）
七言古詩 …………（25）
跋北齊校書圖 …………（25）
陸務觀寄著色山水屏 …………（26）
檢詳出示所賦陳季陵户部巫山圖詩仰窺高作歎息彌襟范成大嘗攷宋玉談朝雲事漫稱先王時本無據依及襄夢之命玉為賦但云頩薄怒以自持曾不可乎犯干後世弗察一切溷以媟語曹子建賦宓妃亦感此而作此嘲誰當解者輒用此意次韻和呈以資拊掌 …………（26）
題陳季陵家巫山圖一首 …………（27）
鄭仲南五梅圖 …………（27）
龜峯行 …………（27）
永豐行 …………（28）
建德道中 …………（29）
桐柏觀三井龍潭下為瀑布 …………（29）
玩鞭亭 …………（29）
魯公堂 …………（30）

歸耕堂 …………………………………………………………… (30)
李編修器之惠詩卷 ………………………………………………… (30)
少稷勸飲每作色明遠忽拂袖去戲呈 ……………………………… (30)
戲韓子師 …………………………………………………………… (31)
戲贈范元卿 ………………………………………………………… (31)
次韻沈信臣遊龍焙 ………………………………………………… (31)
重九日中甫子雲二兄會別龍山 …………………………………… (32)
送朱元晦 …………………………………………………………… (32)
送許侍郎知宣州 …………………………………………………… (32)
送蘇季真赴湖北憲司屬官 ………………………………………… (33)
偶得佳酒懷尹少稷聞其連日致齋在臺作長句寄之 ……………… (33)
方務德元夕不張燈留飲賞梅務觀索賦古風 ……………………… (34)
次韻少稷梅花 ……………………………………………………… (34)
土人池中有新荷戴錢而出者少稷明遠相率賦詩
　戲作長句 ………………………………………………………… (34)
觀蓮 ………………………………………………………………… (35)
同尹少稷賦巖桂 …………………………………………………… (35)
隆興甲申歲閏月游焦山 …………………………………………… (35)

南澗甲乙稿　卷三 ………………………………………………… (36)
五言律詩 ………………………………………………………… (36)
南劍道中 …………………………………………………………… (36)
步月 ………………………………………………………………… (36)
端午日張園分題 …………………………………………………… (36)
秋日雜詠六首 ……………………………………………………… (37)
聽雨 ………………………………………………………………… (37)
豐樂樓 ……………………………………………………………… (37)
清明 ………………………………………………………………… (38)
閒居遣興 …………………………………………………………… (38)
道中遇停郊祀詔書 ………………………………………………… (38)
建業書事 …………………………………………………………… (38)

過芙蓉對鏡嶺 ……………………………………………（38）
慈雲嶺 ………………………………………………………（38）
山行 …………………………………………………………（39）
登玉京洞遇雨 ………………………………………………（39）
雨中同鄒德飯白雲菴 ………………………………………（39）
龍華寺傅大士眞身像 ………………………………………（39）
青陽龍池山潮泉其應有時禱于泉上坐頃三應山中人
　以爲未有也 ………………………………………………（39）
寄題尹少稷借竹軒 …………………………………………（40）
龔敦頤芥隱詩 ………………………………………………（40）
僧仲儼芥室 …………………………………………………（40）
易安齋 ………………………………………………………（40）
過松江寄務觀五首 …………………………………………（40）
寄趙德莊二首 ………………………………………………（41）
送子雲五首 …………………………………………………（41）
送漳赴分寧尉 ………………………………………………（41）
送温伯玉二首 ………………………………………………（42）
送張仲良二首 ………………………………………………（42）
送梁士衡歸餘杭 ……………………………………………（42）
送諒弟丞邵陽 ………………………………………………（42）
送中甫兄之淮南 ……………………………………………（43）
淲赴貴池簿 …………………………………………………（43）
次韻子雲春日見懷二首 ……………………………………（43）
次韻張晉彦書事 ……………………………………………（43）
次韻任信孺見過 ……………………………………………（43）
次韻趙任卿至北苑二首 ……………………………………（44）
次韻魯如暉雪晴 ……………………………………………（44）
次韻金元鼎新年七十 ………………………………………（44）
葉少保挽詞六首 ……………………………………………（44）
故資政殿大學士樞密洪公挽詞二首 ………………………（45）
故贈太師丞相文恭陳公挽詞三首 …………………………（45）

故太師和王挽詩三首 ……………………………………………… (45)
致政龍圖給事吳公挽詞二首 ……………………………………… (46)
致政龍圖給事徐公挽詞二首 ……………………………………… (46)
葉夢錫丞相挽詞二首 ……………………………………………… (46)
挽任諫議詞二首 …………………………………………………… (46)
故端明尚書汪公挽詞二首 ………………………………………… (47)
致政許侍郎挽詞二首 ……………………………………………… (47)
故宮使待制侍郎陳公挽詞二首 …………………………………… (47)
故宮使參政觀文錢公挽詞二首 …………………………………… (47)
故致政參政大資張公挽詞三首 …………………………………… (48)
挽曾伯充大夫詞二首 ……………………………………………… (48)
方務德侍郎挽詞二首 ……………………………………………… (48)
周元特詹事挽詞二首 ……………………………………………… (48)
挽徐敦濟郎中詞二首 ……………………………………………… (49)
挽傅安道郎中詞二首 ……………………………………………… (49)
范泉州挽詞二首 …………………………………………………… (49)
挽張元幹國錄詞二首 ……………………………………………… (49)
尹少稷挽詞二首 …………………………………………………… (50)
毛平仲挽詞二首 …………………………………………………… (50)
宋傳道挽詞二首 …………………………………………………… (50)
故秦國太夫人鄧氏挽詞朱藏一丞相內子 ………………………… (50)
信國太夫人慕容氏挽詞蔣丞相母 ………………………………… (51)

南澗甲乙稿　卷四 ………………………………………………… (52)
七言律詩 …………………………………………………………… (52)
鹿鳴宴 ……………………………………………………………… (52)
立春感懷 …………………………………………………………… (52)
喜雪 ………………………………………………………………… (52)
元夕再用韻 ………………………………………………………… (53)
春日 ………………………………………………………………… (53)
春日山中 …………………………………………………………… (53)

雨後睡起有懷 ……………………………………………… (53)
夜坐聞牕下水聲 …………………………………………… (53)
曉霽再用前韻二首 ………………………………………… (54)
七夕亞之置酒再用前韻 …………………………………… (54)
九日獨酌 …………………………………………………… (54)
病中放言五首 ……………………………………………… (54)
有童子市龜七以百金得而放之 …………………………… (55)
記建安大水 ………………………………………………… (55)
與蘇訓直約遊招隱寺 ……………………………………… (55)
雨中同伯恭至湖上 ………………………………………… (56)
清明日雨中同中甫子雲二兄集湖上 ……………………… (56)
清明後一日同諸友湖上值雨 ……………………………… (56)
元夔以詩留別用韻示之 …………………………………… (56)
清明前一日與客自光孝登般若菴觀鐵塔舊基因
　至鐵獅頂 ………………………………………………… (57)
夜宿斜溪聞杜鵑 …………………………………………… (57)
過武夷 ……………………………………………………… (57)
雨中望靈山呈明遠 ………………………………………… (58)
陪曾吉甫遊中山 …………………………………………… (58)
勸耕至赤松山 ……………………………………………… (58)
自天封登華頂將自桐柏以歸土人謂之望海尖 …………… (58)
望卞山懷石林翁 …………………………………………… (58)
遊鹿田寺 …………………………………………………… (59)
同葉夢錫趙德莊遊牛首山 ………………………………… (59)
寶林院次韓廷玉韻 ………………………………………… (59)
會稽道中有感 ……………………………………………… (59)
九華道中 …………………………………………………… (59)
至日建德道中 ……………………………………………… (60)
葉丞相最高亭 ……………………………………………… (60)
賞心亭 ……………………………………………………… (60)
重建極目亭 ………………………………………………… (60)

次韻張子儀倉司展翠亭 …………………………………… (60)
晚登淩風亭戲作 ………………………………………… (61)
再至淩風亭 ……………………………………………… (61)
題長春亭 ………………………………………………… (61)
題蒼筤亭 ………………………………………………… (61)
采箬亭 …………………………………………………… (61)
晝寒亭 …………………………………………………… (62)
淩歊臺 …………………………………………………… (62)
蓬瀛臺 …………………………………………………… (62)
錢伯同新創明暉閣 ……………………………………… (62)
題金元鼎至樂堂 ………………………………………… (62)
題十二兄野堂 …………………………………………… (63)
韓子師讀書堂置酒見留 ………………………………… (63)
山橋 ……………………………………………………… (63)
范良臣見過云有食粥之憂以斛米助之因得長句 ……… (63)
伏日諸君小集沈明遠以小疾不預作詩戲之 …………… (63)
聞吳端朝作眞率集 ……………………………………… (64)
令防得女招飲以病不往走筆戲之 ……………………… (64)
次韻陳子象謝新火詩 …………………………………… (64)
李彭元攜曾吉甫詩卷數帖見過 ………………………… (64)
李子永惠道中詩卷 ……………………………………… (65)
熊子復惠十詩作長句謝之 ……………………………… (65)
姜特立寄近詩 …………………………………………… (65)
周航定國攜諸公所贈詩求次韻 ………………………… (65)
季元衡寄示三池戲藁 …………………………………… (65)
曾丰惠文編 ……………………………………………… (66)
徐應祺惠文編 …………………………………………… (66)
寄懷子雲兄 ……………………………………………… (66)
赴信幕寄子雲叔喚及同寺 ……………………………… (66)
初至上饒寄子雲 ………………………………………… (66)
寄梁士衡 ………………………………………………… (67)

夜坐有感寄子雲 ……………………………………………… (67)
過龐祐甫 ……………………………………………………… (67)
劉子淵監廟年八十六耳目聰明能飲酒舉大白喜
　賦詩比過之因示長句次其韻 ……………………………… (67)
過趙仲縝 ……………………………………………………… (68)
秋雨新霽過趙慎中留飲 ……………………………………… (68)
陸務觀赴闕經從留飲 ………………………………………… (68)
寄徐滁州埻立 ………………………………………………… (68)
寄別子雲 ……………………………………………………… (68)
次韻沈駒甫留別 ……………………………………………… (69)
別范元卿 ……………………………………………………… (69)
松江別范至能朱伯陽 ………………………………………… (69)
留別傅安道 …………………………………………………… (69)

南澗甲乙稿　卷五 ………………………………………… (70)
七言律詩 …………………………………………………… (70)
送湯丞相帥會稽 ……………………………………………… (70)
送周承勛赴荊南幕 …………………………………………… (70)
送陸務觀福建提倉 …………………………………………… (71)
送施徽州二首 ………………………………………………… (72)
送李子永赴調改秩 …………………………………………… (73)
送王德和赴調改秩 …………………………………………… (73)
送葉夢錫赴荊南 ……………………………………………… (73)
送韓子師守婺州 ……………………………………………… (73)
送沈千里教授邵陽 …………………………………………… (74)
送潘元夙教授欽州 …………………………………………… (74)
送澤赴新塗尉 ………………………………………………… (74)
送李直剛鹽官縣尉 …………………………………………… (74)
送元修歸廣東 ………………………………………………… (74)
送沈駒甫 ……………………………………………………… (75)
送孟壻植還臨川 ……………………………………………… (75)

送郭誠思歸華下 …………………………………………… (75)
依韻和御製秋晚曲宴詩 …………………………………… (75)
次韻子雲春日 …………………………………………… (75)
次韻子雲途中見寄 ………………………………………… (76)
次韻子雲盱眙道中三首 …………………………………… (76)
答金元鼎喜雨 …………………………………………… (76)
再次韻 …………………………………………………… (77)
次韻趙文鼎雨中 ………………………………………… (77)
次韻中甫兄九日同集張園 ………………………………… (77)
雪中走筆寄鄧延碩 ………………………………………… (77)
和同僚賀雪應祈 ………………………………………… (77)
次韻韓子師雪中二首 ……………………………………… (78)
次韻黄文剛秀才雪中見詒且惠新柑 ……………………… (78)
次韻梁子張雪中約遊湖上不至 …………………………… (78)
次韻子雲歸輿 …………………………………………… (78)
次韻曾吉甫題畫屏風 ……………………………………… (79)
次韻王季夷時同宿蔣山 …………………………………… (79)
次韻沈千里玉山道中見寄 ………………………………… (79)
次韻沆姪 ………………………………………………… (79)
次韻李子永見慶新居 ……………………………………… (79)
次韻沈駒甫觀石井 ………………………………………… (80)
次韻王亞之來過横碧 ……………………………………… (80)
次韻宋傳道夜雨聞捷 ……………………………………… (80)
再用前韻戲傳道 ………………………………………… (80)
次韻趙仲績久雨夜坐有感二首 …………………………… (81)
次韻張晉彦書事 ………………………………………… (81)
次韻吳明可與史致道會飲牛渚 …………………………… (81)
次韻徐應祺小樓 ………………………………………… (81)
次韻答沈明遠 …………………………………………… (82)
亞之出示其祖岐公墨迹及惠崇小景且和前韻
　復次答之 ……………………………………………… (82)

新晴梅花可愛欲招明遠少稷凍醪未熟 …………（82）
紅梅 …………（82）
陸子逸惠桃花戲贈 …………（82）
次韻陳子象十月惠牡丹 …………（83）
用前韻以小春茶餉子象 …………（83）
次韻余寺正瑞香花 …………（83）
故致政宣義葉公挽詞 …………（83）
挽王僑卿右司詞 …………（83）
挽汪南美大夫詞 …………（84）
挽知泰州宋公大夫詞 …………（84）
挽故鈐轄趙公彦遠詞 …………（84）
楊待制挽詞 …………（84）
周彦廣待制挽詞 …………（84）
故運使直閣少卿劉公挽詞 …………（85）
故致政敷文少卿魯公挽詞 …………（85）
故致政提刑少卿方公挽詞 …………（85）
挽主奉路分趙公詞 …………（85）
故提點判院魏公挽詞 …………（85）
劉子宣侍郎挽詞 …………（86）
李壽翁侍郎挽詞 …………（86）
挽周仲深郎中詞 …………（86）
王中奉漢老挽詞 …………（86）
呂伯恭挽詞 …………（86）
周濟美挽詞 …………（87）
暉仲叔挽詞 …………（87）
五言排律 …………（87）
次韻唐與正喜雪二十韻 …………（87）
湯丞相生日二十韻 …………（88）
投贈徐平江三十韻 …………（88）
尹少稷家觀雪賦江字三十韻 …………（89）

南澗甲乙稿　卷六 ………… (90)
五言絶句 ………… (90)
遺直堂六首 ………… (90)
夜宿斜溪聞杜鵑 ………… (90)
送龐祐甫五首 ………… (90)
六言絶句 ………… (91)
題日出雨腳圖二首 ………… (91)
次韻趙公直題米元暉畫軸 ………… (91)
七言絶句 ………… (91)
春雪得小詩五首且約客登賞心亭 ………… (91)
夜雪 ………… (92)
詠晴 ………… (92)
春日書事五首 ………… (92)
晨興 ………… (92)
聽雨 ………… (93)
題張幾仲所藏醉道士圖 ………… (93)
浙江觀潮 ………… (93)
太湖秋晚 ………… (93)
海門斜照 ………… (93)
武昌春色 ………… (93)
七夕 ………… (94)
秋懷十首 ………… (94)
聖政更新詔書正告訐之罪因得小詩十首 ………… (95)
臥病 ………… (96)
夜宿青陽旅舍起觀林端積雪半消疑山礬盛開 ………… (96)
去草 ………… (96)
偶興四首 ………… (96)
市人有弄虎者兒輩請觀飼以豚蹄覩其攫噬戲作
四絶句 ………… (96)
俸金既盡家人問所質物戲答 ………… (97)
讀周瑜傳 ………… (97)

乘潮遇順風 …………………………………………………………（97）
山行二首 ……………………………………………………………（97）
行汴渠中 ……………………………………………………………（98）
剡溪道中五首 ………………………………………………………（98）
隱靜山二首 …………………………………………………………（98）
狼山 …………………………………………………………………（99）
初見龜山塔 …………………………………………………………（99）
山口道中 ……………………………………………………………（99）
望靈壽致拜祖塋 ……………………………………………………（99）
宿石橋聞水聲 ………………………………………………………（99）
洞溪絶句三首 ………………………………………………………（99）
西湖絶句戲題 ………………………………………………………（100）
渡河有感 ……………………………………………………………（100）
同翁子功之平江午憩涵山淨慈寺 …………………………………（100）
曇花亭供茶戲作二首 ………………………………………………（100）
夜宿玉虛宫小軒正對步虛峯道士云天寶三年有慶
　雲見 ………………………………………………………………（101）
溪山堂次韻 …………………………………………………………（101）
又溪山堂次韻四首 …………………………………………………（101）
紫極觀二首 …………………………………………………………（101）
漢光武廟 ……………………………………………………………（102）
賀子忱抱膝庵二首 …………………………………………………（102）
釣臺 …………………………………………………………………（102）
答人問易 ……………………………………………………………（102）
鐵鏡贈仲儼 …………………………………………………………（102）
明老惠炭戲以二小詩 ………………………………………………（103）
訪吳元鼎如村五首 …………………………………………………（103）
史十伯强浮沈市廛自號道人而筆力議論不可掩抑豈
　隱者耶 ……………………………………………………………（103）
次韻李平叔直舍竹二絶句 …………………………………………（104）
姜特立寄詩編為賦四首 ……………………………………………（104）

重午齋宿讀蔡追文編以酒饋之 …………………………（104）
九日送酒與朱元晦 …………………………………………（105）
航弟自廣潤省墳金華作二絶句送之 ……………………（105）
送沈信臣赴試南宫五首 ……………………………………（105）
次韻石林見貽絶句四首 ……………………………………（105）
次韻沈明遠春盡書事 ………………………………………（106）
次韻子雲春日雜興五首 ……………………………………（106）
又次韻子雲春日絶句三首 …………………………………（106）
次韻子雲寄楊仙姑酒絶句二首 ……………………………（107）
次韻子雲中秋見寄二首 ……………………………………（107）
次櫂歌韻 ……………………………………………………（107）
次韻趙文鼎同遊鵝石五首 …………………………………（108）
入冬苦雨禱晴幸應劉若訥惠詩為賀因次其韻 …………（108）
次韻鄭守舜舉喜雪四首 ……………………………………（108）
鄭守用前韻見示因亦和答四首 ……………………………（109）
次韻務觀城西書事二首 ……………………………………（109）
次韻王季夷時同宿蔣山 ……………………………………（109）
墨梅二首 ……………………………………………………（110）
栽梅 …………………………………………………………（110）
暉仲惠梅花數枝 ……………………………………………（110）
蠟梅二首 ……………………………………………………（110）
燕山道中見桃花 ……………………………………………（111）
去歲得黟江縣牡丹數種今年開一枝蓋白者譜中所謂
　水晶毬也 …………………………………………………（111）
汴都至南京食櫻桃 …………………………………………（111）
以雙蓮戲韓子師 ……………………………………………（111）
種竹 …………………………………………………………（112）
謝陳秀才送詩 ………………………………………………（112）
用梁士衡韻還鄧器先道中詩卷 ……………………………（112）
悼老瓊二首 …………………………………………………（112）
紙鳶 …………………………………………………………（112）

廬山霽色 …………………………………………………………（112）
靈隱冷泉 …………………………………………………………（113）

南澗甲乙稿　卷七 …………………………………………………（114）
詞 ……………………………………………………………………（114）
點絳唇十月桃花 ………………………………………………（114）
浣溪沙次韻曾吉甫席上 ………………………………………（114）
霜天曉角蛾眉亭 ………………………………………………（114）
前調夜飲武將家，有《歌霜天曉角》者，
聲調淒婉，戲為賦之 …………………………………………（115）
菩薩蠻青陽道中 ………………………………………………（115）
前調蠟梅 ………………………………………………………（115）
前調夜宿余家樓聞笛聲 ………………………………………（115）
前調鄭舜舉別席侑觴 …………………………………………（115）
前調春歸 ………………………………………………………（116）
前調葉丞相園賞木犀，次韻子師 ……………………………（116）
減字木蘭花雪中集醉高樓 ……………………………………（116）
前調次韻趙倅 …………………………………………………（116）
訴衷情木犀 ……………………………………………………（116）
謁金門春雪 ……………………………………………………（116）
前調重午 ………………………………………………………（117）
好事近辛幼安席上 ……………………………………………（117）
前調鄭德與家留飲 ……………………………………………（117）
秦樓月次韻陳子象 ……………………………………………（117）
清平樂辛丑重陽日，劉守招飲石龍亭，追錄 ………………（117）
賀聖朝送天與 …………………………………………………（118）
西江月閏重陽 …………………………………………………（118）
前調春歸 ………………………………………………………（118）
燕歸梁木犀 ……………………………………………………（118）
南柯子次韻姚提點行可席上見貽 ……………………………（118）
前調廣德道中遇重午 …………………………………………（119）

浪淘沙覺度寺 …………………………………………………… (119)
前調趙富文席上 ………………………………………………… (119)
前調芍藥……………………………………………………………… (119)
鷓鴣天雪 …………………………………………………………… (119)
前調九日雙溪樓 ………………………………………………… (120)
前調九日登赤松絶頂 ………………………………………… (120)
虞美人送韓子師 ………………………………………………… (120)
前調懷金華九日寄葉丞相………………………………… (120)
前調七夕……………………………………………………………… (120)
前調葉夢錫園十月海棠盛開 …………………………… (121)
夜行船再至東陽，有歌予往歲重九詞者 ……………… (121)
南鄉子龍眼未聞有詩詞者，戲為賦之 ………………… (121)
前調中秋前一日飲趙信申家 …………………………… (121)
醉落魄務觀席上索賦 ………………………………………… (122)
前調戊戌重陽龍山會別 …………………………………… (122)
一剪梅葉夢錫席上 …………………………………………… (122)
臨江仙次韻子雲中秋 ………………………………………… (122)
前調寄張安國 …………………………………………………… (123)
江神子建安縣戲趙德莊 …………………………………… (123)
前調金山會飲 …………………………………………………… (123)
滿江紅丁亥示龐祐甫 ………………………………………… (123)
前調自鹿田山橋小集潛嶽寺，坐中酬陳子象詞 ……………… (123)
前調再至丹陽，每懷務觀，有歌其所製者，因用
其韻示王季夷、章冠之 ………………………………………… (124)
水調歌頭席上次韻王德和 ………………………………… (124)
前調七月六日，與范至能會飲垂虹。是時至能赴
枯蒼，予以九江命造朝，至能索賦 ………………………… (124)
前調寄陸務觀 …………………………………………………… (125)
前調次韻子雲惠山見寄 …………………………………… (125)
前調水洞……………………………………………………………… (125)
前調雨花臺 ………………………………………………………… (126)

前調和龐祐甫見寄 …………………………………… (126)
醉蓬萊次韻張子永同飲謝德輿家 …………………… (126)
念奴嬌中秋攜兒輩步月至極目亭，寄懷子雲兄 ……… (126)
前調再用韻答韓子師 ………………………………… (127)
前調次陸務觀見貽念奴嬌韻 ………………………… (127)
前調又次韻 …………………………………………… (127)
水龍吟溪中有浣衣石 ………………………………… (128)
前調夜宿化城，得張安國長短句，戲用其韻 ……… (128)
瑞鶴仙送王季夷 ……………………………………… (128)
薄倖送安伯弟 ………………………………………… (128)

南澗甲乙稿　卷八 ………………………………… (130)
表 …………………………………………………… (130)
賀册寶禮成尊號表 …………………………………… (130)
賀太上皇帝表 ………………………………………… (130)
賀太上八十受尊號册皇帝表 ………………………… (131)
賀太上皇帝尊號表 …………………………………… (131)
會慶節賀表 …………………………………………… (132)
天申節賀表 …………………………………………… (133)
進銀絹表 ……………………………………………… (134)
賀太上皇帝表 ………………………………………… (135)
太上皇帝慶壽禮成賀表 ……………………………… (135)
皇帝賀表 ……………………………………………… (135)
太上皇后七十賀皇帝表 ……………………………… (136)
孝慈淵聖皇帝上僊慰表 ……………………………… (136)
太上皇帝慰表 ………………………………………… (136)
太上皇后慰表 ………………………………………… (137)
皇帝慰表 ……………………………………………… (137)
又 ……………………………………………………… (137)
太上皇帝慰表 ………………………………………… (137)
太上皇后慰表 ………………………………………… (138)

知夔州到任謝表 ……………………………………………………（138）
再知夔州到任謝表 …………………………………………………（138）
謝賜寬恤手詔碑表 …………………………………………………（139）
辭知建寧府表 ………………………………………………………（139）
知建寧府到任表 ……………………………………………………（140）
謝降官表 ……………………………………………………………（140）
謝放罷表 ……………………………………………………………（140）
謝提舉太平興國宮表 ………………………………………………（141）
再任興國宮謝表 ……………………………………………………（141）
三任興國宮謝表 ……………………………………………………（142）
江東轉運判官謝表 …………………………………………………（142）
謝起軍轉官表 ………………………………………………………（143）
謝除待制表 …………………………………………………………（143）
除龍圖閣直學士謝表 ………………………………………………（144）
權吏部侍郎謝表 ……………………………………………………（144）
除吏部侍郎謝表 ……………………………………………………（145）
郊赦加食邑謝表 ……………………………………………………（145）
謝進封潁川郡公加食邑實封表 ……………………………………（145）
謝加食邑實封表 ……………………………………………………（146）
代賀南郊禮成表 ……………………………………………………（146）
代施資政謝靜江府到任表 …………………………………………（146）
代江南提舉范直閣謝到任表 ………………………………………（147）
代劉給事謝復祕閣修撰致仕表 ……………………………………（147）
代徐侍郎謝宮祠表 …………………………………………………（148）
牋 ……………………………………………………………………（148）
太上皇后賀牋 ………………………………………………………（148）
皇后賀牋 ……………………………………………………………（149）
代湯丞相母夫人賀中宮牋 …………………………………………（149）

南澗甲乙稿　卷九 …………………………………………………（150）
狀 ……………………………………………………………………（150）
看詳學事申狀 ………………………………………………………（150）

看詳都轉運使申狀 …………………………………… (151)
論田畝敷和買狀 ……………………………………… (151)
措置武臣關陞狀 ……………………………………… (153)
集議繁冗虛僞弊事狀 ………………………………… (154)
又 ……………………………………………………… (157)
集議前宰執舉官奏狀 ………………………………… (160)
蔡洸等集議安南國奏狀 ……………………………… (160)
辭召赴行在狀 ………………………………………… (162)
辭起軍轉官狀 ………………………………………… (162)
辭免奉使回轉官狀 …………………………………… (163)
辭待制與郡狀 ………………………………………… (163)
辭龍圖閣學士狀 ……………………………………… (163)
辭除權吏部侍郎奏狀 ………………………………… (164)
再辭奏狀 ……………………………………………… (164)
辭免除吏部侍郎狀 …………………………………… (165)
辭除權吏部尚書狀 …………………………………… (165)
辭吏部尚書狀 ………………………………………… (166)
薦張竑周坰狀 ………………………………………… (166)
薦崇安建陽兩知縣狀 ………………………………… (167)
舉蘇嶠自代狀 ………………………………………… (168)
應詔舉所知狀 ………………………………………… (168)
舉傅自得自代狀 ……………………………………… (168)
舉朱熹自代狀 ………………………………………… (169)
舉郭見義自代狀 ……………………………………… (169)
淩風亭事狀 …………………………………………… (169)

南澗甲乙稿　卷十 ………………………………… (170)
劄子 ………………………………………………… (170)
論銓試簾試劄子 ……………………………………… (170)
論和糴劄子 …………………………………………… (171)
論招集歸正民户劄子 ………………………………… (172)

論差役劄子 …………………………………………………… (172)
論諸軍冒賞劄子 ……………………………………………… (173)
論歸正忠義人錢米田劄子 …………………………………… (173)
論淮甸劄子 …………………………………………………… (174)
十月末乞備禦白劄子 ………………………………………… (175)
上執政論千秋澗起夫劄子 …………………………………… (177)
與執政論千秋澗事宜劄子 …………………………………… (178)
上樞府劄子 …………………………………………………… (179)
上周侍御劄子 ………………………………………………… (180)
措置武臣關陞劄子 …………………………………………… (181)
看詳文武格法劄子 …………………………………………… (182)
辭權中書舍人劄子 …………………………………………… (184)
又二月再辭劄子 ……………………………………………… (184)
薦郭見義蔡迨劄子 …………………………………………… (185)
自辨劄子 ……………………………………………………… (185)
乞宮觀劄子 …………………………………………………… (186)
建寧府乞宮觀劄子 …………………………………………… (186)
婺州乞宮觀劄子 ……………………………………………… (186)
代留守司起居劄子壬午 ……………………………………… (187)

南澗甲乙稿　卷十一 ………………………………………… (188)
進故事 ……………………………………………………… (188)
壬辰五月進故事 ……………………………………………… (188)
八月進故事 …………………………………………………… (189)
九月進故事 …………………………………………………… (190)
癸巳五月進故事 ……………………………………………… (192)
八月進故事 …………………………………………………… (193)
丙申五月進故事 ……………………………………………… (193)
七月進故事 …………………………………………………… (195)
九月進故事 …………………………………………………… (196)
丁酉正月進故事 ……………………………………………… (197)

丁酉七月進故事 …………………………………………… (198)
八月進故事 ………………………………………………… (199)
戊戌正月進故事 …………………………………………… (200)
戊戌七月進故事 …………………………………………… (202)
議 ……………………………………………………………… (203)
皇叔祖故檢校少保嚮德軍節度使知大宗正事嗣濮王贈
少師封瓊王仲儡謚議 ………………………………… (203)
議節財賦十事 ……………………………………………… (203)
掖垣試閤門策問 …………………………………………… (205)

南澗甲乙稿　卷十二 ……………………………………… (207)
啓 ……………………………………………………………… (207)
謝司農簿啓 ………………………………………………… (207)
謝提刑樊郎中啓 …………………………………………… (208)
謝施資政薦舉啓 …………………………………………… (208)
謝司農寺丞啓 ……………………………………………… (209)
謝周倉舉陞陟啓 …………………………………………… (209)
謝人賀七十詩詞啓 ………………………………………… (210)
謝生日啓 …………………………………………………… (210)
京鏜回生日啓 ……………………………………………… (210)
賀虞樞密啓 ………………………………………………… (211)
賀施樞密啓 ………………………………………………… (211)
賀張留守除端明啓 ………………………………………… (212)
賀施參政啓 ………………………………………………… (212)
賀樞密賀知院啓 …………………………………………… (212)
賀周知院啓 ………………………………………………… (213)
代賀葉觀文致仕啓 ………………………………………… (214)
回殿試第一人啓 …………………………………………… (214)
賀第二人啓 ………………………………………………… (215)
賀第三人啓 ………………………………………………… (215)
回李賢良啓 ………………………………………………… (216)

回周垍謝中宏詞啓 …………………………………………（216）
回得解舉人啓 ……………………………………………（216）
回熊校書啓克 ……………………………………………（217）
與趙運使啓 ………………………………………………（217）
與交代張彥輔啓 …………………………………………（217）
與諸司啓 …………………………………………………（218）
回呂氏定婚書 ……………………………………………（218）
回呂氏聘書 ………………………………………………（218）
回晁氏聘書 ………………………………………………（219）
回呂氏定書 ………………………………………………（219）
沆姪與呂氏言定書 ………………………………………（219）
回孟氏定書 ………………………………………………（219）
回孟氏聘書 ………………………………………………（220）
滮言定晁氏書 ……………………………………………（220）
晁氏納聘財書 ……………………………………………（220）
上辛中丞書 ………………………………………………（220）
上徐總卿書 ………………………………………………（222）
謝張魏公書 ………………………………………………（223）
答吴偁書 …………………………………………………（224）
上處守施察院書 …………………………………………（224）
上葉運使書 ………………………………………………（225）
上信守周侍郎書 …………………………………………（227）

南澗甲乙稿　卷十三 …………………………………………（229）
書 ……………………………………………………………（229）
上建康帥張尚書書 ………………………………………（229）
上張同知書 ………………………………………………（230）
上賀參政書 ………………………………………………（233）
與蔣丞相論淮甸築城別紙 ………………………………（238）
與任信孺書 ………………………………………………（239）
答朱元晦書 ………………………………………………（240）

又 …………………………………………………………………… (241)
答李塾書 ……………………………………………………………… (242)
答陳亮書 ……………………………………………………………… (242)
答汪尹書 ……………………………………………………………… (243)
答史千書 ……………………………………………………………… (244)
答林黄中别紙書 ……………………………………………………… (244)
答祝允之書 …………………………………………………………… (244)
答子雲示吴生三物銘别紙 …………………………………………… (245)

南澗甲乙稿　卷十四 ………………………………………………… (248)
序 ……………………………………………………………………… (248)
繫辭解序 ……………………………………………………………… (248)
焦尾集序 ……………………………………………………………… (249)
高祖宫師文編序 ……………………………………………………… (249)
極目亭詩集序 ………………………………………………………… (250)
九奏序 ………………………………………………………………… (250)
富修仲家集序 ………………………………………………………… (251)
張安國詩集序 ………………………………………………………… (252)
東歸序 ………………………………………………………………… (253)
送梁士衡序 …………………………………………………………… (254)
送翁子功序 …………………………………………………………… (255)
送沈明遠序 …………………………………………………………… (255)
送李秀實序 …………………………………………………………… (256)
送李平叔序 …………………………………………………………… (257)
送鄒德章序 …………………………………………………………… (258)
送富修仲序 …………………………………………………………… (259)
送蔡追肩吾序 ………………………………………………………… (260)
送連必達序 …………………………………………………………… (260)
送龐祐甫序 …………………………………………………………… (261)
送沈信臣序 …………………………………………………………… (262)
送尹少稷序 …………………………………………………………… (263)

送陸務觀序 …… (264)
潘顯甫字序 …… (264)

南澗甲乙稿 卷十五 …… (266)

記 …… (266)

浦城縣刻漏記 …… (266)
淡齋記 …… (267)
建安白雲山崇梵禪寺羅漢堂記 …… (267)
隱靜山新建御書毗盧二閣記 …… (268)
敦復齋記 …… (269)
大理寺獎諭敕書記 …… (270)
崇福庵記 …… (271)
婺州貢院記 …… (272)
東皋記 …… (273)
崇勝戒壇記 …… (274)
古文苑記 …… (276)
兩賢堂記 …… (276)
信州新建牙門記 …… (277)
雲風臺記 …… (279)
風鶴樓記 …… (280)
潘叔度可庵記 …… (281)
廬州重建包馬二公祠堂記 …… (282)
信州新作二浮橋記 …… (284)
建寧府開元禪寺戒壇記 …… (285)

南澗甲乙稿 卷十六 …… (287)

記 …… (287)

滋德堂記 …… (287)
易足堂記 …… (288)
竹友齋記 …… (289)
絶塵軒記 …… (290)

建安縣丞廳題名記 …………………………………… (290)
饒州安仁縣丞廳記 …………………………………… (291)
泰州水門鼓角樓記 …………………………………… (292)
鉛山周氏義居記 ……………………………………… (293)
雙蓮堂記 ……………………………………………… (294)
深省齋記 ……………………………………………… (295)
景德寺五輪藏記 ……………………………………… (296)
廣教院重修轉輪藏記 ………………………………… (297)
慈相院重月泉題記 …………………………………… (298)
題名 …………………………………………………… (299)
金華洞題名 …………………………………………… (299)
凌風亭題字 …………………………………………… (299)
題跋 …………………………………………………… (299)
跋文潞公諸賢墨迹 …………………………………… (299)
跋趙郡王墨迹 ………………………………………… (300)
跋曾吉甫帖後 ………………………………………… (300)
跋李和文帖 …………………………………………… (300)
跋鄧聖求除拜帖 ……………………………………… (300)
跋仁風堂 ……………………………………………… (301)
跋范元卿所藏歐陽公帖 ……………………………… (301)
跋司馬公倚几銘 ……………………………………… (301)
跋荆公書彌勒偈 ……………………………………… (301)
跋山谷醉帖 …………………………………………… (301)
跋蔡君謨帖 …………………………………………… (302)
跋東坡帖六紙 ………………………………………… (302)
題陳季陵所藏東坡墨迹後 …………………………… (302)
跋蘇公父子墨迹 ……………………………………… (302)
跋辛企李得孫詩 ……………………………………… (302)
跋沈寺丞墓誌 ………………………………………… (303)
跋李正之祖墳約束後 ………………………………… (303)
書師説後 ……………………………………………… (303)

書朔行日記後 …………………………………………… (304)
書許昌唱和集後 ………………………………………… (305)
跋和靖先生手筆後 ……………………………………… (305)
書尹和靖所書東銘後 …………………………………… (305)
書和靖先生手書石刻後 ………………………………… (306)
書尹和靖論語後 ………………………………………… (306)
題鄭侍郎所得欽宗御書後 ……………………………… (307)
題鄭侍郎所得太上皇帝御書後 ………………………… (307)
書眞清堂詩後 …………………………………………… (307)
讀管子 …………………………………………………… (308)

南澗甲乙稿　卷十七 ……………………………………… (309)
論 ……………………………………………………………… (309)
易論 ……………………………………………………… (309)
禮樂論 …………………………………………………… (310)
詩論 ……………………………………………………… (312)
三國志論 ………………………………………………… (313)
魏論 ……………………………………………………… (313)
蜀論 ……………………………………………………… (315)
又論 ……………………………………………………… (316)
吴論 ……………………………………………………… (317)
太公論 …………………………………………………… (318)
周公論 …………………………………………………… (319)
老子論 …………………………………………………… (320)
孟子論 …………………………………………………… (321)
荀子論 …………………………………………………… (322)
管寧論 …………………………………………………… (323)
孔明論 …………………………………………………… (324)
韓愈論 …………………………………………………… (325)
辨 ……………………………………………………………… (326)
漢高祖戮丁公辨 ………………………………………… (326)

説 …………………………………………………………… (326)
賈説 …………………………………………………………… (326)
徐大珪字子功字説 …………………………………………… (327)
鄭光錫字説 ……………………………………………………… (327)
攷 …………………………………………………………… (328)
唐制兼官攷 ……………………………………………………… (328)

南澗甲乙稿　卷十八 …………………………………………… (330)
銘 …………………………………………………………… (330)
一經齋銘 ……………………………………………………… (330)
誠身齋銘 ……………………………………………………… (331)
好仁齋銘 ……………………………………………………… (331)
汪南美二十八宿硯銘 …………………………………………… (332)
呂景仲二硯銘 ………………………………………………… (332)
北園艮泉銘 …………………………………………………… (332)
崇福菴安静泉銘 ……………………………………………… (332)
君子泉銘 ……………………………………………………… (333)
兼淨亭銘 ……………………………………………………… (333)
贊 …………………………………………………………… (334)
呂伯恭眞贊 …………………………………………………… (334)
王德修摹尹和靖先生畫像見寄因為之贊 ……………………… (334)
齋誠密記贊 …………………………………………………… (334)
文 …………………………………………………………… (335)
婺州勸農文 …………………………………………………… (335)
建寧府勸農文 ………………………………………………… (336)
又勸農文 ……………………………………………………… (336)
又勸農文 ……………………………………………………… (337)
戒先酒文 ……………………………………………………… (337)
易足堂上梁文 ………………………………………………… (338)
雙連堂上梁文 ………………………………………………… (338)
建寧府祈雪祝文 ……………………………………………… (339)

漳姪受官告廟文 …………………………………………… (339)
淲冠告廟文 ………………………………………………… (340)
作主告廟文 ………………………………………………… (340)
秋祭告廟文 ………………………………………………… (340)
淲納婦祝文 ………………………………………………… (340)
元諒納婦祝文 ……………………………………………… (340)
祭文 ………………………………………………………… (341)
祭曾吉甫待制文 …………………………………………… (342)
祭許侍郎文 ………………………………………………… (342)
王樞密路祭文 ……………………………………………… (343)
祭致政張參政文 …………………………………………… (343)
祭周資政文 ………………………………………………… (344)
祭龐祐甫文 ………………………………………………… (344)
祭趙德莊文 ………………………………………………… (345)
祭張舍人文 ………………………………………………… (346)
祭汪舍人文 ………………………………………………… (346)
代祭謝舍人文 ……………………………………………… (347)
祭許舍人幹譽文 …………………………………………… (347)
代養志姪祭王舍人 ………………………………………… (347)
焚黄告祭先考通議文 ……………………………………… (348)
祭伯父文 …………………………………………………… (348)
祭叔父文 …………………………………………………… (348)
祭三十三司户叔文 ………………………………………… (349)
祭四十四撫幹叔文 ………………………………………… (349)
告先兄墓文 ………………………………………………… (349)

南澗甲乙稿　卷十九 ……………………………………… (350)
碑 …………………………………………………………… (350)
東嶽廟碑 …………………………………………………… (350)
蘇文定公祠碑 ……………………………………………… (351)
處州東巖梁氏祠堂碑銘 …………………………………… (352)

連公墓碑 …………………………………………………… (354)
右朝請大夫知虔州贈通議大夫李公墓碑 ……………… (359)

南澗甲乙稿　卷二十 ……………………………………… (362)
墓誌銘 ……………………………………………………… (362)
武經郎主管台州崇道觀趙府君墓誌銘 ………………… (362)
沈氏考妣墓誌銘 …………………………………………… (363)
左朝請大夫致仕李公墓誌銘 ……………………………… (364)
中奉大夫直敷文閣黄公墓誌銘 …………………………… (366)
左大中大夫充龍圖閣待制致仕贈左正奉大夫呂
公墓誌銘 …………………………………………………… (368)
祕閣修撰鄭公墓誌銘 ……………………………………… (370)
資政殿大學士左通議大夫致仕賀公墓誌銘 …………… (373)
右通直郎知袁州萬載縣杜君墓誌銘 …………………… (377)
故中散大夫致仕蘇公墓誌銘 ……………………………… (378)
右朝奉大夫致仕曾公墓誌銘 ……………………………… (381)
劉令君墓誌銘 ……………………………………………… (383)

南澗甲乙稿　卷二十一 …………………………………… (386)
墓誌銘 ……………………………………………………… (386)
方公墓誌銘 ………………………………………………… (386)
宣教郎新知衢州江山縣馮君墓誌銘 …………………… (390)
承議郎新通判興國軍孟君墓誌銘 ……………………… (391)
朝散郎直祕閣致仕陳君墓誌銘 ………………………… (393)
直寶文閣趙公墓誌銘 ……………………………………… (395)
承仕郎致仕李君墓誌銘 …………………………………… (397)
中書舍人兼侍講兼直學士院崔公墓誌銘 ……………… (399)
中奉大夫提舉武夷山沖右觀王公墓誌銘 ……………… (401)
高郵軍曾使君墓誌銘 ……………………………………… (404)
朝奉大夫軍器監丞魏君墓誌銘 ………………………… (406)
朝散郎祕閣修撰江南西路轉運副使蘇公墓誌銘 ……… (407)

南澗甲乙稿　卷二十二 ………………………………………… (411)
墓誌銘 ………………………………………………………… (411)
龍圖閣待制知建寧府周公墓誌銘 ………………………… (411)
祐甫墓誌銘 ……………………………………………… (414)
韶州太守朝散大夫汪公墓誌銘 …………………………… (415)
朝奉大夫新知泰州宋公墓誌銘 …………………………… (418)
太令人郭氏墓誌銘 ………………………………………… (420)
安人張氏墓誌銘 …………………………………………… (422)
榮國太夫人上官氏墓誌銘 ………………………………… (423)
太恭人李氏墓誌銘 ………………………………………… (425)
安人盧氏墓誌銘 …………………………………………… (426)
太宜人毛氏墓誌銘 ………………………………………… (427)
墓表 …………………………………………………………… (429)
左奉議郎知太平州蕪湖縣丞趙君墓表 …………………… (429)
行狀 …………………………………………………………… (430)
敷文閣直學士左朝奉郎致仕劉公行狀 …………………… (430)

輯佚 …………………………………………………………… (436)
詩 ……………………………………………………………… (436)
南巖 ………………………………………………………… (436)
詞 ……………………………………………………………… (436)
臨江仙酴醾 ………………………………………………… (436)
南柯子玉簪 ………………………………………………… (437)
醉落魄荔枝 ………………………………………………… (437)
水龍吟題三峯閣詠英華女子 ……………………………… (437)
好事近汴京賜宴，聞教坊樂有感 ………………………… (437)
永遇樂為張安國賦 ………………………………………… (438)
六州歌頭桃花 ……………………………………………… (438)
水龍吟壽辛侍郎 …………………………………………… (438)
驀山溪葉尚書生朝避客三洞 ……………………………… (439)

鵲橋仙 …………………………………………………………（439）
朝中措壽十八兄 ………………………………………………（439）
南鄉子壽廿一弟 ………………………………………………（439）
鷓鴣天子雲弟生日 ……………………………………………（439）
瑞鶴仙自壽…………………………………………………（440）
醉落魄乙未自壽 ………………………………………………（440）
前调生日自戲 …………………………………………………（440）
鷓鴣天 …………………………………………………………（440）
前調 ……………………………………………………………（441）
登對錄 …………………………………………………………（441）
跋山谷送徐隱父二詩草 ………………………………………（441）
文 ………………………………………………………………（441）
論編敕 …………………………………………………………（441）
言銓量之法 ……………………………………………………（442）
言捕盜之賞 ……………………………………………………（442）
言分差粮料院闕 ………………………………………………（442）
賦祿之法 ………………………………………………………（443）
繳進李塾等賢良詞業 …………………………………………（443）
乞以宗室及第一甲應格之人許集注教官差遣 ………………（444）
論前官舉狀收使 ………………………………………………（444）
乞三務場長史侵使客人鹽錢物依牙人法斷罪 ………………（444）
辭免知建寧府劄子 ……………………………………………（444）
晴寒帖 …………………………………………………………（445）
與司馬朝議書 …………………………………………………（445）
帥到任謝侍讀啓 ………………………………………………（445）
賀禮部李侍郎兼侍講啓 ………………………………………（446）
上張浚言和、戰、守三事 ……………………………………（446）
題尹焞孟子解 …………………………………………………（447）
大戴禮記跋 ……………………………………………………（447）
跋蘇子瞻《遊鶴林招隱詩》 …………………………………（448）
跋呂居仁韓子蒼曾吉甫詩 ……………………………………（448）

書歐陽文忠公集古錄跋尾後 …………………………… (448)
《跋山谷送徐隱父二詩草》 …………………………… (449)
跋呂居仁與魏邦達昆仲詩 ……………………………… (449)
四老堂記 ……………………………………………… (449)
膽泉銘 ………………………………………………… (450)
江東轉運使題名記 …………………………………… (451)
重刻曾肇忠孝堂記題後 ……………………………… (452)
吏部尚書廳記 ………………………………………… (453)
武夷精舍記 …………………………………………… (453)
建安縣廳題名記 ……………………………………… (454)
天台縣題名記 ………………………………………… (455)
張郯重修儒學記 ……………………………………… (456)
祭資政殿大學士賀公文 ……………………………… (456)

附錄一 ……………………………………………… (458)
宋史翼・韓元吉傳 …………………………………… (458)

附錄二 ……………………………………………… (460)
歷代題跋 ……………………………………………… (460)
四庫全書總目提要 …………………………………… (461)

參考文獻 …………………………………………… (463)

後記 ………………………………………………… (465)

南澗甲乙稿卷一

賦

萬象亭賦有序。【案】集中葉少保詩注云："公在閩中作萬象亭，某為之賦，"則此題應有"亭"字，原本脱去，今據補。

紹興十有三年，石林先生自建康留鑰移帥長樂。惟公以文章道學伯天下，推其緒餘，見于政事。時閩人歲饑，餘盜且擾，曾未易歲，既懷且威，倉廩羨羸，野無燧烟，民飽而歌。乃闢府治燕寢後，築臺建亭，盡攬四山之勝，字曰"萬象"。公時以宴閒臨之，命賓客觴酒賦詩，以紀一時之盛。某適以舊契之末，獲拜公于庭，知邦人之德公而公之能與共樂也，退而為之賦。其詞曰：

石林先生治閩之初，邦人詠歌。延覽登眺，臨城之阿。面長江之迴旋，俯重嶠之嵯峨。翦凡草于荆杞，發層臺之新基。收攬宇宙，以"萬象"而目之。先生曰："天地之内，所謂景與物者，不可以既也。方其交于吾前，而其象無窮；觸于吾心，而其意無窮，惟達者可以道會而不可以知通矣。斯亭也，處于户庭重複之末，而出于闤闠膠擾之中。危梯直上，十尋倚空。窺井邑之鱗次，張九衢之飛塵。囂聲晝起[①]，人烟繽紛。勵絲竹之餘響，郁椒蘭之清芬。當其連山如環，秀色四出。林巒鬱其映带，烟雲度而髣髴。陰晴變態，所獲非一。極東南而凝睇，莽游目于窮髪。海波蕩漾，蛟龍驚獝。粲朝日之初升，數山川于異域。颶

① "晝起"，影印文津閣四庫全書本同，影印文淵閣四庫全書本作"四起"。

風角于天際，卷千帆之飄忽。或一瞬而千里，或窮年于咫尺。瞻雲鵬之獨運，哀斥鷃之短翼。天池倏其九萬，羌決起于蒿藾。【案】《莊子》：“我決起而飛搶榆枋。”又云“翱翔蓬蒿之閒”。此運用其語，而改“蓬蒿”為“蒿藾”。攷《詩傳》：苹藾，蕭也。郭璞曰：今藾蒿也，義與蓬蒿可通，但“藾”是九泰韻，與上下句用陌錫通叶者不合，疑有誤。① 白鷗去而西飛，澹長烟之遠没。田疇俯見，禾黍如繢②。耕夫耦而長謠，牛羊散于沙磧。餘霞被于林杪，明月皎其東壁。掛北斗于欄楯，瀉銀漢于雉堞。披風露之冷爽，想飛仙之來接。聽雞犬于雲中，奏笙簧之激越③。歎佳賞之奚盡，雖妙意其莫述。惟吾興之所寓，與彼物而相得④。故可以追閬風之遊，而謝華胥之國也。”

客有聞而歎曰：“嗟嗟先生，百代之英。玉堂金馬，載蜚厥聲。厭帝所之鈞天，斂光芒于一藩。而餘風所被，猶足以息潢池之盜而慶高廩之豐年矣。今夫此邦之形勢，最于八州。繚周垣其百里，渺澄瀾而為溝。三峯峙而鼎足，蓋有類夫蓬萊與瀛洲。自無諸迄今，千有餘載，中更王氏，窮侈自泰。異時離宫别館，乘山瞰海，而今之所存，大則浮屠老氏之室，小則公卿大夫之廬。鳴鐘相聞，擇勝以居。飛欄危榭，往往而在。倚巖壑之幽清，翳松檜其晻藹。雖一斑之或見，曾未若斯亭之宏大。碧油畫戟，來藩此府。往賢近臣，蓋已百數。慨登臨之遺跡，咸褊陋而無取，獨先生至而有之。舞山光于簾幙，馮地勢之襟带。雜支離之萬種，爛錦幄其旆旆。薦醽醁于樽俎，剝珍錯之螺貝。發角徵之清唱，挽行雲于天外。使邦人聚觀，白首驚拜。豈吾先生浩然之氣，六合為隘。蟠萬象于胸中，耿星辰而不昧⑤。遇至美而一發，借佳名以自快。而景物之來，適際其會。彼千古而莫識，信一時之有待者耶?”于是先生聞之，囅然而笑。衆賓避席，迭起為壽。

拙蠶賦壬寅年作

韓子晨起，視牕中有物延緣，投隙抵穿，口如飛蛛，足若蟄蚿。

---

① 此段小字案語，影印文津閣四庫全書本無。
② “如繢”，影印文淵閣四庫全書本同，影印文津閣四庫全書本作“如織”。
③ “笙簧”，影印文淵閣四庫全書本同，影印文津閣四庫全書本作“笙簫”。
④ “相得”，影印文津閣四庫全書本同，影印文淵閣四庫全書本作“所得”。
⑤ “不昧”，影印文津閣四庫全書本同，影印文淵閣四庫全書本作“不寐”。

呼嫗輩問之，嫗笑曰：“是拙蠶也。絲疏而弗績，食飽而嗜眠，亡所用旃，戲置此焉。”韓子感而賦之曰：

翳樗櫟之不材兮，信能保其天年。豈有用之則貴兮，抑不用之或偏。吁造化者奚私兮，盍亦賦之自然。惟桑蟲之何知兮，生蠢蠢而比肩。資採摘而不自養兮，甘鼎鑊之烹煎。大則施于紈綺兮，細則麗為純綿。雖曰衣被四海兮，猶為螵蛸之所憐。方衆巧之競騖兮，萬族仰哺而爭先。何繭栗之弗為兮，恥營軀而自纏。匪畏死而遁逃兮，將羽化而飛翾。宜婦姑指以為拙兮，蹇冥心于棄捐。彼莊生取喻于犧牛兮，支離攘臂于兵閒。不能務悅于人兮，殆亦自全其天。聖有抱璞而深藏兮，時有不爭于尙賢。粤撫檻而三歎兮，吾亦樂乎《太玄》。

湘竹賦

余懷古而不見兮，將弔舜于九疑。望湘江之沄沄兮，憚褰裳而涉其涯。款二女于叢祠兮，庭有翠篠而參差。睆枝榦之斕斒兮，淡猩血之淋漓。手欲觸而不敢兮，心欲置而復思。故老諗余以前聞兮，此皇英之淚痕。帝遐征而不復兮，淚潺湲于竹根。朝日暴而不滅兮，嚴霜洗而不昏。度淒風之蕭瑟兮，如有餘哀之遠聞。彼聖人其亡欲兮，豈暱嬖而惑私。雖嫠者其抱情兮，何一哀之至于斯！夜將寐而太息兮，夢恍惚其見之。委玉佩以弦琴兮，有美一人其頎。顰青蛾而啓皓齒兮，肅予前而致辭。曰吾父之至仁兮，擇吾嬪于有虞。惟虞之能繼帝兮，功甚巍而不居。藝稷黍于艱難兮，派百川而東駛。制禮樂與法度兮，世蓋躋于極治。憂勤終以損壽兮，南巡五月其未已。乘白雲以逍遙兮，無復帝車之可還。悼予躬之至弱兮，撫予娣而長嘆。考殂落而夫逝兮，予之息又不令。天下其將安歸兮，生民又焉取正[1]。息既不任于養兮，嗟予死其孰瘞。天既高而莫升兮，地之厚其可入。蹇念此以長號兮，涕交墮而弗知。滋草木以如雨兮，與江水之爭流。惟此君其諒余兮，含余淚之莫收。歷千祀而弗改兮，亦其節之素修。彼昧者其騰口兮，殆妃嬪之後先。抑予哭猶罔于夜兮，顧于此則豈然。嗟神

① “焉”，影印文津閣四庫全書本同，影印文淵閣四庫全書本作“安”。

言之諄諄兮，羌不知其夢也。且端拂以求諸神兮，雖龜莢其不貳也。退而告于君子兮，咸舉以爲信也。遂再拜而謝之兮，吾將敬而植此也。

擬騷

鸑鳳辭

我家既遠兮苕水爲鄉，中有鸑鳳兮飛頡頏。朱為冠兮黼為裳，五色炳兮耀文章。音律呂兮韻宫商，竹不實兮梧則僵。翳蒹葭兮飫稻粱，虞舜作樂夔在堂。集阿閣兮麗朝陽，胡為去我兮天一方。友鳧雁兮侶鶖鶬，吁嗟鳳兮其來翔。

五言古詩

遠遊十首

我行蓬萊巔，俛首見月窟。誰言滄海深，涉之不濡韈。頳波驚魚龍，起舞相蕩潏。衆眞爲一笑，黄霧生絳闕。獨乘風中天，蹙踏波上月。

東隅有神人，被髪兩目丹。手擎扶桑枝，騰光射乾坤。朱鳥爲前驅，火龍駕後軒。祝融不敢瞬，衛以千炎官。誓當掃霜霰，九寓常不寒。

靁出九地底，化為萬鼓鼙。豕首柄石斧，劃然四海馳。夔魖與罔象，捎抶靡有遺①。無私乃帝令，風雨多隨之。苟能仆夷伯，何怨兒女爲。

① “捎抶”，原作“辟除”，據《永樂大典》卷八八四五引韓元吉《南澗集·遠遊十首》改。

紫皇宴瓊臺[①]，鳳舞鸞且歌。翠鬟兩仙女，倚歌奏雲和。秀色炯雙璧，晴雲灩秋波。曲終顧我笑，奈此人間何。贈以白玉環，綢繆期匪他。

大鈞轉一氣，急轂無停轅。是非與生死，膠擾于其間。朝昏互變滅，倏已千萬年[②]。豈知達道人，直作須臾觀。天地本無物，置之奚足言。

海水赴大壑，雷奔墮空虛。火輪煽金剛，蕩然爲尾閭。一闔復一闢，乾坤猶户樞。萬生保靈根，至神守虛無。嘗以物所歸，返觀天地初。

崑崙九萬里，磅礴天地根。其下有玄圃，兹惟衆仙門。翩然兩白鶴，道我前飛翻。問津牽牛星，濯足洪河源。九關幸方闢，乘之遊紫垣。

巨軸載厚地，沈沈惟九幽。日月所不燭，鬼神或拘囚。負臣與支祁，亦爲舜 禹憂。靦彼世上兒，對面無姧偷[③]。國章幸可脱，天刑此焉投。

生死一大夢，夢覺誰當分。夢中既不了，雖覺何足云。天光發吾宇，澹然無朝曛。至樂不外假，至貴斯無文。求仙與學佛，舉世徒紛紛。

呼吸爲陰陽，動静乃天地。猶然一身閒，至理無弗備。蒼龍駕白虎，晝夜分六氣。坎離會精神，否泰本仁義。吾師不吾欺[④]，持以御一世。

---

① “紫皇”，原作“宋皇”，據影印文津閣四庫全書本、《永樂大典》卷八八四五引韓元吉《南澗集·遠遊十首》改。

② “倏已”，原作“倏忽”，據《永樂大典》卷八八四五引韓元吉《南澗集·遠遊十首》改。

③ “無姧偷”，原作“行姧偷”，據影印文津閣四庫全書本、《永樂大典》卷八八四五引韓元吉《南澗集·遠遊十首》改。

④ “吾師”，原作“吾亦”，據影印文淵閣四庫全書本、影印文津閣四庫全書本、《永樂大典》卷八八四五引韓元吉《南澗集·遠遊十首》改。

戊辰二月清明後三日，見葉丈于石林，承命賦詩作古風一首【案】葉少藴字夢得，石林其居也。少藴為元吉前輩，故稱“葉丈”，原本作“文”，譌，今改正[①]。

東風易陰晴，一雨曉便止。捨舟欣徐行，烏鵲聲爲喜。岧嶢石林谷，蒼翠閒紅紫。丈人厭調元，玩意丘壑裏。鄭公化鄉閭，鄴侯盛圖史。千載發詞源，一點詣眞理。霞裾月中仙，珠履天下士。時從詩酒樂，不負湖山美。方瞳照玄髪，眉壽端自此。緬懷西湖春，荆棘迷故里。兩髦看公遊，玉節旋屢弭。風塵三十載，碌碌類餘子。晚登載欣堂，謦欬聞正始。榆枋望天池，奮迅思決起。當謀白雲居，敢援赤松比。臨流整游觀，三沐聊洗耳。

子雲兄命賦禄隱

子牟居江湖，而有魏闕心。方朔待金馬，與世相浮沈。古來曠達士，豈必棲山林？吾兄官湖南，一室横古今。朝披祝融高，暮涉湘水深。閒爲漫郎飲，戲效愚溪吟。聖賢雖云邈，彝訓夙所欽。斗水幸見收，西江等蹄涔。吁嗟咸陽市，敝黼希千金[②]。應攜忘言子，一和無絃琴。

題畫卷

少年喜登臨，兩脚不憚輭。支笻上雲山，得酒輒三返。自從老將至[③]，所向意先懶。豈惟心事乖，要自脚力短。不如空齋坐，此畫一舒卷。超然函文閒，意作千里遠。漁舟已逍遙，茅屋更蕭散。江干所遊歷，物色猶在眼。浮生固幻景，況乃幻中幻。低頭顧吾廬，何如住

---

① 標題後小字案語，影印文津閣四庫全書本無。
② “敝黼”，影印文淵閣四庫全書本、影印文津閣四庫全書本作“敝帚”。
③ “自從”，影印文淵閣四庫全書本、影印文津閣四庫全書本作“一從”。

山澗。

梵隆大師乞詩隆能琴阮，為鼓數行①

扁舟望涵山，一塔白雲裏。東西互迎送，目盡三十里。下有布金園，軒牕面流水。上人富願力，物物盡經始。莊嚴萬人緣，功就只彈指。空齋了無事，鳴琴對清泚。游魚應朱絃，萬籟入流徵。我來不忍去，一聽賞幽耳。雨餘新月上，雲物紛可喜。莫作箕山吟，秋風坐中起。

逢人

逢人似相識，初不辨名字。折腰致寒暄，但道久暌異。歸來省眉目，髣髴猶夢寐。自非知心交，君輩定難記。將無半面別，正恐呼聲似。中年況多忘，錯認固無意。典刑要深思，摸索豈難事。尚想睢陽公，一見了奴隸。

寒食前三日攜家至丁山

春事已過半，豫懷風雨憂。苦無親朋樂，自攜兒女遊。丁山峙城南，老稚載一舟。狹徑登詰曲，軒牕居上頭。遐觀接去鳥，俯視臨清流。溪花正爛漫，堤柳綠且柔。杳靄烟雲閒，前瞻帝王州。田野亂棊布，山川莽相繆。病妻不能飲，取酒自勸酬。鮮妝誰家婦，造席為我謳。風光亦可醉，景物似見留。惜無百金資，買此林壑幽。歲月實易得，里閭尚沈浮。歸來暮鐘響，蘋風動滄洲。

① “隆能琴阮為鼓數行”，底本及文淵閣、文津閣四庫本均為標題正文，據文義改為小字注釋。

上巳日王仲宗趙德温見過，因招趙仲績任卿小集，以流水放杯行分韻得“行”字

春事倏已晚，飛花送啼鶯。長安三月三，水邊盡傾城。緬懷杜陵老，感之見歌行。青鳥忽飛去，素鱗盤水清①。往事誰復識，夢繞白玉京。朅來官閩陬，江湖渺餘情。嘉節閉門臥，客愁隨日生。風光入樽酒，使我嗟獨傾。良友慰寂寞，惠然成會并。金枝三雋才，千里未可程。王郎烏衣舊，高論玉麈横。相逢寄觴詠，樂此天氣清。不知山陰會，絶唱疇能賡。庭隅有幽花，粲若萬玉纓。好風亦知人，微月相與明。蕭蕭城東路，頗復歌吹聲。景物正自佳，天涯意難平。不須恨陳迹，且用催詩成。

上巳日與客遊張園

簿書有餘閒，春日亦已永。況逢佳節休，朱墨得暫屏。名園跨江郊，危檻俯千頃。平蕪雨初匀，弱柳風自整。芳尋寄蕭散，意適忘醉醒。持觴挹花色，散策步林影。雖無歌舞妍，所愛亭館静。佳辰天氣清，泉水助幽冷②。緬懷山陰會，脩竹带崇嶺。應知佳客臨，懷抱均一騁。君看結綺地，茨棘翳眢井。當時擘牋人，正復對此景。江山幾興廢，歲月侵老境。但願中聖賢，疇能計鐘鼎。

避暑靈泉分韻得水字

閒居亦無營，歲月駛流水。適聞新蟬鳴，袢暑遽如此。佳哉二三友，久要復鄰里。憐我疾病除，慰我懷抱喜。居然肯見顧，岑寂聊啓齒。空山百無有，翠阜映清泚。幽泉俯伴月，盎盎眞石髓。坐久得清涼，山缾還屢恥。一杯樂所遇，静勝有眞理。誰能走懸箔，赭門趍朝

---

① “水清”，影印文淵閣四庫全書本、影印文津閣四庫全書本作“水精”。

② “幽冷”，原作“幽令”，據影印文淵閣四庫全書本、影印文津閣四庫全書本改。

市。炎歊不可觸，暑雨欣漸止。幸有故人風，相過時洗耳。

七夕與孟堉約湯朝美率徐行中遊鶴山

城市競時節，幽尋固難同。舊聞鶴山奇，欲往歲屢窮。兹辰尚殘暑，夙駕乘西風。楚俗候飛鵲，階庭鬧兒童。誰能事針縷，覓巧瓜果中。起攜東牀友，况得下榻翁。青蒲有傑客，放懷適相從。一招雲中仙，共呼潭底龍。翠壁聳嶒崒，黿魚澹遊空。泉源幾萬斛，石竇藏豐隆。久知神物交，解致零雨濛。我田甚無多，例思年穀豐。公才正類此，時至會有庸。竹閒小招提，闃静無鼓鐘。枕石漱甘井，荔丹啓筠籠。若據兩石羊，摩抄古狄銅[①]。高談劇霏屑，壯氣吹長虹。可無樽酒綠，遂使老頰紅。醉語或不省，嘯歌亦春容。歸歟興難盡，月明照風松。

雪中以獨釣寒江雪分韻得獨字

常年待三白，此語未免俗。誰言歲將徂，一雪自云足。魃妖與癘鬼，不待巫茢逐。初喜没馬蹄，還驚上牛目。三日雪不休，冰澌被茆屋。我貧固無事，尚賦一囊粟。長飢望年登，政恐麥不宿。天公豈相撩，饋以萬頃玉。朝來一堪煮，茗椀薦新菊。牕中有佳致，一水卧寒綠。城闉闃在眼，况復見巖谷。相過二三子，共喜醅甕熟。狂歌且暫醉，夜半還秉燭。猶勝杜陵翁，山中掘黄獨。

雪中從邢懷正乞酒

檑具高拄頰，風塵客長安。長安不宜客，歲暮仍苦寒。夜聞陰風喧，曉看雪漫漫。天公非惡劇，笑我貂裘單。坐令歌南山，白石空巑岏。正不妨我嘯，凴高事遐觀。四海同一雲，更覺天地寬。平湖發遠景，松竹

① “摩抄”，原作“摩抄”，據影印文津閣四庫全書本改，影印文淵閣四庫全書本作“摩挲”，意同。

如龍鸞。巉然兩峯高，玉峙峨瓊冠。緬懷邢公子，重城有家園。水石带林沼，幽亭厭雲端。仙粧映疏梅，秀色若可餐。璇題散冰筯，晶鹽貯牙盤。清歌出絶唱，筆閒走波瀾。幾欲泥君飲，持杯聽幽蘭。君家碧琳腴，到手無復殘。正豈須羔兒，尚能追清歡。蹇驢不敢出，强作哦詩酸。詩成不能寐，起舞清夜闌。儻可致麴生，當築白玉壇。

自國清寺至石橋

出郭天氣陰，驅車日亭午。漫漫山中雲，猶作衣上雨。仙山八百里，勝槩隨步武。稽首金地尊，棲心玉京侶。浮空方廣寺，樓殿若可睹。石梁瀉懸流，下有老蛟怒。我來淨焚香，千花發茶乳。擬訪林下仙，飛來但金羽。

巖泉道中

出郭心易清，看山眼難飽。疏疏水中梅，殘雪相與好。歲華云已晚，官況良自笑。日暮城東門，霜風動衰草。

礲豁巖丙寅年作

蒼崖兩分張，絶壁千丈起。溪流忽奔注，萬石相披靡。跳波作驚雷，跬步清見底。攀藤上巉巖，卻立半空裏。幾年天師廟，欄柱岌無址。幽禽答遠響，山花亂紅蘤。我來不知疲，危棧劣容屣。同僚具壺觴，腳軟正須此。塵埃得遐矚，眞賞契心耳。只應潭中龍，見客亦驚喜。

寒巖分韻得水字

青山如幽人，不肯住城市。客從城市來，一見消吝鄙。平時與周旋，況復非俗士。我初見南山，秀色紛可喜。謂言官塵埃，洗滌端在此。經時未一至，引望若千里。昨朝得休暇，佳興難自已。秋原麗新晴，景物為清美。獨遊已不惡，更約二三子。初從澗壑危，稍入巖石倚。白雲隨杖藜，蒼烟生屐齒。主翁亦好事，結茆脩竹底。庭空百無有，屈曲但流水。客來了不問，花草自紅紫。豈無一樽酒，欲飲還遽止。歸鞍不可速，吾亦聊洗耳。

松江感懷

忽忽倦行役，栖栖問窮途。生涯能幾何，所抱詩與書。淒涼吳淞路，不到十載餘。當年路傍柳，半已陰扶疏。繫舟上高橋，春水正滿湖。鷗鳥如有情，見人遠相呼。境豁目為縱，興長心特舒。尚想張季鷹，此焉賦歸歟。生前與身後，底用論區區。但當酌美酒，一鱠江中鱸。

丁丑仲春將渡浙江，從者請盤沙，予畏而不許。既登舟，乘潮以濟，中流膠焉。捐十金，募數力，竟至沙上，僅達西興，狼狽殊甚。從者笑之，感而賦詩

桑田變東海，此語聞自昔。嗟我百年人，耳目詎能識。誰言錢塘江，遂有車馬跡。漲沙莽雲屯，衣帶僅尋尺。我初未渠信，束襘俟潮汐。是時月既望，春晴好風色。同舟二三子，擊楫意頗適。中流類坳堂，竟作膠柱瑟。褰裳亂濤波，植杖負囊笈。居然濯我足，長堤慰行客。西興忽在眼，喚渡猶頃刻。鯤鵬定何之，魚龍豈遷宅。斜陽照高岸，得酒餞寒濕。平生忠信懷，對此徒感激。翻成僕奴笑，撫事吁莫測。莫問曲池平，空悲峴山側。

望靈山[①]

嶽鎮古所錄，兹山諒其遺[②]。憶從西江來，恍惚欣見之。初疑春

① “望靈山”，影印文淵閣四庫全書本、影印文津閣四庫全書本同，《兩宋名賢小集》卷一六〇《南澗小集》作“遊靈山”。

② “其”，影印文淵閣四庫全書本、影印文津閣四庫全書本同，《兩宋名賢小集》卷一六〇《南澗小集》作“真”。

雨晴，雲物出怪奇。稍稍對巖壁，森森面嶺奇。紛紜類列障，散漫如連帷。磅礴千里間，衆景皆奔馳。頗訝地軸湧，未覺天柱虧。不讓崑崙高①，遂使泰華移。諸峯七十二，磊砢略可推。駢觀擁佛髻，遠睇凝婦眉②。大或覆鐘鼎，細亦銛刀錐。石櫃一何高，梯天此為墀。崩騰鐵馬羣，中有大將旂。身居萬石貴，氣壓累卵危。雄傑亦莫狀③，清深亦餘姿。蛟螭護絶磴，草木忘四時。豈知水晶宫④，閟藏神所司。陰崖彼何靈，頸斷不敢悲⑤。

建安城南鄭氏居，號南澗，山水甚幽。予始至欲遊，率奪以事。秋九月，事少閒，前二日折簡招客，客半辭。既命駕，辭者復先在，相與追逐，詰曲由田中。梁溪並山麓，隘不可輿，行二百步，始得寒巖。磴犖确羊腸而上，鉅竹生石間。舉武疲曳，休小亭。至上方，牕户明邃，從疏林瞰遠山，如綺疏中望通衢也。西漸走水，養魚植菖蒲石上，纖巧可愛。有僧臛甚，云山故銅冶也。指其穴已冪，篝火之跡亦猶在。山半有巖，隔小澗，橋壞不可越。門有水閣，平田秋色，稼穡彌望。主人畏客，戒勿置酒，因取茶烹之。求觀其囿，三返僅得入，則流觴亭初為坳沼，亭中稍集，亭下水車輪轉。别亭俯方池，環植海棠。少坐，日已西，攜酒詣開元僧廬。絶溪而南，中流見城市，水面平直如大江，舟銜尾，欒聲相上下，意樂之。集丹青閣，閣底巖桂盛開，面之置樽俎。將登陸羽亭，憊不果。取泉試小春新芽，舉白歡甚，分韻賦詩。明日，又以秋氣集南澗為韻，自賦五首云。

---

① “不讓”，影印文淵閣四庫全書本、影印文津閣四庫全書本同，《兩宋名賢小集》卷一六〇《南澗小集》作“不知”。

② “婦眉”，影印文津閣四庫全書本、《兩宋名賢小集》卷一六〇《南澗小集》同，影印文淵閣四庫全書本作“娥眉”。

③ “亦莫狀”，影印文淵閣四庫全書本、影印文津閣四庫全書本同，《兩宋名賢小集》卷一六〇《南澗小集》作“既莫狀”。

④ “豈知”，影印文淵閣四庫全書本、影印文津閣四庫全書本同，《兩宋名賢小集》卷一六〇《南澗小集》作“定知”。

⑤ “陰崖彼何靈頸斷不敢悲”，影印文淵閣四庫全書本、影印文津閣四庫全書本同，《兩宋名賢小集》卷一六〇《南澗小集》作“飛泉瀉餘怒，勢作千丈垂。葛仙煉丹成，空聞龍化陂。遺休被山川，勝槩無乃私。其東沐金鷩，其西曝玄龜。洞雲倚長空，巖月隱半規。龍電衛方壇，至今傳道師。延連葬玉地，茸秀尤相宜。分明别長幼，次第論崇卑。袂將九華接，肩與廬阜隨。孰云東南傾，擎持端在斯。會當歷其巔，不但一管窺。雖微始皇頌，儻有神禹碑。”

朱墨日過眼，溪山誰復遊。夜聞西風喧，起看天地秋。王事有休沐，駕言指林丘。新晴鳥烏樂，路入南澗幽。高峰左右列，野水縱橫流。問舍苦不早，求田亦良謀。

高嵒跨層巔，一徑入蒼翠。三休徹上頭，卻立睨平地。當年寶藏興，中夜出光氣。至今石縫裂，篝火尚能記。盈虛誰可測，閧闔神自秘。空房有殘僧，骨冷夜無寐。

入山衣履寒，出山衣履濕。初迷烟雨來，稍識雲氣集。空濛掠面過，可玩不可執。不知市廛地，去此凡幾級。青松入長望，白鳥伴危立。泠然笑身世，萬事何汲汲。

有酒不得飲，呼船過溪南。溪南亦何好，古寺依晴嵐。上有百尺樓，下有千丈潭。城闉一目盡，晚山日相銜。烹茶弔陸子，蠟屐登巉嵒。相逢作行樂，猶勝空坐談。

秋風何時來，午暑忽已散。娟娟木犀花，弄蘂亦璀璨。清香不自惜，擁鼻得奇觀。古來達道人，至樂在山澗。藝蘭與種蕙，採掇契幽願。置此勿復言，吾方困遊宦。

李仲鎮懶窠癸未年作

我性天下懶，自謂世莫雙。朅來官中都，懶極濟以惷。有如千黑魚，東西轉橋矼。又如槖駝臥，厭逐羣吠尨。鼻洟任縱橫，胞轉徒膖肛。紛紛夸奪兒，見我語輒哤。平生李公子，老大同鄉邦。奈何奪我有，收斂付一牕。作窠寓以名，異音乃同腔。金馬可避世，何殊鹿門龐。君看富貴塗，機危甚緣橦。爭榮僅錙銖，力欲九鼎扛。金朱擁丹轂，視之亦螻蛖。愛君陽羡居，有田種蘭茳。溪山帶城郭，松竹環旌幢。連娟幾脩眉，清歌艷明釭。客至即盡醉，不待金石撞。尙餘詩語工，詞源倒三江。好懶得眞懶，使我心益降。何時半作分，臨流聽琤淙。

趙仲縝梅川

堂前面羣山，堂下俯流水。揚雄一區宅，歲晚何在此。將無山水佳，更為風物美。城隅三家渡，華屋照清泚。舉手招梅仙，低頭叫陸子。前松後梧竹，左桂右蘭芷。江花漾茶甌，巖樹排棐几。客來索無有，樽酒間圖史。不作隱士廬，合號君子里。吾人天潢秀，時至當決起。飽餐南嶽芋，閒曳東郭履。山名不負儂，因之得名字。彈冠可前卜，問舍眞早計。笑殺陶淵明，酒資良未遂。

題鄭舜舉蔗庵

吾州富佳山，脩竹連峻嶺。居然縛塵埃，一見輒心醒。豈知刺史宅，跬步閟清景。古木盤城隅，石徑幽且迥。當年徐常侍，坐愛雲水冷。溪南羣峯秀，矗矗錐出穎。鄭公閑閣暇，獨步毘廬頂。曰此氣象殊，逍遙步方永。喚客倒清樽，燃薰煮奇茗。庭空無一事，賓吏絶干請。佳處由漸入，斯語煩記省。淵明嘗有語，結廬向人境。恍如白蓮社，揮塵對宗炳。誰云忙裏閒，要識動中静。我來款妙論，散策步林影。心田豁叢茅，氣馬罷征騁。他時記棠陰，老意亦深肯。

朱元晦清湍亭

青山足佳遊，遠睇欲無路。稍尋絶澗入，始辨雲間樹。泉聲若招客，倚杖得夷步。驚湍瀉亂石，漖漖有清趣。風微鳥哢幽，日徹魚影聚。居然魚鳥樂，正欠幽人住。野僧豈忘機，作亭以兹故。因君賦新詩，我亦夢其處。

題潘叔玠家達觀亭

車塵蔽重城，俯首但闤闠。誰知達觀亭，自與空闊對。青山接簷楹，白塔見雲外。迢遥眼界淨，妙處心境會。平生九垓期，洗耳聽天籟。一為簿領縛，局促無可奈。每憑君家欄，曠若解鈴鈦。躋攀得遐矚，頓覺天宇大。頗慚北山移，欲賦楚臺快。泰然發天光，閒目了無礙。

列岫亭用范伯升韻

自我來南溪，池塘幾春草。結茅依雲端，愛此山四抱。奇峯七十二，羅列景逾好。豈殊謝公牕，澄江更縈繞。孤城千家邑，一目可盡了。植葵思夏深，種菊待秋杪。物華靜中見，至理得深造。東山與魯郊，底用評大小。平生丘壑心，計拙詎能巧。亭皋遠俗客，曳杖日頻到。簞瓢樂未改，在澗槃亦攷。況有吾人詩，飄然異郊島。

凌風亭【案】集中有《凌風亭事狀》

西山如層城，壁立有堅對。逶迤雉堞出，一水相縈帶。誅茅發頹垣，偶與嘉景會。天風無邊來，雲日為破碎。誰能了蘋末，直欲跨鵬背。飄然壓塵土，九壤眞一塊。王喬幸齊驅，禦寇亦同載。不知吏役縛，且樂公事退。春光到花木，欄檻愜清快。相期睨南溟，整我飛霞佩。

丹青閣

傑閣跨虛壑，危欄轉層峯。城郭麗朝暉，山水涵秋容。幽尋適暇日，況有佳客從。微官厭趨走，野性便疎慵。少攄泉石願，一洗塵埃胷。卻上陸羽亭，褰裳踏風松。東軒俯喬木，高花爛芙蓉。感此節物換，愧爾樵漁蹤。清談且蕭散，酌飲亦時供。興闌勿遽嘆，勝遊當復重。

清暉閣

臺府塡都會，乃與山水期。青溪帶秦淮，渺若萬頃陂。主公金閨舊，官曹日追隨。閉閣理萬事，朱欄俯漣漪。晴波納遠景，搖蕩扶桑枝。浩然江湖興，頗與漁釣宜。風月朝暮佳，軒牕有餘姿。向來非無人，未發此段奇。嗟我老病軀，時來矚須眉。停杯待舉網，屢醉倒接羅。意適反無語，欠公壁間詩。只今入幽夢，官居類雞栖。公亦那久留，濯纓詠來思。不知鳳凰沼，何如習家池。新霜著羣木，歸舟颺旌旗。寄言坐上客，酒至幸勿辭。

溪山堂次韻

幽人誰與娱，作堂面溪灣。堂中有山色，朝暮來雲間。正作杜老狂，頗異韓子姧。超然物外景，便覺非人寰。登臨得遐矚，似破天壤慳。詩成隱几笑，溪山亦開顔。繚繞明鏡中，參差峨髻鬟。苦無俗客語，但聞鳥間關。出門曳藜杖，賴有此往還。虚名兩蝸角，自鬭觸與蠻。時平衆賢聚，君胡得長閒。會從車騎出，勒石燕然山。正恐萬里塗，高轅不容攀。

歸樂堂【案】《朱子文集》載《歸樂堂記》云：“予嘗為吏于泉之同安，而與僊游朱彦侯實同僚。”即此堂也。

百歲自逆旅，微官更周流。應知歸來樂，不減萬户侯。淵明一縣尹，折腰憎督郵。松菊繞東籬，田園事西疇。素琴酌樽酒，稚子相獻酬。朱侯青雲士，頗復有此不。方為功名驅，乃與賢達侔。築堂寄閒暇，笑談指林丘。蕉黄間荔丹①，蠔山薦新篘。嗟我實何人，市朝亦淹留。因君動佳興，擬作汗漫遊。安得二頃田，可臥百尺樓。

護國寺次前婺州韻

雙娥渺雲端，流水但空谷。尚喜雲外山，娟娟作眉緑。佳人不可見，夜半風滿竹。竹聲入清夢，野客慰孤宿。山中富蘭若，欲往寧畏獨。老僧亦知人，逢埸共竿木。林芳得清心，幽澗供濯足。便可賦歸歟，簞瓢勝鼎肉。

---

① “間”，原作“問”，據影印文淵閣四庫全書本、影印文津閣四庫全書本改。

喜呂令防歸

閒居玩編簡，蕭然罕朋儔。古士信可佳，欲語不見酬。豈如平生交，臭味能相投。别久得會面，笑談解人憂。況君復比鄰，共此一壑幽。招邀接步武，文字資討求。昨朝喜君來，快若沈疴瘳。開口四五笑，亹亹談未休。鷄鳴任風雨，疇能記窮愁。因知名教地，至樂眞天游。新涼動梧竹，柴門掩清秋。三徑無雜華，莪葵散金甌。年豐魚蟹熟，樽酒亦易謀。相過勿厭數，此外俱悠悠。

毛文仲惠文編

平生毛公詩，訓傳固已久。紛紜齊魯失，浪自開户牖。至哉一言蔽，可用嚴墨守。淵源見雲仍，夢澤吞八九。雕章與棘句，錦繡間瓊玖。嶷如犀始擢，粲若蚌初剖。肉食乃聞韶，晝日或見斗。三百篇未忘，七十子何有。應如摩天刃，要是修月手。時來豈無用，妙處端不朽。君看夸奪兒，在後孰顧叟[1]。喧啾蛩負户，嘈囋蟬蔭柳。誰令口嗚悲，正使心欲嘔。豈無熊羆士，底問牛馬走。岧嶢金閨門，豪傑自先後。而君尚窮滯，履敝衿見肘。才名三十年，骯髒驚白首。我慚拜嘉賜，幼婦連虀臼。相望百里遠，曾未共樽酒。期君頌中興，步出次山右。

寄趙德莊以過去生中作弟兄為韻七首

悠悠功名期，苒苒歲月過。勞生閱半百，僅爾脫寒餓。山林有夷塗，此責當萬坐。閉門歌陽春，非君諒誰和。

憶昨鍾山來，君亦溢浦去。今年赴溢浦，鍾山復君住。出處每相似，屢觸衆狙怒。毀譽久自定，子賢吾亦庶。

士苦不自重，貪名乃忘生。向來望塵子，得車定何榮。浮雲蔽天

---

① “孰”，原作“熟”，據影印文淵閣四庫全書本改。

壤，豈碍日月明。惟餘金石交，可論藏與行。

築城始議成，寓兵復言攻。二年大江南，兵戈在目中。憂時亦千慮，惟子與我同。詣闕請長纓，終軍本兒童。

我初見君詩，謂世無此作。飄零三十年，文思各衰落。俱持使者節，恨別還作惡。未置白玉堂，端須著巖壑。

我生少孤貧，四海兩兄弟。拊嫗賴母慈，離別幾揮涕。宦遊與夫子，中外輒相值。所恨姓氏殊，孰云情好異。

處世那近名，居官敢言清。平生阿堵物，疇能字之兄。春風一杯酒，與君花下傾。窮秋動搖落，江湖渺離情。

送湯朝美還金壇

騰駒輕臥駝，野蔓欺落木。舉頭便干霄，春至亦重綠。人生百年內，萬事紛過目。得為蠖步伸，失作蠵頸縮。古來曠達士，一視等蠻觸。功名本時命，用舍豈榮辱。湯公涉南荒，歲月猶轉轂。幾年臥新州，寧肯事雞卜。身安一瓢飲，志大五車讀。朅來靈山限，跫然慰虛谷。濯足山下泉，愛我泉上竹。相從一長笑，忍效阮生哭。胷中經濟略，欲語動驚俗。誰知天意回，歸棹如許速。春風正浩蕩，江水清可掬。海濤拍千峯，挂席下浮玉。遙欣倚門念，三徑歡僮僕。送君得無恨，我步嗟局促。要看萬里途，更試籋雲足。家山幸母留，吾皇思陳牘。

送湯安止罷信幕赴調

後生仰前輩，今世思古人。豈重歲月久，所懷風俗淳。昔我家閩中，龜山實其鄰。出門尚羣盜，欲往志不伸。相從朋舊閒，得語盡可珍。俯仰今幾何，遺編半埃塵。白頭入幕府，始與夫子親。夫子龜山裔，麐廌見祥麟。晚同柱後史，無心問平津。典刑在眉睫，温然異羣倫。向來簿領中，挾書聽諄諄。豈不開我塞，異聞此其眞。亦或舉樽酒，笑談忘賤貧。同僚各分散，世事日以新。遙憐鄭公鄉，俎豆猶莘莘。彈冠定不苟，家庭有書紳。道學固未泯，吾謀復誰陳。尚想金馬門，西湖醉餘春。

送趙任卿蕪湖丞

青山照濡須，江駛不可渡。當年黃鬚兒，跨馬識其處。姧雄有遺跡，草木尚西顧。孤城千家邑，政爾横故戍。翩翩佳公子，儒雅稱風度。金門向蓬萊，曾未試闊步。疇令一官卑，僅乃高尉簿。得非多言窮，定坐能詩故。相從十年間，了不見喜怒。千金第深韞，至寶可輕付。江山落君手，判斷得佳句。誰歟招得仙，我欲起謝傅。似聞王師出，鼙鼓近營駐。老生固常談，愚者亦千慮。一樽别時酒，且用慰遲暮。去去無久留，功名有夷路。

送杜少卿起莘知遂寧府以高名千古重如山為韻七首

男兒生世間[①]，身名要俱高。苟不得其所，富貴輕鴻毛。古來獻言士，忠嘉極夔皋。尚友千載餘，斯心豈徒勞。

十年天壤間，久矣聞公名。詞華少陵系，臭味修水甥。一著獬廌冠，讜論驚縱横。九卿固美秩，不如偃專城。

國朝御史府，一代名多傳。暫退或久庸，始愚亦終賢。得失安足論，俯仰歲已遷。但存愛君心，豈憂時命邅。

厚味得無毒，良藥信多苦。毒留患滋生，苦過疾自愈。吾君堯舜資，事業方復古。公行幸遲遲，去國猶去魯。

靈旂出江淮，犀甲下秦隴。天聲褫狂酋[②]，百戰有餘勇。手斂權貴避，膽落將士慴。誰歟任司直，用舍繫輕重。

西京蜀都望，淵雲暨相如。節誼知不足，文章焉取餘。凛然見風采，吾非斯人徒。峩峩眉山陽，不但聞三蘇。

征帆轉吴楚，涉江指岷山。富貴歸故鄉，昔人以為難。大府固可

① “男兒”，原作“勇兒”，據影印文淵閣四庫全書本、影印文津閣四庫全書本、《永樂大典》卷一〇九九九引韓元吉詩改。

② “天聲褫狂酋”，原作“先聲敵已寒”，據影印文津閣四庫全書本、《永樂大典》卷一〇九九九引韓元吉詩改。

樂，高風亦難攀。豈必待政成，甘泉行賜環。

清曠亭送子雲得有字

歡期苦難逢，離別乃易久。天涯老兄弟，況復親白首。田園固不足，功名亦何有。今年送兄行，正爾作太守。池陽古名郡，地控大江口。舟來武昌魚，車載桑落酒。登臨得齊山，端不負重九。公餘亦堪樂，尚有此客否。天威動江淮，狂寇行授首。努力幸馳驅，腰看印如斗。

別子雲

離觴不解醉，愁多令酒醒。別懷亦云惡，況此兄弟情。春風釀寒雨，十日未肯晴。回頭易千里，江南短長亭。

次韻韓子師遊三洞過赤松

山城一雨足，水滿高下塘。好風從西來，蕭然終夕涼。孌彼池間蓮，當軒洗紅粧。官事無時休，涉筆鴈鶩行。豈知青雲客，夙駕遊寶坊。坐厭市井塵，步尋松桂香。陰崖有靈湫，玉簡帝所藏。摘石收澗碧，梯空擷林芳。金盤薦麟脯，冰壺注瑤漿。更語妙道根，寶篆開函琅。路轉九曲溪，著足千仞岡。舊聞井中丹，清宵發神光。直欲餌碧霞，誰能擣玄霜。朝來得君詩，險韻句復長。使我鴻鵠心，欻為天際翔。仙人亦舉手，笑我徒奔忙。語默付一笑[①]，物我當兩忘。獨攜非有生，但醉無何鄉。

次韻祐父秋懷

詩人固多窮，飲水但飢臥。誰能趨權門，殘冷分涕唾。爭名與馳

① “語默”，影印文淵閣四庫全書本同，影印文津閣四庫全書本作“語嘿”。

利，到眼不一過。居然流俗罪，我爾乃同坐。得為荀郎弔，失作蒯生賀。卻笑貨殖翁，高談六雄破。愁來挹黃妳，悲至邀白墮。感時忽秋唫，蟋蟀正相和。

依韻恭和御製秋懷

商飈起璿霄，爽氣靜瑤海。聖皇撫時運，喜色動眉彩。䆗旗佇西指，乘轅行北改。濤聲鼓萬壑，夜半響竽籟。漢儀欣復見，周鼎知德在。猗歟沛中歌，雲飛風正大。

次韻升之叔秋懷

客至得濁酒，共飲消百憂。涼飆颯短景，感此歲已秋。忽驚草木隕，尚喜禾黍收。九鼎豈不慕，二頃亦良謀。往聖實有言，未覺富可求。

平生八見女而存者五人比又得女少稷作詩見寬次韻謝之

漸老思似續，撫懷良惘然。空餘歲寒心，凜凜松柏堅。平生孔明婦，貧賤房且專。生女不生男，造物寧我偏。孌彼五嬌兒，弄瓦相隨肩。人言可禦盜，無乃繆以千。囊金不辦嫁，擇婿那敢全。今年又增一，比比安求旃。覺貧與覺富，可笑還可憐。向來兩童烏，泡幻隨變遷。應門固未計，疇復與我玄。我家豈無人，文章紹編箋。退之稱其子云："固宜常有人，文章紹編箋。"[①] 經心不能釋，欲語氣已填。筮言晚當見，默禱資明蠲。行年且四十，那得慰眼前。陶公謂勝無，此論吾師焉。舒宣儻可待，弓裘猶足傳。淵明詩云："弱女雖非男[②]，

① "固宜常有人，文章紹編箋"，《韓昌黎詩繫年集釋》卷七《贈張籍》作"固宜長有人，文章紹編劃"。

② "雖"，原作"惟"，據影印文淵閣四庫全書本、影印文津閣四庫全書本、《陶淵明集·和劉柴桑》改。

慰情良勝無。”則五子亦後出也。今者事方殷，煩君費詩篇。君詩妙難敵，巨刃迎小鮮。炯炯明月珠，一一照眼圓。吁嗟人生事，歲月如奔川。豈不舒我憂，熊羆夢豐年。蓬門亦何祥，但見巾帨懸。會當亦添丁，荷鋤賦歸田。老妻鼓掌笑，子意將誰愆。須知百男惡，未若一女賢。矧子四壁空，蓋頭無尺椽。兒女分所定，底用相鑱镌。尚應具扁舟，江湖窮泝沿。為君聘絡秀，椎牛事烹煎。

明遠次韻超然談道因以謔語為戲將無同耶

忘機亦忘言，政作口挂辟。因君强一語，習氣乃乘隙。昨夕飲君家，看朱忽成碧。醉歸城南路，不記足所歷。尚想兩紅粧，翠袖香襞積。我歌君為舞，舉手還恨窄。詩成漫不省，歎我眞惡客。儻肯來看山，未厭一水隔。

次韻子雲送兒女至昭亭見寄

巖巖昭亭山，度歲一再行。吾親在其下，有路如砥平。風物歲時佳，豈問楚與荆。胡為不得往，使我涕泗横。出身備王官，敢自穨家聲。聖皇察庶獄，小大必以情。哀矜且勿喜，死當使之生。念昔棲閩陬，孤童共營營。菽水曾幾何，青紫望一經。弟兄亦云幸，假節仍專城。別離乃頻有，僕奴費邀迎。安仁賦閒居，要自賢西征。板輿日歡侍，兒女森在庭。豈比隔山岳，空書問安寧。薄田可負郭，不歸定誰令。壯士志中原，邊塵暗幽并。擬躡冒頓居，端謀渭南耕。書生復何事，三入老承明。應知當饋歎，廊廟資扶傾。忍作寒蟬喑，願為威鳳鳴。

次韻子雲種竹

官居地多隙，種竹及春早。蕭然三畝園，便可事幽討。層巒寓巖石，一目惜盡了。移根互掩映，取徑作深杳。飛來幾烏鵲，相喚亦栖繞。微風與新月，屢舞欣嫋嫋。乃知亭館閒，有竹自能好。堂前藝梅花，堂後列萱草。叩門有俗客，未至跡已掃。遙憐敬亭下，巷僻客仍少。庭隅方解籜，相對亦社保。吟哦五字句，飲水良不飽。春雷發頭角，繭栗未應小。卜居如有得，破地出池沼。胷中千畝計，豈顧萬事擾。他年醉林間，準擬成二老。

連日得雜花數株藝之池亭感而有作

七十已過半，所向意不如。一官計大州，僕僕畏簡書。酒薄不可醉，歌舞見已疎。亦有淡生活，詩成自相紓。池面數尺地，荊棘試翦除。為覓桃李花，養根待春初。日暮公事已，呼童細耘鋤。稍稍淨朽壤，依依列荒墟。歲月能幾何，坐見紅綺舒。更須土脈動，藝柳分芙蕖。賞心固難事，寓目良有餘。即此且痛飲，三年冀安居。勿言傳舍耳，吾生亦蘧廬。苟無名利著，朝市均樵漁。

對梅

吏事紛俗語，新詩固難成。朝來見梅花，詩興還自生。江頭十日雨，雲色開小晴。高山带微雪，北客眼為明。應憐此花開，與雪猶爭衡。天公翦六出，未敵枝上英。蕭然北牕下，冰壺看斜横。坐想南山中，晚風千樹清。平生一尊酒，肯為桃李傾。幽香莫零落，送我扁舟行。

食田螺

幾年客勾吳，盤饌索無有。鯉鱸咀彭蜞，臭腐羮石首。牛心與熊掌，夢寐不到口。朅來靈山下，空腸尚雷吼。苜蓿映朝餐，杞菊富肴簌。相過有賢士，無以侑卮酒。跰躃樽俎間，見此青裙婦。百金買市城，競拾不論斗[1]。枵中本離化，黝質眞坤耦。稍稍被寒泉，纍纍付清湑。舒觴頗甘豢，窒户還畏剖。芼薑摘其元，璀璨置瓦缶。中年消

① “競拾”，影印文淵閣四庫全書本同，影印文津閣四庫全書本作“競食”。

渴病，快若塵赴帚。含漿與文蛤，未易較先後。吾生亦何為，甘此味豈厚。醢之自周官，況我乃田叟。尚殊鼠供蘇，復類蠆餉柳。北風飫竹實，南俗夸針取。北人以螺作弗，吳中富家以銀針食螺。雖非緑紋酌，僅免青泥嘔。據龜定應用，噉鰒良可醜。誰能事顔色，此腹嗟敢負。詩成調兒曹，吾意眞亦偶。

雲洞原注：在信州西。【案】此詩据《廣信府志》補入。

揮策度絶壑，撑空見樓臺。丹崖幾千仞，中有佛寺開。老僧如遠公，霽門走蒿萊[1]。下馬問所適，褰衣指崔嵬。飛闌倚石磴，曠蕩無纖埃。坐久意頗愜，爽氣生樽罍。仙棺是何人，蜕骨藏莓苔[2]。舉酒一酌之，慨然興我懷。丹砂固未就，白鶴何時來。不如生前樂[3]，長嘯且銜盃[4]。

---

① “霽門”，影印文淵閣四庫全書本、影印文津閣四庫全書本同，《兩宋名賢小集》卷一六〇《南澗小集》作“出門”。

② “蜕骨”，影印文淵閣四庫全書本、影印文津閣四庫全書本同，《兩宋名賢小集》卷一六〇《南澗小集》作“白骨”。

③ “生前”，影印文淵閣四庫全書本、影印文津閣四庫全書本同，《兩宋名賢小集》卷一六〇《南澗小集》作“生時”。

④ “且銜盃”，影印文淵閣四庫全書本、影印文津閣四庫全書本同，《兩宋名賢小集》卷一六〇《南澗小集》作“銜此盃”。

南澗甲乙稿卷二

七言古詩

跋北齊校書圖

齊文宣天保七年，詔樊遜校定羣書，供皇太子。遜與諸郡秀孝高乾和、馬敬德、許散愁、韓同寶、傅懷德、古道子、李漢子、鮑長暄、景孫，及梁州主簿王九元、水曹參軍周子深等十一人，借邢子才、魏收諸家本，共刊定祕府紕繆。于是五經諸史，殆無遺闕，此圖之所以作也。

山谷所謂士大夫十二員，今范明州謂逸其半者，皆是矣。至唐，已隔周、隋二代，不知何自得其容貌髣髴耶？高氏起索虜[①]，以兵力奮，然敦尚儒風，立石經，興黌序，定《尚書》于涼風堂，質經義于春宮，意當時文士亦歆豔之，故相傳于圖畫哉！流及後裔，文林之館既興，御覽之書繼作，《無愁》之聲已播于天下，不捄其亡，故予感而賦之云。淳熙八年正月庚申，韓某題。

高齊校讐誰作圖，一時紬書亦名儒。網羅卷軸三千餘，俗儒非眞類迂愚[②]。雌黄是正定不無，虛文末學徒區區。豈識治道通唐虞，文

---

① “索虜”，原作“北方”，據《研北雜誌》（寶顔堂秘笈本）卷上改。

② “俗儒”，影印文淵閣四庫全書本、影印文津閣四庫全書本同，《研北雜誌》（寶顔堂秘笈本）卷上作“俗傳”。

林高館希石渠。後來御覽嗟何書，修文偃武事益誣。轉頭鄴城已丘墟，峩冠廣袖長眉鬚。丹書寫此猶不渝，高鬟待女曳紅裾。兩騅帕鞍立奚奴，罷琴涉筆傾酒壺。蘭臺供擬信樂歟，不知畫手安用摹。無乃逞巧聊自娛，千年視之一欷歔。君不見文皇學士十八人，謀猷事業皆功臣。瀛洲舊圖應更眞，諸君尋觀為拂塵。

陸務觀寄著色山水屏

我居面山俯潺湲，憑軒臥牖皆見山。山光水影入懷袖，秀色爽氣非人寰。故人憐我新結屋，猶恐看山未能足。丹青寫作何許圖，不礙閉門聊縱目。千峯繚繞生白雲，小舟蕩漾横江濆。樓臺高下出蘭若，杳渺似有鐘磬聞。坐驚巖壑環四壁，寥落高秋變春色。方壺瀛洲遠不隔，武陵桃花定誰識。君不見韋侯絶筆畫古松，黑雨白日摧虬龍。杜陵老翁三歎息，況有山木洪濤風。又不見玉堂眞仙草詔罷，静愛春山郭熙畫。文章信美身不閒，清嶂白波眼中借。我今乘閒身未衰，杖藜獨步哦新詩。出門見山入見畫，佳興自喜來無時。臥龍山腰鏡湖尾，知有高齋照清泚。功名逼子未得休，歸坐玉堂應記此。

檢詳出示所賦陳季陵户部巫山圖詩仰窺高作歎息彌襟范成大嘗攷宋玉談朝雲事漫稱先王時本無據依及襄夢之命玉為賦但云頩薄怒以自持曾不可乎犯干後世弗察一切溷以媟語曹子建賦宓妃亦感此而作此嘲誰當解者輒用此意次韻和呈以資拊掌

瑤姬家山高插天，碧叢奇秀古未傳。向來題目經楚客，名字徑度岷峨前。是耶非耶莽誰識[①]，喬林石廟常秋色。暮去行雨朝行雲，翠帷瑤席知何人。峽船一息且千里，五兩竿頭見幡尾。仰窺仙館至今疑，行人問訊居人指。千年遺恨何時伸，陽臺愁絶如荒村。高唐賦裏

① “誰識”，影印文淵閣四庫全書本同，影印文津閣四庫全書本作“難識”。

人如畫，玉色頩顔元不嫁。後來飢客眼長寒，浪傳樂府吹復彈。此事牽連到温洛，更憐塵襪有無間。君不見天孫住在銀河滸，塵間猶作兒女語。公家春風錦瑟傍，莫為此圖虚斷腸。

題陳季陵家巫山圖一首【案】此首即前韻，疑即所謂“檢詳出示”者，恐非韓元吉作，今無别本可校，姑仍其舊。

蓬萊水弱波連天，五城十二樓空傳。行人欲至風引船，不知路出巫山前。巫山仙子世莫識，十二高峯作顔色。暮去朝來雨復雲，卻將幽恨感行人。江流東下幾千里，日日飢鴉噪船尾。靈帳風生酹酒漿，古廟煙青客遥指。崧高漫説甫與申，道旁況有昭君村。娥眉妙手不能畫，枉學瑤姬夢中嫁。黄牛白馬江聲寒，昭君傳入琵琶彈。漢庭無人楚宫遠，陽臺寂寞空雲間。君家此畫來何許，照水煙鬟欲相語。要須嫱服令侍旁，不用作賦迴枯腸。

鄭仲南五梅圖

江南酒美樽不空，十年醉倒梅花中。經行所見略可譜，一一秀骨含仙風。不將鉛華污眞色，亦有醉臉匀春紅。重英千葉兩何好，玉立但喜肌微豐。紅綃金縷變新樣，品異獨許天香同。花開到處即吾圃，水寒月淡煙空濛。醉來踏雪更起舞，長歌目送南飛鴻。自從春歸厭寂寞[1]，坐覺桃李難為容。忽驚横軸入吾手，世上猶有丹青工。扶疏清影臥空碧，一笑似喜曾相逢。君家亭館安用此，此物自惜添詩窮[2]。詩成妙手儻不惜，畫我曳杖穿芳叢。

龜峯行

吾聞靈龜不願死有用于清廟，但願曳尾安泥塗，所以漆園吏，坐

---

① “自從”，原作“自後”，據《永樂大典》卷二八一二引韓元吉《南澗集》改。
② “自惜”，原作“自昔”，據《永樂大典》卷二八一二引韓元吉《南澗集》改。

歎清江使者逢豫且。龜峯之龜定何物，不在泥塗之下，乃在萬仞之上高突兀。是耶非耶遠莫測，安然不動藏其穴。伊昔帝堯有聖德，此龜無乃負圖出。圖成授帝埋其骨，猶使琢石志之存髣髴。又疑神禹碑，刊在衡山巔。碑高上與日月並，此猶其趺棄不取。神鬼守護踰千年，我欲詰其端。此事恍惚無迹，往往皆在太古前。斗中神人被髮立，蜿蜒佐之從汝蟄。九陰司存當在此，今汝巢南失其職。又聞巢縣事，頗似伊尹生空桑①。母嫗避水欲徙去，待汝兩眼生赤光。遂令萬室之邑化作魚與鱉，汝乃遁走至此藏。上天震威趣汝斃，使汝扶服死且僵。醜形質礫在石筍上，不可以鑽，不可以灼，不可以掊牀，奈何猶復不自斂。荒崖斷壑反以名字彰。因思支祁鎖頸泗水中，帝以巨鎮岌峩壓其宫，名之以山不以峯。豈有形狀與此同，吁嗟此山氣象桀礴亦雄偉。奇峯羅列三十二，或如威鳳昂其喙。或如俊猫立且戲，石鍾孤撑危欲墜。蜃樓矗起見天外，大眺么麽不足記。神旗鐵壁非一類，何用獨取汝之名字。豈汝黠且庸，鼓妖衒怪百里内。使汝生存跌宕安可制，我初信汝靈，今復知汝凶。江湖波濤洶湧不一濡汝足，雲霧呼噏陰晴變態猶無窮。不知造物安用此，徒以動蕩耳目夸兒童。何時巨靈引手擲汝八荒外，舉頭直見天穹窿。

永豐行

丹陽湖中好風色，晴日波光漾南北。湖岸人家榆柳行，風颸低昂似迎客。繫船並岸聊一呼，老農指是官田圩②。長衫紫領數百輩，見我羅拜長嗟吁。政和回頭五十載，官長築圩宛然在③。東西相望五百圩，有利由來得無害。官圩民圩奚所拘，此地無田但有湖。圍湖作田事應爾，底用徹地還龜魚。民圩不堅自招水，水潦何常鎮如此。官圩六十里如城，削平為湖定何里。請看今來禾上塲，七百頃地雲堆黄。

① “頗似”，原作“頗以”，據影印文淵閣四庫全書本改。

② “指是”，影印文淵閣四庫全書本、影印文津閣四庫全書本同，《景定建康志》卷三七作“指似”。

③ “官長筑圩”，影印文淵閣四庫全書本、影印文津閣四庫全書本同，《景定建康志》卷三七作“官筑長圩”，意優。

縣官糶米三萬斛，度僧給牒能商量。我聞此語汗生面，千聞豈如目一見。吾君神聖坐九重，輕易獻言誰復辨。卻憶吳中初夏時，畚锸去決田湖圍。雞驚上籬犬上屋，水至不得攜妻兒。無田赴水均一死，善政養民那得爾。寄言父老且深耕，為汝馳書報天子。

建德道中

風雨回頭已十日，野花狼籍春可惜。水深泥滑行路難，但見千山好顏色。青青稻畦初布秧，人家掩扇蠶事忙[①]。駕言有程不可駐，鶗鴂一聲歸夢長。

桐柏觀三井龍潭下為瀑布

一水赴壑如奔雷，兩山壁立堅誰開。山高石限水不去，萬古鬭怒何轟豗。盤渦散作鍾與釜，往往石上相縈迴。泓渟歲久深莫測，人言海眼良可猜。不知蛟龍底無用，局促石竇眞窮哉。未能九土霈一雨，尚與千里清炎埃。往時金蚪墜玉簡，中使奉詔從天來。百年舊事今寂寞，但有雪浪飛崔嵬。杜鵑花開蘭正發，雙闕萬丈晴雲堆。寒聲徹耳心骨爽，凌風一上吹笙臺。

玩鞭亭

黃鬚鮮卑勇無策，自馳駿馬來窺賊。賊奴但怪日繞營，起看飛塵已無跡。寶鞭不惜棄道傍，坐令老嫗知興亡。百年社稷有天意，奸鋒逆焰徒鴟張。孤城遺跡森在目，平湖無波春草綠[②]。卻對青山憶謝公，公老猶嫌人姓木。邊兵已重朝士輕，中原有路何由行。柙中虎兕不可制，江左夷吾浪得名。

---

① “掩扇”，影印文淵閣四庫全書本同，影印文津閣四庫全書本作“掩扉”。

② “無波”，影印文淵閣四庫全書本、影印文津閣四庫全書本同，《方輿勝覽》卷一五作“無復”。

魯公堂

魯公之節非一死，其誰碑之子曾子。魯公之德人未知，其誰堂之張紫微。繼公作郡五百載，登堂思公宛如在。江南遺墨處處傳，魯公去作麻姑仙。一杯相與借風月，但見雲碧開池蓮。紫微聲名今第一，歸上鸞臺應不日。笑談千里無兵戎，臨川草木生春風。他年道傍兒女說，不思魯公思張公。

歸耕堂

退之手板愧丞相，淵明束带羞督郵。紛紛雀鼠待一飽，豈若植杖耘西疇。劉郎大耳最叵信，剛道田園不可求。摩挲髀肉事鞍馬，堅臥百尺營高樓。安知南陽扶耒手，談笑為君分九州。我來龜溪二三載，此策未辦誠淹留。喜君負郭有餘地，百金賣劍歸換牛。樹頭布穀曉相應，築室坐占林塘幽。詩成使我佳興動，叩角便作商聲謳。他年釜甑得長滿，區區肯顧監河侯。

李編修器之惠詩卷

塵埃僕僕日走趨，胸中倒懸一字無。迫人簿領推不去，眼明忽見千驪珠。矍然驚呼此詩歟，如醒乍解病獲蘇。歸來明燈喜無寐，手不忍釋自卷舒。語新格健意有餘，風骨峭硬中含腴。猛如横陣舞刀槊，清若雅宴調笙竽。我窮已極君益迂，學此似費千金屠。前有太白後長吉，君家詩名宜復初。明明天子開石渠，歎我短後追長裾。時平合第從臣頌，請君早上承明廬。

少稷勸飲每作色明遠忽拂袖去戲呈

無多酌我蓋司隸，不能滿觴田將軍。坐中幸免沐猴舞，且復周旋非貴人。人言勸飲無惡意，君胡作惡使客起。少陵亦遭田父肘，況我忘形友君子。從今勿勸亦勿辭，我欲眠時君自歸。先生一斗一石醉，莫問喧爭與嘲戲。

戲韓子師

讀書堂前霜月明，讀書堂後霜風聲。主人讀書已萬卷，足踏省户還專城。掲來掩關臥不出，左擁韋編右瑤瑟。似聞天女亦愛静，便喜蘭房長英物。我舍應門纔一兒，趙子尤作仙果遲。白頭相看輒浩歎，玉樹獨滿君家墀。我歌聲長君且聽，不特交遊幸同姓。極知玉盎有新醅，每恨金觴乃無柄。事見趙子。從君泥飲不作難，景物過清天復寒。犀錢湯餅未免俗，琵琶與箏當合彈。

戲贈范元卿

憶昔苕溪醉中語，屈指凄涼十寒暑。紛紜世事去如雲，兩鬢蒼蒼各如許。春風學省數會面，抗袂吁嗟走塵土。我慚屢戰不能奇，袖手歸來仆旗鼓。喜君射策有新功①，雙鵠聯翩仍一舉。胡為不上金馬門，簿領卑棲猶噲伍。風前未厭鸕鷀敝，筆下懸玄鳳凰吐。閩山千里要佳句，應弔雙龍一懷古。元戎好士見此客，定肅弓刀按歌舞。素英丹荔雖已過，海珍正可羅樽俎。鷓鴣勾舟木葉墮，秋晚上寒更風雨。請君彊飯趣歸程，莫為梅花思羈旅。

次韻沈信臣遊龍焙

武夷仙人厭塵埃，金鞭白馬飛崔嵬。丹砂已就不可識，尚有瑤草分靈栽。千花剪巧綴密露，秀色不待春風催。東溪路入三千里，山如舞鳳連翩來。槍旗未動供採掇，鼉鼓夜作空山雷。蒼虯繞圭龍護璧，面為鐵石心瓊瑰②。烹煎鬭水出好事，珠瓔玉字相縈迴。已嗟雙井甘

---

① “新功”，影印文津閣四庫全書本同，影印文淵閣四庫全書本作“奇功”。

② “心瓊瑰”，原作“口瓊瑰”，據影印文津閣四庫全書本、《方輿勝覽》卷一一改。

退步，況復日注眞難儕。我來竊食端為此，把玩一日三徘徊。手斞清泉弔陸子，底用濁酒窮歡咍。頭風快愈春睡散，老眼尙為羣書開。知君此遊更不惡，坐有纖纖時捧杯。杜牧之詩著盌纖纖捧，信臣載後乘以遊。故云。

重九日中甫子雲二兄會別龍山

秋風作霜楓葉丹，扁舟未發龍山灣。山頭窣堵半天出，十年笑我幾往還。今年結束值重九，愛此山水照高寒。親朋話別情總厚，兄弟白首仍蒼顔。相留一笑不易得，爭挈美酒羅盤餐。登高正爾在高許，下視擾擾眞塵寰。追思姑孰有故事，雅宴亦復同此山。雖云小異得佳客，主人鬚蝟懷胷奸。滄波至今洗遺恨，豈若我輩同清歡。是時郊原新雨足，歷歷煙樹明江干。放懷自知人境異，極目頓覺天宇寬。惜無五絃寄妙手，已有征鴈横雲端。南飛休論九萬里，東游更渡五百灘。明宵酒醒會相憶，夢繞百級憑飛欄。

送朱元晦

前年恨君不肯來，今年惜君不肯住。朝廷多事四十年，愚智由來各千慮。君來正値求言日，三策直前眞諫疏。詆訶百事推聖學，請復國讎施一怒。天高聽遠語不酬，袖手翩然尋故步。我知君是諫諍才，主上聰明得無悞。一紙底用教鶡冠，百戰應當啓戎輅。江山千里正風雪，歲月崢嶸倏將暮。有田可耕屋蓋頭，君計未疎吾亦去。君歸為謝武夷君，白馬搖鞭定何處。

送許侍郎知宣州

我公名滿東西川，一持使節幾十年。橋經萬里坂九折，兒童學語知公賢。上皇詔下嗟見晚，歸來荷橐趨甘泉。平生所學欲盡試，新語僅奏囊中篇。公獻所著書，太上皇稱善。兩淮破碎賴整理，百工蠱敝資鑱鐫。念公雖老猷自壯，何謂宜去請益堅。玉音三諭不可挽，一麾且復臨江壖。宣城景物今更妍，木瓜如瓠栗如拳。敬亭山下躡遊屐，疊嶂樓中呼酒船。謝公已往詩句在，公有妙語眞齊肩。卻招李白弔杜牧，收攬風月酬雲煙。中原未復敵未滅，政成請公須著鞭。吾君有意詢黃髮，廟堂之謀當萬全。

送蘇季眞赴湖北憲司屬官

憶昔聞君未相識，春雨繫船吳市側。逆風白浪不成行，坐聽親朋談歷歷。豈意飄零晚相見，俱捧江東從事檄。拙鳩未省厭榆枌，威鳳誰令安枳棘。今年喜君若有遇，去我還為遠行役。一樽忍話故園事，童穉吁嗟髮今白。君家聲名塞宇宙，翰墨縱横富奇策。未容世職踐明光，聊佐輶車司郡國。衡山洞庭忽在眼，禹牒黃車有遺跡。詩成不用弔靈均，為訪桃花招隱客。

偶得佳酒懷尹少稷聞其連日致齋在臺作長句寄之

孔君一月二十九日醉，太常一年三百五十九日齋。人生百歲駒過隙，直與外物勞形骸。君非太常何用爾，監祭有令時當差。朝廷禮備百神秩，不比媚奥猶燔柴。念君幾日得閒暇，歸胙饜飫妻奴哇。重門咫尺不得見，使我有酒空相懷。憶昔過從水南寺，風廊雪屋靡不偕。靈山懷玉了在眼，蒼翠突兀石筍鐵柱如籤排。醉來起舞對山水，狂歌亦和襄陽潷。一時取樂未云足，後會回首何其乖。今者相逢號朝士，僕僕聽鼓趨天街。欲觀禮樂問文物，但見鼙鼓鳴江淮。喜君頭上冠作鷹，文筆愈健詩愈佳。青雲萬里要直氣，幸勿觸狐當觸豸。我今勃窣百僚後，自覺迂鈍難為儕。一杯耳熱不共醉，夜長獨坐燒寒楷。隔牆降將新授節，絲竹間響駢金釵。時逢富貴雖可羨，擾擾得失眞蠅蝸。江山到處有佳趣，故應赤舃輸青鞋。明年春風我欲賦歸去，佇君功成作頌磨蒼崖。

方務德元夕不張燈留飲賞梅務觀索賦古風

昨日風雨今日晴，綠水橋南春水生。使君元夕罷高宴，亭午邀客花間行。危亭直上花幾許，水仙夾徑梅縱橫。不須沈水薰畫戟，簾幕自有香風清。門前紛紛烏鵲亂，隱几坐愛寒江明。憶昨淮南戎馬動，豈謂景物還新正。遺民歸公十萬口，鼙鼓日日嚴刀兵。眼看指麾盡摩撫，閭里愁歎成歡聲。酬功端合侍玉輦，安得坐嘯江干城。景龍燈火公尚記，耆舊出語兒童驚。我來兩月濫賓客，況有別駕能詩名。相從一笑說萬事，重費美酒勤杯觥。東風搖蕩入煙柳，歌管錯雜催離情。詔書徵拜那可後，為公前馬遙相迎。

次韻少稷梅花

君不見江城梅花春欲動，剪冰仙人作花供。客來酒盡甘啜醨，常恨公田無秫種。雪晴梅蘂更可愛，百匝來看地猶凍。杖藜一笑答春風，豈必鳴鸞與歌鳳。幽香要自已心清，冷艷不禁還目送。興來往往得佳句，落紙揮毫字尤縱。卻驚車陣有勍敵，旋結趙叟盟衡雍。孤芳未省須刻畫，百卉應先厭嘲弄。我如蟋蟀鳴苦遲，君似驊騮驟難控。相如上林晚奏雅，靈均喜橘工記諷。不妨聊繼廣平公，東閣疎枝與君共。

土人池中有新荷戴錢而出者少稷明遠相率賦詩戲作長句

君不見紫髯將軍射無敵，志目中眉猶動色。晚年驚見賣油翁，一綫穿錢曾不失。人言手熟會當爾，世事由來眞一劇。紛紛刻楮技已窮，厭看人力須天工。湘妃撫掌漢女笑，為我試手馮夷宮。芙蕖生葉不自展，胡為正在阿堵中。青銅翠羽光相映，莫遣游魚動荷柄。芳心滿眼誰得知，坐使詩人發嘲詠。我言羞澁囊久空，井中飛蚨那得逢。不如青鴨為銜去，牘買明月酬清風。

觀蓮

廣寒仙子霓作裳，夜從宓妃款英皇。朝游洛浦暮瀟湘，紅粧翠羽森成行。仙姿不作時世妝，或凝朝霞豔秋霜。臨流顧影濯滄浪，游魚屬玉雙鴛鴦。長庚北斗相低昂，笑中如花語如香。徘徊醉著清漏長，炯然開奩照湖光。湖風吹水洒面涼，明珠落佩千鳴璫。碧筩宛宛中可觴，為君行歌酌天漿。瑤池玉井遙相望，歸舟浮空月茫茫。

同尹少稷賦巖桂

江南秋盡猶無菊，只有幽香滿巖谷。紛紛千樹散黄金，翠葉離披剪寒玉。繁枝疑從缺月墮，嫩葉不受微風觸①。芳枝冷淡誰與妍，霧雨陰晴自膏沐。不妨松竹共行伍，要使芝蘭盡臣僕。小山有句嗟未盡，騷經已斷誰能續。每至凋零足惆悵，尙喜爐薰駐餘馥。為君掃地斗量歸，猶勝胡椒夸百斛。

隆興甲申歲閏月游焦山【案】此詩据《鎮江府志》補入

荒村日晴雪猶積，繫纜焦公山下石。江翻斷崖石破碎，瘞鶴千年有遺跡。瘦藤百級躋上方，浮玉南北江中央。檣竿如林出煙浦，酒船遠與帆低昂。老鴟盤風舞江面，殺氣淮南望中見。神龍只合水底眠，為洗乾坤起雷電。觀音巖前竹十尋，大士不死知此心。醉歸更喚殷七七，賸種好花開鶴林②。

---

① “嫩葉”，影印文津閣四庫全書本同，影印文淵閣四庫全書本作“嫩蕊”。

② “賸種”，影印文淵閣四庫全書本、影印文津閣四庫全書本同，《兩宋名賢小集》卷一六〇《南澗小集》作“剩便”。

南澗甲乙稿卷三

五言律詩

南劍道中甲子年作。公戊戌年生，時年二十七歲。【案】此注不知出誰手，非元吉自注也。今姑仍原文①。

喚渡春潭側，堤彎踏曉晴。回舟動山影，映日見魚行。墅遠孤烟出，江深白鷺明。塵勞消底計，對此覺身輕。

步月

山静水逾響，我行清夜中。月華霜著地，雲影浪搖空。有酒不惜醉，無人誰與同。嫦娥搗仙藥，應厭廣寒宫。

端午日張園分題

輦路逢端午，今年始賜休。不知人世暑，還有水軒秋。花氣晴薰坐，湖光晚逼舟。明朝又奔走，贏作片時留。

---

① “公戊戌年生時年二十七歲案此注不知出誰手非元吉自注也今姑仍原文”，這段文字底本與影印文淵閣四庫全書本均無，據影印文津閣四庫全書本補。

秋日雜詠六首

客少無塵語，官閒省吏文。醉眠千嶂日，危坐一牕雲。酒户時通籍，詩壇漸策勲。平生不龜手，郢客渾揮斤。

草草重陽節，黄花惜未開。故人猶有酒，行客且銜盃。日落蛩聲苦，雲低雁影來。南山足佳氣，獨立意徘徊。

醉著山堂夢，初涼枕簟清。秋聲迷夜雨，月色誤天明。爲客心長慣，思親意未平。歲華容易晚，寂寞壯心驚。

古郡青山合，乘高眼倍寬。風驚梧葉陣，雨暗菊花團。涼色宜欹枕，秋光怯凭欄。向來疎懶意，景物暫相歡。

怪底西風别，秋香一夜繁。攢金差可擬，揉蠟巧能摶。買地宜多種，移牀且細看。江南籬菊晚，賴爾慰愁端。

絶壁跨城樓，連天海氣浮。長空去鳥盡，落日斷雲留。鼓角深秋壯，山河薄暮愁。勞生知底所，倚杖寄滄洲。

聽雨 按詩二首，其一見七言絕[1]

昨夜燈花暗，今晨雨意深。殘花惟有葉，新笋已成林。未辦扶頭飲，聊為擁鼻吟。興闌幽夢斷，簷際足清音。

豐樂樓

今歲西湖上，經行始此迴。輕烟認花柳，細雨識樓臺。春半已多日，官閒能自來。情知欠樽酒，倚杖且徘徊。

---

① “按詩二首其一見七言絕”，這段文字底本與影印文淵閣四庫全書本均無，據影印文津閣四庫全書本補。

清明

老去驚時節，春來念物華。青烟百六日，同社兩三家。醉著凌風舸，歌成滿路花。滄江萬里意，獨立送殘霞。

閒居遣興

著雨柔桑暗，吹風小麥齊。江深涵日淨，野闊並雲低。車馬能相問，琴書故可攜。村村花自好，不奈子規啼。

道中遇停郊祀詔書

丹詔西來急，沿淮次第知。應嗟饗帝日，卻作視師期。士苦三年戍，人懷四郡悲。平戎可無策，帷幄定誰咨。

建業書事

千載西州路，何人不此行。山橫桃葉渡，江動石頭城。天闕雲端聳，秦淮雨後清。敢論風景異，舉目笑平生。

過芙蓉對鏡嶺

世事日千變，勞生憂患多。誰知度炎熱，正爾陟嵯峨。峰矗蓮初綻，崖枯鏡未磨。江東玆絶險，歎我兩經過。

慈雲嶺

極目慈雲路，看山立少時。湖光經雨闊，柳色泥煙垂。琢石觀蹲獸，鐫崖讀斷碑。西關知底險，撫掌笑兒嬉。

山行

意適都忘遠，行歌未覺勞。崎嶇一徑入，上下數峰高。嫩白憐新菊，輕紅訝小桃。得桃花數枝。歸來清興動，風葉亂蕭騷。

秋盡暑猶劇，今朝涼意新。輕陰能障日，小雨不生塵。度壑時投策，看雲一岸巾。鄰僧問何往，茗菓愧情親。

登玉京洞遇雨

俗物秖散意，市朝那復情。未能蓬島去，且上玉京行。古洞深無底，幽泉細有聲。山靈知我意，賸乞片時晴。

雨中同鄒德飯白雲菴

小雨不成雪，凍雲猶没山。若無官事縛，聊傍野僧閒。濁酒間何闊，清遊阻且艱。相看成冷淡，得句不空還。

懶惰已成癖，幽尋湖上臺。應知千里近，動作半年來。一徑草仍碧，兩山梅未開。猶憐衝雨濕，路入亂雲堆。

龍華寺傅大士眞身像

古寺郊丘側，鐘魚曉未喧。雙林有遺骨，瑞萼記名園。粒石嗟餘飯，神槌想叩門。蠶桑猶有謁，鼓舞動山村。

青陽龍池山潮泉其應有時禱于泉上坐頃三應山中人以為未有也

八月錢塘岸，江潮晝殷雷。豈知驚浪涌，不轉此峯來。古竇深無際，神淵秘莫開。山靈如愛我，三送雪成堆。

寄題尹少稷借竹軒

借屋復借竹，主人貧可知。清風時引酒，長日最須棊。牆缺秋聲過，庭空月影隨。遙憐對高節，幽獨更題詩。

龔敦頤芥隱詩

萬古須彌頂，嘗于芥子看。憐君作書窟，喚客築詩壇。默識眼界淨，忘憂心地寬。老來同此味，廣厦任高寒。

僧仲儼芥室

設席纔方丈，誰將芥子看。須彌藏自穩，琥珀拾應難。腳底芒鞋破，顱邊衲被寒。遙知八萬座，一笑且團欒。

易安齋

紫陌猶千里，禪房自一家。翠深穿小徑，紅濕動迷花。絡石寒梢亂，欹巖碧幹斜。春江夜來雨，如為洗烟霞。

過松江寄務觀五首

四海習鑿齒，雲間陸士龍。酒狂須一石，文好自三冬。風水客愁遠，烟花春事濃。還將枕流耳，來聽景陽鐘。

風浪白如屋，垂虹烟靄間。清心太湖水，滿眼洞庭山。放鶴迎人舞，飛鷗伴我閒。是中有佳句，詩思未容慳。

一別未十日，舉頭楊柳黄。蜂來知酒美，梅度覺船香。岸幘春容好，翻書晝景長。無人共談麈，自酌引壺觴。

湖岸見亭館，誰家長鎖門。主人寧好事，淥水但名園。借我安茅屋，容君共酒樽。風波正奔走，獨立望江村。

並舍盡垂柳，出簷多好花。獨尋江岸路，静愛野人家。水暖分魚子，沙晴蹙荻芽。放歌吾亦醉，漁户即生涯。

寄趙德莊二首

報陟西樞掾，遙憐勢未行。葬親嘗有請，去國豈無名。松菊關心在，江山到眼青。琵琶洲畔宅，歸計幾時成。

早辱交情厚，年來事輒同。自知榮宦拙，甘爲好詩窮。鳧鴈且依水，馬牛還信風。故應懷李白，但欲老江東。

送子雲五首

四海雙兄弟，南來幾别離。未成春草夢，先動白雲思。涕淚三年隔，風塵數月期。生涯奔走裏，卜築定何時。

薄宦何堪遠，兄今奉板輿。貓頭供美筍，玉板薦嘉魚。川陸徐行李，暄寒慎起居。會因回雁足，時一問何如。

楚國富山水，衡湘千里餘。人皆思太傅，我獨念三閭。貧賤眞勞矣，功名果命歟。官閒道林寺，洗眼臥看書。

别意能淒楚，驪駒且緩聽。百年三過一，萬事醉還醒。策馬身猶健，看山眼倍青。東風有底憾①，吹柳暗長亭。

水闊湖南道，春深可當遊。鳥聲喧緑樹，花影趁行舟。短袖那容舞，良疇不易謀。有親垂白髮，斂板未應羞。

送漳赴分寧尉

挾筴度春水，絮飛花易闌。吾衰聊玩世，子壯且勤官。雨後半篙緑，風生孤棹寒。慇懃酌雙井，爲試茗芽看。

---

① “底憾”，影印文淵閣四庫全書本同，影印文津閣四庫全書本作“底恨”。

送温伯玉二首

楚尾還重九，荒園菊半花。因君向姑孰，使我墜烏紗。更度千秋嶺，休尋萬里沙。壯年豪氣在，途路莫興嗟。

牛渚青山路，衰遲舊往來。西風動黄葉，朔雪記寒梅。戍鼓邊城近，樓船猛士催。然犀不用照，拔劍憶澹臺。

送張仲良二首

客裏親朋别，詩成倍黯然。春風動花柳，歸路繞雲煙。共絶過門盜，予與仲良俱六女子①。俱無使鬼錢。生涯知底許，消息幸頻傳。

氣概青雲上，聲華碧海邊。交遊俱得譽，伯仲總能賢。幕府寧淹薄，諸公肯薦延。功名第遲速，强飯且加鞭。

送梁士衡歸餘杭

一水分他縣，音書近可傳。飄零俱北客，憔悴各中年。破屋春風裏，扁舟夜雪前。故人逢短簿，秀實作簿。爲話意茫然。

古寺荒山曲，相過日自宜。插花狂墮幘，折屐醉爭棊。世事關情懶，風光逐意移。歲寒冰斷港，君去復何之。

送諒弟丞邵陽

春水生南澗，吾衰久索居。三年還作别，數字且頻書。文史差無負，田園慨未餘。常存愛民意，門户有權輿。

---

① “予與仲良俱六女子”，影印文津閣四庫全書本作小字置於詩題後。

送中甫兄之淮南

憶昔湖陰道，邊聲日夜聞。遠峰明積雪，疊鼓墮層雲。未歎河山異，常憂玉石焚。三年眞一夢，相見且論文。

老惜親朋別，貧知客寓愁。青燈耿遙夜，濁酒對窮秋。寒日催征騎，新霜倚縣樓。因君問淝水，莫渡北來舟。

滮赴貴池簿

四十纔生子，今年亦効官。國恩期共報，世路覺尤難。簿領猶應暇，詩書且細觀。傳家門户立，即此慰衰殘。

次韻子雲春日見懷二首

每惜春光去，生憎鵖鴂鳴。倦遊心易賞，多病戍仍更。風雨山花過，池塘野水生。買牛歸問舍，此計會應成。

山寺鶯花裏，懸知載酒行。青春隨夢斷，白髮伴愁生。爛醉眞吾事，忘機豈世情①。書來得佳句，雙眼暫增明。

次韻張晉彦書事

頡利何時縛，康居久未灰。天威如自震，敵勢不難摧。日月丹心在，風塵白眼開。受降城旋築，且緩羽書來。

次韻任信儒見過

鬬雀嗟窮巷，鳴騶枉故人。塵埃生破甑，風雨墊烏巾。別久情逾厚，詩來語更新。囊空得珠玉，此段不全貧。

① “忘機”，原作“亡機”，據影印文淵閣四庫全書本、影印文津閣四庫全書本改。

次韻趙任卿至北苑二首

行樂須春事，微官日自忙。輕雲弄天色，細雨出風光。�甲連山破，林髯夾道蒼。擬尋花島去，更待茗芽香。

好雨驚連夜，疎鐘喜報晨。池心春漲綠，花面曉粧匀。野渡經年別，官茶幾焙新。風光為傳語，何事曲江濱。

次韻魯如暉雪晴

臘近千門雪，風高一夜晴。醉餘和被擁，夢破覺牕明。鼙鼓三年戍，關河萬里情。應憐鐵甲冷，烽火未須驚。

次韻金元鼎新年七十

七十古稀有，君今還倦游。危機直虎口，薄利秖蠅頭。黃髮宜登用，清時忍退休。遥知江上宅，聊近水邊鷗。

論文傾滿座，嗜酒見天眞。舊愜李君馭，今懷王翰鄰。歡情知老大，詩話倍清新。莫作懸車念，滔滔且問津。

葉少保挽詞六首

奥學餘家法，宏材邁古風。剸煩樽俎上，禦侮笑談中。勳業中興殿，規模大駕宫。公造建業行宫，攷周、漢制度甚備。哀聞父老泣，遺愛六州同。

望實諸公右，文章百代師。匡時存詔令，謀國見丞疑。易識悲麟意，難追吐鳳辭。公傳《春秋》而《易》未畢。門生滿天下，誰繼蔡邕碑。伯喈作《橋公碑》。

宦達平生早，高年及引歸。安車榮絳節，黃髮遽衰衣。未致生芻奠，俄驚薤露晞。孝心天地惻，相望兩靈幃。

精舍湖山外，天開萬石林。五車娱晚歲，一壑遂初心。激水穿巖寶，栽花繞澗陰。佳名端不朽，揮淚記登臨。

翰墨通家舊，吁嗟大父時。追隨千里駕，酬唱百篇詩。小器慚非遠，孤童誤見奇。慇懃授簡意，敢負昔年期。公在閩中，作萬象亭，某為之賦。

憶罷儀曹試，登門語更親。故懷如昨日，一醉賞餘春。佳句猶霑墨，遺編竟掩塵。公欲序高祖文集。烟雲變朝暮，感慨獨傷神。

故資政殿大學士樞密洪公挽詞二首

世學推東楚，文名冠異科。弟兄聯玉筍，父子擅金坡。籌幄淵謀在，陪京惠愛多。無因奠雞酒，清淚灑江波。

甲第湖山美，人知小隱名。天方開樂土，地忽起佳城。祕殿疏殊渥，珍臺錫異榮。勲勞纔右府，曾未陟魁衡。

故贈太師丞相文恭陳公挽詞三首

拱揖消狂寇，從容奉兩宮。臨危幾謝傅，忍事實婁公。陶冶無偏黨，經綸盡樸忠。再來金鼎地，高臥亦成功。

扶疾祗嚴詔，邦基整屢危。紫宸朝奏事，黄閣暮興悲。德望儀千載，恩榮冠一時。石龜山下路，誰為記豐碑。

凜凜循良吏，休休一介臣。投艱推宇量，禦侮頼精神。給侍恩雖渥，懷歸志莫伸。平泉開甲第，花木未經春。

故太師和王挽詩三首

宿衛登環尹，榮恩四十春。威名傳翰海，功烈上麒麟。卻敵凝山岳，臨機妙鬼神。中興奉朝請，勞舊總無人。

淮右偏師出，江津督府開。槖皋賊陣蹙，瓜步敵鋒摧。寶劍疇能舉，神旗悵莫回。悲風苕水路[1]，千載有餘哀。

---

① “苕水”，原作“若水”，據影印文淵閣四庫全書本、影印文津閣四庫全書本改。

甲第神京冠，王封異姓優。風雲開傑閣，水月轉芳洲。種玉階庭盛，揮金族緒周。諸郎自持槖，衮衮尚公侯。

致政龍圖給事吳公挽詞二首

風采儀三院，循良著六州。譽高青瑣闥，名動紫雲樓。經世餘閎議，興邦閟遠猷。君王問黃髮，柱石可能留。

勇退湖山地，心期白傅論。仙風占蒼嶺，樂土並桃源。壯節傳交舊，儒科付子孫。脩齡纔八十，殄瘁只聲吞。

致政龍圖給事徐公挽詞二首

磊落南州士，家聲二百年。失身幾利吻，得路已華顛。青瑣元虛位，黃扉久佇賢。上欲大用公而不起。九原寧可作，東望益潸然。

今代詢黃髮，臨雍缺盛儀。久從曾釜樂，俄重鯉庭悲。德履嗟如在，功名誤見期。平生拄頤劍，聊掛墓門枝。

葉夢錫丞相挽詞二首

製邑騰嘉譽，升平遂一州。雍容持從槖，慷慨動宸旒。相業看調鼎，兵機久運籌。勲庸元未究，湖海淚空流。

味道蘇仙井，言歸鬢尚青。僅周新甲子，還仰舊儀刑。祕殿欣疏寵，華鐘待勒銘。追隨樽酒地，愁絶最高亭。

挽任諫議詞二首

身致高門重，心無闇室欺。臧孫宜有後，伯道乃無兒。公無子，以族子後。千載君如此，流年疾若斯。寧無百人贖，遂作九原悲。

凛凛諍臣節，恂恂循吏名。世嗟陽諫議，人憶謝宣城。優詔纔三接，嘉言未一行。清霜數行淚，豈為故人傾。

故端明尚書汪公挽詞二首

未冠登華選，高文動漢廷。持身嚴棨席，慮世炳丹青。庶府咨沿革，諸儒見典型。空嗟廊廟略，不上鼎彝銘。

獻納高門地，君王識履聲。閩山歌惠政，蜀道儋威名。逝矣嗟天命，誰歟總國成。弟兄無六十，殄瘁亦堪驚。

致政許侍郎挽詞二首

海内循良政，高名實吏師。銅符嘗五換，玉節更三持。慷慨平戎策，雍容聖德詩。公嘗獻十二説及詩百韻，太上歎賞。甘泉僅持橐，功不負明時。

蜀道煩司馬，宣城屈謝公。風行萬里外，身老十年中。厚德今疇繼，深知昔誤蒙。佳城閟千載，雞酒恨何窮。

故宫使待制侍郎陳公挽詞二首

政譽京江口，威名峴首山。折衝章貢外，制勝漢淮間。零落金閨彦，淒涼玉筍班。文章與功業，未老竟長閒。

結綬同郎省，幽居願卜鄰。攖寧良自適，坎壈遂無伸。壯志嗟猶在，交情晚更親。秋風敬亭路，西望一霑巾。

故宫使参政觀文錢公挽詞二首

忠孝全家法，清修極道腴。雍容調庶政，談笑靖邊隅。許國心猶壯，安時貌不枯。脩齡纔七十，誰為隔黄壚。

甲第依香火，棲心不離禪。頤神雖緑野，紀績自凌烟。榮觀丹丘外，眞遊弱水邊。佳城近劉阮，覺路有飛仙。

故致政參政大資張公挽詞三首

海内推耆德，朝端藹直聲。金輝餘烈火，玉價自連城。正色消羣枉，高風聳後生。君王問黄髮，猶僅陟台衡。

益部煩分陜，金陵起御戎。逢時身已病，憂國志彌忠。廊廟訏謨外，丘園夢寐中。彈冠與歸老，盛節有初終。

憶荷公車薦，多慚識面求。驚心異生死，倒指十春秋。國士懷青眼，門生慨白頭。東芻催老淚，東與大江流。

挽曾伯充大夫詞二首

作吏餘家法，臨民有古風。政推平易外，人在典型中。道擬莊生合，公留意黄老。年幾衛武同。清時記耆舊，揮淚楚江東。

宦達雖無意，安榮自一門。剖符看令子，曳綬及諸孫。盛德清難繼，高風俗為敦。葬車駢百兩，歸臥九華根。

方務德侍郎挽詞二首

壯歲分符節，飛騰四十春。吁嗟循吏傳，無復老成人。三輔勤勞舊，西清寵數新。青山問何許，猶與謝公鄰。

上聖詢黄髮，清時慨莫留。居中二千石，典外十三州。禁闥多閎議，籌幃裕遠猷。交親半天下，注海淚空流。

周元特詹事挽詞二首

道學尊閭里，衣冠見偉人。雞羣眞野鶴，麕角自祥麟[①]。讜論追前輩，清時識諍臣。他年激貪懦，風動霅溪濱。

---

① “自”，原作“目”，據影印文淵閣四庫全書本、影印文津閣四庫全書本改。

黄髮趨嚴詔，青宫啓太微。圃公方入侍[①]，疏傳已言歸。奏牘三千在，流年七十稀。無從奠鷄酒，老疾只沾衣[②]。

挽徐敦濟郎中詞二首

南渡推人物，彝常有世家。州麾三上最，使節五分華。通籍恩初渥，登車病已加。甘泉垂入侍，華屋漫興嗟。

强學三冬足，高談四座傾。書成唐北海，文似漢西京。籌幄嘗裨畫，星曹僅掛名[③]。生芻纔一束，聊寄淚縱横。

挽傅安道郎中詞二首

節槩存先烈，文才藹儁聲。弟兄聯膴仕，父子擅英名。密勿棲郎省，華光擁使旌。甘泉虚從槖，曾未席恩榮。

蚤負凌雲氣，長懷流水音。詞場俱白首，世路只丹心。妙語空成誦，懽盟詎可尋。泉山幾千里，涕淚倶霑襟。

范泉州挽詞二首

淡墨標名早，飛騰僅石渠。學傳外家藴，論合古人餘。議本楓宸疏，評和相第書。忠言與危行，青史未應虚。

玉節江南道，銅符海上州。登車人自化，截鐙士爭留。不作田園計，長懷世事憂。秋風閉黄壤，誰為子孫謀。

挽張元幹國録詞二首

左學馳聲舊，中朝得録初。宏材知底用，壯志亦成虚。歸旐三千

① “圃公”，影印文淵閣四庫全書本、影印文津閣四庫全書本作“園公”。
② “老疾”，影印文淵閣四庫全書本同，影印文津閣四庫全書本作“老淚”。
③ “掛名”，原作“卦名”，據影印文淵閣四庫全書本、影印文津閣四庫全書本改。

遠，親年八十餘。蒼天誰與問，行路亦欷歔。

一第固已晚，九遷人共期。功名雖有命，壽考獨無時。門士韜珪璧，諸郎襲禮詩。他年振儒學，猶慰九原悲。

尹少稷挽詞二首

蚤擅奇童譽，中蜚處士聲。談鋒粲開闔，筆力妙縱横。主聖由言悟，官清以諫名。故交零落盡，老淚與河傾。

今代賢良策，中興未一陳。文章如漢士，家世亦齊人。遇合嗟云晚，忠嘉慨莫伸。朔風吹墓草，毀譽付千春。

毛平仲挽詞二首

奥學窮千古，奇文擅兩都。功名一盃酒，身世五車書。未奏揚雄賦，長懷仲舉輿。溪塘巖下水，豈羡石為渠。

蚤歲聞嘉譽，論交鬢已絲。長言雖面隔，千里但心期。故壘生芻奠，塵編幼婦辭。倚天長劍在，欲掛漫興悲。

宋傳道挽詞二首

德履無遺恨，絃歌有去思。養親三釜樂，作郡十年遲。壯志沈黄壤，英遊閉赤墀。豐碑頌遺愛，誰為繼羅池。

留落東州彦，相期幸卜鄰。筒詩餘唱咏[①]，樽酒記情親。舊國歸無日，諸鄉見有人。佳城千載恨，雪涕楚江濱。

故秦國太夫人鄧氏挽詞朱藏一丞相内子

諸父聯丞弼，元夫總化鈞。光華人莫並，恭儉古無倫。沐國三茅土，儀家五鳳麟。塗車閭里慟，矧此故園親。

---

① “唱咏”，原作“唱永”，據影印文淵閣四庫全書本改。

信國太夫人慕容氏挽詞蔣丞相母

望族尚書舊，宜家藹縉紳。無人知善教，有子冠鴻鈞。箕箒惟安禮，詩書不待鄰。鴟堂萬鍾養，風木倍悲辛。

南澗甲乙稿卷四

七言律詩

鹿鳴宴

金殿春風策雋賢，上林弧矢更爭先。不辭老懦聊推轂，要見飛騰總著鞭。勲業肇端登鳳沼，葉公始登政地。詞章接武侍甘泉。侍從諸賢前後多領文字之職。明年貢籍還增倍，定作東州盛事傳。東陽解額甚窄，主司有遺才之嘆。國朝故事，所解全中南宫，則次舉許倍增人數云。

立春感懷

南北驅馳老病身，不堪節物更催人。梅梢白白猶藏臘，蔬甲青青便作春。鐵馬漸欣邊塞靜，土牛還祝歲時新。聖朝文物從兹始，元日郊丘得上辛。

喜雪

苦寒無那歲崢嶸，一夜陰風雪滿城。莫問牛羊迂使節，卻思鵝鴨溷軍聲。庭空謄喜羅琪樹，履敝猶堪步玉京。更碾新芽試湯火，從來冷淡是書生。

元夕再用韻

瑤山直上玉梯横，不用銀花散火城。著柳共看飛絮動，打牕渾作亂蚊聲。路尋鸞鶴天疑近，石壅鯨鯢觀易京。便擬乘風跨滄海，更須新月趁潮生。

春日

霏霏小雨映煙光，睡起文書正滿牀。芍藥倚堦纔弄色，酴醾堆架漸吹香。林端好鳥猶相應，葉底殘花欲自藏。便覺春風如我老，須君駐世有奇方。

春日山中

杜陵愛飲覓南鄰，我亦顛狂不奈貧。漸有好花宜過雨，應須美酒細酬春。十年鄉國無窮思，千里江湖未老身。莫向空中厭愁寂，杏梢桃葉一番新。

雨後睡起有懷

菊枝萱草亂庭隅，旋卷疎簾臥看書。枕簟涼生秋雨後，軒牕睡足晚風初。官閒自愛門無轍，計拙猶慚食有魚。莫遣功名心易老，只應湖海氣難除。

夜坐聞牕下水聲

書史懸知伴此生，敢求身外百年名。青燈又暗吹牕雨，流水長聞入夜聲。玩世久忘榮辱累，定交諳盡死生情。翛然隱几焚香坐，不獨心清境亦清。

曉霽再用前韻二首

牕外幽花無數生，亂紅相映不知名。長條自轉風前影，别壑還添雨後聲。閉户苦無佳客語，披書聊慰古人情。詩成步逐山腰月，相對茅簷夜色清。

新筍成行嫩菊生，故人為作小軒名。十年敢有旌麾意，兩部空遺鼓吹聲。世事如塵紛過眼，風光和酒最關情。曲肱不作南柯夢，槐影陰陰枕簟清。

七夕亞之置酒再用前韻【案】此詩題云用前韻，檢七律中無之，蓋已佚矣。

烏鵲無聲夜向闌，空庭插竹巧誰看。長生殿裏金釵暖，百子池邊五縷寒。夢破清風吹雨脚，醉餘新月上林端。閒來不辨論時節，賸喜秋花共夕餐。

九日獨酌

茱萸滿把半青紅，强擬登臨少客同。碧樹池塘秋色裏，黄花時節雨聲中。官閒覓句能消日，酒薄看山尚怯風。高李故人今健否，一樽懷古意無窮。

病中放言五首

松牕永日度涼飔，坐覺清陰寸寸移。境静故應閒可樂，形臞猶有病相隨。塵埃末路思千里，風露何年飽一枝。百歲窮通吾自了，閉門長詠子桑詩。

長夏空齋冷欲冰，幾愁無米溷鄰僧。途窮誰為一舉手，計拙自宜三折肱。風静鳶飛猶跕跕，日斜蚊聚已薨薨。此身示疾非吾病，卧看南山翠作層。

歲月催人易白頭，只應蝴蝶夢為周。跰躃久悟人间世，汗漫已期方外遊。化鶴自知迷故國，斷鼇今見立神州。蓬萊水淺君須記，蓮葉翩翩僅可舟。

寓意平生止墨卿，轉喉無奈觸錢神。敢將名利期當世，直欲文章似古人。積雨尚添門外轍，顛風不掃甑間塵。倦游儻有凌雲賦，肯為黄金巧致身。

少日功名謂立成，壯年漂蕩已心驚。正平只合依文舉，元亮何妨慕孔明。墓上征西眞底用，生前杯酒未宜輕。田園待足何時足，歸赴空山猿鶴盟。

有童子市龜七以百金得而放之

百金為換七玄衣，自啓笭籠俯釣磯。白水眞人聊並聘，清江使者遂同歸。負圖可但逢時出，曳尾寧須與世違。好去滄波莫回首，餘不亭下柳依依。

記建安大水

孤城雨腳暮雲平，不覺魚龍自滿庭。托命已甘同木偶，置身端亦似羸缾。浮家卻羡鴟夷子，弄月常憂太白星。當日乘槎便仙去，故人應罪曲江靈①。紹興甲子歲，予寓建安。夏，大水，舉家蕩覆，騎危僅脱，因此作詩自啗。乾道癸巳，將命過高郵，遇杜受言猶子鏜②，錄以見示，讀之恍然，蓋忘之矣。受言時為提舉茶事，募人拯予者也，鏜實見之。俯仰三十年矣，死生契闊，不勝慨歎。閏月二十七日書。

與蘇訓直約遊招隱寺

十日春晴未放梅，籃輿端為看山來。路尋絶壑空流水，寺倚蒼巖

---

① “應罪”，影印文淵閣四庫全書本、影印文津閣四庫全書本同，《瀛奎律髓匯評》卷一七、《兩宋名賢小集》卷一六〇《南澗小集》作“應在”。

② “鏜”，影印文淵閣四庫全書本、影印文津閣四庫全書本同，《瀛奎律髓匯評》卷一七作“鏘”。下同。

只廢臺。處士尚餘三畝宅，野僧合買萬松栽。故知佳興難為敗，上盡西峯眼界開。

鼙鼓初歸塞上師，京江酒美勝年時。春來逆旅眞無事，身到名山合有詩。石底於菟窮作穴，泉間科斗鬧成池。荒寒景色君休問，後日應懷此客隨。

雨中同伯恭至湖上①

莫嫌鞭馬踏春泥，茶鼎詩囊偶共攜。山色雨深看更好，湖光烟接望還迷。連天花絮飛將盡，夾道蒲荷長欲齊。官事得閒須洗眼，蓬壺只在帝城西。

清明日雨中同中甫子雲二兄集湖上

莫辭沖雨濕春衣，要看湖山滴翠微。絮重欲飛堤柳暗，花寒無賴海棠稀。官忙未覺追遊少，醽美猶堪盡醉歸。屈指薰風來幾日，綠荷簪水已依依。

清明後一日同諸友湖上值雨

出遊初不計陰晴，聊喜湖山信馬行。弱柳自隨烟際綠，幽花還傍雨邊明。嫩蒲碧水人家好②，密竹疎松野寺清。爛醉一春纔幾日，可無佳景付詩情。

元夔以詩留別用韻示之

密竹疎松一水邊，高舂自占曲肱眠。心如古井眞無浪，跡似寒灰

---

① “同”，影印文淵閣四庫全書本、影印文津閣四庫全書本同，《兩宋名賢小集》卷一六〇作“聞”。

② “碧水”，影印文淵閣四庫全書本同，影印文津閣四庫全書本作“綠水”。

豈復然。舌在未應甘寂寞，地偏猶可小回旋。春風又綠池塘草，清夢從今只惠連。

淵明遶屋樹扶疎，大似蓬蒿仲蔚居。老矣强營三徑菊，閒來未厭五車書。詩成歎我同招隱，賦就須君敵子虛。努力青雲家世事，他年簪筆待嚴徐。

清明前一日與客自光孝登般若菴觀鐵塔舊基因至鐵獅頂

青鞵藜杖破層雲，勝日猶能界眼新。窣堵已摧豪士手，狻猊猶現法王身。寺藏松竹疑無地，路接烟霄不到塵。車馬憧憧城市客，舉頭相望幾由旬。先是山半舊有鐵塔，舉子以為不利秋試①，衆手碎之。絶頂有鐵獅子，相傳郡南山為羣狼形，故以鐵獅子厭勝之也。

夜宿斜溪聞杜鵑【案】此詩二首，其一見五絕。②

船牕初日弄暉暉③，起坐胡牀自攬衣。無數青山隨岸改，幾聲幽鳥喚人歸。鷗盟好在重遊戲，蝶夢驚回果是非。便擬走書聞稚子，歸來同買釣魚磯。

過武夷

不到仙山二十年，道人雙鬢亦皤然。卻看翠嶺千尋石，又汎清溪九曲船。目極已高聊自喜，身輕欲上可無緣。只應猿鶴遙相認，笑我歸耕未有田。

---

① “秋試”，影印文淵閣四庫全書本同，影印文津閣四庫全書本前多一“會”字，如此標點則應作“舉子以為不利。會秋試，眾手碎之”。

② “案此詩二首其一見五絕”，據影印文津閣四庫全書本補。

③ “暉暉”，影印文淵閣四庫全書本作“晴暉”，影印文津閣四庫全書本作“朝暉”。

雨中望靈山呈明遠

騎曹公事日紛紛，荀令香爐欲罷薰。冷雨定知還作雪，好山無奈只藏雲。看花便覺名何用，勸酒誰能耳不聞。歲晚官倉塵滿眼，只應清坐獨輸君。

陪曾吉甫遊中山

去天尺五城南寺，目極層軒得此遊。山闊雨收雲點綴，江清日淡柳風流。僧扉繚繞牛鳴地，樓閣參差斗大州。公自蓬萊舊仙伯，一麾眞復占鼇頭。

勸耕至赤松山

謬誤君恩再領州，名山猶幸復春遊。苦無羽客追元放，尚有羣兒識細侯。麥穗雨晴迷野岸，桃花風急滿溪流。隔林布穀如相應，更酌丹泉為少留。

自天封登華頂將自桐柏以歸土人謂之望海尖

連天松影轉崔嵬，夾道桃花迤邐開。便覺胸中有東海，不知腳底是三台。閒雲自作千峰雨，流水眞成萬壑雷。喚起吹笙王子晉，夜深乘月上瓊臺。

望卞山懷石林翁

卞山苕水共蒼蒼，中有先生萬石堂。早歲英名類終賈，暮年眉壽到劉楊。人琴遂欲成千載，雞酒猶能酹一觴。身後遺編尚塵積，豐碑誰復付中郎。

遊鹿田寺

路轉崔嵬第一峰，兩仙迎我度空濛。不知屨躡青霄上，但覺身行紺霧中。隴麥正隨高下綠，山花猶作淺深紅。極知靈運眞任守，蠟屐穿林興未窮。

同葉夢錫趙德莊遊牛首山

不辭扶病觸春寒，及此新晴一日閒。雲外經年見雙闕，馬頭乘興數前山。清泉細酌巉巖上，佛窟同探紫翠間。我亦無心話禪悅，銜花百鳥自飛還。

寶林院次韓廷玉韻

山繞孤城水拍空，惜無殘月照踈桐。江干雲斷夜來雨，木末涼生秋到風。六代興亡知寺古，老禪神異載碑豐。詩成極目蒼茫裏，惜別情懷醉夢中。

會稽道中有感

稠紅亂紫正芳菲，寒食青門客自歸。江上酒醒聞燕語，日斜睡足看花飛。功名老去眞何在，丘壑平生豈願違。尚喜繫船探禹穴，稽山雲淡雨霏霏。

九華道中

行人腳底不生塵，絶壁仙凡路已分。一水奔騰崖覆雪，九峯羅立岫填雲。謫仙才大三千首，國老謀深十萬軍。莫對青山歎華髮，丹砂未就又論文。

至日建德道中

聖皇初款帝中壇，羽檄交馳玉仗寒。佳節又看當警急，勞生底用較悲懽。腐儒憂國成千慮，强敵窺人詎一端。夢想淮南風雪裏，可無消息報平安。

葉丞相最高亭

丞相園林景物繁，花亭那更得躋攀。平看溪上千尋木，不數城南萬疊山。歌舞恍如銀漢外，笑談常在碧雲間。醉酣欲問劉公客，百尺樓中亦汗顏。

賞心亭亭後世傳張麗華墓

北風吹雨冷如秋，更上江干百尺樓。瓊樹佳人閉黄壤，石城華屋變滄洲。三峯已覺蓬萊近，二水眞成汗漫遊。六代風光幾人物，不妨擁鼻向南州。

重建極目亭

曲闌十里畫屏開①，氣壓凌歊百仞臺。不盡溪光空外見，無窮山色望中來。旋規北檻栽新竹，更闢東牕對野梅。老子興來眞不淺，清秋忍負十分杯。

次韻張子儀倉司展翠亭

官事常忙心自閒，故應拄笏為西山。舉頭但覺來風月，著足何妨涉闤闠。振廩功成聊共醉，追鋒詔下合俱還。陳天與為守，和篇有“叩關把

① “十里”，影印文淵閣四庫全書本同，影印文津閣四庫全書本作“千里”。

瓏”之句。二公皆即召用矣。須知蒼翠看無盡，輸我巖居晝掩關。

晚登凌風亭戲作

咄咄眞成了事癡，功名何在鬢霜垂。清談安得如夷甫，佳句無勞發愷之。山色倚江秋更好，煙光連市晚偏宜。田園底許歸能決，且擷黄花付酒卮。王夷甫清談終日，縣務亦理，口未嘗言錢。顧愷之見張融《海賦》云：“但恨不道鹽耳。”因增“熬波”之句，二事皆所困者，因以自哂。

再至凌風亭

目盡西山落照邊，危亭風景故依然。重來身忝二千石，老去心驚十九年。種柳已高丹檻外，栽花猶占綠牕前。不堪素髪紛垂領，還愧青春令尹賢。

題長春亭

一徑清深不起塵，芳菲紅紫意隨人。應知地勝無非景，但有花開即是春。萱草自隨蘭葉茂，棠花還與桂枝新。綵衣兄弟人生樂，莫惜支筇步武頻。

題蒼筤亭

手種蒼筤數百竿，築亭相與枕書看。故知落落非春事，直有青青共歲寒。一壑自欣幽意足，三年獨得此君歡。蕭然風露千尋影，搔首哦詩獨凭欄。

采箬亭

山繚重城水拍堤，雨晴秋浦靜相宜。新篁弄日千竿玉，紋簟披風八尺漪。坐對芳洲端自樂，興來小艇亦頻移。他年穩侍蓬萊殿，聊記高亭一笑時。

晝寒亭

月裏瓊宫不禁寒①，誰令白晝墮人間。陰風淅淅來深谷，晴雪霏霏濺兩山。静愛飛流聊洗耳，坐看絶磴可怡顔。紅塵熱客那知此，赤腳青松意自閒。

凌歊臺

山到西江勢卻回，倚山樓殿更高臺。天容水色望中見，帆影車塵空際來。桑柘棊分千里迴，波濤壁立兩峯開。登臨擬問興亡事，白塔亭亭鎖翠苔。

蓬瀛臺

雨餘天宇澹澄瀛，及此秋郊一日晴。軒蓋翩翩度林影，笙簫隱隱雜溪聲。風隨廣席歌呼轉，雲滿高臺步武生。記取今年作重九，丹崖絶壑是神清。

錢伯同新創明暉閣

使君談笑兩橋成，人向晴虹鏡裏行。更闢軒牕待遊覽，要看山水倍澄明。波寬十頃知魚樂，歲熟千家響碓聲。收拾風光付華月，一樽還記昔文清。閣名用曾文清詩語。

題金元鼎至樂堂

百歲休論七十稀，羡君林壤得熙怡。賦歸已久同元亮，至樂眞能

---

① “不禁”，影印文津閣四庫全書本同，影印文淵閣四庫全書本作“不奈”。

慕啓期。一壑過人聊自足，萬鍾于我亦何思。故應不羨紆朱貴，元鼎辭倅得祠。带索行歌世未知。

題十二兄野堂

少年行樂記鄉關，月渚霞洲一夢間。為愛軒牕臨野水，只疑風景是家山。荷香柳影情偏厚，竹色松聲意自閒。堪笑主翁持節手，卻來垂釣傍蒼灣。明月渚、落霞洲，許昌湖也。

韓子師讀書堂置酒見留

酴醾插架未成陰，水滿方塘數尺深。入户幽花眞有意，拂簷高竹更關心。鳴禽唤客知閒景，舞鶴迎人作好音。莫道相逢欠歌管，一觴酒盡讀書林。

山橋

倚杖溪橋暮雨垂，春寒空翠著人衣。凌空怪石如旗豎，噴壑清泉作練飛。乘興正須隨地飲，醉狂聊共插花歸。從教拍手兒童笑，要是山深客到稀。

范良臣見過云有食粥之憂以斛米助之因得長句

捄飢豈復衛文子，闕食尚憐顏魯公。定知啜粥可餬口，未至腹疾號山芎。東方千牘羨飽死，顏氏一瓢嗟屢空。我家無錢但斛粟，與子共坐詩能窮。世傳兩貧士為鄰，其一有餽之斗粟者，抖擻篋中，僅得數錢，以勞其持餽。至夜，鄰士叩門，假一二錢市油誦書，則嘆謝曰："盡之矣！"既而愧甚，曰："尚有斛斗，可分子也。"故用為戲。

伏日諸君小集沈明遠以小疾不預作詩戲之

廣文官冷酒錢空，平日清樽一笑同。苦憶車公來座上，翻成三老隱牆東①。定中示病應非病，詩裏能窮有底窮。涼月滿天新雨足，試憑檄語愈頭風。

聞吳端朝作眞率集

他年曾作社中人，骯髒歸來白髮新。闊別常思共杯酌，舊交那得更比鄰。黃雞白酒可勞勸，青笋烏椑未絶貧。恨不從君語終夕，空齋愁坐獨傷神。

令防得女招飲以病不往走筆戲之

平生諸女重吾貧，敢意君家亦效顰。醜惡未妨攘盜賊，長成難議卜比鄰。予與令防昆仲鄰居，比皆得女。遙憐四十稱郎罷，豈惜千金辦主人。美酒尚須留待我，明年應見玉麒麟。

次韻陳子象謝新火詩

曲水流觴迹易陳，水邊那復御厨珍。茶煙永日看輕颺，槐火今年又一新。鄰舍未應煩束緼，官庖猶幸有輿薪。須公更試長檠夜，賸照歌臺拂鏡塵。

李彭元攜曾吉甫詩卷數帖見過

十年松竹暗茶山，君有詩聲舊將壇。食薺誰如東野苦，無氈不奈廣文寒。閉門久詠高軒過，彈鋏今嗟行路難。我亦凋零舊賓客，遺編聊共拂塵看。

---

① “三老”，影印文淵閣四庫全書本、影印文津閣四庫全書本作“王老”。

李子永惠道中詩卷

踏雪衝寒徧幾州，豈妨乘輿作清遊。風横白鷺歌瓊樹，月滿青山問釣舟。夢繞征途渾歷歷，老諳世事總悠悠。塵埃鞅掌君休恨，自有詩輕萬户侯。

熊子復惠十詩作長句謝之

白首相期翰墨中，衰齡況是甲庚同。久懷妙論傳犀塵，尚喜清詩附驛筒。柳長五株知訟少，麥呈兩穗報年豐。去天一握歸來近，密令疇庸可拜公。

姜特立寄近詩

雙溪巖曲蘆江岸，每見君詩句益奇。漸喜青雲今得路，豈妨白雪尚摛詞。斷蛟入海功何壯，披腹排雲世共知。斫卻月中丹桂手，朝陽應占鳳凰枝。姜五中鄉薦，今為春坊。

周航定國攜諸公所贈詩求次韻

拾青紫本一經明，得失由來信可驚。美玉固應人未識，千鈞何自俗能輕。馬曹寂寞心空在，驥子昂藏骨更清。航有子預薦。穩步煙霄遲速耳，筆端夢覺已花生。

季元衡寄示三池戲藁

文彩風流冠一時，三池聊作鳳凰池。新詩到處傳桐葉，麗唱他年滿竹枝。歸夢故應懷古括，清談還喜對峨眉。玉堂待草山東詔，解纜春江莫放遲。

曾丰惠文編

簿領裝懷筆擁塵，經年舌强不論文。跫然步武心還喜，籍甚聲華耳舊聞。曲水賦詩須鮑謝，甘泉第頌憶淵雲。相期穩上芸香閣，要策清時翰墨勲。

徐應祺惠文編

渴雨空齋晝不眠，疎簾竹簟意脩然。借君妙語清袢暑，起我衰悰似壯年。得意每看雄霓句，逢時會奏白雲篇。漢庭久重春秋學，凌厲煙霄更著鞭。

寄懷子雲兄

長年游宦已堪嗟，寓舍無田豈是家。母子分飛還歲换，弟兄相望各天涯。塵埃閲世丹心在，朱墨縈人兩鬢華。聞道過庭新哭鯉，開書空有淚横斜。

赴信幕寄子雲叔嗅及同寺

田園未辦各身謀，兄弟今成迭去留。游宦三年方啓足，寄書千字又從頭。家書以《千字文》為號。白雲不定山容晚，碧水無窮樹色秋。回首寺橋同社客，想因明月話離愁。

謝三船上醉同歸，黄四花邊手屢攜。巷裏何曾異南北，屋頭還復記東西。一杯相屬情猶在，千里分飛意自迷。堂下秋來足萱草，定傾家釀飫黄雞。

初至上饒寄子雲

險阻艱難客路賒，東西南北問生涯。秋聲瑟縮生梧葉，野景蕭疎上菊花。去國已驚身老大，無家空有淚橫斜。遙知載酒齊山寺，應憶年時醉月華。

寄梁士衡癸酉年作

江上潮聲日夜來，相望蹤跡共塵埃。亂花洗雨紅成陣，疊嶂連天翠作堆。山市放歌知屢醉，沙津獨步想千回。松林月出溪橋夜，猶憶當年對野梅。

夜坐有感寄子雲金陵作漕

風景新亭舊往還，誰能舉目較河山。宦情老去秋多感，官事忙時夜始閒。牕外槁梧風瑟縮[1]，竹間亂石雨淙潺。青燈已作江湖夢，同約歸期早晚間。

過龐祐甫

半畝方園水到門，地偏人靜恰如村。聲名不用卿王衍，文字眞能僕屈原。舉世知君如我少，平生學道欲誰論。何時共結柴桑社，籬下秋來菊正繁。

劉子淵監廟年八十六耳目聰明能飲酒舉大白喜賦詩比過之因示長句次其韻

才疎政拙愧能名，黃髮猶欣見老成。林壤固知聊自樂，門閭要是已堪旌。持盃瀲灩千眉聳，落筆縱橫四座驚。笳鼓過君應一笑，平田兩部足蛙聲。

---

① “槁梧”，原作“橋梧”，據影印文淵閣四庫全書本、影印文津閣四庫全書本改。

過趙仲縝

山下清溪溪上亭，竹陰芳徑眼增明。已知數日逢寒食，賸喜今朝作好晴。酒美故應容客醉，歌長不自覺詩成。春深準擬多行樂，卻作花前送我行。

秋雨新霽過趙慎中留飲

門外黃塵有底忙，主人高臥興何長。春風竹樹簫笙轉，雨足軒牕笑語涼。耳熱漫思官裏事，眼明猶識醉時粧。紫雲莫厭頻來客，未抵當年御史狂。

陸務觀赴闕經從留飲

溪岸風高霜作棱，杯盤草草對青燈。已甘鹽菜待梁柳，況有酒漿延杜陵。歲晚鬢毛紛似雪，天寒門巷冷于冰。春風穩送金閨步，看躡鰲山最上層。

寄徐滁州惇立

青瑣金鑾跡未容，寘公猶在昔賢中。著書定已追迂叟，聞編《通鑑》後事甚備。得郡何妨號醉翁。豐樂橋邊魚動鏡，清流關下馬嘶風。獨憐湛輩猶奔走，不得登臨一笑同。

寄別子雲

江干風雪敝貂裘，兄弟相看已白頭。兩月追隨無十日，一春離別甚三秋。清時官職難頻竊，異縣田園合早求。並戲母前端有日，省郎雖美不如州。

次韻沈駒甫留别

筆下縱横自學林，胷中玉海更清深。識君異縣見眉宇，過我空山聆足音。月近中秋還惜别，雪飛窮臘會重臨。閉門剝啄誰相問，與客寧論舊與今。

别范元卿

晴林綠樹越江邊，聊泊東來倦客船。風引花香微近酒，水浮月色澹連天。驚心朋舊皆千里，回首光陰又五年。莫笑相逢便離别，此生身計已飄然。

松江别范至能朱伯陽

彈鋏功名易白頭，歸歟未辦五湖舟。送君與我皆為守，到處逢山且縱遊。薄日連雲千嶂曉，斜風吹雨一江秋。買魚斫鱠垂虹上，更為今年好景留。

吳歈灣月韻江船，屈指同行二十年。勝日五湖看老矣，倦游雙鬢各蒼然。擬尋詩酒平生社，未了塵埃薄宦緣。後夜西風相憶夢，琵琶亭下水籠烟。

留别傅安道

華髮相看四十年，飽諳世事欲忘言。一春離别當寒食，再歲追隨作上元。湖外溪山明小檻，雨餘花柳暗西園。極知老大交朋少，相與論文更一樽。

場屋俱為拜賜師，烟霄獨喜鳳毛飛。壯心似鐵何曾老，健筆如椽合一揮。北渚青山勞我夢，西垣紅藥待君歸。詔環不作經時隔，沙路薰風卷繡衣。

南澗甲乙稿卷五

七言律詩

送湯丞相帥會稽

淮岸春來罷夕烽，君王奏凱大明宫。守闕豈但勤蕭相，分陝猶宜屈召公。綵綬不妨龍衮貴，錦衣真與故鄉同。政成更上平戎略，歸作麒麟第一功。

翰墨英名多士先，經綸長策萬方傳。久知燕許文章大，要自皋夔事業賢。曲水蘭亭脩竹外，都門祖帳百花前。去天尺五調元舊，肯使邦人借一年。

疇昔追風幸執鞭，詞場好在筆如椽。十年晞驥猶瞠若，晚歲登龍未偶然。下客陽春驚白雪，何人緑水近紅蓮。尚應九里蒙河潤，他日一天今二天。

送周承勛赴荆南幕

周南留滯幾年餘，筆力追還兩漢初。無地寘君羣玉府，因人貽我萬金書。未嗟王粲依油幕，聊喜安仁奉板輿。夢想風帆轉平楚，眼明江樹緑扶疏。

送馬莊甫攝幕鄱陽用趙文鼎韻

杖策衝寒不作難，弓刀結束笑談間。便從幕府清民訟，已佐戎車靖蜑蠻。風雪幸無千里路，江湖纔隔數重山。舍南桃李新開徑①，屈指春融及早還。

送陳天與知徽州

臺閣英名二十年，卜居那得便林泉。履聲舊振星辰上，諫墨猶存雨露邊。欲考治功三輔近②，且施惠政一州先。黄山看盡須黄閣，六月天池更著鞭。

送陸務觀得倅鎮江還越

高文不試紫雲樓，猶得聲名動九州。金馬漸登難避世，蓬萊已近卻迴舟。燒城赤口知何事③，許國丹心惜未酬。歸臥鏡湖聊洗眼，雨餘萬壑正爭流④。

前年邊馬飲江水，烽火瓜州一水間。正使樓船多戰士，要須京峴作重關。平戎得路可横槊，佐郡經時應賜環。把酒賦詩甘露寺，眼中那更有金山。

送陸務觀福建提倉

航船相對百分空⑤，京口追隨一夢中。落紙雲烟君似舊，盈巾霜

① “舍南”，原作“金南”，據影印文津閣四庫全書本改，影印文淵閣四庫全書本作“荊南”。

② “三輔”，影印文津閣四庫全書本同，影印文淵閣四庫全書本作“三府”。

③ “赤口”，影印文淵閣四庫全書本、影印文津閣四庫全書本同，《瀛奎律髓匯評》卷二四、《兩宋名賢小集》卷一六〇《南澗小集》作“赤舌”。

④ “雨餘萬壑正爭流”，影印文淵閣四庫全書本、影印文津閣四庫全書本、《瀛奎律髓匯評》卷二四同，《兩宋名賢小集》卷一六〇《南澗小集》作“雨餘層壑正奔流”。

⑤ “航船”，原作“觥船”，據《永樂大典》卷七五一八引韓元吉《南澗集》改。

雪我成翁。春來茗葉還爭白，臘近梅梢儘破紅①。領略溪山須妙語，少迂使節上凌風。僕為建安宰，作凌風亭。

送呂令防赴海門宰

五斗由來豈療貧，尙應拄笏對秋雲。未嗟薄宦來還去，但覺頻年我送君。舍北水生思共賞，淮南米賤好相聞。白魚青笋平生事，愁絶江寒鴈影分。

野閣山扉舊卜隣，竹陰花徑每情親。擧觴契闊又千里，同社凄涼無幾人。濯濯未妨如月柳，悠悠眞不奈風塵。海門應去蓬萊近，我欲乘桴試問津。

送趙蕃辰州司理字昌甫

故家零落眼中稀，歲月崢嶸踏路岐。詩解窮人君莫恨，錢能使鬼我方知。片言折獄非無日，談笑封侯會有時。一上梅山弔槃瓠，賸題佳句寫幽思。

送張幾仲知泰州

紫槖甘泉不願留，虎符聊試海邊州。長城底用騎圍鐵，下瀨直須船有樓。草木已應知世望，江山好在得詩流。春風桃李西溪路，宣室歸來尙黑頭。

送施徽州二首

御史英名世罕儔，峩冠聊復漸承流。治功要自先馮翊，大惠何妨

① “梅梢”，影印文淵閣四庫全書本、影印文津閣四庫全書本、《瀛奎律髓匯評》卷二四、《永樂大典》卷七五一八引韓元吉《南澗集》同，《兩宋名賢小集》卷一六〇《南澗小集》作“梅花”。“破紅”，影印文淵閣四庫全書本、影印文津閣四庫全書本、《永樂大典》卷七五一八引韓元吉《南澗集》同，《瀛奎律髓匯評》卷二四、《兩宋名賢小集》卷一六〇《南澗小集》作“放紅”。

始歙州。野媪定知還去虎，山民從此罷賣牛。二事見唐劉贊、崔元亭任歙州刺史。百年善政須公繼，尺一書頒願少留。

江出新安見底清，黄山高勢碧崢嶸。袴襦會遣民皆有，枹鼓懸應夜不鳴。蠟屐未須懷别墅，虎符今喜得名城。他時一榻容徐穉，端共輿人樂政成。

送李子永赴調改秩

逸驥騫騰十二閑，追風那復駐轅間。向來官況誠留滯，此去詩情記往還。會課未妨更美秩，趣班聊喜近天顔。荆鷄莫費千牛刃，奏賦金門入道山。

送王德和赴調改秩

樽酒盤蔬語夜闌，三年猶得幾追歡。海棠半折春方好，楊柳都青社正寒。籌畫定應贍武帳，文華端合侍金鑾。割鷄底用磨天刃，遲日湖山滿意看。

送葉夢錫赴荆南

南郡開邊古上流，君王側席用嘉謀。壯懷何止入雲夢，雄略行看半九州。風勁鼙聲連岸動，雪晴江影與天浮。一樽莫作新亭語，勲業歸庸尚黑頭。

送韓子師守婺州

功名相望十年前，白首官曹僅接聯。良玉要須更九火，明珠那得閟重泉。清風遂作雙溪詠，老手懸知劇郡便。奏課不妨聊第一，歸來更著祖生鞭。

送沈千里教授邵陽

縠紋江畔得君詩，俊逸清新字字奇。一笑偶成歸妹約，幾年還見外孫辭。橫經絳帳地雖遠，給劄金門天未遲。痛飲離騷吾事爾，湘山風物與春期。

送潘元夙教授欽州字子春

文筆超然自不羣，胸中韜畧未全陳。詎應遠致嶺南士，會見來清塞北塵。桂海接天聊縱目，火雲堆露正關身。元戎在昔同科彦，一鶚飛書上紫宸。桂帥王舍人亦中兩科。

送澤赴新塗尉

少年薄宦幾東西，送汝臨岐意尚迷。作尉未嗟官職小，致身當與古人齊。短篷載雪看梅蕊，古驛銜風信馬蹄。爾父漸衰吾已老，寄書時一到南溪。

送李直剛鹽官縣尉

蚤接君家大父遊，迺翁幕畫尚淹留①。文華遂見諸郎秀，名宦懸知異日優。朝雨拍溪梅正熟，晴雲烘路麥初秋。渭南自昔多賢尉，官近長安不用愁。

送元修歸廣東

十年門户苦彫零，屈指天涯幾弟兄。羇旅可堪懷世事，典型誰與振家聲。驚心朔岸秋風急，極目南溟瘴霧橫。好過貪泉未應酌，少年

① “幕畫”，影印文津閣四庫全書本同，影印文淵閣四庫全書本作“幕府”。

游宦要冰清。

送沈駒甫

官曹邂逅得情親，一賦松齋遂絶塵。天祿校書元有路，甘泉第頌可無人。江山興味不知老，芋栗生涯未覺貧。我欲邀君寺南住，春風聊與杏花鄰。

送孟壻植還臨川

西風同泛婺江船，倒指光陰六換年。秋色又看梧葉老，離懷還對菊花前。塵埃左宦空搔首，功業青雲更著鞭。兒女關情易來往，一樽臨路亦悽然。

送郭誠思歸華下

忘懷物外且如愚，何事勞精據槁枯[①]。以馬喻馬即非馬，數輿無輿方得輿。莫執斧斤過櫟社，懶施几席向蘧廬。好歸玉秀峯前座，閑看晴雲自卷舒。

依韻和御製秋晚曲宴詩

巍巍舜治浹嘉生，宴俎豐年萬寶成。禁幄雲深開曉色，上林風迴起秋聲。威加鼉鼓雷霆轉，喜動龍旂日月明。應手神珠看電擊，旋頭消盡鐵山平。

次韻子雲春日

林壤欣欣樂有餘，杖藜常及曉鶯初。春風入户花開落，晴日當牕

---

① “槁枯”，影印文津閣四庫全書本同，影印文淵閣四庫全書本作“槁梧”。

雲卷舒。契闊經年千里面，平安滿眼數行書。弟兄州縣眞勞爾，疇昔交遊半石渠。

問舍求田苦未成，定逢丘壑眼先明。極知官事無時了，且作青山任意行。元亮折腰應自笑，子荊洗耳詎忘情。不妨同是催科拙，下孜他年更類城。

次韻子雲途中見寄

輕風獵獵轉殘紅，春去荒村暮雨中。花影带寒猶黯淡，山光和霧更空濛。百年拚卻身長醉，五斗由來計日窮。慚愧賓朋有膠漆，不堪兄弟苦西東。

十年計拙未能伸，四海滔滔總是津。但得有山供醉眼，不憂無地著寒身。鶯花撩亂空三月，風雨淒涼過幾旬。莫道衡陽無鴈信，故應時有北來人。

次韻子雲盱眙道中三首

海上狼烽不起烟，兵戈猶記舊年前。巖居有客能招飲，肉食何人為給鮮。但得生涯類盤谷，可無風景似斜川。共尋餬口田三畒，仍辦遮頭屋數椽。

江南淮北市初通，人語忻忻作好風。抱耒只思耕隴底，買船誰復渡遼東。向來熊耳眞投甲，此去天山擬挂弓。上策聖君今自治，白頭憂國寸心同。

桑間無褐半飢人，斗粟千金不換銀。末路多慚逭溝壑，長年敢笑走塵埃。江聲直下黄牛峽，河勢遙分白馬津。回首向來征戰地，壯懷俱在只傷神。

答金元鼎喜雨

幾日雲陰合又開，良田秋近起黄埃。一觴未致靈祠禱，半夜先欣好雨來。政拙自知容我懶，詩清要是得君催。不妨咳唾皆珠玉，漸喜新涼入酒杯。

再次韻

雨後紅蕖滿意開，風前綠淨絶纖埃。獨憐病守孤吟賞，猶幸詩翁數往來。農事已知溝澮足，歡聲不待管絃催。旋舂玉粒添冰釀①，莫負樽前鸚鵡杯。

次韻趙文鼎雨中

老病幽栖不厭閒，未須消息夢長安。一春意淡連墻竹，終日清香小檻蘭。紅蕊便驚風裏盡，青林猶愜雨中看。故人詩卷從頭讀，似酌芳樽為解顔。

次韻中甫兄九日同集張園

湖山秋盡作幽期，未覺浮舟菡萏衰。怯酒自憐多病後，强歌還憶少年時。平蕪半綠煙猶接，好菊微黄雨更宜。單父層臺在何許，一樽懷古少陵詩。

雪中走筆寄鄧延碩

去年雪裏共清遊，蕭子酣歌幾唱酬。竹葉又看新釀熟，梅花還作暗香浮。青衫尚想君奔走，短褐空嗟我滯留。南北兩峯銀色界，不應孤負水邊樓。

和同僚賀雪應祈

臘近春臨雪意遲，褰衣敢憚走靈祠。夜聽小雨猶傾耳，曉看羣山

① “舂”，原作“春”，據影印文淵閣四庫全書本、影印文津閣四庫全書本改。

頓展眉。好句懸知得冰柱，香醪試為壓羔兒。便應風月臺中客，不減梁園賦就時。

次韻韓子師雪中二首

九門疊璧耀朝暾，不比千燈作上元。天與蕊珠開漢殿，人將冰玉奉堯樽。寒威已覺邊聲静，春意都随詔語温。夜入蔡州飛將在，肯容敵騎妄稱尊。

曲欄高檻倚崔嵬，要是仙京白玉臺。雲色自連鳷鵲動，天顔亦為近臣開。光翻午夜渾疑月，花滿新春未數梅。自笑詩成無好語，但知縞带與銀杯。

次韻黄文剛秀才雪中見詒且惠新柑

塡空密雪借風威，深閉蓬牕晝掩扉。待學仙人乘鶴駕，未容寒士泣牛衣。連篇妙語千金重，滿合黄柑數寸圍。細酌清樽酬夜月，更看庭樹作花飛。

次韻梁子張雪中約遊湖上不至

東風閣雨釀重雲，賸喜天街玉作塵。梅已著花還點綴，柳能吹絮便爭新。湖光照坐偏宜晚，酒力攲欄别是春。慚愧相如未能至①，卻將冰柱語驚人。

次韻子雲歸興

湖海周游未卜居，好山時一夢衡廬。苦無事業堪調鼎，薄有生涯可負鋤。玩世阮公方蠟屐，歸田陶令亦巾車。屋頭早晚東西住，愁絶江船夜雨餘。

① “未能至”，影印文津閣四庫全書本同，影印文淵閣四庫全書本作“果能至”。

次韻曾吉甫題畫屏風

何許江山發興長，渾疑廬阜對彭郎。胸中丘壑元蕭爽，筆下煙波故渺茫。落落疎松長映座，冥冥飛雨欲侵牀。冷然已作華胥夢，便有羣仙到枕旁。

次韻王季夷時同宿蔣山

亭亭石塔寶公龕，賸喜僧牀得對談。坎凜詞場君亦滯，驅馳世路我何堪。軍書又見紛南北，敵勢由來説二三。淮岸西風晚更急，似傳烽火過江南。

次韻沈千里玉山道中見寄

霜晴懷玉自生烟，寒色淒淒過雁邊。路轉湘南知幾日，山連楚尾又窮年。相期鷄黍情歡甚，惜别塵埃意黯然。馬上哦詩衝暮雪，清風懷我北牕眠。

次韻沆姪

平生作計本山林，便腹空餘貯古今。致主未忘他日志，歸耕每動十年心。疎翎浪喜煙霄近，弱植多慚雨露深。早決儒科猶望汝，跫然虚谷佇聞音。

次韻李子永見慶新居

旋移桐樹占高岡，更喜松筠翠作行。簷外參差見林影，門前溶漾足溪光。天涯留落還相識，地上經營豈太忙。好事肯來三徑在，已添籬菊待重陽。

次韻沈駒甫觀石井

湖裏鴛鵝亦洞天，最奇山下石坳泉。一泓自覺寒光淨，六月都無暑氣煎。清似錫峰藏雨露，迥如篁嶺閟風煙。壁端舊乏騷人句，從此須君妙墨傳。

次韻王亞之來過横碧

君到層軒眼爲寬，諸峯還得雨中看。嵐光照座蒼翠出，寺影拂波金碧寒。詩興豈妨隨望極，秋聲不奈起愁端。相逢莫怪無樽酒，秀色崔嵬尚可餐。

次韻宋傳道夜雨聞捷

松庭竹户野僧家，獨坐荒齋到日斜。門外江風寒作雨，城頭戍鼓夜啼鴉。對牀更欲論心事，擁褐還驚逼歲華。卻憶巴山舊時語，夢回牕竹已生花。

胡地山川自漢家①，纛旗圖畫拂雲斜。江干戰騎膺如虎，塞上神兵斧似鴉。羽檄故應煩號令，星車底用賦皇華。軍聲指日騰三捷，陣勢他年本六花。

再用前韻戲傳道

空谷天寒翠袖遮，無人曾見玉釵斜。詩成落日千尋竹，歌就殘陽萬點鴉。粧額淺深知内樣，舞衣裁剪勝京華。自憐已作高唐夢，須信飢腸眼易花。

---

① “胡地”，原作“邊地”，據影印文津閣四庫全書本改。

次韻趙仲績久雨夜坐有感二首[①]

春雲黯黯未成晴，落盡緗桃見紫荆。薄宦馳驅雙鬢改，流年荏苒寸心驚。幽花映水淺深色，啼鳥穿林高下聲。幾許風光欠行樂，夜寒和雨聽殘更。

十日風斜雨更横，一春能得幾新晴。便須蠟屐穿花去，莫惜障泥傍水行。酒興未妨隨處發，詩狂謄判隔年程。醉來乞得西山藥，髣髴雲間吹鳳笙。

次韻張晉彦書事

舉世諸兄事孔方，平生學易問歸藏。漸欣過客知吾懶，未怪小兒如我長。鶴怨猿驚成底事，烏踆兔蹶自奔忙。便須耳熱追行樂，更擬心齋得坐忘。

次韻吴明可與史致道會飲牛渚

月出千山捲暮雲，遥知玉節會江濱。便應擊楫酬今日，不用然犀歎昔人。煙外笛聲誰送晚，水邊花影自迎春。風流三百年無此，況有清詩句法新。

次韻徐應祺小樓

瀲瀲清波泊路衢，垂垂高柳對扶疎。已知百尺樓堪卧，況有三重茅可居。我老詎能賡鮑謝，君才端合紹嚴徐。直須座上千鍾酒，澆起胷中萬卷書。

---

① “趙仲績”，諸本同，疑作“趙仲縝”。

次韻答沈明遠

如君絶足向風塵，顧我宜為途路人。阿買八分時自笑，阮瞻三語詎能新。狂談尚欲嘲風伯，妙筆眞堪賦洛神。得酒相尋那厭數，醉歸官長未應嗔。

亞之出示其祖岐公墨迹及惠崇小景且和前韻復次答之

壁上春江萬項寬，錦囊遺墨幸重看。功名世路眞多畏，貧賤交盟敢自寒。新有詩聲見侯喜，盡攄懷抱得蘇端。極知鼎食君家舊，未厭堆盤苜蓿餐。

新晴梅花可愛欲招明遠少稷凍醪未熟

癡兒了事不能閒，猶喜騷人共往還。歲晚眞成廢書史，雪晴那得負江山。多情春與梅花厚，一醉天于我輩慳。賸作新詩催酒熟，曲池冰斷水潺潺。

紅梅

不隨羣艷競年芳，獨自施朱對雪霜。越女漫夸天下白，壽陽還作醉時粧。半依脩竹餘眞態，錯認夭桃有暗香。月底瑤臺清夢到，《霓裳》新換舞衣長。

陸子逸惠桃花戲贈

故人招我千山裏，也有仙葩巧送春。麝馥染衣金縷重，酒紅生粉玉肌勻。洛城景物知誰紀，寒食風光觸處新。莫把天香調行客，曉粧留與綠牕人。

次韻陳子象十月惠牡丹

芙蓉掃地菊花陳，國色天香一夜春。愛景自催芳意動，清霜不礙曉粧新。長生便可書仙籍，上瑞端宜首貢珍。是日會慶節。【案】孝宗生辰名會慶節①。詩就只應開頃刻，先生筆力起千鈞。

用前韻以小春茶餉子象

仙花不用惱詩人，亦有靈芽特地春。數朶嬌花眞綽約，一甌矚白更清新。眼明共識西都豔，齒冷應懷北苑珍。佳茗奇葩堪竝賞，須公品第入陶鈞。

次韻余寺正瑞香花

香爐峰下異香風，長憶幽芳夢寐通。渴雨旋傾茶作椀，護霜新織翠成籠。丹青點綴瓊瑤上，蘭麝飛浮錦繡中。花品緐來誰第一，似挼玉蘂間鞓紅。

故致政宣義葉公挽詞葉山父

植德由來不自知，成家今見寧馨兒。名駒有種能千里，仙桂騰芳定五枝。公有三子二孫。綵綬螭坳方致養，素車雲路忽興悲。死生了了眞餘事，流水斷煙空好詩。

挽王僑卿右司詞

壯年嘉譽藹瀛州，衮衮諸公並儁游。獻納未持天上槖，光華頻總嶠南州。牢盆臏算波熬素，蒲澤終期劍買牛。世路榮枯眞莫問，浮雲

① “案孝宗生辰名會慶節”，影印文淵閣四庫全書本同，影印文津閣四庫全書本無。

山眇淚横秋。

挽汪南美大夫詞

年如衛武尚安强，名似康成善一鄉。三邑久知歌惠愛，西州何幸著循良。眞清在昔傳家世，治狀由來籍廟堂。千載蔣山分未朽，芝蘭玉樹藹餘芳。

挽知泰州宋公大夫詞

投老溪南幸卜鄰，一麾頻見寵章新。養花别圃成三徑，種木佳城度十春。公自營壽藏甚久。前席遂孤明主意，公入對，天語甚寵。留鞭難繼澧陽塵。空餘樽酒追隨地，同社凄涼淚滿巾。

挽故鈐轄趙公彦遠詞子直父

平昔長材未一施，尚餘嘉譽藹天支。事親養志人爭仰，教子成名世共推。盛德故應傳後裔，清規誰為勒豐碑。華林岡下寒泉水，隱隱雷聲紀孝思。母夫人畏雷，他日彦遠聞雷輒涕下。

楊待制挽詞

妙齡著足道家山，壯歲升華玉筍班。千里麾符纔假手，幾年香火竟投閒。詩書坐使家聲大，簪紱誰令壽曆慳。太傅功名有遺恨，鵷雛凋落淚頻潸。

周彦廣待制挽詞

淮海歡騰五袴歌，政聲京兆益中和。鄴侯井在功堪紀，鄭國渠成利更多。紫禁遄躋知異眷，珍臺歸卧本微疴。功名方展凌雲步，奈此佳城白日何。

故運使直閣少卿劉公挽詞子履

清時得路每投閒，垂上甘泉玉筍班。借箸幾看趨魏闕，請纓常欲度天山。放懷俠氣千夫上，抵掌高談一夢間。使節塵生人共惜，朔風吹淚太湖灣。

故致政敷文少卿魯公挽詞

左學摛文藹儁聲，青雲接武二難兄。主知自紀宜三院，使節更持僅九卿。庭下芝蘭方競秀，舍南桃李已成陰。掛冠不待甘泉橐，愁絶高門淚滿纓。

故致政提刑少卿方公挽詞

籌策需榮譽最賢，青雲回步接英躔。請纓莫遂終軍志，投紱方期衛武年。原隰觀風頻玉節，省臺聯秩近甘泉。一舟五鶴符佳夢，陂水成湖問葛仙。

挽主奉路分趙公詞文鼎公

畫舸安輿霅水清，春風猶憶送君行。無家舉案人方恨，有子分符世共榮。德履未容居祭酒，聲華端合主宗盟。太支耆老凋零甚，蘭玉階庭獨擅名。

故提點判院魏公挽詞公濟

當年卓魯盛材猷，循吏聲名始一州。功在龍津看雨施，風行金穴見錢流。褒庸合上清華貫，奏課俄驚疾病留。嶷嶷諸郎富儒雅，蓋棺十世可無愁。

劉子宣侍郎挽詞

妙齡嘉譽滿江東，晚接甘泉豹尾中。烜赫身榮知有道，從容心計不言功。威行峴首追羊叔，名在鄱江憶魯公。種木十年歸莫遂，塗車千里恨何窮。

李壽翁侍郎挽詞

同解銓衡並把麾，五年相望楚江湄。鄰墻會面嘗談易，吏選偷閒更說詩。北客遭逢人共歎，公陛辭日，上有“北人難得”之諭。南州流轉事難知。投簪自有江湖志，雲白天青淚滿頤。公臨終作詩，有“白雲青天”之句。

挽周仲深郎中詞

才力軒軒動漢庭，清時指日致功名。一同在昔歌遺愛，兩郡于今有治聲。使節暫分秦望重，郎星初近太微明。死生契闊空泉壤，賻典殊恩世亦榮。

王中奉漢老挽詞

符節光華二十春，壯猷曾不侍嚴宸。棲心香火纔同社，放意溪山幸卜鄰。再世簪纓宜袞袞，一門蘭玉尚詵詵。霜清三港追隨地，丹旐飄然淚滿巾。

吕伯恭挽詞

青雲塗路本青氈，聖願相期四十年[①]。臺閣久嗟君臥疾，山林空

---

① “聖願”，影印文淵閣四庫全書本、影印文津閣四庫全書本同，《東萊吕太史文集》附錄卷三作“聖學”。

歎我華顛[1]。傷心二女同新穴，拭目諸生續舊編。斗酒無因相沃酹，朔風東望涕潸然[2]。

周濟美挽詞

迺翁持槖舊知名，兩郡分符見典型。禁闥方應馳儁步，中臺俄忽墮修翎[3]。故人零落風前葉，北客漂流雨後萍。白馬素車三巷路，淚兼臘雪灑林坰。

暉仲叔挽詞

材業光華藹薦紳，由來孝子出忠臣。七十叔祖世稱孝子，載《桐陰舊話》[4]。五年字邑祇明詔，兩路觀風惠遠民。徐穉湖邊纔卜築，葛翁山下忽棲神。朔雲千里人揮淚，遺命歸從大母鄰。

五言排律[5]

次韻唐與正喜雪二十韻

窮臘逢三白，山城兩換年。破寒初淅瀝，作態正翩躚。倚杖心逾喜，搔頭意自便。直疑塡巨壑，豈惜沍長川。官粉慙施白，仙禽恨奪鮮。銀牀凝露綆，玉柱澁風絃。徑滿巇難認，牕虚隙易穿。共尋瑤草路，俱誦蘂珠篇。獵騎朝羣擁，漁燈夜獨然。凌風幾閬苑，照日盡藍田。賸約佳賓集，先煩好句傳。荷枯疑璧碎，柳細訝絲牽。有士迷青

---

① “空歎”，影印文淵閣四庫全書本、影印文津閣四庫全書本同，《東萊呂太史文集》附録卷三作“今歎”。

② “東望”，影印文淵閣四庫全書本、影印文津閣四庫全書本同，《東萊呂太史文集》附録卷三作“西望”。

③ “墮”，原作“隨”，據影印文淵閣四庫全書本、影印文津閣四庫全書本改。

④ “桐陰舊話”，原作“樹蔭舊話”，據影印文津閣四庫全書本改。

⑤ “五言排律”，影印文淵閣四庫全書本同，影印文津閣四庫全書本作“五言長律”，且以下四首詩均置於卷三卷末。

眼，無人笑黑肩。豐年期不日，瑞氣藹非烟。竹密還爭舞，梅疎只鬭妍。輕鷗隨浩蕩，戲蝶伴聯翩。强續麻衣詠，眞逢縞带賢。凋零屬國節，片段廣文氈。短棹尋安道，高樓憶仲宣。名駒紛照夜，無復愛連錢。

湯丞相生日二十韻

寶曆千齡會，神槎八月流。人知挺生傑，天欲中興周。文筆超三古，聲名溢九州。宏才自伊呂，餘事豈應劉。緊昔開黄閣，于今尚黑頭。裴公旋臥護，蕭相暫居留。舄奕稽山綬，光華緑野遊。銀輿壽母貴，玉耳上公優。嗣聖資爰立，昌時副聿求。來歸嘉季子，入覲偉韓侯。今日恢王略，蒼生跂廟謀。中原尚紛擾，絶塞要懷柔。勝算如先定，成機會可投。洪源端欲汎，前箸匪無籌。日月符羲馭，乾坤協禹疇。行看静蛇豕，俱議息貔貅。考有中書第，官無太尉酬。兩京期迅掃，九廟得重修。祉福天方錫，勲庸世未休。斯民納仁壽，公壽幾千秋。

投贈徐平江三十韻

上聖恢方域，吳門翊帝京。千秋季子國，百雉闔閭城。屏翰資良牧，文昌輟貳卿。龍墀虚紫橐，虎節駐紅旌。河潤功初洽，棠陰政已成。農桑歸愷悌，弦管樂升平。世仰韋公譽，人高白傅名。雲樓凌月府，花島爛蓬瀛。香霧凝春晝，橋虹臥曉晴。清規三不惑，盛事四難并[1]。舊俗寧論化，重臨倍有聲。向來宣使指，曾是格刑清。自覲銅魚拜，欣聞竹馬迎。五湖歌吹滿，兩郡吏民爭。公嘗按刑浙右，而自明移蘇。嚴助書頻賜，蕭卿治欲更。還應對宣室，俱議直承明。鼎席猶虚位，戎亭正息兵。安危均注意，中外等持衡。補衮才猷壯，康時智略宏。天津飛驥足，雲路逸鵬程。疇昔參賓從，頑疎荷鑒評。馳驅奉刀筆，談笑接簪纓。夢結閩陬遠，心驚漲潦横。寄身佯困鮒，盡室逭長

① “四難”，影印文津閣四庫全書本同，影印文淵閣四庫全書本作“二難”。

鯨。官牒霑微禄，恩波拯再生。膺門憐舊契，禰薦及難兄。未釋鹽車駕，徒懷瓦釜鳴。幾年良自哂，一飽定誰營。洛下裘空敝，新豐酒獨傾。知公行入輔，故吏敢言情。

尹少稷家觀雪賦江字三十韻①

雪暮來無際，長吟坐北牕。未嫌光奪月，先恐勢塡江。雲色生冰柱，風聲倒石矼。疎簾纔的皪，破屋漸錚鏦。始訝烏能白，旋驚馬盡驡。會朝瓊飾弁，獵較素綢杠。玉帝開宮闕，瑤姬擁旆幢。仰空蜂作陣，窺徑蝶成雙。價重連城璞，明逾釘壁釭。冷烟紛莫辨，凍溜不成淙。計拙夸遼豕，塗窮笑越尨。戴牛迷象齒，覆鹿誤羊羫。酪乳浮茶鼎，花甆瑩鼓椌。崖枯頻畏仕，鵠瘦暫脺肛。共想周王宴，誰虞漢使降。獻衣知念札，加璧殆追逄。蹇驅深憂没，籃輿重莫扛。淹鍾應預賜，增斗定先撞。短日棲窮巷，豐年卜萬邦。緇塵異羇旅，華髮逐耆厖。處士欣尋戴，參軍豈遇龐。裘穿心易怯，履敗足微跫。荷笠閒垂釣，迴船穩繫樁。清狂時仄帽，泥飲屢空缸。酬唱才皆敵，歌嘲語或哤。閉門嗟懶惰，授簡愧愚惷。戈戟森磨厲，韶鈞富擊摐。絮鹽翻雅況，蘭竹變新腔。取醉華燈爛，催歸戍鼓鼙。晴簷成夜雨，更聽隴頭瀧。

① “尹少稷”，“尹”字原脱，據影印文津閣四庫全書本補。

南澗甲乙稿卷六

五言絶句

遺直堂六首

蒿萊自輿臺，松桂猶伯叔。便合追孔林，無庸號寒木。
虬龍舞雲端，風雨來海上。尚想堂中人，詩成一迴向。
苦心有深思，勁質無軟語。賢科廢因公，此事亘千古。
種木已如此，高賢有餘思。賴公酷似舅，其誰羡牢之。
鄭虔骨已朽，孔父天不遺。他年從事賢，手板空倒持。
棟梁乃不取。得地且深植。妖嬈紫薇花，歲晚猶伴直。

夜宿斜溪聞杜鵑按：此詩二首，其一見七律。①

解纜山銜日，移舟雨暗溪。無情子規鳥，夢斷隔林啼。

送龎祐甫五首

燕鴻望南飛，春至還北去。託食波浪中，瀟湘幾回渡。
遊子思故鄉，天涯兩相逢。時平甘卹緯，定交各塗窮。

---

① "按此詩二首其一見七律"，底本及影印文淵閣四庫全書本均無，據影印文津閣四庫全書本補。

濯濯機中絲，粲粲錦繡段。自非同心人，千金孰肯換。
江湖多青山，舟楫長往還。山色難送客，不如住山間。
中宵櫂謳發，菰蒲翳明月。月黑君忽行，恐墮蚊龍窟。

六言絕句

題日出雨脚圖二首

絶壑春林映綠，半山曉霧迷紅。長憶西巖夢覺，小舟欸乃聲中。
隱隱遙分樹色，蕭蕭似聽風聲。何處江傾海墮，隔山霧白煙明。

次韻趙公直題米元暉畫軸

天際歸雲挾雨，江干亂木藏山。耳冷似聽蕭瑟，眼明驚見孱顏。

七言絕句

春雪得小詩五首且約客登賞心亭

東牕坐愛枝間雪，大似酴醾壓架花。天氣更晴宜有月，夜深來看玉交加。

淮南山色一千里，落水層城江更湍。何地江山有如許，與君聊趁雪中看。

臘前未見梅如雪，春到還驚雪似梅。可是天公有情思，便令花樹一時開。

江南絶景賞心亭，臥雪難尋舊畫屏。白鷺洲前夜來雪，故應此畫勝丹青。

竹爐聽雪坐蒲團，長笑詩人不耐寒。未辦貂裘走南陌，肯來高處一憑欄。

夜雪

爐火深紅蠟炬明，打牕風雪正縱横。瓦瓶旋注山泉滿，卻作瀟瀟細雨聲。

伴眼文書細作行，昏昏愁臥雪穿廊。何人恰弄風前笛，錯認梅花到枕傍。

詠晴

愁眼東西萬里情，山雲斜度水風清。客行歲晚忽春盡，看到枯林綠葉成。

春日書事五首

十年騎馬聽朝雞，老竊州符簿領迷。衙鼓不聞春睡足，閉門聊喜得幽棲。

曉猿夜鶴寂無聲，春至山禽百種鳴。步繞新泉聊洗耳，由來心與地俱清。所居山下得泉甚異。

極目亭邊花定開，野棠山杏手親栽。春風拂檻知何似，應記劉郎兩度來。

憶上金華第一峯，相君官重酒樽同。夢尋絶壑誰重到，零落山桃小院風。

溪邊亂石蛟鼉臥，煙裏千花錦繡圍。記得年時作寒食，山橋吹笛雨中歸。山橋，金華山勝處。

晨興

北牕松竹夜蕭騷，詩就呼兒進濁醪。睡美不知新雨足，曉來南澗水聲高。

聽雨

咿軋籃輿不計肩，五更殘夢尚悠然。紅油蓋重聽朝雨，卻似西江坐釣船。

題張幾仲所藏醉道士圖

何須坐客總能文，呼酒相逢日暮雲。醉倒儘如狂道士，夜歸誰問故將軍。幾仲移節稽山，淳熙庚子歲除前一日，會飲上饒傳舍，觀圖戲書。南澗翁韓某無咎。

浙江觀潮

江翻海涌勢難平，鼇擲鵬騫自不停。端為君王洗兵馬，參旗井鉞萬雷霆。

太湖秋晚

片帆幾日下西風，湖色秋容暮靄中。買得鱸魚弔張翰，臥聽欸乃度垂虹。

海門斜照

雲夢懸知八九吞，銀山萬疊漲天門。長江日落魚龍舞，古寺煙深鳥雀喧。

武昌春色

樊山宮殿已成陳，煙雨陰晴到處春。花柳不知興廢事，隔江相倚鬪時新。

七夕

銀河翻浪拍空流，玉女停梭清露秋。天上一年眞一日，人間風月自生愁。

秋懷十首

朝行佛屋魚千里，暮借僧牀鵲一枝。牕下秋蟲解人意，似憐羈客伴哦詩。

酒熟橙黄盛物華，重陽無客不思家。鵝兒剪雪開巖桂，鶴羽攢金散菊花。

小雨驚秋滴夜闌，晴雲和日曉斑斑。誰憐客舍塵埃底，猶得西湖一兩山。

何許砧聲清夢回，丁東猶作珮環猜。卷簾風露涼如水，端為嫦娥向此來。

城外秋荷一半黄，尚餘疎柳照回塘。江南底許風光好，塞鴈來時未有霜。

右手持杯左不空，蟹螯已作雪蒙茸。秋風莫起鱸魚夢，未似先生阿堵中。

八月濤頭舊有名，今年潮淺岸纔平。應緣享帝千靈在，豫使魚龍不敢鳴。

塞草初黄邊馬肥，邊塵莫便向南飛。江頭鶴唳秋風起，看取陰山六騎歸。

江南四百八十寺，未抵西湖勝處多。不用樓臺带煙雨，只看宫殿壓晴波。

閉户跏趺意已清，爐香燒盡一燈明。空庭葉落知多少，一任西風百種聲。

聖政更新詔書正告許之罪因得小詩十首

【案】《通鑑續編》：紹興二十五年十月，秦檜死，黜檜姻黨。十一月，釋趙汾及李孟堅、王之奇等自便。十二月，復張浚、胡寅、張九成等二十九人官，徙李光、胡銓于近州。二十六年正月，追復趙鼎、鄭剛中等官。此詩所謂“十年言路皆支黨，雷州司户卻生回，衛公精爽故依然”，皆記其事，謹附識①。

惡復凶終事久知，豈知聖斷不踰時。小儒未歎周南滯，但喜逢人敢説詩。

桓温將死謝安起，霍氏初除魏相來。誰與聖君安大業，巍巍廊廟可無材。

聖朝遂失誅元載，公議猶能去霍山。落膽徒聞温御史，不知睿意在羣姧。

元祐諸公秉國鈞，詔條先請惠吾民。孤雛腐鼠何勞逐，準擬朝廷政事新。

金貂七葉誰能必，石槨三年計自愚。得鹿覆蕉眞一夢，求魚緣木信狂圖。

獻可爭先詆荆國，甃中居首論莆陽。十年言路皆支黨，前無一語譏安昌。“支黨”用詔語。

近聞羔鴈已成羣，藻鑒渠能涇渭分。急士且須侯雍齒，得賢端可吏朱雲。

刺字幾漫冠欲塵，向來浮薄自紛紛。爾曹胸次多周孔，忍作銅山破賊文。

荆棘誰令滿路栽，雷州司户卻生回。獨憐陽陸眞天命，不見承平公道開。

潮陽初謫八千里，中令俄成十九年。地下修文應泚筆，衛公精爽故依然。

---

① “案……謹附識”，影印文津閣四庫全書本無。

臥病

有身自覺皆為患，了事從來卻號癡。貧裏定知强健樂，未妨斗酒百篇詩。

夜宿青陽旅舍起觀林端積雪半消疑山礬盛開

風卷千林夜雪晴，九華山下月微明。不須更覓唐昌蘂，樹樹瓏璁玉刻成。

去草

永日荒園獨荷鋤，草根藤蔓喜無餘。誰憐仲舉平生志，卻學齊民種樹書。

偶興四首

桂花飄盡菊花黄，閑對芳叢靜愛香。堂下草深須一丈，會看春意滿池塘。

小園無數菊花開，準擬花殘便見梅。不恨無花正無酒，敲門誰送一樽來。時有遠客惠酒。

江南菊少開金色，只有霜葩雜御黄。乞得黄花眞愛惜，明年賸種壓羣芳。

愛水仙成百計栽，三年一笑漸能開。金銀豈是吾家物，借我虚名付酒臺。世言水仙一移，三年乃開。

市人有弄虎者兒輩請觀飼以豚蹄覩其攫噬戲作四絶句

耽耽出柙小于菟，猶意他年見畫圖。養汝由來得無患，卻驚赤手競編鬒。

呀然一嘯朔風生，兒女窺簾笑且驚。檻内應憐只搖尾，山中不記舊横行。

長年肉食定何功，乞汝豚蹄且慰窮。猿臂將軍應老矣，南山忽憶夜彎弓。

熒熒目色為生寒，蠻獠歌呼意自閒。莫倚便能探虎穴，勢卑還長越王炎①。

俸金既盡家人問所質物戲答

十載棲遲檑具客②，一生憔悴戻㢑歌。典衣不為沽春酒，平昔無詩博飯籮。

讀周瑜傳

年來三十過平頭，笑卻周郎卻自羞。但得小喬歌一曲，未須辛苦向荆州。

乘潮遇順風

忠信平生自可期，江神于我定相知。順風鼓棹潮如席，世事由來卻險巇。

山行二首

晴日烘林百草香，杖藜徐步興何長。殘花的皪明幽徑，老笋參差出斷牆。

春來南澗水初生，鷗鳥逢人自不驚。步繞幽花隨樹歇，望尋高柳

---

① “勢卑還長”，影印文淵閣四庫全書本同，影印文津閣四庫全書本作“兩班為覔”。
② “十載”，影印文淵閣四庫全書本同，影印文津閣四庫全書本作“十年”。

趁隄行。

行汴渠中

東海桑田未可期，隋河高岸已鋤犁。樓船錦纜知無地，枯柳黄塵但古隄。

剡溪道中五首

擬賦歸田未有田，春風聊泛剡溪船。青山滿眼留儂住，處士茅茨阿那邊。

戴家家住此溪頭，買酒尋春得勝遊。夾岸楊花渾似雪，不應興盡便迴舟。

平潮恰恰亂蛙鳴[①]，斷送江南春雨晴。緑縠細看桑眼破，紫茸還見草心生。

心隨天末江波遠，愁似沙津柳帶長。向晚飛花度牆影，半晴煙雨發山光。

抱琴不作王門客，晉代高風只此人。故老底須三上疏，竹林諸子未天眞。

隱靜山二首乾道戊子七月旦日題

山鎖松行一逕遙，峰迴樓殿更岧嶢。飛來雙鶴知何處，只有泉聲下碧霄。

海上蟠桃手自栽，紅塵一墮隔蓬萊。風帆弱水無由到，乞我當年渡海杯。

① “平潮”，影印文淵閣四庫全書本同，影印文津閣四庫全書本作“平湖”。

狼山

天外奇峰認九華，路人指點是狼牙。他年刻石題車馬，會遣山前屬漢家。

初見龜山塔

煙裏微茫第一山，眼明白塔俯滄灣。塵埃滿面三千里，一笑相看似夢間。

山口道中

芳草連雲水拍溪，春山樹樹子規啼。東風何事催行客，偏遣殘紅趁馬啼。

望靈壽致拜祖塋

白馬岡前眼漸開，黃龍府外首空回。慇懃父老如相識，只問天兵早晚來。

宿石橋聞水聲

野橋曲折渡千回，古寺懸知水面開。一夜寒聲喧客枕，卻疑風雨轉山來。

洞溪絶句三首

桃李欲開天雨雪，二月山城無柰寒。賴爾狐裘來送質，更須樽酒放愁寬。

杏花無數連村落，也有人家掛酒旗。春色撩人只供醉，卻怕風吹易醒時。

溪流直傍長堤去，繚亂半山桃李花。極知渡口好春色，卻下扁舟步晚沙。

西湖絶句戲題

淺白深紅幾樹花，波光浮動竹交斜。怪來詩思清人骨，知是西湖處士家。

流水當階山對門，擬尋茅屋住荒村。誰憐九里松間路，猶有人間市井喧。

人道西湖一曲屏，只應眞色畫難成。柳隄竹塢無窮意，更著荷花百媚生。

渡河有感

衮衮河流到底黄，誰言一葦便能杭。傷心擊楫無人會，舉酒回頭酹太行。

同翁子功之平江午憩涵山淨慈寺

蘋花吹盡藕花香，日落風生水面涼。淨洗扁舟載明月，共君長嘯飲湖光。

曇花亭供茶戲作二首

問訊高眞此住家，伊蒲未辦且煎茶。故應一笑來迎我，五百瓶中總是花。

一聲鍾磬有無中，樓閣山林本自空。不向雲端呈伎倆，猶來盞裏現神通。是夕始聞鍾聲，而金燈不現。

夜宿玉虛宫小軒正對步虛峯道士云天寶三年有慶雲見

且山呼萬歲始詔建黄帝祠封為仙都山敕書今亡

檻外風高霜月明，步虛山裏步虛聲。罷琴刻燭初長夜，又得人間一夢清。

封禪空餘不死名，華清宫裏望長生。閒雲强作人間瑞，更有山呼萬歲聲。

龍虎驅馳戰阪泉，荆山鼎就更昇天。軒轅到處存遺跡，忍使君王不學仙。

溪山堂次韻

溪岸人家高下居，繞溪雲樹雜煙蕪。故應曲水傳佳句，還喜青松入畫圖。

又溪山堂次韻四首

堂前松竹挺千軍，堂外青山萬馬羣。横策時來按文陣，要須筆力起風雲。

瀲瀲溪光白鳥前，昏昏雨腳暮雲邊。一年風景君應記，五月來看競渡船。

九衢塵土鬢毛蒼，只有溪山意味長。但得楓林供欸乃，猶勝斗酒博伊涼。

梅子青青杏子紅，繞城荷葉已掀風。莫嫌春盡無花柳，猶得清樽阿堵中。

紫極觀二首

小雨輕雲卻解晴，菰蒲衝浪過船聲。已無桃李占春事，濃綠滿山風更清。

楊柳花飛杏子新，園林無地可留春。卻尋風雨江邊路，慚愧煙霞物外人。

漢光武廟

涿郡漁陽此路分，用兵諸將總如神。白頭浪説關中事，鄧禹當年已笑人。

賀子忱抱膝庵二首

紫橐光華穩致身，會看功業上麒麟。丈人久悞人間世，莫忘他年蕙帳春。

紅覆薰籠錦不如，萬株相倚占春餘。小牕睡足花陰裏，何似天香下玉除。

釣臺

璜溪亦有釣魚人，一笑鷹揚掃戰塵。不會先生辭漢祖，投竿深坐此江濱。

答人問易

陰陽妙用表三才，卻問陰陽底許來。若識陰陽由動靜，何人更作有無猜。

鐵鏡贈仲儼

石門江畔鴈山前，芥室遥知更豁然。百鍊精明眞是鐵，不妨照破野狐禪。

明老惠炭戲以二小詩

雪裏難逢送炭人，地爐炙手便生春。酸寒東野眞堪笑，解道曲身成直身。

道人作喜每逢場[①]，一束烏薪發電光。便使樽前化紅袖，不妨笑殺許旌陽。

訪吳元鼎如村五首

野竹漫山水漫門，未離城市卻如村。何須更問柴桑陌，三徑雖寒菊尚存。

我住城南君在西，柴門草長與人齊。不妨共踏溪津路，日日雲山入杖藜。

經旬泥潦路難乾，煙裊長林雨暗山。常笑詩人愁屋漏，卻思寒士與千間。

昔年曾歎馬相如，才氣飄飄賦子虛。未怪家貧徒四壁，先生四壁僦人居。

我生甲子幸君同，君自臞仙我禿翁。要拍銅鞮論歲月，莫嫌相對只詩窮。

史十伯强浮沈市廛自號道人而筆力議論不可掩抑豈隱者耶觀其詩卷贈以絶句二首[②]

未容君識得君詩，添我幽栖一段奇。會有吹噓天上去，沈香亭北要新詞。

頭上塵冠豈易彈，匣中長劍篋中丹。放懷風月眞餘事，好向朝廷

---

① “作喜”，影印文津閣四庫全書本同，據影印文淵閣四庫全書本作“作戲”。
② “史十伯”，影印文淵閣四庫全書本同，影印文津閣四庫全書本作“史千伯”。

策治安。

次韻李平叔直舍竹二絶句

寒梢到地不肯屈，迸筍出簷還作行。故應餘韻占風月，要自勁節含冰霜。

詩翁愛竹有佳句，詩就移官可柰何。密葉歲寒應更好，賸來和雪看婆娑。

姜特立寄詩編為賦四首

十載文場未奏功，鶡冠一笑且春容。遥知横槊荻蘆岸，海闊蛟鼉赶筆鋒。

少年耽句千篇在，老境忘言半偈無。失喜因君還絶倒，但驚寒雀費隋珠。

榕葉青青荔子紅，三山十寺粤王宫。誦君好句渾如畫，寄我清遊夢想中。

宋景文為工學問①，賀方回亦擅詩歌。半山人去東坡没，妙墨空嗟楯上磨。

重午齋宿讀蔡迨文編以酒饋之

長安米賤不難居，玉署金閨有直廬。指日君王嗟見晚，凌雲誰似馬相如。

沈香亭上未傳宣，斗酒揮毫自百篇。研雪新蒲甌弄碧，遥知獨酌意悠然。

---

① “宋景文”，原作“宗景文”，據影印文淵閣四庫全書本、影印文津閣四庫全書本改。

九日送酒與朱元晦

平生愛酒陶元亮，曾繞東籬望白衣。底事秋來猶止酒，重陽須插菊花歸。

老大相望寄一州，故人鄙我倦追遊。應知命駕無千里，惆悵山堂暮雨秋。

航弟自廣潤省墳金華作二絶句送之

族緒彫零不計年，户曹一眷更蕭然。恨無收斂冠巾計，送汝安心隱坐禪。

烏玄鵠白從來事，免角龜毛本自無。日用不知何許是，漫言實相與空虚。

送沈信臣赴試南宫五首

山城寒陟夜飛霜，楓葉青紅帯夕陽。夾道梅花有春色，不妨衝雪到錢塘。

僕射吳興自世家，迺翁勲業著金華。似聞玉座詢名字，會伏青蒲掌白麻。

共踏槐花記昔年，一彎新月夜移船。君行為問靈泉水，夢到松林石壁前。

漫仕雖同官事殊，故人來往未全疎。因君時一論文字，難我窮年困簿書。

吾謀不用可無人，小技文章亦有神。一第區區兒戲耳，請君折取桂為薪。

次韻石林見貽絶句四首

平昔勲名步玉除，碧油幢下見懸車。定知他日平泉記，不數當年種樹書。

敢從州縣歎徒勞，斗米眞成費束蒿。一醉石林巖下月，世間無復武陵桃。

青山白水對開簾，佳句中邊勝蜜甜。機杼由來千丈錦，區區割截笑江淹。

先生德業萬人雄，尋尺猶收爨下桐。乞與朱絃弄流水，坐聽巖壑起松風。

次韻沈明遠春盡書事

街槐園柳綠初連，花盡春歸思黯然。密葉鳴琴清夢斷，白雲雙眼暮山前。

次韻子雲春日雜興五首

馬上還逢江上春，冷煙和雨作紅塵。不堪柳絮催行客，也有桃花似故人。

鵯鵊鳴時春事空，菰蒲葉小未成叢。已拚江草無情綠，不柰山花恣意紅。

瓦盆傾酒未全貧，歲歲田家肯負春。不恨酒醒花落去，花開酒盡最愁人。

綠陰池沼亂鶯流，眼底春來鬢卻秋。不用黃金買白日，待尋三徑作歸休。

山如眉綠畫新就，江似蒲萄始潑醅。收拾風光付佳句，此行嗟我未空回。

又次韻子雲春日絶句三首

亂離誰意有新春，共醉春盤能幾人。但道沙場無匹馬，便驚羅綺總爭新。

春來殘雪自消簷，只有愁人鬢雪添。未省雙鞬談豹略，且聽紅袖唱香奩。

日月行天自漢家，十年京洛恨無涯。兒童不識鄉園事，競説江南春後花。

次韻子雲寄楊仙姑酒絶句二首

海上冰漿冠八州，舊傳仙姥下層樓。一樽壓倒長安市，白墮青春未解愁。

蒲萄底用博涼州，有酒逢秋更上樓[①]。留取楊家風味客，對牀來此話離愁。

次韻子雲中秋見寄二首

風雨經時憶對眠，秋聲愁絶雁横天。未應放卻西樓月，得酒寧須問聖賢。

水繞孤城意自由，遠山無數鬱相繆。月明又作中秋好，白髮相望在兩州。

次櫂歌韻

宛宛溪流九曲灣[②]，山猿時下鳥闗闗[③]。釣磯茶竈山中樂，大隱蒼屏日月間[④]。

---

① “逢秋”，影印文津閣四庫全書本同，影印文淵閣四庫全書本作“逢春”。

② “九曲灣”，影印文淵閣四庫全書本、影印文津閣四庫全書本同，《兩宋名賢小集》卷一六〇《南澗小集》、《式古堂書畫匯考》之畫卷二四作“疊九灣”。

③ “鳥闗闗”，影印文淵閣四庫全書本、影印文津閣四庫全書本同，《兩宋名賢小集》卷一六〇《南澗小集》、《式古堂書畫匯考》之畫卷二四作“鳥間闗”。

④ “蒼屏”，影印文淵閣四庫全書本、影印文津閣四庫全書本同，《兩宋名賢小集》卷一六〇《南澗小集》、《式古堂書畫匯考》之畫卷二四作“屏邊”。

次韻趙文鼎同遊鵝石五首

繚繞雲山溪水南，溪光溶漾滴晴嵐。不知日暖花爭艷，但覺風和酒易酣。

桃花臨水喚人看，花在嶙峋翠石間。莫惜持杯酬爛漫，更須持杖俯潺湲。

長憶湖山天意新，詔恩大尹宴羣臣。休尋輦轂紛華夢，且作林泉自在人。

瀲瀲煙波带月華，渡頭江迴兩三家。細傾社甕鵝兒酒，共聽山村楊白花。是日社。

幾年家住玉溪頭，乘興時來上釣舟。古寺幽情未曾到，尋春一為野僧留。

入冬苦雨禱晴幸應劉若訥惠詩為賀因次其韻

雨餘雲杪澹疎星，老病窺簾眼自明。農事已知今歲好，天公賸放十分晴。

酒難忘處能消日，雨不愁時任戴星。欲和新詩無好語，竹牕燈火夜晶熒。

燈花作喜夜來占，樓角初晴月似鎌。便説市亭新酒美，好風寒日舞青帘。

麥田秋過未休工，穲稏如雲白雨中。乞得晴明三十日，披襟可詠快哉風。

次韻鄭守舜舉喜雪四首

好雪相仍歲又除，豐年瑞事總堪書。未嫌款段追千騎，化作張仙跨白驢。

使君仙骨迥無儔，合上瓊樓倒玉舟。雪裏漁簑詩更好，盛傳僧舍與歌樓。

銀似豪家没柰何，玉成高壘更巍峩。殘年共擬看三白，酌我從今未厭多。

湘吳醇酎愜兼衣，多病難禁玉笋飛。月下更期看國艷，凌波那更舞江妃。

鄭守用前韻見示因亦和答四首

臘裏三看雪滿衢，使君當奉十行書。先生履敝人應笑，泥滑東家許借驢。

九陌歌呼屬後遊，一簑風景付漁舟。相逢且向南溪看，玉作靈山萬石樓。

振廪縻金氣自和，政聲誰為勒嵯峩。牛羊壠上飢民絶，鵝鴨池邊勇士多。

天巧由來不露機，冰澌剪出萬花飛①。瓊瑲似識漢川女，瑤瑟更逢湘浦妃。

次韻務觀城西書事二首

臘盡雪晴春欲柔，濛濛烟柳認瓜洲。潮生潮落無窮事，江水東西不限愁。

川搖百艇陸千車，多是淮南避地家。黄紙赦來戎馬去，兒歌婦笑揔呦啞。

次韻王季夷時同宿蔣山

北山應見太清年，興廢由來亦偶然。自我得之還自失，老禪刀尺尚相連。

草堂一壑轉山腰，杖策無因隱士招。蕙帳只應容我老，冷猿孤鶴夜寥寥。

---

① “冰澌”，原作“冰澌”，據影印文淵閣四庫全書本、影印文津閣四庫全書本改。

當年丞相讀書林，誰識更張萬事心。壟上牛羊共回首，插天喬木暮陰陰。

墨梅二首

西北佳人絶代姿，傾城傾國未為奇。自然冰雪生顔色，不用人間朱粉施。

影落寒塘月照時，夢為蝴蝶繞高枝。畫工欲畫無窮意，不道幽人聖得知①。

栽梅

人將粧額半凌晨，天與仙風自絶塵。歲晚相逢有如此，為君傳取雪中眞。

暉仲惠梅花數枝

霜餘不用怨年華，已有寒梅一兩花。眼冷故知春意動，瓦缾終日看横斜。

莫問南枝與北枝，幽香先與小春期。直從的皪寒梢數，看到飄零似雪時。

江上春風幾日回，一枝先傍小堂開。恨無冷艶連天白，已有生香特地來。

賸買青春不費錢，眼明江静月爭妍。詩人每負梅花債，屈指今年第一篇。

蠟梅二首

白璧黄金取意裁，極知變態自江梅。風流一樣香仍好，共趁春前

① “聖”，原作“賸”，據《永樂大典》卷二八一二引韓元吉《南澗集》改。

臘後開。

未愜籬東染御黄，天香特地剪蜂房。應憐雪裏昭君怨，洗盡鉛華試佛粧。

燕山道中見桃花

今日風横車少塵，卷帷聊看塞垣春。已驚漠漠花經眼，也有濛濛絮撲人。

去歲得黟江縣牡丹數種今年開一枝蓋白者譜中所謂水晶毬也

黟江新樣水晶毬，冰雪肌香體更柔。彈壓風光知第一，酴醾玉蘂見應羞。

汴都至南京食櫻桃

銀盤日日飽朱櫻，不負歸轅過兩京。身到江南梅未熟①，故園風味夢關情。

以雙蓮戲韓子師

雨洗風梳兩鬭新，凌波微步襪生塵。眞成紅玉嬌相倚，不減昭陽第一人。

並舞連歌意態新，水晶宫裏向無塵。一時風月誰能許，要是君家兩玉人。

① “身到”，影印文淵閣四庫全書本同，影印文津閣四庫全書本作“身別”。

種竹

香苞吹盡翠成圍，牆角蕭蕭一徑微。已喜軒牕無俗韻，更憐風月有清輝。

謝陳秀才送詩

偶因借得官書讀，小札于君一向疎。忽寄江湖詩百紙，梅花擔上雪晴初。

用梁士衡韻還鄧器先道中詩卷

夢繞江南雲水鄉，麻姑壇下月如霜。風光景色一千里，都在君家古錦囊。

悼老瓊二首

歌舞相從六換年，秦箏已斷不能絃。荷花滿眼垂楊綠，腸斷清宵月正圓。

江水東流湖水西，水邊花落夢回時。南屏山下風吹土，猶作蕭蕭暮雨垂。

紙鳶

排風決起鬧羣兒，勢力由來一線微。天上鵷鸞徒似耳，卻驚遮日傍雲飛。

廬山霽色

山北山南佛寺開，煙銷日出更崔嵬。讀書誰伴謫仙老，沽酒要須陶令來。

靈隠冷泉

山涵水影兩空明，水到山前百尺清。洞裏臞仙應一笑，抱琴時為寫寒聲。

南澗甲乙稿卷七

詞

點絳唇十月桃花

木落霜濃，探春只道梅花未。嫩紅相倚。灼灼新粧膩。　莫問仙源，且問花前事。休辭醉。想君園裏[①]。總是生春地。

浣溪沙次韻曾吉甫席上

莫惜清樽領客同。已無花伴舞衣紅。强歌歸去莫忽忽。　細雨弄煙煙弄日，斷雲粘水水粘空。酴醾飛下晚來風。

霜天曉角蛾眉亭[②]

倚天絶壁[③]，直下江千尺。天際兩蛾凝黛，愁與恨、幾時極。　怒潮風正急[④]，酒醒聞塞笛。試問謫仙何處，青山外、遠煙碧。

---

① “園裏”，“裏”字原脱，據影印文淵閣四庫全書本補。

② 此首詞，黄昇《中興以來絶妙詞選》（四部叢刊本）卷五作者題為劉叔擬。

③ “倚天”，影印文津閣四庫全書本、影印文淵閣四庫全書本同，《中興以來絶妙詞選》卷五作“倚空”。

④ “怒潮”，影印文津閣四庫全書本、影印文淵閣四庫全書本同，《中興以來絶妙詞選》卷五作“暮潮”。

前調夜飲武將家，有《歌霜天曉角》者，聲調淒婉，戲為賦之

幾聲殘角，月照梅花薄。花下有人同醉，風滿檻、波明閣。　夜寂香透幕，酒深寒未著。莫把玉肌相映，愁花見、也羞落。

菩薩蠻青陽道中

春殘日日風和雨，煙江目斷春無處[1]。山路有黄鸝，背人相喚飛。解韲宿酒醒，欹枕殘香冷。夢想小亭東，薔薇何似紅。

前調蠟梅

江南雪裏花如玉，風流越様新裝束。恰恰縷金裳，濃熏百和香。分明籬菊艷，卻作粧梅面[2]。無處奈君何，一枝春更多。

前調夜宿余家樓聞笛聲

薄雲卷雨涼成陣，雨晴陡覺荷香潤。波影澹寒星，水邊燈火明。白蘋洲上路，幾度來還去。欹枕恨茫茫，笛聲依夜長。

前調鄭舜舉别席侑觴

詔書昨夜先春到，留公一共梅花笑。青瑣鳳凰池，十年歸已遲。靈溪霜後水，的的清無比。比似使君清，要知清更明。

---

① “目斷”，原作“日斷”，據影印文淵閣四庫全書本、影印文津閣四庫全書本改。

② “粧梅面”，影印文淵閣四庫全書本、影印文津閣四庫全書本、《永樂大典》卷二八一一引韓元吉《南澗集》同，《全芳備祖》前集卷一《花部》作“梅粧面”。

前調春歸

牆根新笋看成竹，青梅老盡櫻桃熟。幽牆幾多花①，落紅成暮霞。閉門風又雨，只道春歸去。媚臉笑持盃，卻驚春思回。

前調葉丞相園賞木犀，次韻子師

梧桐葉上秋蕭瑟，畫欄桂樹攢金碧。花底最風流，相逢不上樓。數枝添寶髻，滴滴香霑袂。杯到莫留殘，霧隐疑廣寒。

減字木蘭花雪中集醉高樓

壺中春早，剪刻工夫天自巧。雨轉風斜，吹作千林到處花。　瑤池清淺，璧月瓊枝朝夢見。莫上扁舟，且醉仙家白玉樓。

前調次韻趙倅

風梳雨洗，玉闕瓊樓何處是。萬裏秋容，喚起嫦娥酒未中。　相逢且醉，忙裏偷閑知有幾。況自豐年，須信金華別是天。

訴衷情木犀

疎疎密密未開時，裝點最繁枝。分明占斷秋思，一任曉風吹。金縷細，翠綃垂，畫欄西。嫦娥也道，一種幽香，幾處相宜。

謁金門春雪

春尚淺，誰把玉英裁剪。儘道梅梢開未遍，卷簾花滿院。　樓上

① “幽牆”，影印文津閣四庫全書本同，影印文淵閣四庫全書本作“幽院”。

酒融歌暖，樓下水平煙遠。卻似湧金門外見，絮飛波影亂。

前調重午

幽檻暑，又是一年重午。獵獵風蒲吹翠羽，楚天梅熟雨。 往事瀟湘南浦，魂斷畫船簫鼓。雙葉石榴紅半吐，倩君聊寄與。

好事近辛幼安席上

華屋翠雲深，雲外晚山千疊。眼底無窮春事，對楊枝桃葉。 老來沈醉為花狂，霜鬓未須鑷。幾許夜闌清夢，任翻成蝴蝶。

前調鄭德與家留飲

秋意滿芙蓉，紅映小園叢竹。風裏鳳簫聲颭，有新粧明玉。 詩翁相對兩悠然，一醉繞黄菊。目盡晚山横處，共修眉爭綠。

秦樓月次韻陳子象

鶯聲寂，春風欲去難蹤跡。難蹤跡，幾枝紅藥，萬金消得。 青銅鏡裏朱欄側，照人也似傾城色。傾城色，一樽莫負，賞心良夕。

清平樂辛丑重陽日，劉守招飲石龍亭，追錄

危亭崛起臥蒼龍，絶景畫圖中。便作龍山高會，千年樂事能同。 使君晏處，丹楓影淡，黄花香濃①。不惜歸鞍照月，直教破帽吹風。

① “黄花”，影印文津閣四庫全書本同，影印文淵閣四庫全書本作“黄菊”。

賀聖朝送天與

斜陽只向花梢駐，似愁君西去。清歌也便做陽關，更朝來風雨。佳人莫道，一杯須近，總眉峯偷聚。明年歸詔上鸞臺，記別離難處。

西江月閏重陽

一度難逢佳節[1]，今年兩度重陽。菊花猶折御衣黃，莫惜危亭更上。 況有飛觴灩玉，從教醉帽吹香。興來相與共清狂，頻把新詞細唱。

前調春歸

山路冥冥雨暗，溪橋陣陣花飛。一年寂寂又春歸，白髮自驚塵世。 不惜障泥渡水[2]，且尋團扇題詩。杜鵑休繞暮煙啼，我欲風前重醉。

燕歸梁木犀

涼月圓時翠帳深，鎖非霧沈沈。廣寒宮裏未歸人。共結屋、住黃金。 繁枝未老秋光淡，好風露、總關心。天香不奈遠相尋。更剪巧、上瑤簪。

南柯子次韻姚提點行可席上見貽

急雨朝來過，濃雲晚半收。荷香偏傍酒樽浮[3]。極目淡煙斜照、

---

① “一度”，影印文淵閣四庫全書本同，影印文津閣四庫全書本作“一歲”。

② “不惜”，影印文津閣四庫全書本同，影印文淵閣四庫全書本作“不諳”。

③ “偏傍”，原作“便傍”，據影印文津閣四庫全書本、《永樂大典》卷二〇三五三引韓元吉《南澗集》改。

滿芳洲。　消盡人間暑，翻成一段秋。使星南楚轉東甌。只恐禁林歸詔、未容留。

前調廣德道中遇重午

野杏搏枝熟，戎葵抱葉開。村村簫鼓畫船回。客裏不知時節、又相催。　角黍堆冰椀，兵符點翠釵。去年今日共傳杯。應撚榴花獨立、望歸來。

浪淘沙覺度寺

席地賞殘紅。少駐孤蓬，一春不奈雨和風。雨自無情風有恨，花片西東。　雲澹遠峯濃。綠遍高桐，神仙知在此山中。萬古消凝多少事，目盡晴空。

前調趙富文席上

倦客怕離歌。春已無多，閑愁須倩酒消磨。風雨纔晴今夜月，不醉如何。　玉筭灩金荷。情在雙蛾，二年能得幾經過。花滿碧溪歸棹遠，回首煙波。

前調芍藥

鶗鴂怨花殘。誰道春闌，多情紅藥待君看。濃淡曉粧新意態，獨占西園。　風葉萬枝繁。猶記平山，五雲樓映玉成盤。二十四橋明月下，誰憑朱欄。

鷓鴣天雪

山繞江城臘又殘。朔風垂地雪成團。莫將带雨梨花認，且作臨風柳絮看。　煙杳渺，路瀰漫。千林猶待月爭寒。憑君細酌羔兒酒，倚遍瓊樓十二欄。

前調九日雙溪樓

不惜黃花插滿頭，花應卻為老人羞。年年九日常拚醉，處處登高莫浪愁。　酬美景，駐清秋。綠橙香嫩酒初浮。多情雨後雙溪水，紅滿斜陽自在流。

前調九日登赤松絶頂

老去休驚節物催。菊花端的為人開。攜壺幸有齊山客，懷古還如單父臺。　松掩映，水縈回。使君强健得重來。不須細把茱萸看，且盡豐年酒一杯。

虞美人送韓子師

西風斜日蘭皋路。碧嶂連紅樹。天公也自惜君行。小雨霏霏特地、不成晴。滿城桃李春來處。我老君宜住。莫驚華髮笑相扶。記取他年同姓、兩尚書。

前調懷金華九日寄葉丞相

登臨自古騷人事。慘慄天涯意。金華峯頂做重陽。月地千尋風裏、萬枝香。相君攜客相應記。幾處容狂醉。雙溪明月亂山青。飛夢時時猶在、最高亭。

前調七夕

煙霄脉脉停機杼。雙鵲飛來語。踏歌聲轉玉鉤斜。好是滿天風露、一池花。離多會少從來有。不似人間久。歡情誰道隔年遲。須信仙家日月、未多時。

前調葉夢錫園十月海棠盛開

詔書昨夜催春到。綠野花爭早。幾枝先見海棠開。全勝隴頭衝雪①、寄江梅。破寒滴滴嬌如醉。不比春饒睡。萬紅千紫莫嫌遲，看取滿城花送、袞衣歸。

夜行船再至東陽，有歌予往歲重九詞者

極目高亭橫遠岫。拂新晴、黛蛾依舊。策馬重來，秋光如畫②，霜滿翠梧高柳。　菊美橙香還對酒③。歡情似、那時重九。樓上清風，溪頭明月，不道沈郎消瘦。

南鄉子龍眼未聞有詩詞者，戲為賦之

江路木犀天。梨棗吹風樹樹懸。只道荔枝無驛使，依然。贏得驪珠萬顆傳。香露滴芳鮮，並蒂連枝照綺筵。驚走梧桐雙睡鵲，應憐。腰底黃金作彈圓④。

前調中秋前一日飲趙信申家

細雨弄中秋。雨歇煙霄玉鏡流。喚起佳人橫玉笛，凝眸。收拾風光上小樓。爛醉判扶頭。明日陰晴且漫愁。二十四橋何處是，悠悠。忍對嫦娥說舊遊。

---

① “衝雪”，影印文津閣四庫全書本同，影印文淵閣四庫全書本作“春雪”。
② “如畫”，影印文淵閣四庫全書本同，影印文津閣四庫全書本作“如晝”。
③ “菊美橙香”，原作“菊羊橙看”，據影印文淵閣四庫全書本、影印文津閣四庫全書本改。
④ “腰底”，影印文淵閣四庫全書本、影印文津閣四庫全書本作“要底”。

醉落魄務觀席上索賦

樓頭晚鼓。佳人莫唱黄金縷。良宵燈火還三五。腸斷扁舟，明日江南去。　離觴欲醉誰能許。風前蝶鬧蜂兒舞。明年此夜知何處。且插梅花，同聽畫簷雨。

前調戊戌重陽龍山會別

菊花又折。今年眞是龍山客。杯行瀲灎新醅白。一醉相歡，莫便話離惻①。從教破帽頻欹側。樓頭霜樹明秋色。憑高待把疎星摘。天近風清，不怕暮雲隔。

一剪梅葉夢錫席上

竹裏疎枝總是梅。月白霜清，猶未全開。相逢聊與著詩催。要趁金波，滿泛金盃。　多病慚非作賦才。醉到花前，探得春回。明年公已在鸞臺②。看取春風③，丹詔重來④。

臨江仙次韻子雲中秋

記得年時離別夜，都門强半清秋。今年想望只鄰州。星連南極動，月滿大江流。　芸閣老仙多妙語，雲階清夢曾遊。屐聲還認庾公樓。金波搖酒面，河影墮簾鉤。

---

① “離惻”，影印文津閣四庫全書本同，影印文淵閣四庫全書本作“離別”。

② “明年”，影印文淵閣四庫全書本、影印文津閣四庫全書本、《永樂大典》卷二〇三五三引韓元吉《南澗集》同，《全芳備祖》前集卷一《花部》作“明朝”。

③ “春風”，影印文淵閣四庫全書本、影印文津閣四庫全書本、《永樂大典》卷二〇三五三引韓元吉《南澗集》同，《全芳備祖》前集卷一《花部》作“東風”。

④ “重來”，影印文淵閣四庫全書本、影印文津閣四庫全書本同，《全芳備祖》前集卷一《花部》作“前來”。

前調 寄張安國

自古文章賢太守，江南只數蘇州。而今太守更風流。熏香開畫閣，迎月上西樓。　見説宮粧高髻擁，司空卻是遨頭。五湖莫便具扁舟。玉堂紅藥在，還勝百花洲。

江神子 建安縣戲趙德莊

十年此地看花時。醉題詩。夜彈棊。湖海相逢，曾共惜芳菲。前度劉郎今度客，嗟老矣，鬢成絲。　江梅吹盡柳橋西。雪紛飛。畫船移。滿眼青山，依舊帶寒溪。往事如雲無處問，雲外月，也應知。

前調 金山會飲

金銀樓閣認蓬萊。曉煙開。上崔嵬。風引孤帆，誰道卻船回。鵬翼倚天鼇背穩，驚浪起，雪成堆。　翩翩黃鶴為誰來。醉持杯。共徘徊。四面江聲，脚底隱晴雷。織女機頭憑借問，何處更、有瓊臺。

滿江紅 丁亥示龐祐甫

梅欲開時，君欲去、花誰同折。應悵望、江津千樹，晚煙明雪。花似故人相見好，人如塞鴈多離別。待留君、重看水邊花，花邊月。　臺城路，山如闕。追往事，傷時節。但春風春雨，古人愁絶。多少揚州詩興在，直須清夢翻蝴蝶。問他年、誰記飲中仙，花應説。

前調 自鹿田山橋小集潛嶽寺，坐中酬陳子象詞

寂寞山城，春已半、好花都折[①]。無奈向、陰晴不定，冷煙寒食。

① “都折”，影印文津閣四庫全書本作“都拆”，影印文淵閣四庫全書本作“多折”。

莫問花殘風又雨，且須爛醉酬春色。歎使君、華髮又重來，人應識。
丹井畔，山橋側。空翠裏，煙如織。便直教馬上，醉巾霑濕。丞相車茵端未惜，孟公好客聊為客。算明年、溪路海棠開，還相憶。

前調再至丹陽，每懷務觀，有歌其所製者，因用其韻示王季夷、章冠之

江繞層城，重樓迥、依然山色。□□有①、佳人猶記，舊家離別。把酒只如當日醉，揮毫賸欠樽前客。算平林、有恨寄傷心，煙如織。湖平樹，花連陌。風景是，光陰易。歎新聲渾在，斷雲難覓。暮雨不成巫峽夢，數峯還認湘波瑟。但與君同看小糟紅，眞珠滴。

水調歌頭席上次韻王德和

世事不須問，我老但宜仙。南溪一曲，獨對蒼翠與孱顏。月白風清長夏。醉裏相逢林下。欲辯已忘言。無客問生死，有竹報平安。少年期，功名事，覓燕然。如今憔悴，蕭蕭華髮抱塵編。萬里蓬萊歸路。一醉瑤臺風露。因酒得天全②。笑指雲階夢，今夕是何年。

前調七月六日，與范至能會飲垂虹。是時至能赴枯蒼，予以九江命造朝，至能索賦

江路曉來雨，殘暑夜全消。人言天上今夕，飛鵲漸成橋。杳杳雲車何處，脉脉紅蕖香度。瓜菓趁良宵。推枕斷虹卷，撫檻白魚跳。五湖客，臨風露，倚蘭苕。雲濤四起，極目人世有煙霄。我送君舟西渡。君望我帆南浦。明日恨迢迢。且醉吳淞月，重聽浙江潮。

---

① “□□有”，“□□”原無，據《全宋詞》補。

② “天全”，原作“全天”，據影印文津閣四庫全書本、《永樂大典》卷二〇三五三引韓元吉《南澗集》乙。

前調寄陸務觀

明月照多景，一話九經年。故人何在，依約蜀道倚青天。豪氣如今誰在。賸對岷峨山水。落紙起雲煙。應有陽臺女，來壽隱中仙①。 相如賦，王褒頌，子雲玄。蘭臺麟閣，早晚飛詔下甘泉。夢繞神州歸路。卻趁雞鳴起舞。餘事勒燕然。白首待君老，同泛五湖船。

前調次韻子雲惠山見寄

瀲瀲桂華滿，搖落楚江秋。去年今夜，相望千里一扁舟。滿目都門風露。離別淒涼幾度。霜雪漸盈頭。山水最佳處，常恨不同遊。 少年約，談笑事，取封侯。田園歸晚，休問適不用吾謀。身外功名何處，屈指如今老去。無夢到金甌。賸買五湖月，吹笛下滄州。

前調水洞②

今日我重九③，莫負菊花開。試尋高處，攜手躡屐上崔嵬。放目蒼巖千仞④。雲護曉霜成陣。知我與君來。古寺倚修竹，飛檻絶纖埃⑤。 笑談間，風滿座，酒盈杯。仙人跨海，休問隨處是蓬萊。洞有仙骨巖⑥。落日平原西望。鼓角秋深悲壯⑦。戲馬但荒臺。細把茱

---

① “隱中仙”，影印文淵閣四庫全書本同，影印文津閣四庫全書本作“飲中仙”。

② “水洞”，影印文淵閣四庫全書本、影印文津閣四庫全書本同，《四部叢刊》本《中興以來絕妙詞選》卷三作“九日”。

③ “我”，影印文淵閣四庫全書本、影印文津閣四庫全書本同，毛晉刻《詞苑英華》本《中興以來絕妙詞選》卷三作“俄”。

④ “千刃”，影印文淵閣四庫全書本、影印文津閣四庫全書本同，，《中興以來絕妙詞選》卷三作“萬仞”。

⑤ “纖埃”，影印文淵閣四庫全書本、影印文津閣四庫全書本同，毛晉刻《詞苑英華》本《中興以來絕妙詞選》卷三本作“塵埃”。

⑥ “洞有仙骨巖”，影印文淵閣四庫全書本、影印文津閣四庫全書本同，《中興以來絕妙詞選》卷三無。

⑦ “秋深”，影印文津閣四庫全書本、《中興以來絕妙詞選》卷三同，影印文淵閣四庫全書本作“秋聲”。

萸看，一醉且徘徊。

前調雨花臺

澤國又秋晚，天際有飛鴻。中原何在，極目千里暮雲重。今古長干橋下，遺恨都隨流水，西去幾時東。斜日動歌管，萸菊舞西風。江南岸，淮南渡，草連空。石城潮落、寂寞煙樹鎖離宮。且鬪樽前酒美，莫問樓頭佳麗，往事有無中。卻笑東山老，擁鼻與誰同。

前調和龐祐甫見寄

落日澹芳草，煙際一鷗浮。西湖好處，君去千里為誰留。坐想敬亭山下，竹映一溪寒水，飛蓋共追遊。况有樽前客，相對兩詩流。笑談間，風滿座，氣橫秋。平生壯志、長嘯起舞看吳鉤。紅白山花開謝，半醉半醒時節，春去子規愁。夢繞水西寺，回首謝公樓。

醉蓬萊次韻張子永同飲謝德輿家

聽清歌初轉，翠嶺雲橫，乍飛還駐。水落秋明[1]，正千巖呈露。况有賓朋，飄然才調，盡凌空鵷鷺。步繞西疇，同尋南澗，郊原新雨。　好客聲名，鄭莊風韻，松菊栽成，故侯瓜圃。燕去鴻來，笑人生離聚。老子偷閑，愛君三徑，共一樽芳醑。待約梅仙，他年丹就，騎鯨飛去。

念奴嬌中秋攜兒輩步月至極目亭，寄懷子雲兄

去年秋半，正都門結束，相將離別。瀲瀲雙溪新鴈過，重見當時明月。步轉高樓，淒涼看鏡，綠鬢紛成雪。晚晴煙樹，傍人飛下紅葉。　還記江浦潮生，雲濤天際，涌金波一色。千里相望渾似夢，極

① “水落”，影印文淵閣四庫全書本、影印文津閣四庫全書本作“木落”。

目空山圍碧。醉拍朱欄，滿簪丹桂，細與姮娥説。倚風孤嘯，恍然身在瑤闕。

前調再用韻答韓子師

定交最早，歎西津幾度，忽忽論別。世事浮雲山萬變[①]，只有滄江橫月。長憶追隨，湖山好處、醉帽欹風雪。竹陰花徑，興來題盡桐葉。　誰憶此地相逢，鬢毛君未白，眉添黃色。屈指煙霄歸詔近，路入龍樓金碧。千載功名，一樽歡笑，會作他年説。倚天長劍，夜寒光透銀闕。

前調次陸務觀見貽念奴嬌韻

湖山泥影，弄晴絲、目送天涯鴻鵠。春水移船花似霧，醉裏題詩刻燭。離別經年，相逢猶健，底恨光陰速。壯懷渾在，浩然起舞相屬。　長記入洛聲名，風流觴詠，有蘭亭脩竹。絶唱人間知不知，零落金貂誰續。北固煙鐘，西州雪岸，且共杯中緑。紫臺青瑣，看君歸上羣玉。

前調又次韻

春來離思，正樓臺燈火、香凝金戟。楊子江頭嘶騎擁，楊柳花飛留客。枚乘聲名，謫仙風韻，更賦長相憶。酒闌相顧，起看月墮寒壁[②]。　樽前誰唱新詞，平林眞有恨、寒煙如織。燕鴈横空梅蘂亂，醉裏隔江聞笛。白髮逢春，湖山好在，一笑千金直。待君歸詔，買船重話疇昔。

---

① “山萬變”，影印文淵閣四庫全書本同，影印文津閣四庫全書本作“千萬變”。
② “寒壁”，影印文津閣四庫全書本同，影印文淵閣四庫全書本作“寒碧”。

水龍吟溪中有浣衣石

亂山深處逢春，斷魂更入桃源路。雙雙翠羽，濺濺流水，濛濛香霧。花裏鶯啼，水邊人去，落紅無數。恨劉郎鬢點，星星華髪，空回首、傷春暮。　寂寞雲間洞户。問當年、佳期何處。虹橋望斷，瓊樓深鎖，如今誰住。緑滿千巖，浣衣石上，倚風凝眝。料多情好在，也應笑我，卻忽忽去。

前調夜宿化城，得張安國長短句，戲用其韻

五溪深鎖煙霞，定知不是人間世。軒然九老，排雲一笑，蒼顔相對。星斗垂空，月華隨步，酒醒無寐。□廣寒已近[①]，嫦娥起舞，天風動、搖丹桂。　極目層霄如洗。正千巖、稜稜霜氣。飛泉半落，蒼崖百仞，珠翻玉碎。金衲松成，葛洪丹就，如今千載。歎謫仙詩在，騎驢未遠，且留君醉。

瑞鶴仙送王季夷

西風吹暮雨。正碧樹涼生，送君南浦。蟬聲帶殘暑。滿高林斜照，暝煙横渚。故鄉路阻。更秋入，江城鴈度。悵天涯、幾許閑愁，對酒共成羇旅。　休問功名何在，緑鬢吳霜，素衣塵土。離觴緩舉。收玉筯，聽金縷。歎凌雲才調，烏絲欄上，省把清詩漫與。見洛陽、年少交遊，倩君寄語。

薄倖送安伯弟

送君南浦。對煙柳、青青萬縷。更滿眼、殘紅吹盡，葉底黄鸝自語。甚動人、多少離情，樓頭水闊山無數。記竹裏題詩，花邊載酒，

---

① “□廣寒已近”，“□”原無，據《全宋詞》補入。

魂斷江干春暮。　都莫問、功名事，白髮漸、星星如許。任鷄鳴起舞，鄉關何在，憑高目盡孤鴻去。漫留君住。趁酴醾香暖，持盃且醉瑤臺露。相思記取，愁絶西牕夜雨。

南澗甲乙稿卷八

表

賀册寶禮成尊號表

天地明察，昭舜孝之無違；日月光華，慶堯齡之有永。鴻稱大備，喜氣横流。中賀[1]。臣聞極天下以事親，斯啓安榮之運；本人心而御治，兹為仁壽之基。洪惟慈闈，膺萬歲之期；實緊聖君，寵四海之化。惟動丕應，不顯其符。隆大德必得之名，鏤彌文于寶諜；紀泰元增受之策，崇嘉號于法宫。恭惟皇帝陛下道際堪輿，恩霑動植。歡均海宇，不遺小國之臣；禮盛天正，亦尚一人之慶。然而身濟大業，躬行至仁。視膳問安，匪徒區區曾、閔之事；勝殘去殺，共推赫赫禹、湯之明。是宜尼父之從心，遂見周王之復古。臣屬嬰符竹，阻望宸楓。帝夢無疆，豈但同符于文武[2]；邦儀曠舉，眞成度越于漢唐。

賀太上皇帝表

九州致養，坐凝景命之申；七政呈祥，運格宸心之縱。光增典册，慶溢家邦。中賀。恭惟尊號陛下若聖與仁，能寬而惠。功成白

① “中賀”二字原無，據影印文津閣四庫全書本補。下同，不另出校記。
② “豈但”，影印文津閣四庫全書本同，影印文淵閣四庫全書本作“豈得”。

水，邁建武三十二年；道備崆峒，陋廣成千二百歲。脫屣萬幾之重，怡神五閏之餘。宜膺睿算之無窮，豈視曆經而可紀。神妃儷極，共披金匱之書；聖子當陽，長奉玉卮之壽。臣屬拘職守，阻造闕庭。帝堯蕩蕩以難名，第切康衢之頌；周王勉勉而壽考，彌瞻《雲漢》之章。

賀太上八十受尊號册皇帝表

臣某言：伏覩詔書，加上光堯壽聖憲天體道性仁誠德經文緯武紹業興統明謨盛烈太上皇帝、壽聖齊明廣慈備德太上皇后尊號册寶者。玉卮稱壽，儼二紀之升平；寶册增名，伸兩宮之大慶。禮嚴八秩，歡動九圍。中賀。臣聞惟舜事堯，斯啓髦期之祉；若文與武，式彰夢帝之祥。攷載籍之攸傳，歷漢唐而未覩。於昭聖代，肆舉上儀。一生二、二生三，肇炎緒之符于有永；萬取千、千取百，迪慈闈之算于無疆。一時並上于鴻稱，嗣歲咸新于縟典。恭惟皇帝陛下系隆本始，德邁永平。涖中國而撫四夷，將整渭橋之駕；坐明堂而朝羣后，益表雲臺之功。而乃襲龍衮以下同老萊之衣，調神鼎而躬致天下之養。亶為盛事，彌介萬年。臣屬領眞祠，阻趨觀闕。福延宗社，久知上帝之顧歆；惠及昆蟲，更納斯民于仁壽。

賀太上皇帝尊號表

臣某言：伏覩詔書，皇帝帥羣臣詣德壽宮，【案】《宋史》，高宗稱德壽宮①。加上光堯聖壽憲天體道性仁誠德經文緯武紹業興統明謨盛烈太上皇帝尊號者。膺受命之符，久熙神于物外；增泰元之策，爰加號于域中。掩載籍以彌高，洽華夷而共慶。中賀。竊以期頤在宥，自堯舜而有聞；壽考逾中，歷漢唐而未見。況脫屣而安天下之養，垂衣而與造物者遊。王則次春，御常珍于嗣歲②；孫又有子，貽丕緒于本支。

① “案宋史高宗稱德壽宮”，影印文淵閣四庫全書本同，影印文津閣四庫全書本無。

② “嗣歲”，影印文津閣四庫全書本同，影印文淵閣四庫全書本作“閏歲”。

斯惟無得而名，是為必得其壽。恭惟光堯壽聖憲天體道性仁誠德經文緯武紹業興統明謨盛烈太上皇帝陛下好生本天地之大德，寢兵成帝王之極功。三十六年，躬行慈儉之寶；萬有千歲，力致太平之基。宜典册之屢書，與皇圖而俱永。臣欽奉盛際，屬領外祠。九賓臚傳，雖莫奏甘泉之頌；百神率舞①，第惟伸嵩嶽之呼。

會慶節賀表

良月就盈，夙啓誕彌之旦；五星來聚，聿迎元命之年。宗社騰輝，華夷協慶。中賀。恭惟皇帝陛下恩沾動植，道貫堪輿。體虞舜之無為，懋介兩宮之祉；秉周文之至德，益深四表之歡。策增授于泰元，禮獨行于昭曠。本支百世，已觀孫子之施；壽考萬年，將見帝王之冠。臣久叨祠館，阻造闕廷。六樂成儀，莫預鈞天之宴；九賓在望，第聞嵩嶽之呼。

聖神出震，凝寶命于昊天；曆數紹堯，啓昌辰于良月。乾坤薦祉，夷夏騰歡。中賀。恭惟皇帝陛下大德好生，休功不殺。孝悌而光四海，恭儉以屏五兵。治格文明，將繼六經而七；祥開壽嘏，允膺萬歲之三。臣屬領祠庭，阻趨觀闕。雖田穀之仰膏雨，莫謝于生成；若澤葵之傾太陽，彌深于頌禱。

神聖健生，昭格熙平之運；乾坤錫羨，式彰震夙之辰。海嶽騰歡，華戎共慶。中賀。恭惟皇帝陛下明並日月，功光祖宗。整法駕于圜丘，彌文嗣舉；奉慶儀于前殿，載籍未聞。舊傳河水之清，兹見壽星之會。臣屬叨祠館，遙睇闕廷。莫陪嵩嶽之呼，恭趨盛旦；第切華封之祝，益介萬年。

千齡啓運，於昭上聖之生；萬歲成純，式副下民之禱。昆蟲闓懌②，海嶽歡呼。中賀。恭惟皇帝陛下勇知表邦，寬仁御世。體乾元之用九③，萬化默成；法離照之繼明，四方咸乂。候祥輝于良月，增

① “百神”，影印文淵閣四庫全書本同，影印文津閣四庫全書本作“百獸”。
② “闓懌”，影印文津閣四庫全書本同，影印文淵閣四庫全書本作“愷澤”。
③ “乾元”，原作“乾无”，據影印文淵閣四庫全書本、影印文津閣四庫全書本改。

神筴以後天。臣屬假麾符，阻趨觀闕。續天地之頌①，莫追考父之能；賡立極之謠，第切封人之願。

生商定位②，仰神聖之挺生；日月光華，驗基圖之復旦。四方來賀，萬國咸寧。中賀。恭惟皇帝陛下陟禹之迹，誦堯之言。通孝悌于神明，惟動丕應；成安强于道德，未占有孚。載臨震夙之辰，益著升平之象。體太極之三為一，功即混于華戎；賡眉壽之萬有千，治彌高于今古。臣猥叨祠秩，阻造廷紳。擊壤歡呼，第切康衢之頌；稱觴忭舞，如聞嵩嶽之呼。

昊天成命，有開載夙之祥；良月就盈，益仰誕彌之節。照臨所被，鼓舞惟均。中賀。恭惟皇帝陛下勇智以表萬邦，神明而光四海。政刑修于閒暇，丕昭有截之威；道德成乎安强，共介無疆之壽。茂建系隆之業，聿臻恢復之期。臣徒深望日之誠，莫預造廷之慶。紹登封之七十一，俯觀世祖之成功③；賡曆數之萬八千，仰繼天皇之盛際。

占履武之祥，序開良月；紀流虹之旦，慶及溥天。莫酬在宥之恩，共上無疆之祝。中賀。恭惟皇帝陛下丕承武烈，重協帝華。修車馬以會東都，聖功可待；詰戎兵而陟禹迹，德政用修。洽四表之歡聲，介萬齡之眉壽。臣屬拘祠館，阻造宸廷。奉百末之觴，魚龍在望；上千秋之鑑，葵藿傾心。

祥開良月，占五星聚井之期；慶浹寰區，啓大電繞樞之旦。乾坤丕應，宗社延洪。中賀。恭惟皇帝陛下睿智以有臨，常德以立武。會期長樂，聿求萬國之歡；獻獲大安，坐式九圍之命。懋建隆平之業，於昭震夙之辰。合二氣于無窮，凋三光而不老。臣叨塵從橐，久去宸廷。履土戴天，莫罄華封之祝；望雲就日，第增嵩嶽之呼。

天申節賀表【案】《宋史》，高宗生辰名天申節④

紹炎圖于三紀，久釋萬機；嚴端節于千秋，茂迎八秩。祥占嵩

① “天地”，影印文淵閣四庫全書本同，影印文津閣四庫全書本作“生商”。
② “生商”，影印文淵閣四庫全書本同，影印文津閣四庫全書本作“天地”。
③ “俯觀”，影印文淵閣四庫全書本同，影印文津閣四庫全書本作“行觀”。
④ “案宋史高宗生辰名天申節”，影印文淵閣四庫全書本同，影印文津閣四庫全書本無。

嶽，喜溢康衢。中賀。恭惟尊號德輔至仁，功高再造。怡神物外，自得逍遙之遊；玩意域中，不遺慈儉之寶。仰聖子神孫之共慶，宜普天率土以均歡。臣屬領眞祠，阻趨觀闕。候如復旦，驗神光七十五來；禮盛祈年，頌眉壽萬有千歲。

中天紹復，漢儀莫甚于兩京；垂拱耄期，堯壽特高于五帝。祥占星火，喜溢康衢。中賀。恭惟尊號道大難名，功成不處。丕謨與子，無憂亶惟文王；好生在民，盛德孰加虞舜。脫屣萬機之外，怡神四海之尊。八千歲為春，坐徯河清之運；九萬里而上，行觀輿地之歸。臣久去班聯，尙縻祠秩。仰房心之叶瑞，莫遂窺瞻；驗箕翼之齊輝，第深忭舞。

九州致養，仰太極以居尊；四表騰歡，慶誕彌之紀節。中賀。恭惟尊號功成不宰，道妙難名。跡並商周，茂建中興之烈；粃視堯舜，獨全高蹈之風。椿齡迎八秩之祥，天壽啓萬年之永。臣叨塵從橐，阻造宸廷。驗火德之重明，徒深歡舞；祝乾符之增授，第切嵩呼。

道契崆峒，甫迪期頤之慶；光凝華渚，式昭載夙之祥。燕及敷天，歡騰萬國。中賀。恭惟尊號功高漢祖①，仁並唐堯②。踰建武三十二年，授之聖子；迎天皇萬八千歲，重見神孫。倬然壽考之符，信矣古今之冠。臣屬拘祠秩，阻造闕廷。出丙入丁，共仰星躔之極；先庚後甲，益知帝命之申。

天命不顯其符，久格系隆之運；大德必得其壽，式昭震夙之辰。夷夏均歡，人神共慶。中賀。恭惟尊號功超邃古，治復承平。再造丕基，陋漢唐其培塿；允恭大業，儷堯舜猶粃糠。方觀累洽以重熙，自得長生而久視。後乾坤而不老，膺曆數以無窮。臣猥竊眞祠，阻趨宸陛。仰鎬京之燕，惟深葵藿之傾；聯嵩嶽之呼，第切昆蟲之懌。

進銀絹表

萬機脫屣，仰崆峒訪道之辰；四海貢珍，盛華渚呈祥之旦。虔修

① “尊號”後，影印文津閣四庫全書本多“皇帝陛下”四字。
② “仁並”，影印文津閣四庫全書本同，影印文淵閣四庫全書本作“神並”。

方物，恭賔大庭。前件銀絹，美異昆田，實諸文篚。不腆敝賦，敢為宰旅之歸；無疆惟休，共上封人之祝。

賀太上皇帝表

堯舜在上，紹成復古之勳；任姒比隆，共格齊天之算。禮新一代，慶洽萬方。竊以日候再中，故月承而有耀；乾元用九，兹坤順以無疆。仰泰皇迎增壽之祥，乃柔極兆同休之慶。道均不老，理合自然。恭惟尊號太上皇帝陛下脱屣怡神，握符御世。文王之與聖子，既共保于鴻基；帝嚳之有元妃，宜並申于寶命。肆差春旦，繼舉盛儀。靡煩八駿之馳，坐致七桃之獻。臣屬嬰祠秩，久去宸廷。聽九成之簫韶，第想雲龍之會；祝萬歲之眉壽，徒殫葵藿之誠。

太上皇帝慶壽禮成賀表

慈闈介壽，亘古未聞；盛禮告成，普天同慶。恭惟尊號太上皇帝陛下仁參高厚，道冒華戎。克遜成功，父子自侔于堯舜；系隆底豫，君臣未數于商周。兹屬萬歲之期，翕受四方之賀。啓祥輝于南極，候淑氣于東郊。不踰矩以從心，既驗降年之有永；强為名而字道，益知受命之無疆。臣屬守蕃宣，阻趨象魏。歌卿雲之爛，備聞海岳之歡；受神筴之增，更仰日星之紀。

皇帝賀表

慶集堯庭，仰聖人之得壽；禮行漢殿，知天子之有尊。宗社增輝，華夷受福。恭惟皇帝陛下守先王之要道，備中國之至仁。法地法天，叶寧神于無外；盡倫盡制，極養志而不違。當慈闈膺獻歲之祥，實睿算擬傳家之喜。占斗牛之王氣，盛事冠于百王；會日月于壽星，歡聲騰乎四表。臣適叨郡寄，阻望國光。莫陪洛下諸生，作受命中興之頌；尚與海隅父老，詠蒸民立極之詩。

太上皇后七十賀皇帝表

千齡紀運，式昭帝載之隆；七秩迎年，更上母儀之慶。歡騰海宇，喜溢宫庭[①]。竊以漢興而尊太公，媪后不書于長樂；堯老而授大舜，女皇莫著于平陽。惟一時並養于宸闈[②]，且二聖聯躋于睿算。在今甫見[③]，亘古未聞。恭惟皇帝陛下齊日月之運行，事天地以明察。垂衣拱手而致化，道嘗合于兩儀；問安視膳于無違，教既行于四海[④]。金簡同開于壽曆，玉巵益奉于慈顔。臣逖遠從班，欽聆盛典。宴西池而歌黄竹，小融融洩洩之詩；禮南嶽而倡卿雲，美蕩蕩巍巍之治。

孝慈淵聖皇帝上僊慰表代倉司

佳兵罷警，方期鑾輅之還；遠使來庭，遽告龍髯之斷。哀纏宸極，痛浹寰區。中慰[⑤]。伏以孝慈淵聖皇帝潛德春宫，天下陰受其賜；承休寶位，生民無得而稱。蓋仁孝本于自然，慈儉存于先務。蒙塵三紀，阻覲萬方。合文王之明夷，固已行乎患難；有高宗之無逸，曾未享于春秋。恭惟皇帝陛下坐致平康，躬修悌順。東朝違養，纔歲月之僅周；北顧在原，何禍災之荐至。音容遂邈，聖情難居。臣適以使事在遠，不獲奔赴闕廷。云云。

太上皇帝慰表

中壼貽災，遽失婦容之順；慈闈軫念，諒同子聖之悲。中慰。恭惟光堯壽聖太上皇帝陛下脱屣萬機，頤神四表。雖自家刑國，宜俯記

① “宫庭”，影印文津閣四庫全書本同，影印文淵閣四庫全書本作“公庭”。
② “宸闈”，影印文津閣四庫全書本同，影印文淵閣四庫全書本作“神闈”。
③ “甫見”，影印文津閣四庫全書本同，影印文淵閣四庫全書本作“罕見”。
④ “行于”，原作“刑于”，據影印文淵閣四庫全書本改。
⑤ “中慰”二字原無，據影印文津閣四庫全書本補。下同，不另出校記。

于内朝；而制禮緣情，願稍寬于聖慮。

太上皇后慰表

母道遵臨，方嚴慶養；婦儀奄隔，遽軫慈懷。中慰。恭惟壽聖太上皇后殿下厚德承乾，至明儷日。顧徽音之欲嗣，悵柔範之莫還①。願寬中節之哀，以副從宜之禮。

皇帝慰表為皇后上仙

災延椒掖，悲動楓宸。凡在照臨，舉深愴慕。中慰。伏以大行皇后化行恭儉，德茂柔嘉。正九御之盛儀，悵焉未久；助兩宮之大養，倏爾不終。恭惟皇帝陛下治極寧親，功深御宇。願仰俔天之感②，俯從率土之祈。

又為皇太子薨

前星失次，少海沈輝。痛極本支，悲纏寰宇。中慰。恭惟皇帝陛下治功日起，齒德天開。宮掩長秋，顧哀悰之未遠；苑空博望，乃變故之荐臻。願思付託之隆，少抑哀慈之念③。

太上皇帝慰表

國有神孫，方啓重輝之盛；天開聖緒，乃貽大本之憂。中慰。恭惟尊號備王者之無私，膺天下之至養。甲觀占夢，茂迎四世之祥；綠車在廷，遽有一朝之感。願益觀于道化，庶少抑于聖情。

① “莫還”，影印文津閣四庫全書本同，影印文淵閣四庫全書本作“莫違”。
② “仰俔”，原作“抑俔”，據影印文淵閣四庫全書本改。
③ “哀慈”，影印文淵閣四庫全書本同，影印文津閣四庫全書本作“愛慈”。

太上皇后慰表

主器占憂，遂虚儲禁。含飴興起，倍軫慈衷。中慰。恭惟尊號體備仁榮，躬行儉實。眷此重明之照，夙昭大慶之符。帝祉未施，天災遽有。願抑悲思之感，益綏壽履之康。

知婺州到任謝表

入塵法從，歲躔怳閲于再周；出假便蕃，道路僅更于數舍。仰體曲成之眷，敬宣寬大之恩。中謝[①]。伏念臣知力不能踰人，學術無以異衆。才疎意拙，少嘗粗志于功名；心折氣摧，晚實重傷于憂患。豈謂衰頽之朽質，寖蒙特達之聖知。始寓直于掖垣，旋參華于選部。文惟骫骳，屢承褒衮之加；議本戇愚，悉荷威顔之假。感洪慈之未報，揣微分而敢安。顧此東陽，今為輔郡。財殫粟匱，適遭饑饉之餘；訟劇政繁，尤重藩宣之委。孰云孱懦，可副選掄。此蓋恭遇皇帝陛下躬慈儉以保邦，體寬仁而御下。謂臣早更州縣，或知撫字之方；憐臣久侍禁嚴，備識憂勤之意。賁之列職，寵以分符。敢效昔賢，樽俎但期于賦詠；庶幾漢吏，里閭稍遂于奠安。

再知婺州到任謝表

冠西清之美職，已冒殊恩；分太末之名邦，仍叨舊治。稍違行闕，即居部封。中謝。伏念臣少嘗竊慕于古人，晚始親逢于聖主，豈謂迂疎之質，遂蒙特達之知。造膝而貢狂愚，既屢嘉其一得；披肝而導志慮，曾何補于萬分。罔知歲月之遷，寖荷寵靈之異。昨膺召節，誤長從班。孰云銓敘之平，益愧論思之謬。葵藿徒知向日，忍負寸心；犬馬猶有戀軒，敢懷去意。第每虞于譏議，仍滋懼于滿盈。自詭為州，實惟報上。況兹寳婺，特近太微。地竊重臨，治行靡追于黄

---

① “中謝”二字原無，據影印文津閣四庫全書本補。下同，不另出校記。

覇；時容著詠，郊居肯慕于沈侯。祇佩眷私，若為稱塞。此蓋恭遇皇帝陛下德參天地，道冒華戎。泰和在于唐虞，肅臣工而器使；仁風慰于黎庶，擇守命以布宣。施及妄庸，荐加優渥。臣敢不恪求民瘼，寅奉藩條。官聯喉舌之司，顧敢忘于左右；郡亦股肱之寄，誓益告于謀猷。

謝賜寬恤手詔碑表

宸恩寛大，衣被于羣黎；睿藻昭回，照臨于萬寓。承休甚寵，拜命惟新。中謝。竊以方國賜書，本建武中興之盛事；為民下詔，實孝文務養之深仁。於鑠聖時，兼休二代。恭惟皇帝陛下道侔天地，德紹祖宗。功烈無前，孝治驩騰于四表；嘉祥荐至，豐年屢格于萬邦。憫兹穀賤之或傷，尚致户輸之過取。賜頒寶墨，申戒攸司。粲然雲漢之垂，穆若春陽之布。臣濫紆州組，躬受詔函。周賦有常，詎敢多于什一；堯言在上，庸知告以再三。

辭知建寧府表

右，臣准尚書省劄子，十二月三日，三省同奉聖旨，差臣知建寧府，不候授告，疾速前去之任，候任滿前來奏事者。臣欽聞成命，愧懼無任。伏念臣以至愚極陋之質，荷上聖特達之知。擢寘三銓，已乏論思之效；試守一郡，迄無善最之稱。徒知奉行寛大，以拊摩饑饉之餘；不慮自貽曠瘝，而招致悔尤之積。懇祈散地，實微分之攸宜；以畀便藩，匪私心之敢望。況建寧之鉅鎮，本潛躍之名區。雖異時嘗叨宰字之官，豈今日遂有鎮臨之幸。已試無狀，啓處不遑。伏望皇帝陛下遴選循良，布宣德意。俾内外咸舉其職，思小大務盡其才。寵以眞祠，庶少安于庸懦；假之歲月，斯曲示于保全。臣無任瞻天望聖、激切屏營之至。所有恩命，未敢祗受。臣除已交割婺州職事以與次官，一面起離前去衢、信州聽候指揮外，謹録奏聞，伏候敕旨。

知建寧府到任表

瀝懇籲天，莫遂請閒之願；疏恩易地，仍叨共理之榮。優假至深，凌兢罔措。中謝。伏念臣奮身疎遠，遭世盛明。入參侍從之華，每蒙異眷；出領藩宣之寄，曾乏微庸。況歲月之僅周，積過愆而靡逭。孤踪易毀，寧分近甸之憂；全度兼容，特畀潛藩之重。眷兹建水，實控閩陬。代籍初基，覺谿山之改觀；宦遊寖老，慨民社之嘗臨。雖馳驅頗愧于壯年，然委付有光于前日。此蓋恭遇皇帝陛下惠綏羣獻，明燭高微。器使人才，舉絶重輕之弊；衡持天下，悉無内外之殊。不遺菅蒯之微，尚費乾坤之造。軫其迂鈍，錫以便安。臣敢不仰體曲成，益思盡瘁。土風末俗，猶粗識其二三；利澤深仁，或布宣于萬一。

謝降官表

外臺摭戾，難逭于深文；中詔施仁，第從于寬典。恩隆命薄，感極涕零。中謝。伏念臣猥以庸材，叨塵輔郡。野無青草，適歲事之荐饑；户有犀渠，復土風之善競。慨疲駑之既竭，慚尺寸之罔功。財貨未贏，陽城之政甚拙；教條靡善，延壽之過自知。至于報應或謬于文移，請讞務伸于法令。重貽刺舉，宜在譴訶。羸瓶之寘井湄，蓋有擠而甚者；弊車之避道左，是宜麾而去之。敢期覆燾之深，曲示保全之厚。就移職守，特損官聯。此蓋恭遇皇帝陛下湯網務寬，舜璣惟察。念臣久更州縣，常自信其迂愚；憐臣昔侍禁嚴，每洞知其拙直。刑于善貸，責以後來。臣敢不仰副殊私，益堅素履。雖桑榆之收暮景，莫知補報之方；若葵藿之傾太陽，尚有糜捐之所。

謝放罷表

彈文甚峻，請從流放之科；宸度兼容，聊示汰歸之譴。恩深命薄，感激涕零。中謝。伏念臣猥以非才，叨塵異眷。文詞淺拙，嘗蒙甚善之褒；議論闊疎，屢動蓋高之聽。久冒清華之選，皆繇特達之知。昨自典銓，復求試郡。與之舊治，曾無數舍之勞；課以字民，尚乏期年之効。徒以世霑厚祿，身忝從班。稍知粗抑于豪强，不敢遽形于退避。明目張膽，期法令之是行；銷骨鑠金，乃謗傷之遂積。果貽清議，上負明時。然臣被拔擢于州縣者餘二十年，荷委任于朝廷者更十數職。寵為過分，嗟有識之自知；貪以狥私，慨無從而可辨。儻匪皇慈之洞鑒，詎容小己之保全。兹蓋恭遇皇帝陛下擴博愛之深仁，推好生之盛德。惟天為大，徧覆包涵而靡遺；如日之升，遠近幽深而必照。察臣性本于疎直，憐臣夙勵于樸忠。不忍嚴誅，尚存善貸。臣敢不洗心念咎，銘骨知歸。迫暮景之桑榆，若為報國；視歲寒之松栢，所以事君。

謝提舉太平興國宫表

竊輔郡之符，自貽謗戾；賦眞庭之祿，俾逭饑寒。滋佩恩憐，徒深感涕。臣某惶誠恐、頓首頓首。伏念臣學知為己，仕切慕君。荷聖神識拔于衆人之中，遭逢特異；躐侍從周旋于六官之長[①]，忌嫉已多。惟思樸直以盡忠，詎敢窺覦而倖進。趨因請外，復玷承流。謂抑强禁暴者，刺史之常規；若避事懷私者，古人之深恥。豈慮中傷之銖積，遂能搖動于風聞。含沙幾類于短狐，射市乃遭于强弩。誣其怨望，固已墜臣于深淵；衊以貪汙，直欲錮臣于聖世。賴至仁之在上，知羣下之隱情。洞見肺肝，保全軀命。然臣恐懼閱三時之久，羈窮懷十口之憂。未容放跡于山林，但有投誠于君父。函蒙鴻造，肆軫餘生。縻廩稍于安閒，貸馳驅于衰病。兹蓋恭遇皇帝陛下曲成萬物，懷保小民。力辨忠邪，益恢張于治具；大明黜陟，庸丕變于士風。將尋尺之有施，示葢帷之罔棄。察其既往，許以自新。臣敢不砥礪素衷，激昂晚節。無功而祿，第為餬口之羞；有命不渝，尚切粉身之報。

再任興國宫謝表

綴西清學士之班，尚叨美職；賦南紀祠官之祿，益愧罔功。祇荷

---

① “六官之長”，影印文津閣四庫全書本同，影印文淵閣四庫全書本作“六官之表”。

恩憐，莫知報塞。中謝。伏念臣才為短拙，分實羈單。圭竇蓽門，竊有棲遲之幸；竹笥木屐，自嗟嫁送之頻。顧榮遇之已多，曾生涯之未給。一昨坐謾于郡寄，繼蒙予食于眞遊。抱詩禮以傳家，詎忘所守；課虀鹽而玩歲，僅活其孥。逮兹秩滿之初[①]，復起年饑之慮。飛而控地，志宜遂于歸田；窮則呼天，心但祈于雨粟。果勤洪造，仍畀素餐。兹蓋恭遇皇帝陛下德本好生，治先從欲。體成周之歸厚，草木依仁；法炎漢之用寬，昆蟲咸懌。肆紆臨昭，施及妄庸。臣敢不奮厲愚衷，激昂晚節。枯魚未朽，既均被于斗升；老馬載馳，或粗知于道路。

三任興國宫謝表

譾材無用，衹退伏于田廬；明命有加，乃荐叨于祠館。荷天從欲，揣分興慚。中謝。伏念臣頃以戇愚，誤蒙選拔。典領三銓之重，詎罄論思；蕃宣兩郡之繁，遽貽譏議。一去闕廷之下，六驚歲月之遷。戴盆曷望于層霄，徒懷眷遇；伏櫪自甘于末路，倍費保全。惟負郭之未充，慨投簪之甚迫。尚縻廩稍，獲在安閒。得象罔之珠，益知味道；受支離之粟，滋愧匪功。兹蓋恭遇皇帝陛下仁覆羣生[②]，春熙庶彙。謂臣早更州縣，宜膂力之寖愆；憐臣久侍禁嚴，亦姓名之屢記。肆加存拊，俾逭飢寒。臣敢不思報厚恩，誓殫晚節。餘生未泯，儻為尺蠖之伸；素志僅酬，或致寸莛之効。

江東轉運判官謝表

竊食無功，久尸于宰掾；便私有請，尚畀于使軺。衹届部封，具宣詔旨。中謝。伏念臣零丁墜緒，歷落凡材。一趨君璽之嚴，五閱歲躔之换。為郎甚寵，乃官謗之自貽；去國稍淹，迄州符之未試。曲荷乾坤之造，再瞻日月之光。南省西樞之聯，曾微報効；中臺右轄之

---

① “秩滿”，原作“秋滿”，據影印文津閣四庫全書本改。

② “仁覆羣生”，影印文淵閣四庫全書本同，影印文津閣四庫全書本作“天覆萬物”。

屬，荐至攝承。揣分輸誠，拜恩從欲。策名中祕之府，錫節大江之壖。地接行畿，實總陪都之調度；跡違文陛，重勤睿訓之丁寧。此蓋恭遇皇帝陛下天覆堯仁，日躋湯聖。衡持内外，初無彼重而此輕；器使賢愚，靡間寸長而尺短①。治厲精而匪倦，功復古之是圖。致此妄庸，姑從寄委。臣敢不益堅素守，無負聖知。雖攬轡登車，未究昔人之志；儻給軍轉漕，或殫異日之能。

謝起軍轉官表

羽檄調兵，僅供常職；綸言錫命，乃沐異恩。悵懇避之不俞，第祇承而為愧。中謝。伏念臣猥以頑冥之質，誤蒙神聖之知。入侍禁塗，豈有論思之效②；出分藩服，曾何善最之稱。當周王田獮以選師，仰漢帝璽書而賜郡。元戎十乘，奉追召之既嚴；次國二君，觀驅馳而敢後。亦妄陳于末議，竊自獻于愚忠。深懼譴訶，詎宜褒陟。披肝瀝膽，謂有願之必從；縮頸汗顏，迄無功而受賞。此蓋恭遇皇帝陛下激昂士氣，砥礪臣工。陰闔陽開，務作新于庶政；乾旋坤闢，思底定于萬方。致兹增秩之榮，靡間尸官之濫。臣敢不欽承訓飭，彌謹藩宣。躬阡陌、勸農桑，益布維新之令③；修車馬、備器械，庶觀復會之期。

謝除待制表

分符出守，已叨便近之藩；錫命寵行，尚綴禁嚴之列。懇辭莫遂，跽受彌兢。中謝。伏念臣久以庸愚，誤蒙簡拔。周遊省户，參掾屬者九年；密勿從班，備銓衡于兩選。積有丘山之厚戾，了無塵霧之微勞。外并名州，實踰分願；中聯美職；滋冒恩榮。怳然未定之驚魂，甚矣横流之感涕。兹蓋恭遇皇帝陛下仁如天大，德與日升。器使

① “靡間”，影印文津閣四庫全書本同，影印文淵閣四庫全書本作“靡見”。
② “效”，影印文津閣四庫全書本同，影印文淵閣四庫全書本作“要”。
③ “益”，影印文津閣四庫全書本同，影印文淵閣四庫全書本作“而”。

羣材，菅蒯盡歸于採掇；生成庶彙，蟲魚感遂于飛潛。曲示眷私，用光臨遣。臣迹雖違于丹陛，名猶濫于清廟。惟近臣獻納之私，未殫于補報；若刺史中和之布，敢負于使令。

除龍圖閣直學士謝表

冒三銓之久，長玷近班；首六閣之聯，遽叨美職。恩踰意表，愧溢顔間。臣某誠惶誠懼、頓首頓首。竊以入從出藩，本侍臣之常禮；循名責實，斯主上之至權。逮夫寵數之驟加，必有勞能之可紀。仰河圖于東序，是惟冠百世之彌文；通禁橐于西清，必以待一時之舊老。如臣者少而孤陋，晚益顓冥。符節屢頒，久載馳于周道；玦環遞賜，悵幾入于修門。未酬神聖之知，竊有滿盈之懼。玆由常伯，自詭便藩。綸命高華，豈謂疏榮之特異；奎躔炳耀，殊非避寵之能安。此蓋恭遇皇帝陛下湯聖日躋，堯仁天覆。察臣持循法令，粗知課力之方；俾臣宣布詔條，曲示臨民之渥。顧此鶖鳩之質，曷窺龍馬之光。臣敢不祓飭儒衷，答揚隆施。官雖外服，尚司竇禁之儲；名在諸儒，敢忘論思之報。

權吏部侍郎謝表

服勤公掾，濫一官四至之榮；列職禁塗，積十載九遷之幸。拜恩逾厚，揣分奚宜。中謝。伏念臣仕本慕君，學知為己。守高曾之規矩，嗟涉世以自疎；聞師友之淵源，慨決科而已繆。一從縣宰，誤玷王官。夤緣寖歷于省臺，出入薦叨于符節。微軀欲奮，幾成控地之鳩；弱羽易摧，屢作退風之鷁。矧憂患支離之後，荷生成收召之殊。兩轄重陪，豈有彌綸之効；西垣暫直，曾何潤色之工。方虞未免于譴訶，敢意遽蒙于簡拔。惟玆選部，實異他曹。内以檢制于吏姦，外以整齊于士類。當劇煩而罔避，匪庸懦之所堪。此蓋恭遇皇帝陛下天覆函生，日熙庶政。賢者在位而能者在職，舉無棄于羣材；仕者欲朝而農者欲耕，俾各安于至化。眷玆銓敍之職，責其愚鈍之功。臣敢不三沐自修，百為盡節。若課吏期于平允，可無衡鑒之功？而從臣許以論思，尚切涓埃之報。

除吏部侍郎謝表

典銓無補，每懷代匱之憂；拜命有加，乃冒為眞之寵。中謝。伏念臣愚不更事，老無取材。用意闊疎，最出衆人之後；秉性樸直，但期聖主之知。自擢貳于銓衡，實坐縻于歲月。威靈遠被，僅揚使者之旟；職業空居，猶竊從臣之槖。本虞曠戾，敢冀恩榮。此蓋恭遇皇帝陛下丕冒華戎，裁成品彙。謂上策莫如自治，將内外以舉安。思衆賢聚于本朝，故涓埃之咸取。顧嗟庸懦，亦在褒陞。臣敢不仰體至仁，誓堅素履。惟守資格而師法令，罔敢怠遑；若殫忠藎而罄論思，是為報塞。

郊赦加食邑謝表

禮行效報，初莫預于駿奔；恩衍户租，乃重沾于惠術。叨榮逾厚，揣分知慚。中謝。伏念臣久去班聯，尚尸祠祿。材能素譾，了無横草之功；齒髪寖彫，第有守株之志。莫致慶成之善頌，遂膺進律之殊褒。騈邑既增，取禾興愧。此蓋恭遇皇帝陛下化參天地，道通神明。方萬歲以成純，躬致嚴禋之祀；靡一夫之不被，益均臣庶之歡。申賁絲綸，用彰典禮。臣敢不誓圖報稱，欽佩眷慈。縱覲渭上之朝，詎忘異日；獨抱周南之病，自信餘生。

謝進封潁川郡公加食邑實封表

慈皇介壽，霈及敷天；微臣何功，例叨進律。仰止王言之賁，遽躋公社之榮。中謝。伏念臣材不逮中，愚無所用。蚤蒙異擢，詎忘補報之階；自取謗傷，尚竊安閒之祿。方舜治格無為之盛，乃堯齡臻難老之期。千歲有逢，萬邦胥慶。錫爵遂超于五等，疏封且冒于多田。兹蓋恭遇皇帝陛下老老以興民，君君而賦政。盛禮備樂，成儀焕于兩宫；宥罪薄征，懽聲溢于四表。慨兹朽質，曷副深仁。臣敢不誓罄丹誠，恩酬洪造。老當益壯，況懷伏櫪之心；用之則為，益勵守株之志。

謝加食邑實封表

臣某言：伏准告命，以明堂大禮慶成，加臣實邑三百户，食實封一百户，臣已望闕謝恩祗受訖者。禮行泰室，曾莫預于駿奔；賞逮羣工，乃例霑于惠術①。人微曷稱，恩重莫酬。中謝。伏念臣久玷從班，尚叨祠禄。散材無用，自甘屏跡于丘園；盛典有光，豈復相儀于禮樂。解澤既敷于溥率，歡聲實徧于邇遐。未嘗趨造于朝，猶蒙多與之邑。兹蓋恭遇皇帝陛下日新聖德②，天覆萬方。弗遺小臣，欲賢愚之並施；爰有大賚，俾動植以知仁。臣敢不誓竭疲庸，仰思報塞。三百户而無眚，足增寒陋之華；八千歲以為春，但祝聖神之壽。

代賀南郊禮成表

泰壇修報，寶曆迎長；惠浹百神，歡均四海。中謝。恭惟皇帝陛下仁如天地，德類祖宗。年穀屢豐，馨香薦于至治；禮樂大備，形聲協于泰和。惟兹上帝之博臨，式見聖人之能饗。合祫允塞，益顯從周之文；並侑孔嚴，光昭復禹之盛。臣屬叨假節，阻預奉璋。聆熙事之備成，惟深忭舞；布詔書之寬大，彌切欽承。

代施資政謝靜江府到任表

擢從祠館，就領帥符。恩許自新，顧馳驅之敢後；榮踰始望，徒跼蹐以自違。已見吏民，具宣詔旨。中謝。伏念臣性資凡陋，術業空疎。比叨預于政機，迄無裨于國論。老將耄及，寧逃負乘之譏；福過災生，積有素餐之戾。曲荷乾坤之造，尚寬鈇鉞之威。竊食投閒，慨驚魂之未定；銜恩起廢，悦神觀以俱還。惟兹八桂之封，外控百蠻之

---

① “惠術”，影印文津閣四庫全書本同，據影印文淵閣四庫全書本作“惠澤”。

② “聖德”，影印文津閣四庫全書本同，影印文淵閣四庫全書本作“聖恩”。

壤。奉琛面内，廟謨方事于綏懷；剖竹臨邊，閫寄益資于鎮撫。豈翳衰鈍，可副使令。兹蓋恭遇皇帝陛下大度兼容，至明洞照。任賢而福天下，邁成湯選衆之仁；進德以尊朝廷，迪虞舜知人之哲。洪啓同寅之治，聿求共理之良。臣敢不仰體眷慈，誓殫綿力。雖聽風觀化，未能追循吏之規；而省事清心，亦足示遠人之意。

代江南提舉范直閣謝到任表

千里造朝，方蒙于收召；十城命使，遽玷于光華。已届部封，恭宣詔旨。中謝。伏念臣起家寒遠，涉世迂疎。一昨簉跡于書林，屢嘗賜對于便坐。身逢聖主，每懷造膝之忠；意忤權臣，幾致反唇之罪。三祈閒館，兩佐遐州。幸公道之復開，獲清光之再覩。愚忠自勵，雖知僅免于悔尤；舊學寖荒，豈有發明于議論。敢期齒獎，曲賜眷憐。寵之内閣之名，付以外臺之寄。人微恩厚，感極涕零。此蓋伏遇皇帝陛下懋建大中，敷求至治。乾綱獨運，節萬務以鼎新；離照無私，萃羣材而器使。致兹庸瑣，亦誤選掄。臣敢不深究貨源，持平廩政。雖激濁揚清之事，職所願為；若奉公守正之心，義當無替。

代劉給事謝復祕閣修撰致仕表

竊食眞祠，久逼桑榆之暮；拜恩内閣，遂榮田里之歸。揣己踰涯，荷天從欲。中謝。伏念臣奮身寒遠，賦分奇窮。從六藝以決科，僅而得仕；接諸儒而奏技，晚特逢時。頃繇憲府之聯，獲冒書林之選。螭坳載筆，嘗預記于王言；鳳閣判花，復濫司于帝制。進膺瑣闥，數侍清光。乃遽速于顛隮，迄自投于閒散。鄉閭作佚，既閱十年；香火無功，殆逾數任。惟是衰殘之質，寖登耄耋之期。力已弗勝，無復為駒之意；老將奚道，徒懷化鶴之悲。秖有布其腹心，庶自乞其骸骨。豈期睿眷，特賁殊私。稍還論述之名，俾識退休之寵①。義兼念舊，恩出再生。兹蓋恭遇皇帝陛下簪履興慈，葢帷示軫。欲曲全于小物，肆紆照于容光。謂臣

① “寵”，影印文津閣四庫全書本同，影印文淵閣四庫全書本作“志”。

麋鹿之姿，豈軒裳之是適；憐臣犬馬之齒，曾鐘漏之幾何。許以傳家，尚為報國。臣敢不効忠自勗，守道弗渝。擊壤而歌唐虞，預識豐年之瑞；閉門而詠周孔，益知化日之長。

代徐侍郎謝宮祠表

典銓法從，久懷竊位之羞；賦祿眞祠，更遂養痾之請。恩輝逾厚，感涕何言。中謝。伏念臣性本闊疎，才仍淺陋。早緣執戟，不為當路之容；晚預賜環，最取衆人之後。使北庭于將變，持漢節以僅還。擢副民曹，顧已亡于善狀；易司吏選，曾不畏于多言。徒知肝膽之欲輸，豈謂筋骸之難强。衰頹彌甚，疢發動者兩三；災患相仍，意不如者七八。雖際飛龍之運，自甘退鷁之蹤。尙軫皇慈，曲從私志。既假珍臺之佚，復聯書殿之榮。此蓋伏遇皇帝陛下德合無私，功存善貸。擴大明于日月，獲望清光；拯微命于風波，少安散地。示蓋帷之罔棄，俾棧豆以知歸。臣敢不益佩弦韋，自親藥石。老馬或知于道路，固絶望于馳驅；犂牛無用于山川，第服勤于耒耨。誓堅晚節，靡墜素風。

牋

太上皇后賀牋

臣某言：伏覩詔書，光堯壽聖憲天體道性仁誠德經武緯文紹業興統明謨盛烈太上皇帝聖壽八十，皇帝帥羣臣詣德壽宮，加上壽聖齊明廣慈備德太上皇后尊號册寶者。聖皇紀壽，益上萬年之期；神母齊徽，方隆四海之養。禮行當宁，慶及敷天。臣某中賀[1]。恭惟壽聖齊明廣慈備德太上皇后殿下厚德承乾，柔明媲日。邁周郊之胥宇，輔成再造之功；踰漢掖之練衣，同膺難老之貺。載申顯號，允屬昌辰。日居月諸，共仰西池之宴；天明地察，更占南極之祥。臣濫秩祠官，阻趨魏闕。觀大父母，人倫夙正于乾坤；有聖子孫，國祚永符于箕翼。

---

① “臣某中賀”四字原無，據影印文津閣四庫全書本補。

皇后賀牋

臣某言：伏覩詔書，加上太上皇后尊號册寶者。慶集親庭，掩漢唐之盛事；祥開壽曆，紹堯舜之高年。喜溢寰區，光生典册。中賀。恭惟皇帝殿下化行恭儉，德茂慈仁。肅陰教于中闈，會朝惟謹；奉常珍于西内，左右無違。穆卜柔神，助成縟禮。施于孫子，嚴青宫而致綠車之遊；燕及皇天，贊玉卮而集瑤池之上。臣猥叨祠秩，阻綴廷紳。稱萬歲之觴，重霄在望；仰三朝之會，率土馳誠。

代湯丞相母夫人賀中宫牋

迎嗣歲之嘉祥，母臨萬國；正長秋之顯號，婦順兩宫。喜動宸闈，歡均寰宇。中賀。恭惟皇后殿下體參坤厚[①]，德配離明。慶久襲于勳閎，本塗山之自出；譽夙彰于朱邸，符嬀汭之來嬪。果覲褘衣，進膺寶册。奉燕禖之文韣，宜百斯男；躬蠒館之懿箱，俟三之日。妾叨榮盛際，就養私庭。王化所基，方仰自家而刑國；人倫既正，敢忘教子以事君。

① “坤厚”，影印文津閣四庫全書本同，影印文淵閣四庫全書本作“坤順”。

南澗甲乙稿卷九

狀

看詳學事申狀

看詳國史院具到典故，元符二年，詔諸路選監司一員提舉學校，仍知、通專一管幹。即係自祖宗以來，至是方委監司、知、通提舉管幹學校，並未入銜。後至崇寧三年，蔡京用事，欲變天下學校盡為三舍，始置諸路提舉學事官一員，以為監司。大觀間，修入三省法，諸知州、通判並稱管幹學事，大中大夫以上稱提舉，武臣知州不帶。及宣和三年，徽宗皇帝已詔罷天下三舍，止令太學以三舍攷選，諸路以科舉取士，諸路提舉、管幹文字並皆罷。訖至紹興十三年，因權發遣建昌軍李長民以外郡小臣佞悅秦檜，謂和議既成，儒風復振，欲令知、通令佐依舊帶提舉或主管學事結銜，以示聖朝偃武修文之意，遂復從之。紹興十六年，諸路提舉學事，委轉運司有出身官一員兼領，俱無出身，即委從上一員，亦不專置提舉學事之官，稍如元符舊制。而知、通令佐入銜，猶用蔡京之法，殊非徽宗皇帝宣和三年罷之之詔也。

竊緣州縣興崇學校，政事所先，守令專管，亦為本職。若依元符及宣和故事，止令監司一員兼領提舉學事，而守令等專一管幹，並不入銜，始為至當。今來知州縣既有通任武臣去處，則一州一縣之事，無所不當預者。兼元初繫銜係以“管幹”為名，亦是措置錢糧、修飭學舍、振舉法令、招集生徒之類，即非干預講説攷校之事。若令武臣守令依文臣例入銜，亦足以責其應辦學校，不至闕誤。更乞朝廷詳酌施行。

看詳都轉運使申狀

檢准《國朝會要》，端拱元年，以右諫議大夫樊知古為河北東西路都轉運使，自是遂以為例。應侍從官除轉運，皆為都轉運使。有以兩路為都轉運使者，即樊知古河北東西路，諫議大夫、集賢院學士李迪，龍圖閣待制范雍等為陝西都轉運使是也。累朝除授不一，其任侍從官，則不問兩路一路，並為都轉運使。紹興初，向子諲以待制任兩浙都轉運使，趙子湞以雜學士任江西都轉運使，係差第三任轉運使資序人，諸路轉運使係差第三任提刑資序人，諸路轉運副使係差第二任提刑資序人。若資序未及，即帶"權發遣"字。或任大卿監，有除轉運使，別無任侍從除轉運使者。今來若依典故，即合以侍從官任都轉運使施行。

論田畝敷和買狀

本州先于淳熙五年三月十二日，准轉運副使吳修撰牒，尚書省劄子，户部申，都省批下新知鄂州莫殿撰奏陳，乞將經界已定田畝物力等，則逐畝均敷和買。二月二十七日，三省同奉聖旨，先令吳淵行下兩浙路州軍，仰守臣同所屬知縣博詢民情，究見利病。如今來臣寮奏陳經久可行，從本司審度，條具申尚書省，劄付當職。當職照對得臨安府富陽縣措置，已將第五等物力一十三貫已上均敷和買，已得適中。并據本司簽廳相度，將諸縣五等物力比附富陽縣所行，以十分為則，指出末後一分作下等不敷外，其餘九分並行均敷和買，牒州從長相度經久可行，條具供申。州司備錄行下諸縣相度供申去後，次第據諸縣申到，内義烏縣自經界後，從第一等止五十貫物力，并金華、蘭溪縣各四十貫，及永康、武義、東陽、浦江縣各三十貫以上敷納和買，至今經久，并無詞訴。若依富陽縣例，敷止一十三貫，及轉運衙簽廳議以十分為率，指出一分不敷，餘九分並行均敷。竊慮優減上户，卻致歸在下户，事體偏重，或生詞訴。具狀回申去訖，至今年三月十七日以後，再准轉運衙牒，准行下尚書户部符，據婺州蘭溪縣王宗等四名，狀理本縣自四十貫文物力起敷和買，豪猾肆姧多立詭名，並以四十貫文以下立户，不用科役。竊見臨安府富陽、錢塘、仁和縣，嚴州壽昌縣自物力一十貫以上並起和買，即無詭名等弊。恭覩淳熙五年莫殿撰申請正令所陳乞送轉運司一就相度供申①，牒州遵依已降指揮，守臣同其餘縣分知縣博詢民情，究見利病，指定供申。又准轉運衙牒，准行在尚書户部符，准都省批下權知眞州陳通直劄子，陳言乞將人户田産、物力各隨畝步數均出和買。又都省批下權發遣南康軍吳諒夫劄子，奏豪富之家皆為詭名夾户②，規避和買。乞以和買如夏税之法敷于步畝，使産多者和買亦多，産少者和買亦少等事。户部勘當，緣已有前降莫殿撰申請指揮，令下轉運使詳本官所陳，及已降指揮一就審度經久可行，條具保明，供申朝廷施行，牒州施行。具博詢民情，究見利病，一就從長相度經久可行，條具供申等事，須至供申。

右，州司所准前項指揮，本州今與州縣官博詢民情，講究利病，相度莫殿撰、陳通直、吳知軍申請，及蘭溪縣百姓王宗等狀，若將物力十貫或十三貫以上並起和買，除揞最末一分不敷，以防詭户之弊。竊緣和買之法，止謂物力富實之家可以科買，若併及小户，即是增添夏税，深慮詭户夾户之弊未能顿革，而貧民下户先被科擾。且以一縣物力論之，統計一萬貫，上三等五千貫合出和買，下四等五千貫不出和買。今若都以上三等合出和買之敷均之下四等，則是上户反減舊數，下户便添輸納，其不可一也。若以田産只計頃畝起收物力，每畝以若干為則，至若干畝即出和買。緣經界起税各有等則，以田畝論之，有水田，有平田，有高田；以園地論之，有平桑，有山桑，有陸地，有茶地，有竹脚，有柴㯊，難以一例便計頃畝均敷。必欲各等隨則分定，則是又行經界，情弊愈多，爭訴不少，未得了絶。兼又坊

① “正令”，諸本同，疑作“止令”。

② “詭名夾户”，諸本同，宋代有“詭名挾户”，並無“夾户”，疑應作“挾户”，下文“夾户”同，不另出校記。

郭、營運、房廊上亦有物力，每至若干，即起和買之數。如此均敷，則户眼倍增，丈尺繁碎，縣道户長催科益難，其不可二也。且以本州七縣，目今所行，亦自不同。金華、蘭溪則四十貫以上，義烏縣則五十貫以上，永康、武義、東陽、浦江則三十貫以上始敷和買。行之既久，並無詞訟，止有蘭溪一縣王宗等四人今來投狀，尋喚上詰問，並契勘得蘭溪縣物力，共管物力一百九萬五十四貫，其合起和買四十貫以上人户，計五十四萬三千三百貫；其不起物力人户，計五十四萬六千七百五十一貫，即是上户少于下户物力錢三千四百餘貫。竊慮日後下户日增，物力不等。今議欲以一縣物力算定，須上等起和買人户物力錢與下等不起和買人户物力錢，各要數目中分，一般每三年一次比算。如遇下户物力多于上户一分以上，即別立物力貫數，均定和買。每次以十貫上下為率。如蘭溪縣元係四十貫以上，即合減作三十五貫上下起敷，庶得關防減免之弊，不至走失上户，物力常得均平。即難以限定十貫、十三貫之比，卻致優減上户，均在下户，永遠為害。或見今上户物力與下户物力數目適已相等，即合依舊，更不更改。仍乞朝廷申嚴詭户之禁，立限百日許其首併，限滿不首，許人陳告，以所告田產給之，坐以違制之罪。其官户所置田產，偶因前後官稱不同，亦令改正。若蒙詳酌依本州所請，則上户物力不至走失，其逐歲和買不過舊數，而下户物力尚有一半惠及小民，比之只揩一分，大段不同。加之詭户既嚴，必罰無貸，自然可以潛消弊倖，不必紛紛以從一切論之，實為允當。謹具申轉運衙，伏乞詳酌，備申朝廷施行。

措置武臣關陞狀

今月二十三日，準尚書省劄子，大小使臣關陞，從軍理任，必以戰功為别，其從軍者，必以實歷為先，稍用薦舉，以異于戰功之士等事。緣有未盡，送某限三日措置申尚書省。今具措置下項，須至申聞者：

一、在法，使臣兩任監當，實及六年滿替，年三十以上者，到部方與關陞親民。昨因紹興九年四川宣撫使申請，隨軍大小使臣理為資任，自給到吏部理任差帖印結日實及六年[1]，許免到部，就任關陞親民，依舊從軍使喚，無朝省付身，以二日當一日。緣有功人與無功未有旌别，欲乞從軍理任後曾立軍功、轉官實及六年，依舊許行關陞外，其不曾轉官人，亦合依無付身例，以二日當一日。

一、從軍使臣若在軍未成關陞考任，因離軍任州縣諸司差遣，自依外任通理關陞外，其偶緣老病不堪披带，揀汰差充不一務窠闕，合行優假。欲乞免行關陞，止與通理考任，依格陞注差遣。

一、非從軍在外使臣，舊法係合實歷六年。乾道七年申請，並于歷過考任内，須要實歷州縣職事，或諸司官屬一任二考，方許通理前後任關陞。竊慮一能更歷事任，欲乞並要實歷州縣職事或諸司官屬兩任四考，通理六考，方行關陞。

一、宗室許歷外任，正欲更練職事。近來多注嶽廟差遣，習為廢弛。緣乾道元年，已有復置宗室監當釐務窠闕，欲乞亦要實歷州縣職事或諸司官一任二考，通理四考，方行關陞。

一、武臣薦舉狀，止有陞陟任使一等，自來僅當功分。自淳熙元年于薦舉武臣陞陟狀内立一兩紙，添作舉充親民任使，稍為優異。欲乞除從軍入外，應武臣六考内，並要陞陟舉狀二紙，内舉充親民一紙，欲使關陞。

一、歸正、歸明使臣者不係從軍[2]，并釐務差遣，既無職掌，合與優假，依揀汰人例，免行關陞，止令吏部通理所歷考任，依格陞注差遣。

一、所有軍班吏職出身及進納人等關陞，已有專法指揮者，並令依舊。右謹具申尚書省，伏候指揮。

集議繁冗虛僞弊事狀

具位某等，准尚書省劄子，備坐監察御史徐詡奏到繁冗虛僞弊

---

① “印結日”，原作“印續日”，據影印文淵閣四庫全書本、影印文津閣四庫全書本改。

② “歸明”，原作“歸朝”，據影印文津閣四庫全書本改。

事。七月二十三日，三省同奉聖旨，令侍從、臺諫、兩省官集議申尚書省。某等照對本官條具事内有現行條法該載明備者，止合有司檢舉申嚴，自不須集議外；有條法未盡、施行未備事件，今集議到下項：

一、中書天下之本，不可不清。自諸大郡倅收為堂闕，加以有川、廣小郡不在此限之文，守倅除授，益以不均。故有改官後無一日考第而得大郡倅者，有作縣以罪罷而得廣中大郡者。其間腳色無瑕疵，或曾任繁難大縣，或諸司列薦人，往往或注列郡倅，或注諸司幹官。開僥倖之門，塞公平之路，長奔競之風，成朋比之私，其害莫大于此。臣愚以為職事及監司，若大郡守，皆須宰執擇才進擬，其餘中下州軍及大郡倅，宜盡發還吏部。士大夫整會官職差遣，理雪罪名，凡干身計，並以通封狀子，遣人于都堂投之，一切私禮，悉令勿講。照對舊法，吏部知州軍、運判員闕甚多，士大夫依資格注授，其經堂除者，號為擢用，而在堂窠闕，皆是重地要藩守貳，選任不輕，士大夫亦以為榮。至紹興初，舊法不存，止憑省記，猶以知州軍二十七闕，令吏部注授，盡為堂闕。蓋吏部注授則限以資格也，堂除則有不問資格者矣。然畏指議，防繳駁，其不問資格者猶不常有。自淳熙二年，知州軍闕盡歸于堂，而吏部更無知州軍一闕以待孤寒資格之人，而又有川、廣小郡不在此限之文，人人盡可干堂以望州郡，使吏部銓法，遂為虛設。所謂川、廣之郡，實亦未嘗分其大小，一例與之，此公議所以籍籍也。至于堂除通判窠闕發下部者，僅十六闕爾。今來職事官等若從吏部申請，悉遵舊制，諸在京職事未至監察御史以上，履歷尚淺，供職未久，陳乞外任者，不得除監司知州軍差遣，特旨除授，或資序以及者不論①。而不用限年除郡之格，則知州軍元係吏部窠闕。及川、廣小郡，合還吏部。緣其間職事官等補外，卻有合陳通判之人，難以逐一降指揮，令吏部注授通判，合以堂除通判處之，則堂除通判不可盡罷。乞自三省選定堂除知州軍、通判若干員闕外，餘闕令吏部並依格法注授，亦足以息奔競之風矣。至于士大夫以通封狀經都堂整會官職差遣，理雪罪名。凡于身計，亦是舊規，自合舉行。若私第一切不見賓客，恐無以審觀人材，詢訪外事。宜遵守淳熙二年

---

① “不論”，影印文淵閣四庫全書本同，影印文津閣四庫全書本作“非”。

指揮，大臣日見賓客，有妨治事，私第除侍從外，其餘呼召取覆等官，每日各止許接見一次，實為允當。

一、修葺城壘、調發軍兵、修造棟宇，皆官吏之職分，何有勞効而特轉官資？又轉官者或併轉兩官，進職者或併進三職，尤為僥倖。任子雖不可裁[1]，抑少嚴銓試之法，兩歲或三歲一次。兼聞近歲至有代名入試者，仍須場屋更加嚴密照對。修城壁、築堤堰、營造屋宇，已有今年臣僚起請，候經三年委實堅固，方許推賞。正月十九日，奉旨令屬曹部置籍訖，宜令常切稽考，轉官進職有濫賞者，御史臺察舉以聞。其三年内有損壞者[2]，追降所進官職[3]。若任子銓試之法，兩歲或三歲一試，試期太遠。祖宗立法[4]，每歲銓試，春秋兩次，今已併為一次矣；十人取七，今已減為兩人取一矣。去歲大吏奏薦文臣二百二十八人，武臣乃一千三百九十二人。前歲科舉，特奏名進士亦三百三十八人，則文武任子自為不多。若更展銓試，則正奏名進士第五甲人赴銓試者亦令又展三年，是陰毆其一舉矣。此不必議也。至武臣呈試與銓試同[5]，銓試自宰執子弟以降，皆不得用恩例幸免。呈試并户部催綱、承受榷貨務號簿官、隨逐奉使，與接送館伴下官屬之類，夤緣僥倖亦免呈試[6]，此不可不革也。就使不習弓馬，亦當試以刑法、書算，如人吏試補之比。其奉使出疆，雖曰稍勞，而文臣未出官人奉使所辟差者，亦不免銓試也。乞自今文武一例不許免試，武臣累試不中[7]，亦依文臣限年四十許參部授殘零，在本等人名次之下，乃為至

① “任子”，原作“仕子”，據影印文淵閣四庫全書本、影印文津閣四庫全書本改。下文同，不另出校勘記。

② “有”，影印文淵閣四庫全書本同，影印文津閣四庫全書本作“委有”。

③ “追降所進官職”，影印文淵閣四庫全書本同，影印文津閣四庫全書本作“所進官職自合追降”。

④ “祖宗立法”，影印文淵閣四庫全書本同，影印文津閣四庫全書本作“蓋自祖宗立法以來”，意優。

⑤ “至武臣呈試與銓試同”，影印文淵閣四庫全書本同，影印文津閣四庫全書本作“惟是武臣呈試之法與銓試同”，意優。

⑥ “夤緣僥倖亦免呈試”，原作“夤緣免試”，據影印文津閣四庫全書本改。

⑦ “武臣累試不中”，影印文淵閣四庫全書本同，影印文津閣四庫全書本前面多一“若”字，意優。

當。其餘代名入試之禁[①]，今年二月已降指揮，依吏部措置，先召保識官二員，委保正身不是代名。入試日，責書鋪識認狀，特立賞格，重行斷罪。不須更用簾試虚文，每歲更令有司常切申嚴施行。

一、方今天下雖並侈靡，而輦轂之下為最甚。四方來觀，歸而效之，惟恐不及。宜命多聞有識之士，編緝法令，而參之以禮。凡室廬、車服、冠婚、喪祭、燕饗、餽遺，皆立為定式，自成一編，如《司馬氏書儀》及諭俗書之類，頒而行之。但先治都城之内，風俗既變，則四方無不從矣。照對淳熙三年十月十六日已降指揮，禁約奢侈踰制事件，行在專委臨安守臣嚴切禁止，斷在必行，如有違戾，令御史臺覺察彈奏，先次將守臣重行責罰，其犯人依條斷罪，追賞有官人，取旨施行。外路州軍依此，仍委監司覺察按劾，多出文牓曉諭。緣銷金鋪翠，服用僭侈，自有禁令。其屋宇[②]、器皿、首飾，下至鞌轡、繖轎，皆有定制，非不嚴切，然風俗侈靡，未能頪革。竊見前代及本朝皆有誡諭風俗之詔，若特降明詔，俾四方士大夫之家欽承旨意，務遵禮法，皆事純儉，則閭巷小民，久當自化，風俗其何患不易哉？右謹具申尚書省。謹狀。

又

准尚書省劄子，備坐監察御史齊慶胄奏到繁冗虚偽弊事。七月十三日，三省同奉聖旨，令侍從、臺諫、兩省官集議，申尚書省。某等照對，本官條具事内有現行條法該載明備者，止合有司檢舉申嚴，自不須集議外，有條法未盡、施行未備事件，今集議到下項：

一、塞上書捧香之門，嚴吏職門客之格。凡曰給使，不許其貨賣；凡曰異姓，必覈其服屬。照對上書補官，係朝廷一時特恩，即不常有。吏職補官，自有逐司立究年限條格。宰執并兩府使相，遇大禮，許奏門客係登仕郎不理選限外，大禮、聖節、生辰，太上皇后殿

---

① “代名入試之禁”，影印文淵閣四庫全書本同，影印文津閣四庫全書本作“試代名場屋之禁”。

② “屋宇”，影印文淵閣四庫全書本同，影印文津閣四庫全書本作“屋宅”。

奏補使臣各四人，皇后殿各二人。陳乞回授與本家門客并進奉人，逐時特降指揮，門客進士補將仕郎，主管進奉人即謂之捧香，並係舊法，亦無可議之數。緣在法，諸后妃、諸王公主、内命婦蔭補親屬，如父祖曾仕文資，謂朝奉郎以上。或身曾得文解，免解同。而願就文資者聽，餘並于班行内安排。其門客進士，即非親屬，但以進士之名直授文資，物議以為反優于有服親屬。若令上件門客，如曾得文解者，聽乞文資，方為允當。其給使補官，係宰相執政官反依執政官合得入流減年之人。淳熙三年十二月十六日，已降指揮，並依舊法。緣今來所請，係謂以賄賂得之者。乞令法寺檢坐條法約束，如今後有犯，務在必行。其異姓補官，淳熙三年九月二十八日已降指揮，臣僚奏薦異姓恩澤，並畫出中外所親姓名服圖，及升朝二員委保，繳連奏狀，下部驗實。緣内命婦以上奏補異姓，既不召保，若令被蔭人供具服圖，連家狀繳奏，亦為允當。

一、重祠禄之命。照對陳乞宫觀，已有立定條法。知縣資序人，不許過兩次；知州資序，年六十以上，更許兩次；知縣資序以下，許陳乞嶽廟一次；郡守年七十，聽自陳乞宫觀。知縣、縣令審察不才，許授宫觀、嶽廟。現任通判癃老疾病之人，許差宫觀；知縣、巡尉癃老不職，許差嶽廟。已有累降指揮，自合遵守。若通判已下現任癃老疾病不職與差宫觀、嶽廟者，更令將在任歷過日月通理，宫觀、嶽廟之任滿罷，庶得不至虚費祠廩，少隆于合格宫觀嶽廟之人。

一、罷添置之員。有以不釐務通判陳乞改為釐務者，軍伍之間，既有統制、統領，又有將副訓練，而額外準備之名，一切省之。照對不釐務員闕，宗室戚里，自有定制。除歸正、歸明不釐務人①，乾道八年指揮，許隨人材，量試以事，委有成效，保明奏舉，與改釐務差遣外，欲乞自今宗室戚里等不釐務窠闕，不得陳乞，改作釐務。其才堪釐務者，自令別行除授釐務窠闕。所有諸軍正額統制、統領、訓練將副官以上，有額外準備之名，即不見得，自來係以軍分，如何添置，合與不合減省，乞從樞密院行下三衙主帥、諸軍都副統制，公共措置，委合如何施行。

---

① “歸明”，原作“歸朝”，據影印文津閣四庫全書本改。

一、汰冗冒之兵。州部或以衰殘羸弱之輩，僅充其數；或以逃亡走死之額，權募游手。或一名而兼二名之糧，以便其私；或禁軍而隱于廂軍之額，以避更戍。照對招收不及等，仗冒承逃亡，巧作名色，冗占差出之類，各有條法，約束指揮，並許人告，科以違制之罪。宜令監司、帥臣，常切覺察，嚴行科罪。但州郡禁軍、縣寨土軍，間有招填未足之數，即合催促招令及額施行。

一、覈補授之詐。進士特奏，有就人父祖冒而承之者；任子補蔭，有妄通譜系、遷移服屬詭而奏之者。號爲女之夫，實未嘗娶其女；曰異姓之親，實未嘗有姻婭者。照對上件，自有立定條法，召升朝官委保，及州軍等處結罪保明。所保不實者，與犯人同罪。近來朝廷有孫恩愬、姚康朝等冒受行遣，宜令有司取所犯案，連抄節鏤板，行下州軍，常切覺察施行。

一、豁虛文之籍。商税房園錢帛雨水之帳，類非確實之數。又如應在之錢穀，上下舉知其無有而載之赤曆，常占虛數。逃亡之苗税，保伍既不可以備償，而載之版簿。照對諸色帳狀，州委司法，轉運司置主管帳司官，而户部總于在曹，通于金部，會于比部。蓋自國朝三司以來有此，所以勾稽檢轄，不可暫廢。如應在錢物，並是州部經常之數，間有名存而實廢者，緣監司以應在虛數妄行剗刷，指為贏餘，是致州郡有受弊去處。但令監司不得以應在虛數剗刷，此弊自除。逃亡苗税，亦是州縣常賦之數，其不可去者，恐失元管税額，以待流移之人復業也。緣州縣不曾倚閣，將逃户税賦便攤在其他典買得業人户下，或勒令催科户長乃耆保抱納，是致民户有受弊去處。但令州縣覈實逃亡税苗合行倚閣者，依條倚閣，則此弊自除矣。

一、抑搢紳奔競。照對奔競之風，從古為患。未仕之覓舉，已仕之干薦，自媒求譽，廉恥道喪，此蓋未易以刑罰禁戢，惟在獎拔恬退之士，有以激勵而消之。昔仁宗皇帝患搢紳奔競，諭近臣曰："恬退守道者旌擢，則躁求者自當知恥。"是時宰相文彥博、宋庠等舉張環、吕公著等，皆被擢用。王旦為宰相，以張師德文學高第，兩至其門干謁，即不肯遽用為知制誥。其言曰："以戒貪進、激澆薄故也。"仰惟聖朝，但得遵用仁祖之訓，而羣臣悉守王旦之言，以裁抑奔競，亦何患其不悛改哉？右謹具申尚書省，謹狀。

集議前宰執舉官奏狀

臣等竊惟國朝始制選人改官之法，自大中祥符之年，中外陞朝官每歲皆得舉薦，置籍中書。嘉祐四年，仁宗皇帝乃召諸路帥守監司各舉所部人材，而前兩府臣僚則許通舉内外，不問所部也。神宗元豐五年，遂定曾任宰相、執政官歲舉改官五人，載在令甲，至今行之。誠以天下之士，入仕之初，多為選人，改官之後，寖致朝列。以三歲科舉與夫郊祀奏補之數均之，逐歲改官之員，不啻裁減其半。若不設薦舉，則才能無以著見；若不限員數，則進取無以節抑。又慮帥守、監司有所知而未盡，前宰相、執政官者，天子嘗與之共天下之政也，故委以求天下之才。當時詔旨，正謂才行之士尚有遺滯而已。然前宰相、執政雖得不拘内外薦舉，而所舉之人又須兼用所部職司一員，始得磨勘改秩。此祖宗舊章，參考互察，最為嚴備，以成一代之制也。

看詳臣僚申請，欲令前宰相歲舉一人，前執政兩歲薦一人，賜以召對，即行改秩，而罷其愚謬，以議舉者之罰。臣等以為歲貢而有定員，所以為常法而開平進之門也。限以舉者五人，則足以參考互察矣。召對而改秩，此人主之異恩也。若臣下得以歲舉焉，又不限以五人之數，則獨薦而改官者，將無歲不有，其可以為異恩乎！雖曰罷其愚謬，竊見罷者之少，未若改者之多也。夫以選人改官之微，在仕進之階，其事為甚重。故引見于廷，欲示恩出于上，猶進士唱名命官之比。而必待人主登之殿陛，自擇其才，則是屈至尊而下行銓選之事，非特舉者之不足信，百官有司尚誰信哉？至于薦舉之間，干託請求之弊，法令具在，此諫官、御史司公議者所宜察也。故臣等以為姑仍舊法為便，乞聖慈特賜詳酌施行。

蔡洸等集議安南國奏狀

臣等具位准尚書省劄子，安南國李天祚追贈及其子李龍翰合襲封事。五月十四日，三省、樞密院同奉聖旨，令侍從、臺諫、兩省官同共議定聞奏者。右，臣等竊惟國朝故事，待蕃夷之禮最為詳備。若高麗嗣子，則待其請命，然後封以為高麗國王。若占城、三佛齊、闍婆諸國，則待其入貢而遂以為本國王。惟是封命安南[①]，甚有次第。其始嗣立，則封交趾郡王；中間數年以後，則封南平王；及其身後，則追贈南越王。自太祖、太宗至于累朝，必加三命，未之或改者，蓋以安南本交州内地，實吾藩鎮，因仍世襲，使護安南一道，非他外夷自有土地人民不盡臣之比也。所以漸次封爵，時示恩榮，其羈縻制御之道，不得不然。今來李天祚既薨，其子龍翰嗣襲，自合遵用祖宗舊章，以行封爵。恭惟聖慈淵慮，乃使臣等定議，豈以淳熙元年，曾以天祚為安南國王，已有國名，疑其禮亦異數故耶？臣等聞朝廷昨以安南國王命天祚者，初非其國抗章有請，特以貢獻馴象、方物，守藩歲久，錫之此名，以寵天祚而已。安南本都護之稱，非可名國，而南越之封甚大，自漢以來用之，則天祚既没，宜用典故，追贈南越王可也。其子龍翰雖云嗣襲，然未有功勲，亦宜只遵典故，所加節越官稱，初封交趾郡王，庶為允當。若朝廷謂已曾錫之安南國名，不敢虚設[②]，則宜去其安南都護，稍加以為知安南國事足矣。蓋高麗嗣子每次亦稱“權知高麗國事”上表，此其據也。彼或祈乞，但令廣西弔祭監司明諭此意，候他時職貢不闕，續當賜安南國王眞命，不復更封南平王矣。如此則昨所賜安南國名，姑以易南平王之號，猶須身後，始得封為南越，上不失祖宗漸進之意，下足以盡羈縻制御之道，而于我之事體無所虧損，彼之名稱無所鐫改，似為可行不易之論。若便欲使其子嗣襲封王位，而褒贈天祚别以師傅之官，且加美謚，則是朝廷自變其禮，而不以藩鎮小夷待之，驟與外國諸蕃一同。不知既襲王爵數年之後，卻加以是何恩數，其將遂以南越王與之乎？此不可不過為之慮也。臣等所議如前，惟聖主擇焉。謹錄奏聞，伏候敕旨。

准三省帖子。今月初一日，赴都堂集議。右，某等近奏聖旨集議安南國追贈襲封事，已連書具奏。緣某等所議，並是考據典故，委曲詳備，别無未盡事理。所有國名，係已带知安南國事，即非遽有奪其王爵，欲俟他日職貢不闕，然後加封，庶使外夷明知祖宗以來封爵次

---

① “封命”，原作“奉命”，據影印文津閣四庫全書本改。

② “不敢”，影印文津閣四庫全書本同，影印文淵閣四庫全書本作“不可”。

第，不至别有覬望。所議如前，謹具申三省、樞密院。伏乞照會。謹狀。

辭召赴行在狀

右，臣今月十一日准尚書省劄子，正月十七日三省同奉聖旨，臣某召赴行在者。臣欽聞嚴命，悚懼無所。伏念臣資性疎直，學識淺陋。荷陛下拔于衆人之中，躐寘從班，曾不能効尺寸之功，圖報聖恩于萬一。昨者出守輔郡，繼移閩嶠，二年之閒，罔有善政，惟知奉行法令，未至曠瘝而已。然臣齒髪寖衰，心志不逮。比常冒貢危衷，祈就閒散。天聽高遠，尚閟俞音。方欲少俟兩月，再伸誠懇，敢意遽蒙收召，俾覲闕廷。仰惟聖神念舊，未忍棄捐，在于愚分，實深驚愧。伏願皇帝陛下察臣癯瘁，戒在貪榮；憐臣樸忠，非有避事。敷求名德之彦，使造内朝。檢會臣前來奏請，畀臣在外宫祠一次，下以全微臣易退之私義，上以副睿主難才之公心，臣則萬幸。臣除已將建寧府事交割以與次官，一面起發前去信、衢州以來聽候指揮外，謹錄奏聞，伏候敕旨。

辭起軍轉官狀

臣伏覩進奏院報，閏九月二十八日，樞密院奏兩浙、福建、江東路諸州軍起發禁軍士兵赴逐處教閲，守臣以人數多寡參酌推賞，數内臣係奉聖旨特轉一官者。臣欽奉恩命，驚懼無所。竊惟國朝軍制之密，凡曰禁兵，雖募于方州，而皆籍于右府，故守臣號為知其軍事而已。是州郡之兵，實環衛之旅寓糧者也。聖神御宇，屬意武事。近年以來，又命選擇，日加練閲，紀律明備。虎符既下，津置起發，守臣職也。道途無虞，部押之官，蓋受賞矣。聖恩優厚，併及臣等。顧臣何功之有，遽此僥冒。況昨降指揮，止俟春暖，類當發還。若一二年閒再或戍役，則為守者動有希覬之心，臣恐自爾賞過乎與也。方陛下綜覈名實，大明黜陟之秋。如臣守州，叨備侍從，義當體國，内省無庸，豈敢虚受？兼臣昨因降秩，歲月未滿，驟有遷轉，尤不遑安。欲望聖慈留此以勵軍中効命之士，推此以待天下立功之人，則臣區區愚忠，受賜一也。所有臣特轉一官恩命，乞不施行，不勝幸甚。干冒宸嚴，臣無任瞻天望聖、激切屏營之至。謹錄奏聞，伏候敕旨。

辭免奉使回轉官狀

右，臣准尚書省劄子，以臣奉使回程，四月二十三日，三省同奉聖旨轉一官者。臣仰惟聖神在御，務廣至仁，聘問之交，是為常禮。如臣不肖，叨預從班，曾何補于事功，實坐縻于歲月。暫將明命，臣之職也，初無專對之勞，可冒信賞？伏望皇帝陛下曲回天造，特寢誤恩。察臣粗守樸忠，憐臣素無矯偽。姑以舊典，推以官屬[①]。俾臣且仍故秩，以効尺寸，庶稍安于愚分，期不負于聖知。所有恩命，臣未敢祗受。臣無任祈天望聖、激切屏營之至。謹錄奏聞，伏候敕旨。

辭待制與郡狀

臣恭聞恩命，踾踖靡遑。伏念臣以寒遠之蹤，荷聖神之眷，擢寘從班，俯仰再歲。技能短拙，曲賜并容。議論迂疎，每蒙奬與。惟自叨逾過甚，筋力弗任，已具丐閒之章，方欲朝夕上列，敢期天造，尚使治民，碎骨糜軀，未知報塞。惟是西清次對之職，禮秩優厚，守符重寄，懼弗克堪。伏望皇帝陛下推天地從欲之仁，擴日月必照之施。憐臣粗守樸忠，素無矯偽，收還職名之命，改授一在外宫觀差遣，庶幾愚分稍安，免致清議。臣無任隕越之至。

辭龍圖閣學士狀

右，臣准尚書省劄子，八月十二日，三省同奉聖旨，除臣龍圖閣學士與郡者。臣聞命過優，震懼無已。伏念臣猥以凡庸，久玷從列，蒙聖知為甚異，荷恩渥為至隆。玩歲愒日，尸位素餐。自知既明，冒

① “推以”，影印文淵閣四庫全書本同，影印文津閣四庫全書本作“推之”。

昧有請。陛下天地父母之仁，未忍捐棄，倘欲徇其私志，畀以承流宣化之任，在臣愚分，已為叨逾。惟龍圖祕職，首冠西清。稽之故事，則非賢達而罔居；質之近制，則須功勤而乃授。豈臣猥瑣，所可克承。至于郡寄，臣欲自効，則不敢辭。伏望皇帝陛下洪覆無私，大明旁燭，收還宸渙，以穆師言。或乞依昨降指揮，檢會臣前來除臣日職名，依舊带行，庶幾不至過有僥倖，以明聖朝選授之公，以全下臣知止之義。臣無任祈天望聖激切屏營之至。謹錄奏聞，伏候敕旨。

辭除權吏部侍郎奏狀

右，臣伏准尚書省劄子，二月二十五日，三省同奉聖旨，韓某可除權吏部侍郎，日下供職者。臣聞命震驚，罔知所措。伏念臣稟資愚戇，賦分奇窮。五叨宰掾之華，九閱歲躔之換。比更憂患，尤覺病衰。逮兹隸職之期年，不勝曠官而愒日。方欲自祈于遠外，敢期忽被于褒遷。揆之私誼則非宜，質之公論則未稱。況准銓部，尤號劇曹。倘微通鍊之才，曷任甄平之寄？伏望皇帝陛下曲垂淵鑒，俯亮危誠。別求當代之俊髦，以副一時之器使。籲天之切，請命惟期。臣無任祈天望聖激切屏營之至。謹錄奏聞，伏候敕旨。

再辭奏狀

右，臣准尚書省劄子，以臣辭免除權吏部侍郎恩命，奉聖旨不允者。臣以疎遠迂陋之質，家世荷國厚恩，今蒙陛下拔擢，俾列貳卿，在臣幺麽，可謂榮遇，不當固有辭避。重念臣才力不能逾人，學問無以異衆，自還宰士之例，復承詞掖之虚，狂言屢發而每被矜容，孤蹤久滞而尤加軫惻。然羣彦方疑于去就，而微臣獨冒于遷除。雖夙恃于聖知，恐難免于衆議[①]。況班列之中，多有在臣上者，遽兹超躐，尤不遑安。伏望皇帝陛下廓天地之量，迴日月之明，察臣粗守樸忠，憐臣素祈静退，收還成命，改畀眞材。使之宣力于四方，尚能仰答于鴻

① “難免于”，影印文淵閣四庫全書本同，影印文津閣四庫全書本作“難明於”。

造。臣無任祈天望聖、激切屏營之至。所有恩命，未敢祗受。謹錄奏聞，伏候敕旨。

辭免除吏部侍郎狀

右，臣准尚書省劄子，五月十二日，三省同奉聖旨，韓某可除吏部侍郎，日下供職者。有命自天，措躬無地。伏念臣賦才甚下，造學不優。一辭州縣之勞，四冒臺省之入。孰云末路，誤簡聖知。敍流品于三銓，粗叨滿歲；暢威靈于萬里，謹止踰時。尺寸靡長，毫分何補？徒懷中憤之激，妄意事功之期。丹陛獻言，但為昨日；黃扉受寵，乃不崇朝。雖大君欲礪于庶工，然微臣敢尸于異數？伏望皇帝陛下推此施以待天下豪傑之士，擴此意以收海内智謀之臣，將力置于中興，宜坐屈于羣策。若愚慮獲伸于一得，則榮名何在于九遷。曲軫危衷，姑仍舊列。惟有忱辭之自竭，尚祈淵聽之可回。庶俾厚恩，不為虛受。臣無任祈天望聖、激切屏營之至。謹錄奏聞，伏候敕旨。

辭除權吏部尚書狀

右，臣准尚書省劄子，五月二十二日[①]，三省同奉聖旨，除臣權吏部尚書，日下供職者。臣聞命自天，措躬無所。伏念臣去國雖更于再歲，承流尚玷于兩州。課其治狀，則無以逾人；省其廉隅，則第知守己。夙被聖神之眷，躐躋侍從之聯。豈其記憐于九重之中，遂蒙收召于千里之外。内朝賜覲，粗陳狂瞽之言；天聽不違，曲賜褒嘉之訓。竊懷尺寸區區獻忠之意，敢有絲毫汲汲幸進之心。乃奉殊恩，寵班常伯。矧是三銓之長，實司羣吏之成。雖往歲暫冒于攝承，而一旦遽膺于遷陟。顧賢能之在列，且雋傑之尚多。揣其分義則非宜，稽之公議為可畏。伏望皇帝陛下俯全舊物，特軫鴻慈。還渥渙于誤頒，柬眞才而擢任。有如愚陋，俾以退閒。庶幾微臣志盡自知之明，仰副官

① “五月”，影印文淵閣四庫全書本同，影印文津閣四庫全書本作“今月”。

朝官無虛受之義[①]。臣不勝願幸。所有恩命，臣未敢祗受。謹錄奏聞，伏候敕旨。

辭吏部尚書狀

右，某准尚書省劄子，十一月二日，三省同奉聖旨，韓某可除吏部尚書，日下供職者。臣聞命震驚，罔知攸措。伏念臣稟資駑下，賦性拙疎。技能不異于衆人，問學無聞于當世。自篋周行之列，親逢上主之興。攝詞命于西垣，薦承睿獎；濫銓衡于文部，益荷聖知。承流兩郡，而初無撫字之功；錫命九闕，而復被招徠之寵。逮膺常伯，曾未踰年。徒以世受國恩，幼循家訓。服其職業之間者，罔敢避怨；獻于聰明之下者，每務盡忠。雖乾坤之大，無所不容；然螻蟻之微，退輒自懼。豈期冀幸，乃冒為眞。惟念臣早歲驅馳，固有功名之願；中年遭遇，實無爵祿之懷。儻臣言得用于明時，則臣志已攄于平日。至于假臣之過分，適以重臣之不安。伏望皇帝陛下曲軫至仁，特收成渙。俾臣姑仍舊職，亦足副于使令；容臣少效微勞，庶以逃于謗戾。所有恩命，臣不敢祗受。臣無任祈天望聖、激切屏營之至。謹錄奏聞，伏候敕旨。

薦張竑周坰狀

具位准吏部牒節文，四月三日，同奉聖旨，令侍從、臺諫、兩省官參照資序差格，不以内外，雜舉監司、郡守，歲各五人。保舉官及五員以上列銜共奏，明言所舉人有何政績才術。八月七日，三省同奉聖旨，保舉官限五員以上列銜共奏。竊恐各有所知，難以同共論薦，可依元議，亦聽獨銜歲舉監司若郡守共貳人者。

右，臣伏覩朝奉郎、大理正張竑疏通明敏，才術有餘。昨任義烏知縣，即有能聲，本路監司薦聞，審察除監登聞檢院，改差通判信州，權南康軍。備著政績，又為諸司列薦，特轉一官，且被召命，蒙

① “官朝”，影印文淵閣四庫全書本作“聖朝”，影印文津閣四庫全書本作“治朝”。

恩授以司農寺丞，繼遷今任。雖理財治獄，悉有可觀，殊未究其所長。又伏覩奉議郎、主管台州崇道觀周坰性資介直，臨事嚴明。昨知弋陽縣，本縣寄居豪强例不肯輸折帛錢，脅持官吏，只納本色。坰一切摧抑，不避衆怨，舊弊悉除。繼移祁門、休寧兩縣，催科有法，辦集先期。所斷訟獄，人服其平，並無翻訴。臣時為轉運判官，親見其事。曾任隨州通判，經理邊郡，深究利病，特以流寓家貧，久就祠祿①。貳人者皆可任監司或繁劇郡守，如蒙朝廷擢用，後不如所舉，臣甘被欺罔之罪。謹錄奏聞，伏候敕旨。

薦崇安建陽兩知縣狀

具位檢准淳熙元年八月二十三日勅，臣僚上言，命監司、郡守精察所部縣令留意民事，政有實迹，公共論薦，三省同奉聖旨依奏者。

右，臣等照對本府諸縣内，崇安、建陽最為衝要，民頑吏猾，前後知縣持身不謹，馭下無術，少有終任不致訴訟。其間留意民事，政有實跡，應得前項指揮者，臣等不敢隱默。臣伏見承事郎、知崇安縣事王齊輿遇事明敏，律己廉恪，斷決訟牒，無不中理。本路州縣皆重鹽綱，以為歲計。齊輿自到任，搬運鹽綱，措置出賣，深村窮鄉，皆賣官鹽，而勸諭有方，略無科擾。發納本府窠名及諸司錢物，悉皆了辦。募到上户興修水利，開成星王陂堰，灌溉民田四千餘畝，皆是衆户樂然，雇夫不曾費用分文官錢及强有敷斂。又伏見奉議郎、知建陽事黄中立臨政寬和，而事皆無闕。禁制盜賊，摧抑健訟，了納前官欠負，樁辦逐歲支費，計置錢本，搬運鹽綱，小大並舉。本路諸州軍今年起發禁軍士兵，無不經由本縣，中立去替有日，而能預備錢糧，批請券食，日有支費，百色應辦，悉無科擾。

其王齊輿、黄中立二人委有上件政績，在任滿替，並無縮繫不了事件。臣某謬叨郡寄，稽考並皆詣實。臣自得，係前知建寧府事，今來復領漕計。臣儔，係在本府置司，公共審究，備見不誣，敢具奏聞。伏望聖慈特賜旌擢，以為能吏之勸。如逐人後犯入己贓，臣等並

① “久就”，原作“人就”，據影印文淵閣四庫全書本、影印文津閣四庫全書本改。

甘同罪。謹錄奏聞，伏候敕旨。

舉蘇嶠自代狀

具位某准令，諸侍從授訖，三日内舉官一員充自代者。右，臣伏覩右朝奉郎、尚書吏部員外郎蘇嶠議論堅明，操履純正，名臣之裔，綽有典刑。臣實不如，舉以自代。謹錄奏聞，伏候敕旨。

應詔舉所知狀

具位某准尚書省劄子節文，詔臺諫、侍從各舉所知一二人，疏其事實，可以充是何職任。八月二十三日，三省同奉聖旨依奏者。今具如後：

一、左奉議郎、前權發遣信州軍州事王師愈曾任潭州長沙知縣，委有政績，諸司列薦。繼為嚴、信兩郡，戢吏愛民，不擾而辦治。持論疏通，恥為無用之學，堪充郎官以上職任。

一、右宣教郎、新差通判隨州軍州事周坰曾任信州弋陽知縣①，摧抑豪强，不避怨謗。繼移祁門、休寧兩縣。持身廉介，遇事嚴明，吏畏而民愛，催科並依省限先足，堪充郡守、監司職任。

一、左文林郎、兩浙路轉運司幹辦公事崔敦詩服勤州縣，不廢古文，所撰《國朝鐃歌鼓吹曲》，筆力雄健，有唐柳宗元風。又嘗為《資治通鑑要覽》七十卷，貫穿該洽，議論醇正，堪充館閣職任。

右，臣所舉，並是詣實。謹錄奏聞，伏候敕旨。

舉傅自得自代狀

右，臣伏覩具官傅自得，元祐曾任中書傅堯俞之後，靖康首立死節傅察之子，敏于文詞，通于政事。久歷郡守、監司，備著風力；曾為吏部郎官，熟知銓選。臣實不如，舉以自代。

---

① “周坰”，原作“周炯”，據前文《薦張竑坰狀》改。

舉朱熹自代狀

具位某准格，諸侍從授訖，三日内舉官一員充自代者。右，臣伏覩左迪功郎、前差充樞密院編修官朱熹氣質端方，議論通亮，安貧守道，力學能文。雖累有召命，而熹以祿不及親，未肯出仕。方今奔競成俗，熹之廉退，所宜奬擢。臣實不如，舉以自代。謹錄奏聞，伏候敕旨。

舉郭見義自代狀

右，臣伏覩朝奉郎、權發遣光化軍郭見義器資純厚，力學能文，超于世家①，早登科第而恬于進取，累任遠地，務以職業自修，不事虛名，時無知者。臣實不如，舉以自代。

凌風亭事狀

建安邑治在郡城之東岡，地極高爽。聽事之西偏，舊有南山堂，山見于廡背，纔髣髴也。堂下有繚垣，毀其西南隅，築以為凌風亭。亭之基僅八尺，其宇析一以為三，然其高，視民居、官舍如在井底，皆不能為障，始盡見南山之麓。而城西諸峯，矗如連帷，平遠散漫，尤為可愛。長林巨坂，映带斜横，凡一郡之山，得其過半矣。前直子城之濠，水面演迆蓋數百步，如大川也。時則蒔桃李，架酴醿，為三楹道而登。亭前臨溪山，後俯花木，官居無以晤語，朝夕之暇，遊無時焉。以其工築之小不足記，且不可以圖畫傳也，因書其狀，用求詩于好事者。

① “超于世家”，諸本同，疑作“起于世家”。

南澗甲乙稿卷十

劄子

論銓試簾試劄子

檢准淳熙三年三月二十七日敕，臣僚劄子節文："銓試之弊，甚者身不至場屋，賂他人冒名入試，無以辨其眞僞。而又門禁不密，有自外傳藁本而入者。欲望明詔有司，程文以經義、詩賦、時議為去留，刑法以律義為去留。其合格者，參選日召保識官二員，批書印紙，令吏部覆試，依太學簾試諸生法。"三省同奉聖旨依奏。

緣當年銓試在上件指揮之前，未曾舉行。今來銓試在近，合行申明。本部照對銓試出官人，已有節次申嚴指揮，每二人取一人，不許用恩例免試。其考校去留，門禁不密，合係類試所施行。參選日，召保識官二員，已有現行條法外[①]，覆試一節。緣本部係銓選注擬之地，日逐官員參銓選量引驗，事體不一，即與太學專一教養士子官舍不同，難以簾試，欲移就別所引試，則參選人數先後不齊，便同再試，致施行未得。竊詳臣僚所請，止為冒名入試之弊，其冒名就試、代筆、傳義，自依貢舉條制，並許人告，同保并保官及官司書鋪知情者各與同罪，同保人永不得應舉。及乾道四年申明指揮，不得射保。引試日，試官于簾前引問，代筆人并令人代者，同保人降兩月名次定罪。本部今措置欲增立罪賞，即不須更用簾試虛文。乞自今年銓試為

---

① "現行"，原作"現在"，據影印文津閣四庫全書本改。

始，應就試，先召保識官二員，委保正身不是代名，别無違碍。至參選日，就用保官，更不再召引保，并入試日並責書鋪識認狀，及同保互相保委係是正身。特立賞格，許人告首。如有冒名入試之人，根勘得實，犯人與保官、同保人一例收坐，其同保人仍依貢舉法，銓試不中人與展兩次銓試，内試中人降一年名次，書鋪重行斷罪，餘依現行條法，庶得不致冒犯，可以杜絶。伏乞朝廷特降指揮施行。

論和糴劄子

竊見近緣江西、湖南旱傷，上供米斛恐至不足。朝廷支降錢銀會子，就浙西、江東、淮南豐熟去處收糴，以充大農之儲。其銀并會子，並依街市現行價數紐計，仍以足㪷算為省㪷，非不詳盡，而州郡不能措置，漕司失于拘催，或户部所撥錢間有未到，仍不畫時申請，例成科敷。似聞平江將諸縣，每石止支錢六百文，其餘州郡，有既支價錢，繼行追減數百文，以符合漕司納定之價者，每石有加耗三㪷者，有依苗米例收取漕司出剩者，有尅錢四百文充水脚靡費者，此浙西之弊也。江東一石始支四貫省，近卻止作二貫省，已支者亦皆追取，而建康人户來訴，猶是一貫省科糴一石。又聞每貫更尅頭脚等錢，此江東之弊也。舒州之民，不憚千里經省投狀，乞免和糴。滁、和、無為等州亦甚困擾，聞每石只支一貫五百省，此淮南之弊也，而皆妄稱係有指揮，嫁怨于公上，豈朝廷和糴之意哉？欲望敷奏①，特賜處分。其浙西諸郡，須管盡數支還價錢，已支者不得追減，並不得加量耗米及尅留水脚靡費。若江東則已減二十萬石，所支錢銀，可令通融收糴三十萬石之數，亦不得輒收頭脚等錢，委朝士之在江淮者覈實。淮南米價，依數支給，尤須加意。蓋淮甸邊面，二税猶不盡起，豈宜横有科歛如此？然亦恐三路價錢，或有未敷起綱之費，頗不能辦，即乞降聖旨，更捐十萬緡以補之。儻有違戾，令御史臺察舉，其守令、監司，悉行罷黜，以為不恤民力、不知體國者之戒。夫江西、湖南既已均被賑廩之恩，而浙右、江淮穀賤傷農，卻蒙均糴之惠，則

① "敷奏"，原作"數奏"，據影印文津閣四庫全書本改。

和氣四達，今歲之豐，可不卜而知矣。天下幸甚。

論招集歸正民户劄子

某竊見山東歸正民户，昨來多已充軍或效用，後因罷兵，漸至逃竄，歲月易久，畏罪不敢首身，官司亦不捕捉，往往散在沿淮等處，亦有依託親戚，往來軍中，或每家以一兩名繫籍軍伍，自餘丁壯，依舊夾界販賣，緣此甚難關防。近聞朝廷已下沿淮守臣措置，然其間曾充軍兵效用逃竄之人，更望指揮鎮江、高郵、建康諸軍密行根刷，許令自首，先次免罪收管，其在軍者，各責罪賞，供具有無人口居外營生。如悉有之，擇其壯健，亦令充軍兵效用使喚，庶得遞相保守，緩急可用。其不係逃竄，又無兄弟、親戚已在軍中而不願充軍效用者，方許給田耕種，或別作名色拘管存恤，始為利便。某比緣本寺勘鞫，察其情實，又見其人材校之江浙所招大段不同，可惜虛棄。愚慮及此，冒昧以獻。敢乞鈞慈，特賜詳酌施行。

論差役劄子

照對某因比面對，偶及差役事。伏蒙聖問，即嘗具奏。竊見祖宗役法，大抵詳盡，不必更改。今所患者，近年以來，官户置田頗多，全不充役，致專役民户而已。但令應追贈官不許立户，更裁定限田頃畝，此弊便已漸革。尚有一節，須論寬鄉、狹鄉。所謂寬鄉者，一鄉官户田産少處也。狹鄉者，官户田産多處也。假令一鄉之中盡為官户，而限田又不過數，則誰當著役？是必依舊坐困百姓，近年之弊，殊未去也。某以謂自經界以後，州縣逐鄉田畝竝有定數，一鄉常以三分為率，内二分是民户，一分是官户，則官户于限田數外始行差役。若逐鄉官户田畝稍過一分則不復更問限田，直令與民户通差，庶得均平，仍須嚴立罪賞，以防隱漏，此法可行於天下也。殊荷聖語開納。然某以初不預議，不敢復入文字，既以奏陳，須至申禀。更望朝廷詳酌施行。

論諸軍冒賞劄子

伏見朝廷比脩軍政，汰揀冗籍，更易將帥，威令復振。惟是功賞一事，如出戰、暴露、從衛、守把之類，項目頗多。昨緣將帥非人，保明奏請之間不無僞冒，或增減功效，或添入姓名，受賂不公，任情輕重，奸弊百端，時有陳告。近據殿前司白旗子隊譚進告論魯眞等、前軍使臣張儀告論洪盛等、馬軍司左軍蔡仲告論田俊等，蒙朝廷送大理寺究治，委是告論得實。雖已將冒賞人追奪元官資，并保明不實將佐竝降官行遣外，竊慮諸軍尚有似此冒濫之人，若不措置許之自首，深恐日後告論稍多，有失行伍上下之分。欲望朝廷備坐行下三衙并駐劄諸軍，大字出榜，曉諭逐軍寨門，如有似此功賞不實已轉官資，或申奏未下之人，并元保明不實將佐，竝候指揮到限一月日，許經逐軍或所在官司盡行陳告，竝與免罪改正。如出限不首，卻致因事發露，定將犯人并保明將佐取旨重作施行，庶得不致引惹告訐，而軍無濫賞，有以激勸實立功效之人。

論歸正忠義人錢米田劄子

竊見沿淮諸處，近緣虜境旱蝗①，歸正忠義之人動數千計，若不優加存恤，無以昭示國家德澤，若欲家給人足，實恐州縣不能應付。而目今諸處所申，多是便欲依諸軍例盡行支破請受，或欲借請糧之類，竝不分別人數，開具名色。有司執法，例皆不敢批放，而歸正之人待報日久，別無衣食，必至悔怨，理宜措置。欲望朝廷行下逐處，遇歸正忠義人到，且依常平法，大人小兒支破錢米如賑濟之數，卻行取責數内情愿充軍應得等仗之人，即與支破軍人請受，撥隸諸軍；或武藝高强，情愿充效用之人，即與支破效用請受，撥隸效用；其不願充軍及不迭等仗、別無武藝之人，且與接續賑濟錢米，于淮南兩路取撥閒田或官莊田土，支借牛具、種子，各令服業，候至來年收麥時

① “虜境”，原作“邊境”，據《永樂大典》卷三〇〇三引韓元吉《南澗集》改。

候，始行罷給，庶得上不虛費大農之儲，下有以固結歸順嚮化之心。

論淮甸劄子

某竊見朝廷博詢籌策，欲以經理淮甸為守禦之計，此最自治之先也。似聞諸將之議，有欲移廬州于舒州，和州于西關，光、濠、安豐于橫澗，而列城栅于淮上者。有謂移併州郡，未蒙永遠之利，先受目前之擾，姑以山寨扼險、屯兵聚糧以備緩急者。雖侍從、臺諫方議其事，下位小官不當妄預，然苟有所見，幸今公道既開，安可輒避芻蕘之賤，隱默不告？惟鈞慈略其進越之罪而試詳焉。

某以為前之説既不可行，而後之説為未盡。蓋前之説徒知以地為險者也。廬州地雖平坦，昔劉仁贍蓋嘗守壽州矣，王師有不能下，即今廬之壽春縣是也[①]。廬州不移于壽春縣而移于舒州，是退避之謀也。和州之有東西關，此控扼之地也。至于橫澗等處雖有險阻，皆非可為州郡之所。又況敵方遣使議和，兩淮流亡次第歸業。一旦驟移數州于内地，人心豈不動搖？且諸將尙以京東、河北招討為名，而吾之措置若此，何以慰中原之望哉？此所謂不可行也。中原未得，則淮甸吾之藩籬也。淮甸不固，大江豈可備禦？今若寂然無所經畫，聽州郡之自為，特恃山寨、水寨以為退保之策，且雖列栅置戍，不過二百人，騎不過三十匹，而無大兵以為重鎮，緩急有警，則糜潰奔駭猶前日矣。然則今日之策，當議重兵于淮上，而列栅置戍以為營田，州郡略其名而務其實，則猶可哉！

何謂重兵？紹興之初，一軍駐楚州，一軍駐和州，一軍駐廬州，角立相應，北人亦莫之敢犯。自和好之興，不許駐兵淮上，故移江左。今諸將豢于宴安者二十年[②]，惟知江左屯駐之便，未有肯過江而戍者，朝廷安可不為之計哉？若徒以一二千人分屯淮上，而大軍止駐建康、鎮江，則淮甸未見其可保也。

何謂置戍以為營田？夫營田之不可為者，諸將不欲耳。若使諸將

---

① “壽春縣”，原作“壽州縣”，據影印文津閣四庫全書本改。
② “今”，原作“令”，據文意改。

于營田，每擇人遣之如耕其私田，則營田之效久矣。軍興以來，一二大將置莊于淮甸，動至數萬石，所耕皆荒田，所用皆軍人也，而國家獨不可哉？今若募人雜軍士以為營田，而擇軍中所汰使臣可委者領之，即其地以為堡柵，籍其丁以為弓箭手，命所掌使臣以為知城寨官，則淮南之地，不日可盡耕也。

何謂州郡略其名？蓋淮南州郡有不若江左一縣者多矣，人民未集，財賦未充，命一太守，則必有供給之奉、公帑之須、招兵置吏之冗，所費多矣，且又難得資序相當之人，豈若姑以倚郭知縣兼軍使而守之，而併省其外縣，擇京官選人可用者不次而用，則名廢而實舉矣。凡此三說，某所臆斷，恐無以裨廟謨之萬一。恭惟鈞造擇而行之，天下幸甚。

十月末乞備禦白劄子

一、虜已深入淮甸[①]，今日所當防江，未聞朝廷火急措置，如鎮江、建康、采石、池口諸處人兵各有多少，如何分布，宜遣使不住宣諭，激勵將士，仍乞指揮沿江守臣，速行團結民兵于無官兵處，聲勢相望，各守江岸，以護鄉井為意。但得人心齊一，只能奮擊礮石，踏弩放箭，便可守禦。蓋虜人恃衆渡江[②]，不比華人須擇岸口，定是多縛排筏，一時散渡。若止控守渡口，致其別處登岸，不在官兵地方，便至失事。

一、虜若未敢渡江[③]，只據淮甸，得州守州，得縣守縣，則江左豈能得奠枕？今不知揚州、和州尚有大軍多少，并戍馬軍直來甚處會合，樞密行府如何措置？傳聞虜已乏糧[④]，煮馬而食，宜密降處分諸將，此事更須精加察探，恐其排筏木未備，聲此誤我。若果曾斷其糧道，漸至飢乏，乞上手書戒敕諸將，皆以國事為念，同心勠力，出奇

---

① “虜”，原作“敵”，據《永樂大典》卷一四四六四引韓元吉《南澗集》改。
② “虜人”，原作“敵人”，據《永樂大典》卷一四四六四引韓元吉《南澗集》改。
③ “虜”，原作“敵”，據《永樂大典》卷一四四六四引韓元吉《南澗集》改。
④ “虜”，原作“敵”，據《永樂大典》卷一四四六四引韓元吉《南澗集》改。

奮擊，但痛敗得一二陣，使虜遁去①，然後可保無虞。只便退軍保江，虜已宿兵運糧②，則山寨、水寨之人何所歸附？將來淮甸如何攻取？揚州不保，通、泰遂失，海道直與常熟、江陰相對矣。沿江綱運如何運行？豈得但以保江為言？此事切須奏知，審問諸將方略。

一、自淮上交鋒，今已一月。虜人迫江③，又已旬餘。陰雨沍寒，前有大敵，將士勞苦，而朝廷未住常程，雖欲外示閒暇，然不急之務皆未省去，無以鼓動軍心。儻車駕未順動，宜遣王人徧行撫問，如特支犒設之類，有不可緩者。并歲帑之費，亦宜且降指揮，依數樁管，欲專充激賞使用，以慰累年積忿冒矢之心。

一、虜既垂軍深入④，不顧其後，但乞敕諸將之未渡江者，若果已斷其糧道，虜衆飢乏⑤，則可會合一戰。此貴捷速，蓋慮其濟師運糧，則我軍卻當腹背受敵矣。如其不然，彼衆我寡，但能堅壁清野，時出奇兵，略其糧道，擾其營壘，虜若不歸⑥，延日持久，彼國當自有變。蓋中原人心已離，所簽軍士涉數千里之遠，豈不思歸？特畏其法令嚴酷而我之勝形未見，故未敢動爾。其沿江諸將并監司、帥臣、總領等，合令日下具平安狀申，以察事機。

一、昨來降詔親征，正欲激勵將士，今虜已渡淮⑦，即亦宜徑臨江上。然沿路排辦祗備多日，恐難但已，卻致將士及四方疑惑。謂宜暫駐平江，以相事勢。今幸劉帥大捷，宜令諸將之已渡江者，疾速濟師以為犄角，直須驅逐過淮，方得今冬無慮，其劉帥軍合先犒賞。

一、廣德軍一路，自溧水直抵餘杭，虜往年嘗由此入寇⑧，合有兵馬控禦，乞選將星夜沿路擇要害措置，亦集民兵團結，仍多置斥堠，如夾岡路、吳江長橋，亦宜密加屯守，以備不虞，此下策也，不

---

① “虜”，原作“彼”，據《永樂大典》卷一四四六四引韓元吉《南澗集》改。

② “虜”，原作“敵”，據《永樂大典》卷一四四六四引韓元吉《南澗集》改。

③ “虜人”，原作“敵人”，據《永樂大典》卷一四四六四引韓元吉《南澗集》改。

④ “虜既”，原作“敵已”，據《永樂大典》卷一四四六四引韓元吉《南澗集》改。

⑤ “虜衆”，原作“彼衆”，據《永樂大典》卷一四四六四引韓元吉《南澗集》改。

⑥ “虜”，原作“彼”，據《永樂大典》卷一四四六四引韓元吉《南澗集》改。

⑦ “虜”，原作“敵”，據《永樂大典》卷一四四六四引韓元吉《南澗集》改。

⑧ “虜”，原作“敵人”，據《永樂大典》卷一四四六四引韓元吉《南澗集》改。“入寇”，原作“入”，據《永樂大典》卷一四四六四引韓元吉《南澗集》、影印文津閣四庫全書本改。

得不慮。而平江沿海對淮，亦宜復置一官，抽集水軍，以為警邏。

一、自親征詔下，有進發日子。及敵已逼眞州，行朝居民類多遷徙，四方士大夫之待選者往往亦歸。竊恐傳播有過其實，乞令進奏院日下報狀竝入斥堠，庶使四方排日皆知朝廷動靜，以消境内之虞。如荆襄、四川報狀，尤要疾速，此事雖小，所係甚大。其斥堠鋪宜添差使臣，不住往來驅催，如有警急，許巡鋪使臣徑具飛申，務要知遠近事宜。而朝廷機速房更乞嚴加約束，無至洩漏。近日劉帥有密奏，人能誦之。前者詔檄未頒，已傳于外，豈不決體傷事？

一、比見樞密行府已招效用，則行在亦宜招集。蓋輦轂之下，無賴游手至多。富家大姓一旦遷移，不肯放債借錢，此輩無所得食，便至失所。昨來京師蓋嘗鼓倡横議，或于斜街暗巷恣行剽奪，致居民不安，豈若朝廷損少錢米，聚而養之，俾一二將校團結收管，雖未必皆中用，且得不至生事，候平定日，卻行放散，所費顯屬不多。

一、將來車駕進發，亦乞三兩日一降指揮，存問臨安居民，如放房錢、支賑濟米之類，俾人日知巡幸所在。如有捷報，依次關留司出榜。仍乞臨安府分差使臣，責以軍法，認定地方，夜巡覺察賊盜，并姧細放火驚動之擾。

一、近因人家遷徙，傳聞嚴州界上并長河堰下已曾刦了舟船，陸路亦有剽奪惡少，乞降指揮，側近州縣督責巡尉，不住躬親于道路巡警，若有此類，竝行軍法。其巡尉失覺察，亦以軍法從事，庶得警肅。

上執政論千秋澗起夫劄子

某照對今月二十九日，准三省、樞密院劄子，備奉聖旨，以和州開千秋澗，依白劄子内事理，江東轉運司于建康府、太平州火急應副人夫，開掘河道牐壩等用。元約係二十萬工，江東與淮西轉運司分認各十萬工，每日差夫二千人，每路各合日差千人。又奉聖旨，令逐旋興工措置，不得張皇。除已下建康府、太平州并會問和州興工次第外，訪聞千秋澗有古溝，遂開修若成，足以保聚糧食，外固大江，實為要地。惟是有逐旋興工、不得張皇一節，恐負使令，不敢隱默，更合取自指揮。

竊詳白劄子所獻利便，正為自灃湖水際開挑千秋澗至石塘下接黄水蕩，仍更斷歲豐橋，即有重水為阻。又云乘此湖塘無水，興工入役。即是現今秋冬之際，湖塘已自無水，就便火急興工，以為防秋之計。開掘得成，無水為阻，未必可恃。況收刈是時，遽起夫役，每州日五百人，十日一替，亦得一百日，方得湊成十萬工數。每番差官沿路部押，地頭董役，往來宿食，沿江便應騷動，深慮無緣不至張皇。欲望鈞慈更賜詳酌敷奏。若止欲逐旋興工，謂宜就委本州和雇人夫，日役千人，減省工料，漸次開掘，依舊總領所應副錢米，不至更起兩路人夫，張皇事勢。如蒙灼見，所陳湖塘已是水涸，開掘得成，其利亦在來年春夏始可潴水捍禦，即乞更待冬深收成之後，農夫少隙，次第興工，公私為便。伏見太宗朝何承矩在滄州建議開塘泊，係以水田為名，而命承矩為沿邊屯田使，故塘成而敵始覺。今若避張皇之患，即望朝廷將上件事理密付守臣、監司知悉，而委官逐一相度措置，別降指揮，只以開通漕運為名，庶得穩當。某人微位下，特以職事所及，僭越申稟。或芻蕘之議，萬一可採，豈勝厚幸。干冒威嚴，某下情惶懼之至。

與執政論千秋澗事宜劄子

某竊以初冬戒序，恭想某官光輔聖神，天人攸相，鈞候動止萬福。某比者被命與撫諭同司淮西水利，愚憒不肖，猥荷使令，敢不罄竭？雖諸司定議，事已具聞，而其間瑣細有不能盡者，無由面稟。竊計鈞慈亦欲詳見，故列之別紙，以俟採擇。此區區芻蕘之志，而況于叨奉旨意乎？

某數日走和州境内，究觀淮西地利，得其大略。蓋昭關以北，大路駢來。所謂關者，有其名爾，關傍之路，實自若也。稍依丘陵，聚重兵為營寨，以與敵拒，使彼不敢越而南，策之上也。此地不能遏，直抵千秋澗，則吾之氣亦奪矣。而千秋澗者，豈不可攻之地哉？特愈于無爾。若以都統制劉源之説，欲姑以千秋澗内為家，計寨而力戰于前，則庶幾焉。其地接灃湖者猶險，下數里則無險矣，但當以水為阻也。水至窮冬，未知深淺如何，又所險者非閩、蜀高山峻嶺之比，坡陀岡阜，淮南之險不過如此爾。而城築之崇，僅能如往歲瓜洲之壘，須厚為兵屯，然後可固也。然和州現興者三役，未興者一役，千秋澗一也，姥下河二也，韋游溝三也，日役數千人。惟千秋澗成，粗可控扼。姥下河所開沙夾，欲使居民保聚其上，彼已破州城而至江岸，豈限一河而不能寨？然舟行可以不由采石山下，此前日太平守紛紛謂其恐奪采石之説者也。或謂江流北岸可急而南岸迂緩，亦在商賈自擇之耳。韋游溝者，可灌漑以為民田，非可以保江也。此外未興之役號清溪澗，其工浩大，不宜遽舉。就使得成，我萬有一失，彼得自巢湖口引舟而來，麻、灃二湖水寨便破，徑傅城下矣。雖有千秋戍，何所用之？此事皆以告胡昉，當亦自止。然昉之意，實有可嘉。士大夫選愞而不肯任事已久，而昉能慨然奮勵，又其賦役均平，年豐穀米狼戾，民户雖勞，莫不服從。間有過節，在朝廷酌而任之也。某仰恃愛眷，敢私布之，幸賜容察。向寒，更乞上體注倚，珍護寢饔。倚俟端拜，下情不勝馳頌。

上樞府劄子

某竊見朝廷自夏秋以來，以敵人意欲敗盟，戒嚴邊備，選任將帥，簡練軍實，為計甚悉。惟是旬日傳聞，聲勢頗熾，道路洶洶，皆以未知所向為憂。雖廟謀深祕，非中外所可得聞，然人心不安，緩急何以應敵？質之輿論，謂宜即有詔書明示遠近，俾軍民士大夫曉然預知國是①，然後同心協慮，共濟事機，所繫甚大。而或者以爲朝廷不欲先露失和之旨，若便降詔，遂有形迹，但當隱忍持重，厲兵秣馬，以俟其至。此固善也，奈人心不安何？然前日既遣使訖，固欲和爾。彼乃不受吾使，再定期日，指索大臣。繼而止要泛使，吾皆拒而不遣，是形迹已成矣。況又受其流亡之民，納其降附之地，不可以為無迹，而獨于詔書惜之何哉？若必待侵犯吾圉然後降詔，是時事屬倉猝，淮甸之人必至奔擾，江浙之衆當亦動搖，而四方萬里之遠，安能

① “國是”，原作“國事”，據《永樂大典》卷一一〇〇一引韓元吉《南澗集》改。

一日而諭及？今為之，始可以安人心而作士氣也。語有之：“明其為賊，敵乃可服。”今日詔書，但當極言屈己和戎，所以惠安海內，而彼既敗盟，則有不得已而後應之意。萬一不至用兵，夫復何害？異時六飛果遂順動，始別為誓師一詔，以決大計，作兩節施行，似不相妨。若或遷延，致其傳檄境上，事出倒置，浮言胥動，雖鞭之長，不及馬腹矣。某人微位下，仰恃門下一日之眷，用私布于左右。如蒙采取，願止以鈞意白而行之，天下幸甚。

上周侍御劄子

某伏覩正月二十五日聖旨，以福建六州地震，令本路帥臣、監司條具民間利病，措置寬恤事件，疾速聞奏。有以見主上勤恤民隱，祇畏天戒，欲海嶠之民安于田里，德至渥也。如聞本路僅以瑣尾數事應詔，曾未副聖主焦勞之意。某嘗仕于閩，見其民之貧者莫甚于上四州。其為害者莫若二事，一曰鈔鹽錢，二曰上供銀。是二者，無歲不有訴訟，省部陰知其説，監司明覩其患，以經費所在為不可去，曾不知其弊亦有可去者焉，請試陳之。

所謂鈔鹽錢者，景祐元年纔十萬貫也。元豐二年，始增六萬貫，然三分之二則容人入納于榷貨務而興販者也，一分則漕司般賣以充上四州歲計者也。自紹興三年住罷客鈔，漕司認錢十五萬貫，欲專其利，則州縣向來一分歲計，自合從本司抱認，不可暗增一分于鈔鹽之內，而使州縣別添歲計也。既不逐綱取撥，又不論奏豁除，乃接續增添至三十萬貫，州縣大困輸納。後因提刑吳逵申請，僅減八萬貫，今猶二十二萬貫也。四州之地，從横千里，運鹽之數無窮，而食鹽之家有限。上司期會，急于星火，州縣不得已，往往隨産錢科于平民下户，科于耆保。議者徒知賣鹽違法，不知勢當如此也。

所謂上供銀者，祖宗以來，福建有歲額錢二十萬貫。熙寧二年，始令買銀，時價低，小一貫止得一兩，故為銀二十萬兩。其後銀價雖增而銀額不減，蔡京修崇寧上供格，遂定為福建路上供銀。建炎初，宣諭朱廙嘗指言之，州縣猶有餘錢，陪貼收買，以及二十萬兩之數。近年科名日增，銀價日倍，州縣不復有餘矣。故下四州之銀，取于僧寺；上四州之銀，取于民户。其取于僧寺者，不過削其徒之食，猶未甚害。取于民户者，則以鹽折之，而僅償其半價，拘催督迫，銖兩畢輸，器物釵珥，雜然竝陳，受納之際，惻然可哀。議者徒知買銀違法，不知勢亦當如此也。紹興三十年，轉運副使王時升始見鈔鹽之弊，乃獻本司錢三十萬緡，以補州縣三十五年以後積欠鈔鹽錢。近者轉運判官王淪、陳彌作等始見上供銀之弊，又獻本司錢二十七萬餘緡，以代上四州今歲上供銀，使不得科斂，為監司者，用心亦可嘉矣。然止是暫寬州縣目前之急，不能為一路永遠之利。今欲為一路永遠之利者，莫若以鈔鹽錢俾漕司歲認其半，其餘責之州縣，則于朝廷經費初無所損，而州縣實受其賜也。或謂若使漕司歲認，恐不能辦，曾不知福建漕司自罷鈔鹽，而運綱所得增鹽之利甚多。又有米麥他色科名之入，前者興造不絶，妄用百出，衆所共知。時升輩自三十年十一月至今年二月實及三年，所獻通計五十七萬餘緡，是每歲可餘十九萬緡矣。鈔鹽三之一不過七萬三千緡，上供銀之半不過十二萬緡，正可了辦。如漕司果不肯認，則乞委之他司，或專命一官，俾稽考覈實本路財賦出入之數，不務收其羨餘，惟在必行，去此二弊。然後稍減州縣鹽綱，令逐綱取撥鈔鹽錢，以時出賣，不得科賣于民。今州縣上供銀，以常年所給之半并今年漕司所認之半，足可盡還其價，而不得科買于民，宿弊頓除，財用亦足，易咨怨為歡謡，革厚斂為寬政，和氣洋溢，豈不消變異于遠方哉？恭以侍御嘗持節于彼，則一路之弊所宜動心[①]，可以言而無疑，而某言之則似有嫌，是以不若告諸左右，伏惟幸察。

措置武臣關陞劄子

臣竊以文武兩選，皆有關陞之法。文臣則皆用考第、舉主，自初官而陞令録，自知縣而陞通判，自通判而陞知州，其法甚嚴。武臣則惟有關陞親民一節，其法頗異。故武舉軍班武藝特奏名出身人止用兩任四年，餘人皆用兩任六年。雖有考第之差，而無舉主之限。惟進納

---

① “弊”，原作“費”，據影印文津閣四庫全書本改。

人用七考，有監司、知州、通判三員奏舉，始得親民。紹興以來，從軍大小使臣許理在軍年月以為資任，宗室全用宫觀、嶽廟，歸正、歸朝人止用不釐務任數，皆得關陞，固異于祖宗之法矣。臣聞祖宗朝最重武臣親民資序，必歷親民，始得擢用，與文臣改官親民事體略等。況今聖神臨御，外則用為提刑、郡守，内則增置閤門舍人，同于館閣①。小則通注知縣、縣尉，俾歷民事，則武臣關陞之法，亦宜稍同文臣，以明陛下文武竝用之意也。

淳熙初，臣僚有請武臣亦用舉主四人，内監司一人，方許關陞。又有親民關陞正副將，而正副將關陞小郡州鈐轄、路分副都監之目，其格太繁，故不可行。臣前歲十月亦嘗論此，是時特蒙陛下開納，後來未見别有施行。臣愚以謂政貴簡嚴而易舉，法貴輕重之適宜。夫欲使武臣盡如文臣，必用奏舉，逐任關改，則舉主誠不易得。莫若止循舊法而附益之，使武舉軍班武藝特奏名出身人用兩任四考而不用舉主，自餘皆須六考。内有州縣職事或諸司官屬，一任二考，職事并官屬合立定色目。舉主二人，内監司一人，文臣關陞通判，亦用舉主二人，内監司一人。方許關陞親民。内有戰功者，免用舉主。雖如宗室已有釐務窠闕，歸正、歸朝之人亦有釐務期限，一等行之，似亦未害。惟進納之官，則仍舊法。蓋武臣轉至武翼郎以上，入仕三十年，兩遇大禮，既關陞者便許奏薦，恩例匪薄。而舉主所以保任其終身，監司所以廉察其能否。若州縣諸司官屬差遣，皆有職掌，可試以事。異時人材更練，必有副陛下之用，益可觀矣。事若甚微，法意有在，惟聖旨念焉。取進止。

看詳文武格法劄子係趙思申請，同留正看詳

臣等准尚書省劄子，備坐臣僚劄子奏："臣竊惟文武竝用，長久之術。古者卿士之官，而命以統六師之職；元帥之謀，而取其敦詩書之義。近日朝廷用人，蓋得諸此，然而州郡之間，人才之用容有未盡。用人而有未盡者，以拘于法也。為文臣者以治文事，職事有不

① "館閣"，原作"觀閣"，據文意改。

舉，才力有不稱，為州郡者不得而變更之。為武臣者，間有才之可任，有智之可使，為州郡者亦不得選而用之，以故職務曠廢，因循沿襲，官費廪粟，民受其蠹，難以頓革。臣以謂銓曹注擬，按資格而授之。其人之才否，初莫之察也。及其試吏于州郡之日，其人之為貪為昏為明，為郡守者皆得而知之。知之而不敢輕于變易者，以法之拘也。為今之計，凡州郡之間，惟典刑獄、任分教之官不可用武臣，自餘職幕令佐而下，或有不稱厥職，許從守郡之臣隨才而器使之，不拘以文武格法。若然，則人稱其官，官無廢事，文武竝用，有得于此。取進止。”

八月二十八日，三省同奉聖旨，令韓元吉、留正同共看詳措置聞奏者。臣等看詳上件臣僚劄子，止謂州郡之間文臣有職事不舉、武臣有才智可取者，欲許州郡通融任使。其用意雖若可採，其為説則非也。緣州郡一時任使官屬，非有著令拘于文武者，自可通選，其職幕、令佐、都監、巡檢等，自吏部注授，各有文武資格本法。今若遇有不職，一切不拘本法，直使守臣隨才改易，號稱器使，則是吏部格法可廢而權悉歸于州郡矣。使守臣果賢而無私，則所改易猶云可用，亦不可常行；其或不賢而率任私意，則所惡者下移，指為不職，所喜者上遷，指為有才，愈見紊亂，怨讟竝興。有唐藩鎮擅用吏之風，未見其可也。仰惟國家銓選之法，循資任格，雖總于吏部而又設按舉對移之法，于外許監司、郡守得以詳察。以故用吏之權歸于上而察吏之法行于下。祖宗之制至盡且公，不可易也。在法，州縣官有許察其能否難易而隨宜對換者，有許其對移而不得移充某官某職者，有許其體量老儒而便令致仕者，有雖許對換而放令離任不妨後人者，有遇其不職未差替人許其奏舉以填現闕者，有遇闕無官可權許其選差罷任待闕官者。著令甚明，其責皆在監司，而不專在郡守。惟司理、司法，則郡守得事對換。選人中老病昏懦，則守倅得專體量。今如臣僚劄子所請，則不問許與不許對換，可與不可填闕，亦不申聞監司，而州郡皆欲自專而行，前項條法悉無用矣。文武交互，猶其末也。

臣等竊謂，若陛下但欲稍以民事試之武臣，則臣等近因看詳官制，已嘗申陳祖宗舊制，沿邊知縣曾用武臣通差，與沿邊縣尉一等。

今檢照在部武臣尉闕已有百處，而武臣知縣止有五處。蓋沿邊地分與舊不同，未曾增改，無緣可以差注。臣等不能遙度，乞自朝廷行下諸路帥臣、監司，同共保明沿邊地分及湖廣屢經盜賊縣道可通差武臣窠闕，開具申奏，候到俾吏部措置，依法注授。大使臣注知縣，小使臣注縣令，則為經久之制。然武臣可任此者，亦須通曉文法，諳練民事之人。吏部每以舉狀定功分，緣武臣舉狀止是一例舉充陞陟，而以考地理為親民資序，合稍分別，令應文武官歲舉武臣陞陟者，于內舉二人堪充陞陟親民任使，現今文狀舉狀，係有舉充改官親民任使員數方授知縣。有親民舉狀兩紙、考第及格到部之人，方得授知縣、縣令。兼伏見諸路帥臣、監司屬官內有准備差使一職，文臣任之，則為屬官；武臣任之，則與指使、使臣一同。其逐司自有指使名闕，事體未均，欲乞將諸路帥臣、監司下武臣准備差使竝改作准備差遣，自今悉從堂除，與武臣例為屬官，以選用武臣之才者。自餘州縣監當通注武臣，係有常法。州郡一時委使，通用武臣，係有舊制，不在朝廷更變條令，復降指揮，庶得允當。伏乞睿慈特賜詳酌施行。

辭權中書舍人劄子

某伏准尚書省劄子，今月二十一日，三省同奉聖旨，韓某時暫兼權中書舍人，掌行命令。雖暫兼權，自來係差有出身官。重念某門蔭入仕，文詞淺拙，冒昧攝承，恐涉清議。欲望朝廷特賜敷奏，別行差官，以安愚分，不勝幸甚。

又二月再辭劄子

某伏准尚書省劄子，今月四日，三省同奉聖旨，某依舊兼權中書舍人者。重念某昨蒙指揮，緣林機差充接送伴，時暫兼權上件職事。今來係正有窠闕，而某以無出身人尚兹攝承，恐貽衆議。欲望朝廷特賜敷奏，別行選差，以安愚分，不勝厚幸。

薦郭見義蔡迨劄子

臣仰惟陛下躬文明之治，旁求儒雅，以闡帝王之制，尤以軫念故家人物為先。如臣愚鈍不肖，叨蒙睿眷，每加殊奬，竊思報國，但有薦賢。臣伏見朝奉郎、權發遣光化軍郭見義，故宣徽使郭逵之後，力學能文，才藻宏掞。雖以進士登科，而恬退不務進取，甘心遠官，時無知者。又伏見從政郎蔡迨，名臣文忠蔡齊之後，學有家法，筆力雅健，得制作之體，久困州縣，無因自達。二人者皆中原舊族，忠信修飭，綽有典型，恐可副聖神蒐延之意，資承明著述之選。不如所舉，臣甘被罪。惟是進越，冒瀆天聽，臣無任恐懼之至。取進止。

自辨劄子

臣愚戇拙直，久荷聖知，初無尺寸之勞，仰圖報稱。委付一州，僅及朞月。自速曠戾，祇荷寬典，不當有言，重冒宸聽。但念臣蒙提刑司所按四事，買羅專輒止以去歲退剝者多，官吏坐罪。今年欲湊足綱運以趁省限，故令違限不納，及所納不中者，折納原價，數實不多，而坊場錢僅四千緡。及漕司賀撲蘭溪酒坊所欠①，境内盜賊未獲，尚有限日。至于陳桂聚衆毆打稅官，臣以情重法輕，故嘗奏請。惟是臣遇事率略，有失自顧者。提刑韓俁曾以劄子通與守倅，催督官錢，蓋亦公移之比，而簽廳官循例一面回文。臣以鹵莽，偶忘報應，今始聞韓俁謂臣有輕忽武臣之意。臣材力駑下，自蒙陛下拔擢，屢與武臣同事，被命出疆及叨館伴、看詳官制等，每務和同，何嘗稍有輕忽之疑？緣俁與臣素未相識，亦臣之疎，悔愧何及？臣深恐職事相干，別致悔吝，故不避鈇鉞，欲望聖慈許臣閒退，而臣區區肝膽，敢具奏知。仰乞天地父母之仁，特賜睿照，臣則萬幸。薦瀆天威，臣無任激切屏營之至。

---

① “賀撲”，影印文淵閣四庫全書本作“員撲”，影印文津閣四庫全書本作“買撲”。

乞宫觀劄子

伏念某昨自銓曹，誤蒙聖恩，再畀近郡，方俟改歲，即丐退閒。緣某政事之謬不足化服豪强，遂形飛謗。行誼之疎，無以孚信士類，至謂鮮廉。曲荷保全，何敢自辨。惟乞賜陶鑄一宫觀差遣，不勝幸甚。干冒威嚴，某下情無任愧懼之至。

建寧府乞宫觀劄子

臣輒瀝愚悃，仰干天聽。伏念臣賦才短拙，禀性疎直。蒙陛下特達之知，擢寘從班。既乏絲毫之補，祗荷厚恩，二年之間，叨守兩郡。自婺易建，曲示保全，天地父母之施益隆。臣罄竭駑鈍，未知報塞。緣臣憂患之餘，目力頓昏，素苦怔忪之疾，心力不逮。潛藩重地，非所久安。幸今郡境年穀豐登，姧盜警戢，汰軍散吏，俸給以時，上供錢物不曾虧滯，非有規避之私。欲望聖慈矜憐病瘁，除在外宫觀一次，俾臣少就閒秩，休養筋骸，庶幾他日尚可復被使令之末，臣不勝萬幸。冒瀆宸嚴，無任恐懼戰慄之至。取進止。

婺州乞宫觀劄子

臣輒瀝血誠，不避鈇鉞，干冒淵聽。臣守藩無善，近貽監司按察，分當汰斥，聖恩寛大，第從鐫等。天地父母之仁，雖臣粉骨碎身，未知圖報之所。竊惟臣之事君，如子事父，犯而無隱，要在盡情。臣之肝膽，若不披露于陛下之前，臣則有隱情之罪。伏念臣迂拙，因荷陛下拔擢，寘之侍從。昨奉清光，每蒙異眷。試以輔郡，適遭旱暵之餘，公私空匱，飢民滿野。臣不敢辭難，以孤任使，罄竭駑鈍，左枝右梧，幸及豐登，無所規避。方欲祈就閒散，少息疲懦之軀，才疎政拙，遽被刺舉，事之曲折，何敢自辨？固當仰體陛下重易守臣之意，黽勉効職。但臣多病蚤衰，心志凋耗，連年哭女，目力頓昏，自難久居煩劇之郡。況臣賦性疎直，動乏周慮，若不引避，誠恐職事之間，有重悔吝，在臣孤跡，委實難安。伏望聖慈察臣素無他腸，憐臣非有避事，特降睿旨，畀臣一在外宫觀差遣，稍延歲月，未填溝壑，皆所以事陛下之日也。上瀆宸聽，臣無任隕越戰懼之至。取進止。

代留守司起居劄子壬午

臣伏審車駕進發巡幸已抵建康者。竊以强敵渝盟，自貽隕命，天師戡難[1]，所向奏功。尚勤鑾輅之時巡，甫居陪都而肆覲，凡在觀聽，孰不歡呼？恭惟皇帝陛下體勝殘去殺之仁，修安民和衆之武。事之皮幣，初豈吝而不為；鍜乃戈矛，非得已而後用。天之所助，鬼得而誅。旌旜方動于江淮，號令已宣于河洛。惟時機會，繫國安危。冀觀餘孽之豆分，少徯中原之響應。庶出萬全之策，以恢億世之基。既疆圉之肅清，將輿圖之盡復。臣久叨眷遇，粗有樸忠。屬暫司管鑰之留，不能執羈靮而從，跂望行闕，臣無任拳拳激切之至。

---

① “天師”，影印文淵閣四庫全書本同，影印文津閣四庫全書本作“王師”。

南澗甲乙稿卷十一

進故事

壬辰五月進故事權尚書吏部侍郎時，朝士大夫因言張説多去國者

《國史·薛居正傳》：太祖嘗謂居正曰："自古為君者鮮克正己，為臣者多無遠識①。蓋君臣之道，不得其所。吾愛唐太宗受人諫疏②，直抵其非而不恥，以朕所見，不若自不為之，使人無異詞也。"又《吕蒙正傳》：太宗謂蒙正曰："古所謂君臣道合者，情無間爾，故事必無隱，而言皆從之。今既列于位，得以獻可替否，雖言未必中度，朕亦當共議而更之，俾協于道。朕固不以居尊自恃，使人不敢言也。"

臣聞人君之德，莫大于納諫，而後世稱納諫之盛者，無如唐文皇。其臣王珪、魏徵之徒號善諫諍，至于無言不從，無事不聽，可謂至美。惟太祖皇帝聖見高遠，不以文皇納諫為難，而以自不為之，使人無可諫為善，大哉言乎！前世帝王所不逮也。

昔《書》成湯，猶曰"改過不吝"，是不能無過也。若吾太祖，

---

① "遠識"，影印文淵閣四庫全書本、影印文津閣四庫全書本同，《歷代名臣奏議》卷二〇六作"遠略"。

② "愛"，影印文淵閣四庫全書本、影印文津閣四庫全書本同，《歷代名臣奏議》卷二〇六作"觀"，"觀"字意優。

將無之矣[①]。《本紀》又載："太祖一日罷朝不樂，内侍有問者，上曰：'爾謂帝王可容易行事耶？早來前殿乘快處分一事有失，史臣必書，所以不樂也。'"蓋太祖皇帝常以乘快處分為悔為戒，兢兢業業，罔敢怠忽，宜其周旋卻顧，當時無可諫之事矣。臣又聞之，事君之義，有犯無隱。所謂犯者，不過觸威嚴[②]，冒忌諱，其用心則忠至矣。夫有隱則見利而不陳，遇害而不指，挾姧導諛，務為身謀，人臣之罪，莫越是也。惟太宗皇帝聖見高遠，于二三大臣，既欲其情之無間，且欲其事之無隱，猶曰"不以居尊自恃，而使人不敢言也。"大哉言乎！亦前世帝王所不逮也。《書》所謂"啓乃心，沃朕心，爾無面從，退有後言"，實是道也。故太宗又謂宋琪曰："朕周旋款曲，商確時事，蓋欲通上下之情，無有壅蔽。卿等但直道而行，絶其私請，無得有所顧避也。"蓋太宗皇帝每慮羣臣不由直道而交通私請，戒之使無所顧避，固當靡不盡其情矣[③]。仰惟皇帝陛下至仁大度，同符太祖[④]，謀猷施設，罔不諏于故實而憲于謨訓。臣願陛下兼聽廣覽，以太祖之訓益隆聖德；好問察言，以太宗之訓深勵羣臣。夫使會朝清明，而常無可諫之事；人臣皆知直道事君，而舉無不盡之情，則治效何患不成？中原何患不復哉？此臣區區日夜以冀也。

八月進故事

《唐書·魏徵傳》：徵見太宗，頓首曰："願陛下俾臣為良臣，毋俾臣為忠臣[⑤]。"帝曰："忠、良異乎？"曰："良臣，稷、

---

① "將無之矣"，"將"字後原衍一"事"字，據《歷代名臣奏議》卷二〇六刪。

② "威嚴"，原作"危嚴"，據《歷代名臣奏議》卷二〇六、影印文津閣四庫全書本改。

③ "固當"影印文淵閣四庫全書本同，《歷代名臣奏議》卷二〇六、影印文津閣四庫全書本作"宜當"。

④ "太祖"，影印文淵閣四庫全書本、影印文津閣四庫全書本同，《歷代名臣奏議》卷二〇六作"祖宗"。

⑤ "俾臣"，原作"使臣"，據《新唐書》卷九七《魏征傳》、《歷代名臣奏議》卷一五七改。

契、咎陶也[①]；忠臣，龍逢、比干也。良臣身荷美名，君都顯號；忠臣己嬰禍誅[②]，秖取空名，此其異也。”帝曰：“善。”

臣聞唐初諸臣，徵為善諫者也。徵之此言，第欲激昂太宗，俾躋于無過之地而已[③]。至于忠良別講之，猶或未盡也。徵之意，以輔佐為良，諫諍為忠爾。然孔子之語忠，以孝事君者也，故揚雄亦言“合稷、契謂之忠”。今觀典謨之書，則稷、契、咎陶何嘗不獻言于堯舜之世？惟其言之而可行，諫之而悉用，君臣之際，泯然其無迹，然天下臻于極治。非必激訐矯抗以犯雷電之威，觸鈇鉞之怒，然後以為忠也。自徵為是説，後世遂以良臣或不事于諫諍，忠臣殆將殺身以成名，不可不辨也。臣則以為正直謂之良，不欺謂之忠，皆人臣所當為之事，有不分爾。當可諫而諫，不害其為良；當可從而從，不害其為忠，是未可以一偏議也。然徵之事太宗，反復于君子小人之際，最為詳盡，且謂太宗輕褻小人，禮重君子。夫輕小人而重君子，顧不美哉？繼之則曰：“重君子也，恭而遠之；輕小人也，狎而近之。近之莫見其非，遠之莫見其是，莫見其是，則不待間而踈[④]；莫見其非，則有時而昵。”皆人情之所難言者，其為忠亦至矣。特于忠良之别，雖有激而云，反有所未盡，故臣表出之，以俟上之擇焉。

九月進故事

《唐書·李絳傳》：絳見浴堂殿，帝曰：“比諫官多朋黨[⑤]，論奏不實，皆陷謗訕，欲黜其尤者，若何？”絳曰：“此非陛下

---

① “咎陶”，原作“皋陶”，據《新唐書》卷九七《魏征傳》、《歷代名臣奏議》卷一五七改。下同，不另出校記。

② “己”，原作“以”，據《新唐書》卷九七《魏征傳》、《歷代名臣奏議》卷一五七改。

③ “俾”，原作“必”，據《歷代名臣奏議》卷一五七改。

④ “間而踈”，“而”字原脱，據《歷代名臣奏議》卷一五七補。

⑤ “多朋黨”，“多”字原脱，據《新唐書》卷一五二《李絳傳》、《歷代名臣奏議》卷二〇六補。

意，必憸人以此謍誤上心[①]。自古納諫昌，拒諫亡。夫人臣進言於上豈易哉？君尊如天，臣卑如土，加有雷霆之威。彼晝度夜思，始欲陳十事，俄而去五六，及將以聞，則又憚而削其半，故上達者財十二，何哉？干不測之禍，顧身無利耳。雖開納獎勵，尚恐不致[②]。今乃欲譴訶之，使直士杜口，非社稷利也。"帝曰："非卿言，我不知諫之益。"

臣竊以謂絳之言何其盡哉！當憲宗之初，豈有失德？諫官論奏不實者果何事？意其必有過甚之語，難行之議。以帝之聰明而亦謂之謗訕，則非不可黜也。絳直以進言之難，十事去其五六，為帝激切言之，將以開天下敢言之路，懼或黜之，則正直之士畏罪不敢言耳。然帝雖欲黜之，而以問絳，是亦意有所未安，不果于黜也。絳能開主意，至憲宗翻然感悟[③]，知諫之為益而不罪其過，後世且不知諫者其為誰。君臣之間，納誨輔德，可謂泯然無跡矣。然自古小人之害言者，莫甚于謂其植黨而好名，蓋植黨則欲去其衆，好名則使人君怒其謗己。是二者，古今之論多矣，惟植黨之疑猶為易辨，好名之譏最為難知。夫天下之所趨者，名與利而已。人臣之事君，以有爵祿之利也。好名之人，不顧爵祿之利，而欲慕正直之名，則何惜不以其名與之？蓋利之與名，均為御世之物，人君於此，既設官而謂之諫[④]，將以名與之也。若不與之名而又欲加之罪，則吾之御世者亦狹矣。就使狂妄之士濫夫正直之名，而忠實之言，將亦由是而得也，豈足以傷吾之治哉[⑤]？故臣因論絳事而敢以為陛下獻。恭惟聖學高妙，知此久矣，而絳之言，誠有取焉者也。

---

① "謍誤"，原作"謍惑"，據《新唐書》卷一五二《李絳傳》、《歷代名臣奏議》卷二〇六改。

② "尚恐"，原作"常恐"，據《新唐書》卷一五二《李絳傳》、《歷代名臣奏議》卷二〇六改。

③ "感悟"，原作"起悟"，據《歷代名臣奏議》卷二〇六改。

④ "人君於此既設官"，原作"人君為此既設臣"，據《歷代名臣奏議》卷二〇六改。

⑤ "吾之治"，原作"吾之後"，據《歷代名臣奏議》卷二〇六改。

癸巳五月進故事

《漢書·酈食其傳》：沛公略地陳留郊，麾下騎士適食其里中子，沛公時時問邑中賢豪。騎士歸，食其見謂曰："吾聞沛公嫚易人，有大略，此真吾所願從。"騎士曰："沛公不喜儒，未可以儒生説也。"騎士從容言食其所戒者。食其至，入謁，長揖不拜，曰："足下欲助秦攻諸侯乎？欲率諸侯破秦乎？"沛公罵曰："腐儒！夫天下同苦秦久矣，故諸侯相率攻秦，何謂助秦？"食其因言六國從衡時，沛公喜，賜食其食，問："計安出？"

臣聞世之論漢高者，類以不喜儒為言，及觀食其之事，豈誠不喜哉？蓋高祖所不喜者，惡夫盜其名而無所適用云爾。食其一言六國成敗，遂推之食而問之計。既下陳留而封之為廣野君，是一時有用之才，帝未嘗不喜也。自周衰道學不傳，士之號為儒者，徒能誦説陳言而不達當世之務，故聽其語若可行，責其實則罔效，且復自處于優閒畏懦之地，以苟倖世之富貴，所以動見厭棄，儒者之名，殆為此輩汙之也。漢興三人，若食其，特辯士之雄，而亦以儒自命。叔孫通僅能定朝會之儀，陸賈時時説《詩》《書》而著《新語》，大抵所抱負類不醇正，獵取儒之近似者，而帝已喜之。惟張子房玩意黄老，雍容近道，未始以儒自名，帝亦不悟其為儒而獨見尊禮。況夫荀卿所謂善調一天下之儒，使帝遇之，安得而不喜哉？以是言之，尚文詞，窮訓傳，非人君好儒之實，而後之儒者，第欲談經而不肯任事，皆高祖之所不取也。臣竊以為今中國之所以未操勝算者，正在人材太弱，士大夫虚名有餘而實用不足，其弊皆由儒者無以自振，惟聖天子作成砥礪而易其俗爾。且人材猶金玉也，鎔範久然後其劑良，琢磨工然後其質美。《詩》曰："追琢其章，金玉其相。勉勉我王，綱紀四方。"言文王之能官人也。陛下知此久矣，臣固未可以立談盡。然人材衆多，要皆有用，而養其資力，俾無妄進之心；責其實效，俾無避事之意，庶幾虚名之患消，將有真儒為時而出，漢高之風，何足儀也！

八月進故事

《國史·郭從義傳》：從義守中書令，為河中尹、護國軍節度使，改左金吾衛上將軍。太祖召于便殿，使擊毬。從義易衣跨驢，馳驟殿庭，周旋擊拂，曲盡其妙。既罷，上召坐，謂之曰："卿之此技精絶矣，然此非將相所為也。"從義大慚而退。

臣聞選將固多術矣，然將相之才，以方略為上[①]，技勇為次。擊毬者，軍士之一技也，作其馳逐而試其便捷，使馬之疾速隨人，而人之搏擊應手，非敏妙無失者不能爾也[②]。設欲將帥竝習，則運籌決勝不自用劒者何人哉？若從義蓋以此自名也。其在國初，出藩入衛，不為不顯。藝祖眷之，俾試于殿庭，曲盡其技，賜歎賞以為精絶矣。復慮諸將恥于不及也，故以非將相之事警諭之。大哉言乎！直得帝王御將之訣[③]，雖漢高之待信、布，不是過也。昔韓愈嘗論擊毬于張建封矣，第以危墮之憂[④]、激射之虞、馬之與人顛頓馳騁之患為害，宜建封猛鋭之志所忽也。惟藝祖皇帝以將相之事一詰從義，簡重而有體，故從義羞縮知戒。聖人之言與書生之論，信不侔哉！故臣以為選將固多術，竊願器使諸將，留神萬機之暇，不深取其技而責其謀，實藝祖皇帝之遺意也。

丙申五月進故事

《唐書》：太宗引諸衛將卒習射于顯德殿庭，諭之曰："戎狄

---

① "方略"，影印文淵閣四庫全書本、影印文津閣四庫全書本同，《歷代名臣奏議》卷二四〇作"智略"。

② "爾也"，《歷代名臣奏議》卷二四〇、影印文津閣四庫全書本同，影印文淵閣四庫全書本作"為也"。

③ "御將之訣"，影印文淵閣四庫全書本、影印文津閣四庫全書本同，《歷代名臣奏議》卷二四〇作"御將之法"。

④ "第以"，原作"第攻"，據《歷代名臣奏議》卷二四〇改。

侵盜[1]，自古有之，患在邊境小安，則人主逸遊忘戰，是以寇來，莫之能禦。今朕不使爾曹穿池築苑，專習弓矢。居閒無事，則為爾師；突厥入寇，則為爾將。庶幾中國之民可以少安乎？”數年之閒，悉為精鋭。

臣聞太宗可謂不忘突厥也。當時羣臣不察，以為兵刃至御在所，而後世諸儒亦議太宗閲武殿庭，以人主之尊而行將帥之事。臣知太宗之志在突厥者，以其非得已也。蓋唐初夷狄之患[2]，莫甚于突厥，自隋即以公主妻之。高祖得天下，羣盜角之，懼其為助，故卑詞厚幣，約以連和，其禮有為之屈者。及連歲内侮益甚，至欲遷都避之，不勝其憤。武德八年，命有司削其敵國之禮，更以書為詔若敕，虜酋頡利因自將其衆[3]，襲武功而瞰渭橋。時太宗方即位，以六騎直出，與頡利隔水語，僅成白馬之盟，虜始退舍[4]。由是言之，高祖之憤，幾貽大悔，未若太宗之能忍也。然帝雖能忍，而其志不一日忘虜[5]，故虜退未踰月[6]，即殿庭以教戰士，校其射藝，誘以厚賞，此特其一端爾。他所以備虜者[7]，從可知也。貞觀之治，用賢納諫之方，選將練兵之法，皆足以自致于安强，然後堅坐不瞬，以待其隙。及頡利勢衰，羊馬多死，又與突利相攻擊，諸部皆畔。逮貞觀四年，始命李靖以六總管之師纔十萬人，破之陰山，擒頡利以獻。觀帝之告羣臣，有曰：“國家初定，太上皇以百姓之故，奉突厥詭而臣之，朕常痛心疾首，思一刷恥于天下。”其勸高祖不必移都，則曰：“願假數年，係頡利之頸，致之闕下。”至是果酬其言。

嗚呼！有志者事竟成，必有忍其乃有濟，太宗之謂矣。何則？待

① “戎狄”，原作“四夷”，據《資治通鑑》卷一九二《唐紀八》、《歷代名臣奏議》卷三四九改。

② “夷狄”，原作“外夷”，據《歷代名臣奏議》卷三四九改。

③ “虜酋”，原作“其酋”，據《歷代名臣奏議》卷三四九改。

④ “虜始退舍”，原作“引兵退舍”，據《歷代名臣奏議》卷三四九改。

⑤ “不一日忘虜”，原作“不可一日忘敵”，據《歷代名臣奏議》卷三四九改。

⑥ “虜”，原作“敵”，據《歷代名臣奏議》卷三四九改。

⑦ “備虜”，原作“備敵”，據《歷代名臣奏議》卷三四九改。

夷狄之禮或可屈[①]，而志不可屈也。惟禮或可屈，故權時之宜有所不校。若太王事獯鬻、文王事昆夷，于傳有之矣。惟志不可屈，故勾踐之報吳，太宗之擒頡利，皆是道也。臣竊仰國家今與虜和[②]，豈異是哉？日者奉使之臣辱命而還，陛下既以備正典刑矣。虜之驕慢吾使而禮有未得伸者[③]，譬猶狂犬之吠、毒虺之螫[④]，固不能不為之動[⑤]，然亦何足與校是非曲直乎？臣所願陛下沈幾先物，擴帝王之度以容之；堅忍不顧，厲太宗之志以圖之。如聞虜境旱蝗已久[⑥]，民心離貳，諸雛各擅兵柄，互相窺伺，天道好還[⑦]，豈無頡利之變？陛下聖德英武，遠邁于太宗，假以歲月，則渭上之恥，未必不啓吾定襄之功也。臣是以因貞觀之事以證之云。

七月進故事

《吴志·張温傳》：温引致暨豔，以為選曹郎，至尚書。豔性狷厲，好為清議，是時郎省混濁淆雜，多非其人，欲臧否區別，賢愚異貫，彈劾百寮，率皆貶高就下，降損數等。

臣聞清議之始，猶公議也，所以論人材之賢不肖，以助國之賞罰。然議者當出于上，不當見于下，當施于公，不當徇于私。故《周禮》有八議之辟，而漢以議郎設官，是法令之行，政事之大，朝野之臣皆得議之也。然周之弊，鄭人聚于鄉校，以議執政之善否，流而至于戰國，以成處士横議之風。漢之弊，太學諸儒嘘枯吹生，而甘陵有南北部，公卿以下畏其貶議。自是而降，清議遂為無實之言，故山簡以為郭泰、許劭之論，明清議于草野。夫議非出于草野者也，故曰天

---

① “夷狄”，原作“外夷”，據《歷代名臣奏議》卷三四九改。

② “虜”，原作“敵”，據《歷代名臣奏議》卷三四九改。

③ “虜”，原作“敵”，據《歷代名臣奏議》卷三四九改。

④ “譬猶狂犬之吠毒虺之螫”原脱，據《歷代名臣奏議》卷三四九補。

⑤ “固不能不為之動”，原作“固不能不動心”，據《歷代名臣奏議》卷三四九、影印文津閣四庫全書本改。

⑥ “虜境”，原作“敵境”，據《歷代名臣奏議》卷三四九改。

⑦ “天道好還”，原作“天道如聞”，據《歷代名臣奏議》卷三四九改。

下有道，則庶人不議。以三公之際，暨豔輩乃欲施清議于選曹，雖當時居位貪鄙、志節污卑者皆降為軍吏，置在營府，然意其嫉惡太甚，清濁太分，謫罰太驟，而不能無私喜怒于其閒，故終至于怨憤之聲積，浸潤之譖行，而豔與徐彪亦不保其身矣。嗟乎！自公議不行而變為清議，清議不已而肆為清談，皆無益于天下國家，而適足以致搢紳之禍。今日士夫以為清流之議者尤非也，至于妄尊大而好為虛名，昧世務而不切實用，宜聖神之所深念也[①]。臣是以因得辨之。

九月進故事

《漢書·魏相傳》：相明《易經》[②]，有師法，好觀漢故事。及便宜章奏，以為古今異制，方今務在奉行故事而已。數條漢興以來國家便宜行事[③]，及賢人賈誼、鼂错、董仲舒等所言，奏請施行之。奏故事、詔書凡二十三事，上施行其策。

臣觀相所言[④]，可謂深達時變而知濟時之略也。蓋一代之治，必有一代之宜，所以斟酌損益，以為子孫萬世之規，持守而弗失也。昔者三代之盛莫如周，而周之為治，亦曰文、武之政，布在方册而已[⑤]，豈必遠慕前古，跂望而不可及哉？宣帝之入繼大統也，號稱中興，繇得相為之輔，初無甚高難行之説，非常可喜之論，但欲奉行故事云爾。夫故事者非他，高、文、景、武已行之善，名卿賢大夫未用之謀，吾悉舉而措之天下國家，如是，高、文、景、武之治復見于今，名卿賢大夫復生于時矣。故其策不過于憂水旱之災，本于農而務積聚，與夫察風俗、舉賢良、平冤獄、圖師旅而備西羌者僅十數條。譬如良醫之論藥，未嘗廣求奇方異品，取之目前，斷斷然皆可已疾而去

① “聖神”，原作“神聖”，據影印文津閣四庫全書本乙。

② “相”字原脱，據《歷代名臣奏議》卷六九補。

③ “行事”，“行”字原脱，據《漢書》卷七四《魏相傳》、《歷代名臣奏議》卷六九補。

④ “相”字原脱，據《歷代名臣奏議》卷六九補。

⑤ “方册”，原作“方策”，據《歷代名臣奏議》卷六九改。

病。用能數十年間，常平既置而水旱無虞，循吏既多而郡縣咸理。任于定國之徒治獄，而民自以為不冤；任趙充國之徒治邊，而四夷罔不慕義。功烈巍巍，光于祖宗，其效為何如哉？逮夫元、成以後，徒知用儒之名，不知用儒之實，而當時所謂儒者，亦往往不習舊章，不達治體，妄引《詩》《書》，以制作禮樂、變易郊廟為務，而經國大計，漫不加省，孝宣之業衰焉。故臣以為若魏相者，眞識時知變者也。

丁酉正月進故事

《後漢書·鄧禹傳》：光武自薊至信都，使禹發亡命，得數千人，令自將之，别攻拔樂陽，從至廣阿[①]。光武舍城樓上，披輿地圖指示禹曰[②]："天下郡國如是，今始乃得其一，子前言以吾慮天下不足定，何也？"禹曰："方今海内淆亂，人思明君，猶赤子之慕慈母，故興者在德薄厚，不以大小[③]。"光武悦。

臣觀光武，可謂知難者也，語有之："君以為難，易將至焉。"方其用兵河朔，僅得一郡，觀天下郡國之衆，怛然自畏，慮己之不能取也，以問于禹。為禹者，以他人論之，當時更始據關西，赤眉、青犢之屬，動以萬數，三輔假號，往往羣聚，必勸其君，以厲兵秣馬，壯其威力[④]，以角一旦之勝，而禹乃曰"在德薄厚，不以大小"。是料光武必足以定天下，欲廣其德，以收天下之心爾。嗟乎！此三代王者之佐之言，伊尹、呂望所以思濟斯民者也。故光武至邯鄲，分遣官屬徇行郡縣，理冤結、布惠澤、錄囚徒、存鰥寡，其敕馮異有曰："今之征伐，非必略地屠城，要在平定安集之耳。"皆禹有以發之也。後

---

① "從至"，原作"徙至"，據《後漢書》卷一六《鄧禹傳》、《歷代名臣奏議》卷三改。

② "輿地圖"，"圖"字原脱，據《後漢書》卷一六《鄧禹傳》、《歷代名臣奏議》卷三補。

③ "不以大小"，原作"不在大小"，據《後漢書》卷一六《鄧禹傳》、《歷代名臣奏議》卷三改。下同，不另出校記。

④ "壯其威力"，影印文淵閣四庫全書本、影印文津閣四庫全書本同，《歷代名臣奏議》卷三作"務其事力"。

世乃以禹不能徑攻長安為疑，然禹以謂赤眉新拔長安，財富充實，鋒未可當。盜賊羣居，無終日計，財穀雖多，變故萬端，蓋姑欲假以歲月，待其自斃也。禹之謀固不盡用，而師行有紀，降者日以千數，停車住節，勞來父老，以慰其謳吟思漢之心。光武以功賞之[①]，非其謀識所先後者哉[②]？今以天下之半而慮夷狄[③]，則輿地固已遠過漢光，而黠虜猖狂幾踰五十年[④]，其勢將亦自斃。聖主盛德日新，施者厚矣，羣臣宜亦有禹之謀，而不計近功以圖之，則中興為日月可冀也。

丁酉七月進故事

《唐書·王珪傳》：太宗召為諫議大夫。帝嘗曰："正主御邪臣，不可以致治；正臣事邪主，亦不可以致治。惟君臣同德，則海内安。朕雖不明，幸諸公數諫正，庶致天下于平。"珪進曰："古者天子有爭臣七人，諫不用，則相繼以死。今陛下開聖聽，采芻言。臣願竭狂瞽，佐萬分一。"帝以珪推誠納言[⑤]，每存規益，帝益任之，遷侍中。帝使太常少卿祖孝孫以樂律授宫中音家，技不進，數被譙。珪與温彦博同進曰："孝孫，脩謹士[⑥]，陛下使教女樂，又責譙之，天下其以士為輕乎？"帝怒曰："卿皆我腹心，乃附下罔上[⑦]，為人游説耶？"彦博懼[⑧]，謝罪，珪不

① "功"，影印文淵閣四庫全書本、影印文津閣四庫全書本同，《歷代名臣奏議》卷三作"元功"。

② "非其"，影印文淵閣四庫全書本、影印文津閣四庫全書本同，《歷代名臣奏議》卷三作"豈其"。

③ "慮夷狄"，原作"謀恢復"，據《歷代名臣奏議》卷三改。

④ "黠虜猖狂"，原作"強敵縱横"，據《歷代名臣奏議》卷三改。

⑤ "納善"，原作"納言"，據《新唐書》卷九八《王珪傳》、《歷代名臣奏議》卷二〇六改。"帝以"，影印文淵閣四庫全書本、影印文津閣四庫全書本同，《歷代名臣奏議》卷二〇六作"帝可"。

⑥ "脩謹士"，原作"循謹士"，據《新唐書》卷九八《王珪傳》、《歷代名臣奏議》卷二〇六改。

⑦ "附下罔上"，"附下"二字原脱，據《新唐書》卷九八《王珪傳》、《歷代名臣奏議》卷二〇六補。

⑧ "懼"字原脱，據《新唐書》卷九八《王珪傳》、《歷代名臣奏議》卷二〇六補。

謝，帝默然。明日，語房元齡曰[1]："帝王納諫固難矣。朕夙夜庶幾于前聖，昨責珪等，痛自悔。公等勿懲是不進諫也。"

臣聞君臣相須，如手足之衛頭目也[2]。有是君也，而其臣不足以輔之；有是臣也，而其君不足以使之，則失其所以相須者矣。故君在審擇其臣，而臣在忠事其君，未有君臣之志不同，其德不合，而能成天下之治者也。太宗之説，可謂知此矣[3]。然君之患常在于不能納諫，臣之患常在于不能盡言。以太宗之明聖，是其于兵機將略、戡定禍亂，足以追迹湯、武[4]；其于躬行仁義，力致太平，足以庶幾成、康。其大者既以安定天下，自餘行事，固亦無甚過舉也。汲汲然導房元齡使諫[5]，如此則朝廷之上，一日萬幾之閒，何慮其闕失哉？夫譙責孝孫以教宮中音技之不進，豈亦太常協律之職，實人君過舉之細，管仲所謂未能害覇者也，而珪與彦博過慮而言，便有輕士之憂。太宗始亦怒之，終則悔之，又詔元齡輩勿懲是而不諫。當時責成大臣納誨以輔台德，可謂無隐情矣，其致貞觀之治也宜哉！臣以是知君臣皆正之明驗也。且太宗之説固正矣，使其臣不正，其肯為太宗盡言乎？一事之不諫，則天下之事將有不聞者矣。故臣下之邪正，在于言與不言之閒，明君不可以不察也。

八月進故事

《漢書·董仲舒傳》：武帝即位，仲舒以賢良對策，制曰："欲聞大道之要，至論之極。"仲舒對曰："道者所繇適于治之路也，仁義禮樂，皆其具也。"復對曰："夫樂而不亂，復而不厭者

---

① "房元齡"，即"房玄齡"，避諱改。

② "如"，影印文淵閣四庫全書本、影印文津閣四庫全書本同，《歷代名臣奏議》卷二〇六作"猶"。

③ "知此"，原作"知者"，據《歷代名臣奏議》卷二〇六改。

④ "追迹"，影印文淵閣四庫全書本、影印文津閣四庫全書本同，《歷代名臣奏議》卷二〇六作"比迹"。

⑤ "房元齡"，影印文淵閣四庫全書本、影印文津閣四庫全書本同，《歷代名臣奏議》卷二〇六作"珪等"。

謂之道。道者，萬世亡弊。弊者，道之失也。道之大原出于天，天不變，道亦不變。是以禹繼舜，舜繼堯，三聖相受而守一道，亡救弊之政也。”

臣聞道之難言久矣。武帝之策仲舒曰“欲聞大道之要”，仲舒之對，反復天人之際，《春秋》之旨，誠達于治道矣。繼曰“道之大原出于天”，其亦知道本歟？昔者仲尼之語學者，蓋曰“志於道”，又曰“吾道一以貫之”，未嘗以何者為道，以其貫于一，則無不在焉。及其繫《易》，則曰：“立天之道曰陰與陽，立地之道曰柔與剛，立人之道曰仁與義。”是三才之位雖不同，其為道一也。又曰：“一陰一陽之謂道。”是道不可以名言，視其所謂陰陽者，則知道矣。陰陽即剛柔也，剛柔即仁義也，其義雖不同，其所以為道亦一也。自人言之，其靜而無為者道，動而有為者亦道也。後世不能明夫此，故子思、孟子特于性命之間發之。子思則曰“率性之謂道”，孟子則曰“仁也者，人也，合而言之道也”。推而至于堯、舜之相授，蓋亦曰“人心惟危，道心惟微。惟精惟一，允執厥中”者。夫人心豈有二哉？惟精而一，則能執其中矣。故曰：“中也者，天下之大本也。”既得其中，安往而非道，固無動靜之分也。以之治己由是也，以之治天下，亦由是也。自佛老之教興，舉世但以治心養性者為道，而以施于天下國家者為外物；以寂然不動者為道，而以視聽言動者為前塵。于是判而為二，始不能合，而言、精而一矣。韓愈之徒，既是不足以知道，且詆其所謂清浄寂滅者以為非道，且清淨寂滅者，固亦所以為道也。粗見其體而遺其用，故舉天下之事以為前塵、外物，而皆欲不為，則失其為人者矣。失其為人者而欲為天，是亦不知天人之道，易地則皆然之理也，可謂本末不竝行矣，其弊可勝言哉？漢興，雖張子房之學、曹參之治皆曰會道，而未能免于斯弊。故臣感于仲舒之言治道者，忘其淺陋而一辨之。

戊戌正月進故事

《唐書·杜黃裳傳》：憲宗嘗問前古王者所以治亂，黃裳知帝銳于治，恐不得其要①，因推言王者之道，在修己任賢而已，操執綱領，要得其大者，至簿書獄訟，百吏能否，本非人主所自任。昔秦始皇帝親程決事，見嗤前世。魏明帝欲按尚書事，陳矯不從。隋文帝日昃聽政，衛士傳飧，太宗笑之。故王者擇人任而責成，見功必賞，有罪信罰，孰敢不力？孔子之稱帝舜恭己南面，以其能舉十六相，去四凶。而至無為，豈必刓神疲體，勞耳目之察，然後為治哉？帝以黄裳言忠，嘉納之。由是平夏翦齊，滅蔡復兩河，以機秉還宰相，紀律設張，赫然號中興，自黄裳啓之。

臣觀憲宗即位，懲建中、貞元多難之餘，彊蕃悍將，頡頏莫制。當時宰相杜佑、鄭絪輩號選愞姑息，不足任此，故帝欲以身任之，實甚勞矣。夫羣臣之不足任，是未得其可任者也。而黄裳不自以為嫌，乃為帝言為治之要，在擇人任之，恐其敝精神于簿書、獄訟之間，役視聽于耳目之際而已爾②。由是憲宗翻然感悟，擇人任焉。然黄裳僅能言之而無夭年，繼以李吉甫始任其責，出郎吏以為刺史，省冗官八百員，省吏千四百員，併州縣、停入仕、易藩鎮者三十六。又繼以裴垍，整齊法度，課吏治，別淑慝，獎勸諫官③，悉使言事，百度修舉，朝無幸人。其後則若李藩之塗詔、李絳之論事、裴度之討賊，帝皆一意任之，無復自任，俾各得盡其才而竭其慮。庶政内修、天威四出、削平畔亂、克復兩河，無不如志④。論者以為憲宗剛明果斷，非止伐蔡一事也。使大臣如杜佑、鄭絪而任之，則安得為明？聞黄裳言而不用，則安得為斷？要在明于可明，斷于可斷，得其人為先，則尚何所勞哉？故人君勞于求賢，逸于得人，非畏其勞也，畏其非所當勞而枉

① “其要”，“其”字原脱，據《新唐書》卷一八二《杜黄裳傳》、《歷代名臣奏議》卷一四六補。

② “役視聽于耳目之際”，影印文淵閣四庫全書本、影印文津閣四庫全書本同，《歷代名臣奏議》卷一四六作“卑視聽察察於耳目之際”。

③ “獎勸”，影印文淵閣四庫全書本同，《歷代名臣奏議》卷一四六、影印文津閣四庫全書本作“獎勵”。

④ “如志”，《歷代名臣奏議》卷一四六、影印文津閣四庫全書本同，影印文淵閣四庫全書本作“如意”。

用焉[1]。惟求賢足以當之，若勞于細務[2]，則羣臣逸，將安坐拱手，視吾之勞而莫肯任事也。史官謂憲宗中興，由黄裳啓之，其不誣也。

戊戌七月進故事

《唐書·李大亮傳》：時突厥亡，帝遂欲懷四夷諸部降者，人賜袍一領，帛四匹，首領拜將軍中郎將，列五品者贏百員，又置降胡河南[3]，詔大亮為西北道安撫大使，以綏大度設、拓設、泥熟特勒及七姓種落之未附者。大亮上言："屬者突厥傾國入朝，陛下不即俘江淮，變其俗，而加賜物帛，悉官之，引處内地，豈久安計哉[4]？臣以為諸稱藩請附者，宜羈縻受之，使居塞外，畏威懷德，永為藩臣。所謂行虚惠，收實福。河西積困夷狄[5]，州縣蕭條，願停招慰，省勞役，使邊人得就農晦，此中國利也。"帝納其計。

臣聞唐太宗之平突厥也，降者尚十餘萬，帝用温彦博之議，度朔方地，建順、佑、化、長四州，置定襄、雲中二都督統之。然擢酋豪為將軍、郎將者尚五百人，奉朝請者且百員，入長安自籍者數千户也。當時廪給之費，蓋亦可見。故大亮安撫伊吾而陳羈縻塞外之策，蓋既往不咎，故欲無往招徠于七姓種落，以寛河西州縣而已。且漢置降匈奴五原塞下以為捍蔽，未始官于朝也。太宗之降突厥，遂官于朝矣。夫取其才而用，固足以見聖主之大，至于奉朝請者多，籍長安者衆，則是煩費中國，以養裔夷之俘，亦不可不慮者。故大亮有言[6]，太宗遂悟，可謂明矣哉！仰維國家履中興之運，虜勢就亡[7]，慕義効

---

① "非所當勞"，"非所"二字原脱，據《歷代名臣奏議》卷一四六補。

② "細務"，原作"世務"，據《歷代名臣奏議》卷一四六改。

③ "降胡"，原作"降人"，據《新唐書》卷九九《李大亮傳》、《歷代名臣奏議》卷三四九改。

④ "久安"，原作"大安"，據《新唐書》卷九九《李大亮傳》、《歷代名臣奏議》卷三四九改。

⑤ "夷狄"，原作"兵革"，據《新唐書》卷九九《李大亮傳》、《歷代名臣奏議》卷三四九改。

⑥ "故"，原作"臣"，據《歷代名臣奏議》卷三四九改。

⑦ "虜勢就亡"，原作"敵勢就衰"，據《歷代名臣奏議》卷三四九改。

順者繈負來歸，既已處之州縣矣，則異時系踵而至者，臣亦願聖神鑒此而豫為之謀矣。

議

皇叔祖故檢校少保嚮德軍節度使知大宗正事嗣濮王贈少師封瓊王仲儡謚議

議曰：國家之制，不以吏事委近屬。其行能之懿，問學之彊，可用于世者，莫得著見也。然擁將壇之節，疏王社之封，貴則甚矣，類驕而不近于禮；享萬鍾之祿，受兼金之賜，富亦極矣，率吝而不知有義。訓有之，如有周公之才之美，使驕且吝，其餘不足觀也已。故贈少師、瓊王，太常易名，以“恭”以“惠”，豈所謂無驕吝者歟？謹按謚法：“敬事賢恪曰恭，慈仁好與曰惠。”惟王以天子大父之親，掌慶系之籍，纂濮邸之祀，循循然奉禮法惟謹。朝見趨走，人以為勞也。震風淩雨，而未嘗或亂。便坐賜對，人可以冀其私也，盡規獻納而未嘗敢替。其敬事賢恪有如此者。女笄擇歸，靡睨富室；孤嫠來託，字撫弗憚。弛連坐扃鐍之禁，屏輿馬聲色之好。懼無以稱廪餼之厚，而請外自試，奉養益薄，惟樂施不倦實有焉，則慈仁好與，不亦宜乎？昔夫子答子張之問，以恭則不悔為先，惠則足以使人為後。《國語》僑之知道，以其行己為恭，以其養民為惠。二者古人之所力行，君子之所甚重，太常之議微矣，請以是告其廟。謹議。

議節財賦十事

武臣俸

國朝使相、太尉等官，以寵元勳舊德。今但武臣依次遷轉，惟當限以員數，稍裁定其俸。儀同三司宜視宰相，太尉宜視執政，節度使宜視尚書。若現今掌兵之官，或與優異，則別定。蓋俸錢，宰相止百三千，近又裁損，而使相乃四百千也。

宗室賜予

南班宗室俸入之外，逐歲生日并郊禮賜賚，乃有定數。内庭妃嬪，蓋亦有之。謂可權借十年，或如横行俸錢分數借減。若謂不可行，則武臣借減已三十餘年，人無異議，況此在俸入之外。

宰執節儀

宰執近再減俸，以為大削，如節序，三省、密院互相餽遺，卻非祖宗舊制，始于近歲，數亦頗多，似合住罷，而還其俸以正名。

禁庭浮費

仁宗朝常減省看經道場錢[①]，每歲萬千四緡。今亦有此，此外庭不得盡知，合于内東門司取索議之，此當時所以須差内侍一員也。又如非時支散，享廟時、册寶時，上自宰執，下至行事官吏各賜銀絹，如此等類，且權住罷，所費實大。將來聖政局進書，亦恐有之。

冗員

職事官下至監當，固有可省。而内侍省入閤門、入内諸司，往往溢額。宰執所奏給使，減半補授，尤為泛濫。外如都督府，准備差遣乃至一百五十員，其屬官等俸給太優，皆合議定。

借請

朝廷每行一事，如造册寶、修書、造禮物之類，舊例當行人先有借請，或自三省知印人吏以下皆有之，恐可住罷。至于幾日一次犒設，尤可省者。須取索糧審院每歲借請過名件數目，惟差出則依舊借。

雇募

百官中合破四五人，恐無可減，十人以上則猶可議。如皇城司、

---

① “常”，影印文淵閣四庫全書本同，影印文津閣四庫全書本作“嘗”。

軍頭司幹辦官屬之類，既已占破人兵，有雇募至二三十人者，則宜裁定。至于禁庭閣分宣借數目，糧審院遇闕到無不放行，亦合稽考。

內藏支使

古者關市之賦，以待膳服；幣餘之賦，以待賜予；式貢之餘，以共玩好，蓋各有名色，隨其多寡而為之用。今內藏庫出納，外臣不得預聞，故膳服之費、賜予之費、玩好之費，惟上之旨。然唐之君如德宗，宰相如楊炎，猶能以內餉儲者悉歸左藏。今若未可以內藏併之左藏，亦宜命大臣，定為支使之格，隨其名色所餘多寡而用，則亦有節。若以為此不當使外庭會計者，蓋誤認《周禮》也。《周禮》惟王后之服、王之裘、王后之酒、王后及世子之膳則不會，其餘則太宰未嘗不受其會而有均式。

諸路闕額錢可給駐劄軍

殿前軍駐劄，如江西、廣東、福建之類，皆上供并經總制錢應副。然逐路州軍自有闕額，廂、禁軍宜且勿招，取所樁衣糧以給駐劄殿前軍者。今提刑司逐時專一根刷取撥，蓋逐州禁兵既不可倚仗，須藉殿前軍彈壓，則亦不須枉費糧衣招塡，合行措置。

諸路糴買

糴買宜用諸路時價，高下不可一律。户部失于稽考者，尚或有之。聞江西、湖南馬料甚賤，每户不過數百錢，而逐歲部中行下，卻依兩浙價貫一例支降。如此等類，皆宜點檢。

策問

掖垣試閤門策問

問：兵農之勢，判而不合。其近古而足以寓兵者，莫善于屯田。中興以來，講之屢矣。沿淮而上，至于荆襄，土曠而莫之闢，朝廷為是嘗建營田之官，復力田之科，蓋四十年間未有成焉。諸軍之耕者，一兵之費，歲須糧二十斛，其所耕而得者，殆未及此也，故議者悉欲募民為之。夫諸郡之民，有籍而教之兵者矣，則亦不賦之田；歸附流徙之民，有賦之田者矣，而又不肯為兵。然則古之制，其終不可復歟？或曰時異事殊，兵之不樂為農，猶農之不願為兵也。昔之善為屯田，莫如趙充國，其騎兵皆罷之，所用實弛刑應募與吏士私從萬二百八十人耳。其次莫如韓重華，然給以耒耜，假以牛種，蓋出贓罪吏九百餘，俾募人為之，皆未嘗役戰士也。今一旦取刑徒、贓吏，脫桎梏禁錮而使之，其不駭且議者幾希，而亦孰敢任責？抑不如是，不足以圖功，或捨是而別有道焉。然東南之利，水田居多，鄧艾之屯于夾淮，導水為之也，以五萬人且田且守，今之水利，亦可興乎？唐之屯田，内則職以司農，外則總于大使，歲以仲春，籍而上于兵部，人給十畝而定為三等之輸。今之法制，亦可倣乎？必有至當之論，以便于時而合于事者，故願相與審其是，以復于上而行之。

南澗甲乙稿卷十二

啟

謝司農簿啓

百里之才，曷勝選用；一介之賤，誤辱招徠[①]。俾廁王官，殆踰已望。竊以人之所慕者富貴，蓋富貴有時而不可求；士之所志者功名，故功名無往而不可立。然狃于富貴，則見利不知有義；急于功名，則遇事或至失身。此聖賢以為行藏之幾，而古今以為治亂之要，在我而已，其誰念之！

惟國家取士，既小異于漢、唐；朝廷用人，抑又拘于格法。雖紀綱大治，承平過于百年；而風俗寖偷，禍患生于一日。重以權臣之荆棘，了無國士之弓旌。恩必己歸，爵惟私市。幸聖人之更化，仰明哲之佐朝。苟一善之薦聞，皆趣召而賜對。布在列位，使無遺材。自非狷狂、疾病之流，孰不奔走蹶蹶而至？不特引君于道，又將觀國之光。夫何戇愚，亦在齒錄。

伏念某少知學問，長迫飢寒。一經之傳，既不足以自奮；五斗之養，特未免于為貧。竊嘗妄意于古人[②]，故亦希蹤于諸彥。三從吏選，僅為祖逖之先；五試詞場，迄拜孟明之賜。朅繇縣宰，始見公車。詢事考言，曾乏過人之慮；料敵制勝，妄陳決策之謀。方懼觸于嚴誅，

---

① “誤辱”，原作“誤入”，據影印文津閣四庫全書本改。

② “妄意”，原作“安意”，據影印文淵閣四庫全書本、影印文津閣四庫全書本改。

乃遽叨于美仕。宦于九扂，職預百司。衹懷受粟之羞，詎識獻芹之陋。此蓋伏遇某官道存經世，業懋享天①。藻鑑士流，欲賢愚之並用；權衡帝載，思邪正之彙分。舊蒙一盼之私，曲示兼容之度。致茲幼賤，猥荷甄收。某敢不力探師友之淵源，恪守高曾之規矩。惟農夫之有畔，豈敢越思；若射者之反求，粗知正己。庶靡隳于職業，以無忘于恩憐。過此以還，未知攸措。

謝提刑樊郎中啓

右某啓：伏惟照牒，舉某治績顯著，宜在陞擢者。銅章問政，久懷百謫之虞；玉節觀風，乃預四條之薦。静言僥冒，惟切悚慚。伏念某禀質迂愚，降材譾陋。事業獨承于家法，技能罔取于世資。束髮從師，雖斯文之粗見；折腰為吏，曾所學之未行。凡今之官，莫難于令。弛其規繩，則下或侮玩；急于鞭轡，則動致怨尤。加之率辦之欲先，重以撫綏之易失，此畏事者所以如避原火，而盡瘁者至于若涉冰淵。

深惟朝廷近置選擢之科，將俾使者力行考課之議，不為虛文而所求實跡，雖有定格而曾無限員。故四方未見于薦聞，蓋當路弗容于請謁。矧茲一縣之壯，號稱八州之繁。剽敚成羣，士風形于帯佩；負販為市，獄訟極于錐刀。徒殚刻鵠之勞，偶脱聚蚊之謗。豈特虔遵于法令，是皆恪禀于教條。敢希仁惠之名，以玷循良之舉。此蓋伏遇某官道追先學，德備老成。清刑罰以服民，坐變海隅之俗；順謀猷而告后，式存王室之心。將歸輔于巖廊，斯預牧于人物。寵綏幼賤，曲借品題。某敢不益勵廉隅，誓酬知遇。病駒依舊，豈無歷塊之思；倦翼因風，或有干雲之便。其為感謝，曷罄敷陳。

謝施資政薦舉啓

十年知遇，久自信于生平；千里薦延，迄遂償其素志。奇窮已甚，眷顧有加。伏念某賦性迂疏，降材譾陋。學無所用，敢希當世之

① “享天”，原作“亨天”，據影印文淵閣四庫全書本、影印文津閣四庫全書本改。

榮；愚不自知，每志古人之事。遊士夫之門者既罕，識公卿之面則又疏。一官姑切于為貧，三仕實忘于幸進。昨從吏役，早玷品題。屢棨戟之遽還，偶囊封之未上。周流歲月，仲卿未免于牛衣；赫奕功名，君房已至于鼎足。豈意迍邅之跡，竟紆藻鑑之收。諾有重于百金，古聞其語；書或賢于十部，今慶其蒙。提撕之意愈加，褒假之詞甚寵。姬姜在列，獨慚憔悴之容；糠粃何知，乃費簸揚之力。此蓋伏遇判府經略參政大資先生道追前哲，德重本朝。機務均勞，暫出分于閫寄；賢愚罔間，思盡寘于門闌。敢云故舊之不遺，是亦典型之尚有。致茲洪造，遠施賤微。某敢不佩弦而韋，循規以矩。慕荆雞之化，秖荷于生成；懷尺蠖之伸，亦期于報塞。

謝司農寺丞啓

入聯簿正，已參列寺之華；進貳司均，更冒部丞之選。知憐逾厚，愧負有加。伏念某才匪適時，學惟為己。猿投林而競嘯，窮已弗任；驥伏櫪以長鳴，志徒未改。轗軻技能之莫售，棲遲祿位以常淹。頃辭負弩之勞，亦預招弓之寵。獻言文陛，初何補于明時；竊食太倉，乃濫叨于滿歲。詰曲常思于避穽，聱齖豈憚于揮車。得路彈冠，嗟簿書之已暇；閉門挾筴，較州縣以過優。方懷乞外以便親，敢謂敍遷而易命。介之推未嘗言祿，夫豈遐遺；燭之武少不如人，孰云可用。祇荷無私之化，曲推不施之恩。激昂懦衷，奮勵盛際。茲蓋伏遇僕射相公功存社稷，道洽生民。舉天下一于仁，侔伊尹之重任；撥亂世反之正，倚周公之迓衡。未忘特達之私，益示兼容之度。某敢不誓全家法，恪奉官常。俾司萬石之儲，詎知報國；倘守一經之舊，猶足事君。過此以還，未知攸措。

謝周倉舉陞陟啓

湖海眞已仙遊，敢記追隨言舊①；山林未能獨往，尚紆論薦之公。

① “言”，原作“之”，據《永樂大典》卷一〇五三九引韓元吉《南澗集》改。

感激肺肝，喜傾意氣。伏念某迂疏自信，濩落誰憐。玩章句于簡編，學惟甚拙；釣聲名于場屋，技輸不酬[①]。仕實為貧，法當為縣。遇事幾同掣肘，于時敢復動心。方薄宦三年之淹[②]，信已歎羈窮于寸步；雖明公一日之舊，未嘗吐憤懣于片言。豈意孤蹤，竟蒙品錄。老馬猶知于道路，加以轡銜；斷木或中于樽罍，被之斧藻。此蓋伏遇某官肅將使指，妙柬人材。識孟嘉于坐中，適緣小異；得畯蔑于堂下，本自一言，秉直道以事君，効昔賢之薦士。致無肖似，遂不遐遺。某敢不據德靡渝，知言彌謹。文章追古之作，志實未忘；政事惟公則明，力猶可逮。儻第全于名節，是所報于眷存。過此以還，未知攸措。

謝人賀七十詩詞啓

仕實為貧，年遂臻于還祿；學未聞道，老何有于縱心[③]。特勤妙語之貽，第切壯圖之恨。褒嘉過甚，藏去為榮[④]。柬之尚附于賢良，久忘此志；充國漫懷于方略，徒激懦衷。

謝生日啓

蓼莪興感，已迂都騎之臨；華衮增褒，更奉佳章之況。撫桑樞而自笑，慨蓬矢以何施。意厚情親，既乏報瓊之愧；文高辭縟，第深懷璧之榮。

京鏜回生日啓

輔贊無堪，玷槐棘秉鈞之位；愛憐有素，記桑蓬垂户之辰。貺以

① “技輸不酬”，原作“技輒不售”，據《永樂大典》卷一〇五三九引韓元吉《南澗集》改。

② “薄宦”，原作“薄患”，據影印文淵閣四庫全書本、影印文津閣四庫全書本、《永樂大典》卷一〇五三九引韓元吉《南澗集》改。

③ “縱心”，原作“從心”，據《永樂大典》卷一〇五三九引韓元吉《南澗集》改。

④ “藏去”，原作“藏弃”，據《永樂大典》卷一〇五三九引韓元吉《南澗集》改。

琳瑯之章，溢于錦繡之軸。百圍不材之壽櫟，幸蓋自天；萬斛莫窮之詞源，流非擇地。展玩不容于去手，感藏第劇于靦顏。深惟永隔于親闈，莫逮慈烏之反哺；且懼久妨于賢路，秪同倦鳥之知還。

賀虞樞密啓

伏審光膺制册，升冠樞庭。二府薦居，久已注安危之意；四夷聳動，蓋將聞道德之威。矧在知憐，尤深抃舞。恭惟樞密知院相公負時雅望，為世眞賢。雋路彯纓，轢諸儒于步武；軍門秉羽，摧勍敵于笑談。未酬淝水之勳，猶命東山之駕。朅從政地，自佚眞祠。曾何破斧之傷，已見賜環之召。上心有在，英公寧計于去來；輿論益歸，令尹詎懷于喜愠。惟兹宥密，足副經綸。明君可與忠言，既有資于啓沃；上策莫如自治，當遂底于安强。佇聆彝鼎之書，進陟魁衡之拜。某受知惟舊，去德未遐。斷木委于溝中，固慚刻畫；病駒伏于轅下，敢憚馳驅。尚欣難遇之時，以觀可大之業。

賀施樞密啓

伏審光膺制命，擢貳樞庭。瑣闥論思，允著弼諧之望；巖廊注意，併資寅亮之謨。睿眷有加，輿情胥慰。恭以樞密參政量宏而德粹，學富而行高。文華搴兩漢之英，議論躐衆賢之表。出臨藩翰，為一時撫字之良；入步禁塗，極當世儒先之選[①]。璧水道山之布武，螭坳鳳掖之並遊。況羽翼于春官，繼儀型于夕省。中立不倚，知無不言。果聆籌幄之登，仍預政機之峻。同寅以司宥密之化，佇見殊勲；夾輔以立太平之基，尚觀顯拜。某蚤瞻德宇，久闊光塵。託跡鄉枌，竊有依憑之幸；庇身祠館，尚緊陶冶之歸。抃蹈之私，實倍夷等。

---

① “當世”，影印文淵閣四庫全書本同，影印文津閣四庫全書本作“當時”。

賀張留守除端明啓

伏審報政陪都，弁華袐殿。除音所曁，嘉物望之逾歸；詔旨甚明，知上意之攸在。恭惟某官行高當代，道合古人。敏識洞于蓍龜，宏材屹如柱石。長策遠慮，恥為近世之規模；讜論忠言，凛有諍臣之風采。一去文昌之座，屢分連帥之符。豈此居留，可淹鉅用。果覯恩榮之異，備聞柬注之深。表裏江淮，顧久煩于臥護；扶持宗社，將佇慶于遄歸。庶幾慰斯民之瞻，豈但為今日之賀。某頃叨殊遇，逖遠崇墉。俛仰一官，敢歎衆人之待己；經綸四海，尚觀君子之得時。抃蹈之情，倍越倫等。

賀施參政啓

伏惟擢從銓部，榮貳鈞衡。老成延登，未覺典型之重；有德並進，益知朝廷之尊。成命甫傳，輿情大慰。竊以士君子之行道，所貴逢時；卿大夫之致身，必將輔國。中興在御，不次用人。苟非一代之豪英，曷副四方之公望？恭惟某官器端厚而不撓，學粹純而有源。月旦之評，至行存乎孝悌；蕃宣之效，成績懋乎循良。久寓跡于林泉，幾功名志大而不偶；逮賜環于臺省，眞富貴時至而自來。然丞疑之任，雖協贊于上公；而政事之聯，亦調娛于萬務。歷觀近歲之比，殊乏大臣之規。自非從容中道而咸適其宜，則曷以進退有度而不失其正？眞賢得位，多士嚮風。佇觀彝鼎之書，遂正衮衣之拜。某受知特厚，趨慶莫遑。驤首轅間，敢有彈冠之志；庇身宇下，徒懷望履之心。抃蹈之情，實倍倫等。

賀樞密賀知院啓

某伏審入對路朝，登冠右府。眷注攸在，聲聞益隆。竊惟道學要在力行，苟不合則孟軻有浩然之志；事君本于難進，倘可就則伊尹亦幡然而來。洪惟主上思致于明公，是亦古人難逢之盛際。温詔甫下，安車亟東。信平時深蘊之永輸，故一見當宁而可決。克合上意，光奉明書。朝廷隐然，天下幸甚。

恭以樞密知院相公行足以砥礪當世，名足以聳動四夷。一弛一張，識文武之大者；三仕三已，無喜愠之私心。蓋遠引慕道，初如李長源；高臥憂時，中若謝安石。濟以議論之堅正，施之智略而疏通。頃繇銓衡，嘗副幾政。使節不屈，李揆幾于見留；情實備知，柳渾指其將畔。雖遽告老，逮兹盍歸。倚精神之折衝，副帷幄之決勝。注想所得，疇咨若時。矧兼任于疑丞，實慚司于鼎軸。昔秦繆詢于黄髪，故能雪殽陵之恥；魯僖朋于三壽，是以荒龜蒙之東。今碩輔資于老成，眞賢布在左右。協濟大業，共躋中興。庶幾寛一人之憂，敬以致四方之賀。嘗觀上之臨御，所起耆耋纔一二公；世之典型，考其猷為無三數事。亦既同升于廊廟，旋聞歸逸于里閭。謂一言之興邦，迄五經之掃地。士所慨歎，俗為詆譏。微夫子無以發言，蓋《春秋》之所責備。嗟時深患，豈獨外夷？由羣臣莫肯任事而不能無私，故人主因是致疑而謂之有黨。紀綱從而廢弛，上下相與苟偷。當度越于拘攣，用作興于痿痺。譬之治疾已劇，非大為湯餌則無以回陰陽之和；作屋既傾，不亟加斧斤則無以防風雨之暴。日月逝矣，神明聽之。佇觀素定之規模，式建非常之勲業。某蚤緣末契，誤辱深知。未為溝壑之歸，敢望芻蕘之獻。飢寒已迫，每恨無田之可耕；廢置自甘，孰知有路之為報。

賀周知院啓

伏審顯膺制命，升冠樞庭。廟堂裁萬化之原，久資共政；帷幄決千里之勝，兹賴本兵。眷意式隆，輿情胥忭，伏惟慶慰。恭以樞密知院相公器博而量遠，學富而識宏。黼黻之文，濯江漢而並麗；金石之操，亘寒暑而不渝。蚤繇異科，徧儀華貫。出處繫天下之重，議論發衆人之難。裁詔北門，明白適帝王之體；典銓南省，澄清無流品之淆。逮入輔于政幾，果重承于帝賚。是疇偉望，獨總事樞。太尉而掌北軍，幾資妙算；冡宰之均四海，佇見延登。某夙荷深知，欣聆渥渙。少年場屋，敢論逸步之先；晚景丘園，尚費鴻鈞之造。其為欣蹈，實倍等倫。

代賀葉觀文致仕啓夢得

伏審抗章謝事，歸印綬于殊庭；優詔頒恩；賜節旄于重鎮。凡此受知之舊，悉高易退之風。竊以臣之事君，嘗有失身之累；上之待下，亦著貪賢之心。蓋去就之際為難，而榮辱之機可畏。唐之劉、柳，文章雖顯而道德無以過人；漢之金、張，富貴無涯而功名不足蓋世。至于有文章而濟以道德，處富貴而全其功名，優游耆艾之年，終始明哲之義，指日月以告老，視軒裳如儻來，非公而誰？誠古未見。

恭惟致政太尉躬持一節，歷事四朝。妙齡獨步于禁林，晚歲八司于丞轄。從容廟堂之論，據經術而有餘；密勿蕃宣之勞，飾吏事而彌邵。風采振秦淮之上，威聲播閩粵之間。勳庸屢書，眷倚加重。安車賜杖，甫予香火之閒；閉户著書，自足林泉之勝。玆為稱禮，何遽引年。老成重于典型，士實不忍其去；忠信勸以厚禄，上方有寵其行。載惟譽望之隆，久著登庸之峻。雖孔戣未覺衰老，不為南省之留；然裴公繫于安危，難緩北門之拜。願少安于燕息，當遂慶于來歸。某猥以諸生，嘗叨下客。鉛刀一割，未忘鑪冶之收；廣廈千閒，已被帡幪之賜。尚徯槐庭之正位，庶霑材館之後塵。

回殿試第一人啓

伏審射策宸廷，親被聖神之選；錫名天陛，蔚為俊造之先。治世得賢，文科增重。竊以道術裂于天下，由諸儒有以自失其傳；議論詭于聖人，故衆言無因會歸其統。於昭大有之運，思啓非常之元。發明禮樂制作之原，聿求天人和同之際。將修七政九賦之本，以正中國之氣；必資三表五餌之策，以制外夷之謀。大哉王言，裒然舉首。狀元學士學優而問博，文贍而才華。達君子之中庸，知吾道之一貫。九重虛懷而動色，欽味讜言；多士斂衽以嚮風，共推雋望。聳英聲于月旦，首盛事于明時。尚觀翰墨之疇庸，以啓功名而得路。某久聆雅譽，未覿清揚。辱騎氣之臨，已為甚惠；荷函書之貺，非所敢承。感佩之悰，敘言奚既。

賀第二人啓【案】此賀啓三首，中間但易數語，前後皆相複，蓋一時應用之文。宋人集中多有此種，姑仍其舊[①]

伏審射策宸廷，親被聖神之選拔；拜恩天陛，高名遂亞于倫魁。治世得賢，文科增重。竊以道術裂于天下，由諸儒有以自失其傳；議論詭于聖人，故衆言無因會歸其統。於昭大有之運，思啓非常之元。發明禮樂制作之原，聿求天人和同之際。將修七政九賦之本，以正中國之氣；必資三表五餌之策，以制外夷之謀。大哉王言，裒然舉首。狀元學士蘊學至厚，賦材不羣。貫穿百家，以求孔、孟之中；酬酢萬事，以為晁、董之業。小試絕塵之步，果先衆雋而鳴。深惟平日之所期，蓋以盡言而無負。上以稱九重側席之意，下以慰多士彈冠之心。尚觀翰墨之疇庸，以啓功名而得路。某早承雅契，獲際英標。辱騎氣之臨，已為甚惠；荷函書之貺，非所敢承。感佩之悰，敘言奚既。

賀第三人啓

伏審射策宸廷，親被聖神之選拔；拜恩天陛，高名遂亞于倫魁。治世得賢，文科增重。竊以道術裂于天下，由諸儒有以自失其傳；議論詭于聖人，故衆言無因會歸其統。於昭大有之運，思啓非常之元。發明禮樂制作之原，聿求天人和同之際。將修七政九賦之本，以正中國之氣；必資三表五餌之策，以制外夷之謀。大哉王言，裒然舉首。狀元學士學問深博，才猷俊明。氣槩騰虹，貫井絡千尋而下；詞源翻水，導岷峨萬里而來。聲華靡愧于淵、雲，名第果追于盧、駱。上以稱九重側席之意，下以慰多士彈冠之心。尚高翰墨之疇庸，以啓功名而得路。某久聆雅譽，未覿清揚。辱騎氣之臨，已為甚惠；荷函書之貺，非所敢承。感佩之忱，敘言奚既。

---

① “案……姑仍其舊”，影印文淵閣四庫全書本同，影印文津閣四庫全書本無。

回李賢良啓

大廷發策，盡循天聖之規；多士嚮風，復見元光之舊。兹為甚盛之舉，宜得非常之才。伏以賢良學士奥學自于家傳，敏識殆其天賦。議論不苟，悉本仁人之言；治安可期，實明王事之體。蓋設施之有待，豈誦説之徒云。久馳藉甚之聲，果占褎然之首。顧慚衰懦，獲際清揚。究觀落筆之雄，重枉飛書之貺。文章擅于天下，豈特振眉山之風；功業盛于朝廷，當遂繼平津之踵。

回周埴謝中宏詞啓

伏審校藝詞場，擅清時之偉譽；奏篇黼座，膺顯命之重褒。喜勸簪紳[①]，光生簡册。竊以國家設科取士，雖均為羅海内雋傑之才；天子制度考文，蓋將以備朝廷著作之選。故于茂異之次，别設宏博之名。運際中興，禮為特異。豈止儒學之冠，率惟卿相之階。宜得英賢，乃厭輿議。宏博省幹學士器宇深厚，材猷俊明。蚤擢秀于能書，尚卑棲于左宦。習三墳五典之奥，問祈招而足知；通九夷八蠻之殊，識楛矢其來遠。逮兹奮筆，果見搴旗。追劉、柳之詞華，信為餘刃；繼裴、陸之事業，即上要津。某久渴披承，重迂顧逮。尰隤卑櫪，秖有負于壯心；凌厲烟霄，第徒欽于雋躅。其為愧佩，曷罄敷宣。

回得解舉人啓

伏審光膺里選，榮與計偕。朝廷合經術、詞賦之科，聿新多士；有司考學問、文章之蘊，蓋難其人。伏惟解元先輩德履粹純，才華敏妙。詞源如倒峽水，久知制作之工；科第猶摘頷鬚，將有飛騰之便。矧建安之名郡，號儒素以傳家。鼓篋來遊，小淝水鋭師之數百；彈冠並進，多魯堂高弟之十三。既豪傑之靡遺，宜鄉閭之無負。解元云

---

① “勸”，影印文淵閣四庫全書本同，影印文津閣四庫全書本作“動”。

“既豪傑之居前”。尚觀射策，以慶成名。某誤綰縣章，欣逢歲比。奉詔書于庠序，莫助品題；辱翰墨于門闌，惟知踧踖。

回熊校書啓克

竊審奏北門之策，親逢上聖之知；讐東觀之書，進陟諸儒之右。雋賢得路，善類舉欣。伏以校書學士積學宏深，摛文雅健。揭聲名于江夏，久自無雙；課治行于武城，仍推第一。固宜在羣玉圖書之府，乃迴翔百工技巧之司。兹覿除音，允符公論。授相如之簡，即疇翰墨之功；著祖逖之鞭，行赴功名之會。某久叨論契，復幸齊年。未遑尺牘之修，先辱雲箋之貺。其為忭慶，曷罄敷陳。

與趙運使啓彦端

伏審輟從公掾，榮畀使華。平日從遊，既誤叨于取友；二年出處，乃皆幸于為僚。聆郵命之初傳，與部封而加喜。恭以某官器全璋璧，材大杞楠。邃學雄文，帝支固已無出其右；嘉言美政，士林詎可多得其人。自歸贊于樞庭，尚迴翔于宰府。持從臣之橐，謂宜即侍于清光；乘刺史之軺，乃復僅伸于雅志。然聖朝方均内外之勢，而君子亦有去就之幾。將暫倚于轉輸，亟入承于選用。顧慙衰懦，已積曠瘝。六翮横霄，税駕未容于噲伍；長鳴伏阜，齊驅敢在于盧前[①]？庶幾藏疾以匿瑕，得以奉令而承教。其為欣慰，莫罄敷陳。

與交代張彦輔啓

十年淪落，久依親誼之隆；一邑蹉跎，乃預交承之末。雖絶塵之瞠後，眞揚粃以在前。覿德可期，嚮風增慰。恭惟交代知縣學士抱才宏偉，藴質粹良。問學有原，得外家之奥要；詞章甚蔚；追前輩之典型。屢隨計吏之偕，垂上金閨之籍。謂宜觀國，尚屈字民。顧兹百里

---

① “盧前”，影印文淵閣四庫全書本同，影印文津閣四庫全書本作“榻前”。

之淹，豈待三年之最。璽書亟下，端為華近之歸；車馬且來，聊副空窮之望。某舊叨末契，逖遠英標。無令尹告新之言，固知獲戾；有大夫失伍之愧，益冀掩瑕。歲律方春，征途尚邈。願謹生經之衛，行須詔節之頒。

與諸司啓

掾于公府，既慚禆贊之能；職是祕廷，更冒轉輸之委。上恩已厚，己分則踰。某學不成名，仕由為養。彈冠而從左宦，自知庸懦之才；襆被以遊周行，宜在譴訶之域。閱歲時之無補，叩軒陛而有祈。尚玷使華，得司漕計。此蓋某官素推厚德，夙蘊純成。璞玉渾金，器莫涯于近用；盤根錯節，志嘗在于有為。即膺從槖之聯榮，已擁軺車而報最。致兹汲引，猥逮迂愚。珠玉在傍，既仰餘光之潤；芝蘭同室，庶祈賸馥之沾。感愧以還，敷陳奚究。

書

回呂氏定婚書

宋、魯通盟，聲子嘗聞于繼室；郭、崔論契，伯深亦記于續婚。顧慚舊族之餘，疊奉高門之貺。伏承令姪孫宗教從政，早傳世學，克自振于簪裳。而某弟運判位第三女五十一娘，未習婦功，恐粗聞于箕帚。辱委禽之特厚，將鳴鳳以重占。盛事衣冠，既婚姻之是託；百年琴瑟，庶茀履以咸宜。

回呂氏聘書

淪落天涯，尚有通家之舊；扳聯門地，欣聞合姓之期。惟親契之寖隆，沐情文而甚腆。篚篚將意，固當傳示子孫；榛栗告虔，庶亦宜其家室。

回晁氏聘書

奉箕帚以從人，舊儀敢廢；實筐箱而致禮，厚意有加。惟男女之及時，將室家之望汝。蓬蒿自蔽，早為瓜葛之聯；蘭玉相輝，益重絲蘿之託。

回呂氏定書

彝鼎相望，久綴百年之契；副笄有託，遂聯再世之姻。顧齊、秦豈云匹哉，然孔、李之交舊矣。伏承某夙敦家學，將克紹于芝蘭；而某幼習婦功，曾未知于蘋藻。既辱貺之厚禮，敢不奉承嘉音。惟親誼之益隆，庶和鳴之式繼。

沆姪與呂氏言定書

契誼接于高曾，眷言舊矣；婚姻逮于兒女，亦既再焉。滋重親盟，敢忘幣聘。伏承某人第幾孫女內承慈訓，綽有采蘩之儀；而某第五十九姪沆長乏師模，詎知操縵之學。佇以榛栗，和于瑟琴。撫外家之餘，尚每襄于宅；相介夫人之喜，庸申詠于鵲巢。

回孟氏定書

宦遊南北，雖微韋、杜之姻；交契雲仍，且有愈、郊之舊[①]。辱委禽之盛禮，懷鳴鳳之好音。伏承令姪主簿迪功早襲纓緌，志自收于科甲；而某第五女子幼知筐筥，躬未串于容儀。敢云蓬梗之疏，乃幸絲蘿之託。欽承嘉命，第切感悰。

---

① “且有”，影印文渊阁四库全书本同，影印文津阁四库全书本作“竊有”。

回孟氏聘書

榛栗未修，甫結通家之好；篚箱在列，更勤委币之儀。辱厚意之有加，荷嘉音之疊至。宜其家室，庶諧鳴鳳之占；如鼓瑟琴，益佇乘龍之喜。

滮言定晁氏書

金石定交，記兩家之父祖；絲蘿論好，懷累世之婚姻。敢云淪落之餘，復有扳聯之幸。伏承令弟通判位賢女七十二小娘子凝姿淑厚，宜遂友于瑟琴；而某弟待制位長男將仕郎滮禀質顓蒙，特粗聞于詩禮。慨茵憑之未遠，辱契誼之彌敦。跡企高門，仰致委禽之請；輝增蔀屋，庶諧鳴鳳之占。

晁氏納聘財書

問名有請，既辱貺之好音；委幣無多，顧敢忘于厚意。尙慚衰系，薦締高閎。雖飄零俱吳越之鄉，實往來有歲時之喜。百年夙誼，孰知王、謝之故家；再世婚姻，尙繼朱、陳之舊事。

上辛中丞書次膺

某之得見于門下三矣：始則閤下之在春官，某以妄應科目，贄其業而見焉；中則閤下帥閩而歸，某為縣于建安，以屬部之吏而見焉；今也閤下召還于朝，居中執法之任，某亦濫預千百執事之列而復見矣。踽踽而趨，寒暄而詞，意【案】此下疑有脫文閤下曾未省其面目也。

閤下之名滿天之下，某之愚仰慕盛德，固將卜其遇否。七年之閒，乃三見而不得致其言焉，亦異于古人一面而談當世之事者矣。今當世之事，非某所得談也。雖然，不敢廢也。

蓋天下可憂者一，可慮者二。夫天下有所謂大計，有所謂先務也。先務審矣，餘則可以序而推之。今國家不議其大計與其先務，而乃姑試為之，戰則姑試而戰也，和則姑試而和也，守則姑試而守也。朝夕自治者，徒欲百廢具舉，一旦緩急，計將若何？豈非可憂者乎？主上之求治，亦云切矣。然前日在藩邸，一二小臣使令于前，故得與議論。今有天下之大，則天下之才皆我用也。外廷之士曾未盡獲進見，而左右近習日有聞焉。宰執、侍從之貴，臺諫一議則逐之矣。内侍而典戎器，武臣而治榷酤，章四五上而幾不可逐也。後有甚者，臺諫之言何自入哉？此可慮之一也。

諸葛孔明有言："親賢臣，遠小人，先漢所以興隆也；親小人，遠賢臣，後漢所以傾頹也。"人君之患，莫大于以近習為腹心而朝士為外人。漢元帝有蕭望之、劉向，不與之共政，而乃任恭、顯；唐文宗有裴度、李德裕，不與之謀事，而乃委訓、注。後世觀之，則固顛倒錯謬，當時為之，未之覺也。蓋小人得用之始，莫不言財利，其終則足以盜威權。不言財利，則人君無以謂其能；不盜威權，則無以引姧邪而自助。今主上勵精庶政，每事欲親而未得其要，涉于叢脞，則其閒易入。以酒坊一事言之，小人駸駸其倡財利之端矣。既已薦用人材，士大夫閒豈得無劉、柳輩？儻復寖盛，安能保其不從哉！此可慮之二也。

夫事固未至此，要將有以折其萌而削其根。且以德壽宫官屬觀之，不選大臣、從官為使，而獨任宦者提舉，宜其無所裨益，致私酤之謗聞于天下，而土木、花石之運未已也。向使儒士參于其閒，當必有規正者矣。故某竊願主上亦求儒士，以與謀事于宫中也。然士風不振已久，以為不肖而無過之可指，以為賢而無善之可議。要之其才為無所用，徒欲偷懦苟容以僥倖于富貴者甚衆，不大有以區别之，亦無補于國家之事也。

夫天下大計不定，人君之側猶有小人閒之，而士大夫風俗如此，閤下宜所深慮也。孟子曰："惟大人為能格君心之非。"夫格之者，漸之以言而後可也。以閤下操履之正，名節之偉，主上不即登之政路，而尚以屈耳目之寄，是蓋欲朝夕聞閤下之言矣。他人徒能言之，而閤下之言則能信于主上，安有不格者哉！皇祐中，仁宗患臺諫之任輕，王安簡公以前執政命為中丞，安簡受而不辭，乃慨然論事，至留班以事張堯佐四使之除；又言河朔根本之地，將帥之非其人者；又言唐質肅之貶為過，而致言路不通；狄武襄不當任樞筦之寄。意氣凜凜，廷臣為之聳動。仁宗謂其得風憲體。蓋風憲之地，非老成重臣，無以振舉大體，而搏擊瑣細之論，世不乏也。

主上之待閤下，有符于仁祖矣；閤下之自任，其無愧于安簡。意者造膝之言，有不得聞于外也，而某也北方之鄙人，守家世之訓，不忍自同于流俗，猶復嘵嘵于閤下之門，多見其不知量。然就有道而正焉，斯學者之事也。故不敢自以為是，併以前者所上封事之副為獻，惟閤下不鄙其愚而教之。或謂其可取，因其言而陳之，則某之幸也，非敢望也。不宣。

上徐總卿書

總領少卿閤下：天下之士，徒知以其所有責人，而不知以其人責人。蓋以其所有責人，是猶貧者之望施于千金之家也。夫千金之家，其勢可以予人也。積之千金而予人以十金，此何如爾？匹夫匹婦一旦號呼于千金之家，以其所求，蓋未始欲分其富也，欲丐其餘以為其朝夕之計，不則終歲之計而已矣。彼能徇其欲而予之者，則亦其人之好施也。如不好施焉，雖旦旦而號之，僕僕然呼之，僵仆凍餒于其門，曾不足以望簞食豆羹之賜，而況于所謂十金者乎？雖一金之微，猶將握其掌而不顧也。故以其所有責人，雖簞食豆羹有時而不遇；以其人責人，雖十金之獲，蓋未為過也。士之望于公卿大夫之門，何以異此？

夫公卿大夫，其勢足以進天下之士也。天下之士奔走于公卿大夫之門，孰不望其進哉？肅拜以為恭，飾詞以為文，而常歎于不遇，是何也？亦徒以其所有責之，而不知以其人責之也。夫其勢足以進天下之士者，公卿大夫之所有也。于是而不顧焉，是亦其人之不好施云爾。《春秋》之法，常責備于賢者。夫賢者然後可以責其備，如其不賢也，聖人蓋未嘗書之，而況于求其備哉！

某不佞，竊誦此久矣。故其學也，内以存其心，外以周其身，而不敢自鬻于人。其仕也，上以養其親，下以盡其能，而不敢妄悅于人。行年四十而自安于州縣，未嘗以希尺寸之進。今也主上躬聽斷，起二三君子于閒廢之中，布之中外，以圖天下之務，意者風俗將遂稍變，此士之可以自奮而託于公卿大夫之時也。然而貴者在朝廷，遠者在方面，不可遽見，而聲名卓然，有千金之儲而不吝于施者，閤下其人哉！

恭惟閤下文學行義，著在朝野，暫為九卿，以司戎馬之賦，是固未足以究平昔之蘊。然動心忍性，捨窮海之濱而立于近甸之地，其于天下之士宜有以留意焉[①]。某是以忘其固陋，誦其所聞，以卜于閤下，不知閤下將何以予之也？干冒臺嚴，悚惕俟命。不宣。某惶恐再拜。

謝張魏公書

某愚賤無似，比承少傅相公入覲，幸獲趨拜履舄之光，不量固陋，妄以狂瞽之言干瀆嚴聽，豈謂未賜誅責，特枉書教，慰藉甚厚。仰紉撝抑，下情豈勝悚惕。重惟國家安危之寄，元勳舊德，無出相公之右。主上躬不世之姿，志清中原，一時身任大事，為中外所仰，四夷所畏，亦孰踰相公者？士挾區區一斑之見[②]，豈真足以助經綸之素哉！惟其相公功成名遂之切，是以各務進其所有，以為門下獻而忘其恧焉。而相公又不自居其宏遠高大而納之，則天下之善，將舉為相公用矣，何往而不濟？昔楊修、丁敬禮作文，【案】丁敬禮作文云云，見《文選·曹植與楊修書》，今此云楊修、丁敬禮作文，疑“楊修”二字上有脫誤[③]。好使他人潤饰改定，曰：“文之佳麗，吾自得之，後世誰知定吾文者？”此言雖小，可以喻大。

恭惟相公功業之就，將自有之矣，後世誰知助相公以言者？而不閒微賤，無拒之之意，盛德偉度，是以出此。故某撫衷自幸，而姑述以謝萬分。

---

① “有以”，影印文淵閣四庫全書本同，影印文津閣四庫全書本作“當以”。
② “一斑”，原作“一班”，據影印文淵閣四庫全書本、影印文津閣四庫全書本改。
③ “案丁敬禮……有脫誤”，影印文淵閣四庫全書本同，影印文津閣四庫全書本無。

答吳偁書

某頓首再拜知縣學士足下：舊聞雅譽，未有一見之幸，每用悵然。人至，沐惠書，副以盛文，展玩披味，不能釋手。比辰祁寒，伏審撫字之餘，尊候萬福。薦賢之道廢久矣，某何足以預此？屬在其職，竊欲庶幾焉。昨者陛辭，亦嘗極論此弊，上意是之。故到官以來，雖有持鉅公要人之書以取必者，未始敢輒與，俟有見焉。非有見者，拒而謝之，十七八年[①]，況于百姓之長，朝廷所命以考其治狀者，曷敢易哉！上以欺其君，下以欺其心，誠不忍爾。

足下為邑，得于衆多之論，因不自已，敢以名聞，初不在于識不識也，顧何能為足下重。近者李溧水之政，嘗一再薦之，又合諸君子之力，然後有濟。夫薦之濟否，又不當為足下道，某盡其職而已。足下益善其政可也，乃辱貽牋為謝，禮意與辭皆過其宜，甚非所望，亦非所當得者也。雖然，向見足下學校開舉進士之文，演迤紆餘，既臻其奥，兹辱貺以盛製，傑然議論，有古作者之風，馳騁步驟，如千里馬昂昂歷塊，未見其止，然後知賢者所長，無施不可。足下所謂三變其學者，願少留意而無泥于文章。求聖賢之藴而期進于道德，則將又變而無疑矣。

古之為政者，觀一時之宜，舉前人之偏，救未來之弊，使適其平而不顧于流俗之議，然後可以有立。自一邑而上為一州，自一州而上達之天下，曾不外是。足下既欲成一邑之治，而小人之侮，非意之謗，當有能辨之者，抑又奚？？而來書切切尙以為言，亦所未喻也。無由面晤，臨紙遙企，冀為遠業，倍萬愛重，匆匆布復。不宣。

上處守施察院書

某聞之，藝莫貴乎士，而餘民不能及也。然餘民之業，莫不得

① “十七八年”，《全宋文》第二一六冊卷四七八八校勘記：“年”似當作“矣”，文意方通。

售，而士之業反有不得售者。今夫農，朝而耕，暮而耘，以播殖五穀，一旦負五穀以適市，則市賈爭趨焉，而世之人且曰：此天下之良農也。今夫工，執技巧以事上，賈列其貨于肆，而人見其器用之精，珠珍之富，則亦曰：此天下之良工也、良賈也。其術益夸而人益貴，天下莫不以其名歸之。惟士則不然，六藝之文無不習也，百家之説無不講也，天地萬物之理無不窮也，古今治亂之原無不通也。藏之惟恐其不深，養之惟恐其不固。苟暴于外，曰我能工是道也，我能明是説也，天下之人非特笑之，又從而賤之，且以為終無有矣。

夫以農商百工而得良名，以士而得賤名。故為士者，或老死而不遇，則亦號于世曰：人不我知則貴矣，人不知亦囂囂。農商百工守其業，士守其道，固自有輕重。後世之士，不知守道之為務，反自賤而輕用之，此所以益見薄于世也。雖然，古之君子豈不欲用于世哉？孔子、孟子歷聘諸侯，轍環天下，至于不得遑而後已。蓋上之于道，其用也從而見諸言事，非可豫定也。而發于言者，有所不可隱。當其可與言而不言，君子以為固；不可與言而與之言，君子以為狂。何者？以顔氏之如愚，非仲尼莫能識；至鬷明之不言，雖叔向幾亦失之也。

某北方之鄙人，少習于書，顧其不才，方為縣之小吏，以從事于簿書米鹽之間，而幸閤下來守是邦，其于分際之相遠，名實之未加，固不可輕進其説，以貽賤士之譏。而石林葉公，辱道其姓名于閤下，意閤下亦欲聞其言而察其為人，然不敢以請，姑道其志。

恭惟閤下以通亮特達之資，濟博厚高明之學，嘗為天子耳目以觀聽四方之事。地方千里而為之侯伯，可以禁姧暴而安百姓，退不肖而舉賢能。而某者猥先衆人，以卜于閤下，于是不可以不言，閤下其亮之。不宣。

上葉運使書

運使直閤郎中閤下：論世之治亂，孰不曰人材；論人材之所以為治亂，孰不曰賢不肖？夫以一賢者與一不肖者在上，茲固未足以為治亂也。惟其一賢者在上而衆賢者將由是以進；一不肖者在上，而衆不肖者亦由是以進。賢者衆，則天下之事斯日以舉；不肖者衆，則天下之事斯日以廢，此其所以為治亂之極歟？

雖然，天下之事所以不舉者，此固不肖者之罪也，而賢者預有責焉。夫既已號為賢矣，而天下之事顧有不舉者哉？是有二説焉。不肖者之弊，在于不能為，而賢者之弊，在于不敢為也。夫不能為者，是其智不足而力不任也；不敢為者，非其智不足而力不能，時有以禁之，勢有以奪之而已。天下之事，不患不肖者之不能為，而患莫大于賢者之不敢為。昔者西漢盛時，汲長孺至以矯節而發淮南之倉。及其後也，諸葛豊以司隶而返去其節。以二事而校之，豈不繫于敢為與不敢為之時哉？國家比年以來，天下之吏，大而在朝廷，小而在郡縣，諂諛相師，偷懦相承，號為不肖者，蓋已不勝其衆，而其間所謂賢者，縮手畏避，亦近于不敢為矣。

今也主上舉權綱而大振之，網羅天下之賢者，思盡付以天下之事，不啻如退阿進即墨也。然而不能為者，固無足以議此，而能為者，顧亦何所畏避而不為哉？要須有人焉而為之倡，然後天下風俗可以少變而趨于大治。竊嘗反覆而思之，其舉而倡之，莫如閤下。

夫以過情之語而妄説于人，某亦不忍為也。蓋去年冬，主上始新政事，驛而召者十人，閤下實在其中。曾未數月，自博士而為郎，自郎而賜對，遂寵以延閣之名，而付以一路之事。書名御屏，賜以鞌馬。禮遇之數，皆近世所無有，是主上之待閤下，將有不止此者矣。以主上之待閤下將有不止此，則試于外也，豈不亦觀閤下所為而將有以付與之歟？不識閤下何以為也。以他人之材，固有不能為者。閤下自少年以直亮聞于當世，而志氣日以宏，聲名日以大，苟從而見諸事業，是猶鶩八駿于九軌之道，縱横馳騁，無不如意，信非不能為也。閤下又素負敢為之名，而遇可為之時，八州數十縣之衆亦不為少，貨財之虛贏，獄訟之緩急，奔走之吏，引其廉能而罷其貪懦，與夫國家之利病，民人之休戚，問之使者所不敢為者，豈無可為者哉？

某嘗怪世之士大夫，類知以其職之為職，而不知其職之所以為職。夫以其職之為職，是猶富人之營其家，苟以利于我者，為足以富而已。知其所以為職，是猶廉吏之營其家，得一物焉，必究其所從來，不徒欲富而已也。夫所謂部使者，按籍而督州縣之賦，執筆以奉朝廷之命，限歲以舉小大之吏，是不可謂有為也。州縣之賦，敢究其所當得乎？朝廷之命，敢論其可從與否乎？小大之吏，歲舉之外，敢有所論薦乎？是猶可得而名言也。至其不可得而名言者，則又在所設施耳。以一道而推之，雖至于天下可也。

某北方之鄙人，仕為郡之小吏，顧其平生，頗知自守，未嘗以進取為事，非有左右為之先，非有權貴為之援，特以慕下風而仰盛德，以求見于閤下，乃刺口而論天下之事，此在古人，則為言深。然主上以特達而知閤下，意閤下之待天下之士亦當以此，是以自恃而不疑。

恭惟閤下少霽其威嚴，而幸聽其狷狂之論，上以副主上之所期，下以為天下士夫之倡，則某者儻受知于門下，為不忝矣。不宣。某惶恐再拜。

上信守周侍郎書

君子之學，必其内有所主，然後外有所不惑。然世之君子，每切切然以得位為足以行其道。及其未也，則歉然以為道將不行，而不知不行者不害其為道。古之聖賢，其未得位也，則養其所謂道；其既得位也，則行其所謂道；苟位不可居也，則亦全其所謂道。是故投之富貴而不驚，屈于貧賤而不恥。凡吾之所以出處進退者，無非以道為準的焉。以一身而論之，則有窮達之殊，以道而觀之，蓋未始有二，吾知為道而已。至此而不能惑者，惟其學之内有所主也。

昔者伯夷之清、伊尹之任、柳下惠之和，孟子皆以為聖人。其清與任，世固以為不可跂及。至于所謂和者，遂以為將無所往而不合，蓋世俗之所謂和也。及觀士師之三黜，與孟子之所言，然後知聖人之和與世俗異。何也？進不隐賢，必以其道，遺佚而不怨，阨窮而不憫，此聖人之所謂和也。

夫聖人之所謂和者，進必以其道也，使不以其道，是安能不怨而不憫哉？故曰："直道而事人，焉往而不三黜。"又曰："不以三公易其介。"則和之中又有直焉。而天下之論，遽以為無所往而不合者，則亦昧于聖人之道。則有以悻為直者，及其困也，于道不能無枉；有以矯為直者，及其過也，于道不能無悖。惟聖人寓其直于和之中，故雖縱横萬變，必至于道而後已。雖有鈇鉞之怒不能威，雖有軒裳之利不能誘。何者？內有所主故也。

某不佞，學于聖人之門，有志于此久矣。少之時，聞閤下之名，常有願見之心，不意今者獲在幕府，是以敢冒昧而自進其所言。然竊觀閤下之在朝廷，自中祕而為御史，自御史而司言動，眞以道事君者。退自吳門，優游里社，若無意于當世。屬者天子感悟，驛召舊人，閤下始以連帥之重留為春官，以總成均之政，意閤下之道，將自此而得行之。然而坐席未煖，出守于外，質諸道路，閤下議論之際，又有所不容者。士之聞閤下之風，意其特立獨行，以傲睨天下之士，言不可得而交，貌不可得而接也。今也獲拜于庭，以望見盛德之容，寬然其不矜。退然其不吝，凡小吏之所以事大官者，至忘其所畏焉。然後知閤下其和而直者也，內有所主者也，深得聖人之道者也，故某願三沐而受教焉。

南澗甲乙稿卷十三

書

上建康帥張尚書書

某讀《詩》，至于“我思古人，實獲我心”，未嘗不歎千古人之難遇。又讀《詩》，至于“雖無老成人，尚有典型”，然後知老成之亦足以為古人也。蓋士方窮時，莫不有志于天下之事，惟其求之當世而無以告語，由是必思于古之人。苟或當世而有以告語也，則又何思于古之人哉？然學者之弊，常在于好古而不識其實，則以為古之事不可行于今，而今之人不能盡如古，規規然守其説，以取高于世俗，是皆近于古而不切于用者也。何也？且上此而百世，可以為古矣；下此而百世，豈不又以吾為古哉？彼其説曰：“吾有取于古之人耳。古之人，有堯、舜焉，有桀、紂焉，不獨有孔子，而有盜跖焉，則又可概取乎？惟其取于能獲我心，則可謂云爾矣。”

某之始學也，固亦未免斯弊也。得一言而信之，以为可行也。行之而窒焉，則慨然以為無復古人之事矣。及其既長也，以為古人既不可見，得見老成者斯足矣。顧其飢寒憔悴，猶以上世之澤，齒一命于州縣。然某之仕也，始亦未嘗求人之知，而待其自知焉，然而知之者無幾也。故屢厄于銓選之法，每更一官，則一試于吏部。蓋人獨試于始仕，而某獨三焉，世莫不笑其迂也，某之意蓋有所不得已也。竊嘗深念，聞閤下之風，而足跡不至于門墻，姓名未通于典謁，閤下過聽，千里而召之，意者將以察其貌而聞其言也。

夫以一命之賤而見于天子之從臣，郡佐之卑而謁于連帥之大府，其上下有等衰，其禮貌有輕重，是固未可以傾蓋而談，更僕而語也。閤下雖欲其言，何自而聞之？不然，某試誦其所欲言者，而閤下試聽之，可乎？

今天下之事，某不知其緩急先後也。十數年來，用事者所以藉口而謝天下，不過“息兵”二字而已。自息兵之外，政事日以不修，風俗日以大壞。譬猶人之病醉，昏昏擾擾，肢體與向者同而舉措與向者異，固不可指言其狀。天下之人，蓋疾視而不敢言，心語而不敢議也。屬者主上翻然感悟，黜陟善惡，區别邪正，將以大新庶政之原，雖三尺童子，蓋亦開口吐氣，以望天下之治。今既數月矣，聖意焦然于上，羣議紛然于下，設施之事，若未有統者。何哉？誠不知中外誰可以任此者也。夫必欲以一人之言而更一事，以一事而下一令，此不亦失之太繁而議之太過，為之要者，莫若先變天下之風俗。夫天下之風俗，皆起于士大夫，智者陳其謀，能者趨其事，而人君與大臣總其成，如此而不治者，未之有也。風俗既振，則天下之事皆可以敍而施行，欲兵而兵，欲農而農，欲富而富，欲强而强。如人之元氣既充，則外邪皆去，百骸九竅，怡然順適而無不可者。今也賢士大夫猶復相與退避畏縮，以為吾未至于其任，不當以先慮其事。且古君子，君有問焉，其應如響，及其得位而行，無不如志，是豈不先慮而獲哉？雖孔子、孟子歷聘諸侯，問政焉告之政，問仁焉告之仁，莫不盡其宜而適其當，謂其不先慮，吾不信也。

恭惟閤下聲名著于華夷，風采見于事業，隱然德望，向之所謂古人，今之所謂老成者也。宜起而任此久矣。意者規模素定于胸中，將亦兼收天下之人物，以資異日之用。而某者不自知其淺陋，猥敍其平生，以冒昧于萬一之遇。夫持方寸之木于大匠之門，雖固不少，此亦不可為無用，惟閤下其亮焉。所為文雖多，不能盡獻，往嘗著《三國論》，頗有意見，閤下觀之，以為何如？不宣。

上張同知書

某聞之，君子出而應世，用其規模，取舍必有素定于胸。而人君之信賢，莫大于進用之始。蓋規模取舍，不有素定，則動為世之所移；進用之始，不竭底蘊以告于上，則後日不為人君之所尊信。孟子之見梁王，守仁義之説而不易也。雖不用，其道益尊；商鞅之見孝公，每下其説以取合焉，宜其有不終之禍矣。士生于世，其以孟子為法而鞅為戒哉！此在賢者，所以欲觀其進用之始也。

洪惟聖天子踐阼，舉朝之臣不足以膺注想之重，而必以徵閣下為先。手札而召，親降色詞而問，閣下所言，其盡之也，士復何憾？萬有一焉，思慮之所不及，則天下之望，何自而釋哉？

自權臣之死，太上皇帝更微萬化，既七八年矣。主上紹隆大統，憂勤匪懈，又數月矣。捄天下之弊，孰不曰人材？聞一善則舉之，見一賢則招之，百執事之位至無虛焉，而天下之弊終以不去，何哉？有人材之名，無實用也。孟子有言："不信仁賢，則國空虛。"夫國之空虛，非無仁賢也，有而不能信，是亦空虛爾矣。今之人材，有不得其言者矣，有不得其職者矣，有不得其地者矣。徒欲人人聚之本朝，以為觀美，譬之作室者，聞天下之有良材，不惜千金而市，然猶露宿于野；疾病者聞四方之有良藥，不憚千里而求，然猶伏枕而臥，曾不知所以用之也。故大匠之用材，不踰丈引而足以支大廈；良醫之用藥，不越銖兩而足以已奇疾。自古人材，非天降地出，特在用不用之閒，不可不察也。夫一人之智，不若衆人之智；一人之力，不若衆人之力也。今諉事于人，以一人為不足，豈若合衆智以圖之，合衆力以舉之哉？合衆人者，非一人往，使一人窺之，又使一人待之也[1]。合衆多之論定其當，而使一人行焉，則無不濟矣。

日者閣下勸主上以諏訪天下之事，固求治之要也。然天下之事有先後，患在門庭則先治門庭，患在腹心則先治腹心。今日之患，外患也。外患既急，要先治之于門庭，而閣下特欲付之將帥而不問，此某之所未諭也，蓋某嘗指靖康而論矣，當時更革號令，無非朝廷美事，惟禦敵之策，未能稱是，不過大臣將兵以救河東，堅守京城以待四方勤王之師而已。向使大臣果能用兵如周瑜、陸遜，四方勤王之師果可倚重如李、郭，蓋未害也。徒有其名而不知其不可用，豈不上誤社稷

① "待之"，影印文淵閣四庫全書本同，影印文津閣四庫全書本作"持之"。

而下誤生靈哉？今固未至此，然去歲敵使興慢侮之言，議者皆曰可戰矣，非天相我，則幾至阽危而戰卒不勝。逆亮既殞[①]，兩淮凋瘵已甚，邇來先我致好，議者皆曰可和矣。使者一往而被辱，再行而不受，而和卒不成。自和戰之未遂也，議者則曰可守矣，若又如和戰之謬，豈不大可慮耶？

夫戰則當有其備，和則當有其謀，守則當有其地，非可倀然妄動，以僥倖于萬一也。戰既無備而和既無謀矣，則所守果何地哉？以驕將御惰兵，而一二書生角無用之談者，半歲往來而不決，兩淮之間未見其有控扼者也。夫敵之强弱、存亡蓋不必問，苟有以自固吾圉，要當汰擇將帥，簡練兵馬，度要害之地，高城深池而必守焉，見利勿動，見疑勿驚，而彼能越吾地為盜者，人不信也。日夜以圖之，假以數年，吾之事力既振，何往而不利？然縣官所少，又不過曰財。夫財，非所慮也。朝廷能一戰而復中原，雖仕者罷俸，耕者輟食，其誰敢怨？惟其有無用之蠹，但見其不足也。今每事不欲撙節，而止務財賦之增。儒士齷齪，任用不快，必使豪健之吏馳騁四出，以網羅利源，就令得人如王鉷、楊慎矜、裴延齡數輩，當時非不號能，自今觀之，有益唐室哉？近者已用一二小臣措置酒坊于外，不識主上何自而知其人也？此弊一開，異時百官有司皆可自他塗出矣。

上之宰相、執政，次則侍從之臣，臺諫一有論列，無不罷斥。内侍之微，武臣之賤，閱月踰時，章四五上而僅免焉，不識誰為主上謀之也？廟堂之賢，安可謙遜退托而不任此？方主上富于春秋，踐阼未淹月，舉措一不得宜，無正之者則習熟而行，後將有難正者矣。閤下勿謂本等之位有常職而不可言也。天下之士望閤下者，以彼不以此。主上之待閤下，亦異于他人矣。閤下而不言，誰當言者？朝夕納誨，以輔台德，正閤下之事也。聞之故老，建中靖國初，起范忠宣公于潁，忠宣已自病不能視物，慨然欲行。其親戚子弟固邀止之，至肩輿偽遊于園以為在道路。忠宣悟而歎曰：“宰相吾為之矣，夫復何求？爾輩知其一，未知其二。主上新即位，欲訪治道，以吾老臣，言可信也。使吾得見主上而一言，勝于他人之百言矣！”忠宣之論，正閤下

---

① “逆亮”，影印文淵閣四庫全書本作“金主”，影印文津閣四庫全書本作“亮賊”。

今日比也。《詩》不云乎："德輶如毛，民鮮克舉之。我儀圖之，惟仲山甫舉之，愛莫助之。衮職有闕，惟仲山甫補之。"蓋山甫之補衮，在于能舉其德；而人之愛山甫，在于圖德而莫助。閣下今山甫也，凡某之言，閣下或以為然，則固某之幸；以為不然，其委而置之，無俾某有好名之譏。不宣。

上賀參政書

某愚不佞，荷知遇為甚異。屬者弟兄皆辱論薦，内顧何人，可當厚意。竊聞使事之還，既以累月，不敢以寒暄無益之問上勤省覽，誠不知閣下所使何事。然自故歲天下藉口，頗以敵人為慮。朝廷施設，較之往日，亦似稍為之備者。疏逖小官，不當預聞廟堂之論，獨念既齒一命，以從宦于州縣，且又世受國恩，宜與社稷共休戚。方時安平，固未享富貴之利，而患難或生，則亦均受其害者，私憂過計，懷不自己，輒極愚意，以陳于左右，或者所以報盛德也。

蓋國家越在東南垂四十年矣，自講和之議興，敵之結好又二十年矣。其果以和好為萬世策耶？抑亦計不獲已，姑欲自治而款之也？以為萬世策，則自古無倚外敵而可以立國者；如欲自治而款之，則二十年之間不為不久，何尚未有發也？昔越嘗屈己而事吴矣，故曰："越十年生聚，十年教訓，二十年之外，吴其為沼。"已而勾踐之報吴，果不出二十年之外。越小國也，其壤地直今會稽數郡，故生聚、教訓，必待于二十年而後可。以我之大，二十年之久，曾不知所以報敵者，得不愧于越歟！議者徒知歸咎秦檜，今檜死遂五年矣，國勢之强弱，視前日為幾何？

夫講和之議未大失也，敵雖吾讎，然一旦許我以還母后、復梓宫、休甲兵而謂之和，亦何説以拒之？其所失者，歲入之幣始不當甚厚，以坐困吾民爾。何也？祖宗以全盛之時，幅幀之大，其餽敵者未如今日之數。且前不與我和而後與我和者，是亦畏我之盛，將以圖己也。彼既有畏我之心矣，盍亦少忍以持其事[①]？雖薄其幣，和議安有

---

① "持"，疑作"待"。

不成哉？然事已往矣，天下之事有未往者，不識朝廷何以待之也？如聞敵人遇吾使命之至，必耀其兵甲，陳其車騎，以自示其强盛，且大治東都宫室，浚汴渠，力役並興，未知信否？夫冒頓之遇漢，惟匿其精兵，見其羸弱，使中國無所畏忌，故高帝有白登之敗。今敵乃自示其强盛，蓋亦無能為者矣。阿房之工未休，閭左之戍繼起，足以致勝、廣之盜，而秦遂以亡。敵之大治宫室，力役並興，蓋已不勝其擾，天意人事，于此極矣，得無乘隙而奮者，是特遲速之閒爾。雖可為朝廷賀，亦可以為憂也。可為賀者，敵于此有敗亡之漸；可為憂者，大盜崛起于中原，則有倍費驅除者。聞諸道路，去歲使人之來，其禮稍有不至，夫亦何恃而敢然？其所需乞，又非外廷所可知者。使其果遂都汴，自汴而下，順流鼓檝，不數日可抵泗口，則淮南其可不慮耶？又汴京四通五達，本非定都之地，祖宗時徒以東南之粟便于轉漕，歲運八百萬斛，然後汴京可得而都。今其來也，勢亦無所得食，萬一欲以歲幣少易東南之粟，不識朝廷又何以待之也？

夫天下有大勢，有定理。所謂定理者，曲直順逆是也。所謂大勢者，當自其時而論之也。今天下之定理，我為甚直，亦為甚順，固不必深議。至于大勢，竊嘗借三國為喻也。三國之時，吳、蜀皆欲取魏，然魏卒不可取者，以蜀不能有吳，吳不能有蜀爾。後吳、蜀交通，而魏以為病。今敵據有中原，勢猶魏也。北盡江淮，南盡嶺海，西控三巴而接漢、沔，則吳、蜀之勢，吾既兼之矣，反不能以取魏，何也？關羽下襄陽，魏人幾欲移都，今襄陽蓋吾有也；劉備得漢中，曹操始不能與之抗，其後由之出師而關輔至于響震，今漢中蓋吾有也；荆州之地，魏得之足以制吳、蜀，吳、蜀得之足以抗魏，今荆州蓋吾有也。夫理與勢吾皆有之，則亦何懼于彼而甘為之下，所未可為者，當謹俟其機爾。

曩者敵與我三京、陝右而遽以敗盟，此一機也。順昌之捷，合諸將之力可以取汴，遽復退師，關中之大，隨得而隨失，不能據有一縣猶之可也，厥後敵復弑立，其一二官長狼顧麕駭，未有歸附，中原之民，引領南望，此又一機也。是時興十萬師，下一紙詔，勢必瓦解風靡，雖未能長驅幽、薊，近可以得京、洛，下不失削其歲幣，俟其請命而與之正君臣之分。然大臣方以養痾而罷謀，宿將方以怙貴而苟安，返以遺敵人之資，得不為之拊膺頓足流涕而太息哉！

故願朝廷亟為自治以俟其機，非欲無機而妄動也。自治不過三策：一曰人，二曰兵，三曰財。某請先論人之説。夫濟大事，必以人為本，古今不易之論也。在上則得其財而用之，在下則得其心而用之，皆人也。數年以來，招置人材不為不廣，布之中外不為不多矣，而庶事未至振舉，風俗未以大變，士風猶為闒然者，此豈無説然也？昔姚崇敍次郎吏而明皇不答，德宗親擇畿令而柳渾不賀，蓋人君所擇者輔相，輔相所擇者百執事之人，此各有其職。今也人人而薦之主上，使必親見而後用，此殆諸公懲前日權臣專恣之過，遠嫌疑之為也，欲以盡人材而懼其未也。人君之必自用者，惟將與相耳，否則有將相之材而未試者爾，當親見而識之。至于一介之士，寘之列位，豈必人君之盡識歟？且文臣以是可矣。近者所任武臣，有遂轉一官、遷一職者，俟其終更而審察者，此復何耶？苟以為軍帥多非其人，是不待一日而易之也。如皆其人矣，姑欲收遺材以備緩急，則籍于密院，以次任之足矣，安有未見其功而予之官職乎？予之官職而置于閒地乎？徒為是虚名美觀也。至于人心，則尤不可不收者。急于財則民怨，吝于財則軍怨。軍怨者禍速而易見，民怨者禍遠而難知。事雖不可概舉，然人心之所悦者公，所服者平，所慕者信，推是三者而行之，則人心得矣。

其次請論兵之利害。夫師克在和不在衆，用兵鬭智不鬭力，非必援引古今而後見也。國家儷乎漢、唐，實以養兵為大蠹。自渡江以來，西北之兵萃于東南，則其蠹尤甚。今西北之兵既已老矣，近所召募，無非東南之人與西北士卒之子弟，而猶用西北軍額以塡之，是務多不務精也。昔者嘗怪謝幼度之破苻堅，是時江左為晉已五十餘年，實用東南之兵以御大敵。陳慶之送元顥，是時下晉又已百有餘歲，以兵七千轉戰魏地，破其四十萬衆無與抗者，豈東南之兵果不可用耶？顧將之何如耳！且又有甚弊焉！西北軍額皆繫于殿前，衣糧之外，日有食錢，諸路將兵則衣糧而已。以諸路言之，江西非無禁兵也，而駐殿前一軍于章貢。福建非無禁兵也，而駐一軍于漳、泉。二廣非無禁兵也，而駐一軍于潮、梅。皆以彈壓盜賊為名，是逐路禁兵為不足用矣，則逐路禁兵雖闕之可也，猶復促募不已，而外復有彈壓之軍。向者禁兵與廂軍為二，今又為三焉，縣官安得不匱哉？殿前之軍給以經總制、上供等錢，逐路禁兵給以州縣之常賦。然殿前軍所募人，與逐路禁兵何異而所給過倍？為之計者，莫若遇殿前軍有闕，選于諸州禁兵而用之，循祖宗出軍舊制，更番迭戍，于彈壓之所，加其糧給，用以激勸。而以逐路彈壓之軍理為逐路禁兵所缺之額，取其費以充，則經制、上供之財亦可省矣，此養兵之利也。

西北之士雖老，近稍汰而出之，方州小者百許人，大者幾二百人，彼雖得釋軍伍之勞，而反有道路流離之苦。州郡驟添使臣數十百人，夫亦何用？且俸給有不可以時辦者。此輩誠筋力不逮，然亦習熟戎事，經歷艱險，豈無可用之才？今近自江東、淮甸，遠自荆湖、襄漢，皆有曠土，與其募民力田，曷若用所汰之士，給其糧具、牛種而耕之。一歲之外，使得食其所入，積聚其衆，略倣陝西城寨之法，閱習控禦，以為屯田。因擇其强幹有勞者用為巡檢，而命帥司、州將督之，不猶愈于不釐務指使之科而坐食哉？此汰兵之利也。

朝廷往歲嘗以兵權付於一二大將，收之御前，號為都統制，固遠慮也。然御前都統制者，其名也，其自為一軍，猶自若也。嘗觀祖宗所任邊帥之效矣，河朔、關陝十數大鎮，無非宿兵之地，帥則皆用大臣，下亦兩制，其將兵之官不過於副總管與鈐轄、都監、正副將而已。其後慶曆、熙寧用兵，亦命文臣為宣撫，故二百年閒，將帥無握兵之患。今諸路帥司所將者州兵，而大兵所駐，則惟都統制馭之。陪都之重莫如建康，留守之臣而都統制蓋與之分庭抗禮，他州在所不論也。近日沿淮上下，閒用武臣得為安撫，雖欲潛師為備，廟堂得不深思耶？至于蜀道之遠，與夫輦轂之近，又有久任而不易者，則非某所敢議也。下此有財之説。

天下莫不以財為急，而某獨以為後者。夫財之在民與在國，實無以異，後世掊尅之論興，始以歸之公上為富國之術。今朝廷用度亦窘矣，誠使百姓充實，一旦有大費，雖細民缾罌囊褚之物歛而用之，其誰敢不從？然不知大費之後，足以奠枕耶？民亦願輸而不憚；如其未也，安可窮民而自利哉？且財貨之目，異于承平時固已不可勝數，常賦之外有總制，總制之外有經制，經制之外有和糴，有折帛，有月樁。算丁于僧道，鬻爵于富民，貿田于州縣，所未賣者度牒，未收者職租而已。觔革、羽毛、銀、銅、鹽、鐵，名為不得科斂，而使州縣自任其謗以應上之須者，事亦不一，雖欲復取，其又何加？朝廷既知以節財為務矣，乘輿之服御，宰執之賜予，官吏之廪稍，朘損蓋未已也。然不知諸軍之偽券，其果皆去耶？置官總領，實未能覈其數，役使于道路，假借于親舊者，日紛如也。三衙之軍，當有定額，天子之都，白晝掠人于市，刺以為軍，特欲充其數耳，緩急何所用之？此宜密院自招刺于承旨廳，以消其弊。且諸軍之糧給，皆係于總領，而所謂回易者，獨不隸之，何哉？前日蓋嘗罷之矣，未幾而又復之，今其言曰吾軍衣糧之外，裝飾泛用皆資于回易，故人人以為不可罷。然主將假之以為妄費者，户知之也。罷之誠未盡善，盍亦隶于總領官而權其出納，殿司則專命版曹一官掌之，其弊將不勞而自去矣。僧道日益就少，則寺觀為可併，勝于取其寬剩也。官吏日益就少，則祠祿為可減，勝于斷其權攝也。餘則儀衛、禮文、百司技藝、伶官、走馬之費，又有宜省而不必盡備者。昔周宣王不藉于畝，漢光武未嘗具大駕，皆不失為中興之盛，此蓋因時損益，享實利而不為虛文者。朝廷今日患在好為虛文而不求實利，謂宜置官講議而以次更革，不待一人之言，然後改一事、罷一條也。

竊嘗深歎朝廷政令或出，不為四方之所尊信，未幾果亦變易，正坐輕用人言，未嘗深加講議故也。試以一二明之。遞鋪既已統于州縣，提舉于監司、巡轄于使臣矣，而逐州復以指使輪月掌之；弓手既已職于縣尉矣，又以州兵官兼其將領，不知皆有益耶？如以尉為文臣不可倚仗，參用武臣可也；巡鋪使臣為不足用，擇道里遠處，增置其員可也。何在一官之外，又使一官也？閩中近籍海船，且立賞格，俾土豪募及水手千人[①]，則以承信郎命之。是糧食當自備也，私家雖富，無能日贍千人之理，不知朝廷將以此警海道耶？抑以禦大敵也？傳聞敵亦漸治舟船于山東，其意叵測，沿海之備，信不可緩。然海路從横，惟藉風勢，一夕千里，若以兵鬬于舟楫之上，萬無決勝之道。或值風濤，安可會合？惟當聚兵要害，控扼其港口，輕舟往來，以為巡邏，嚴其斥堠，堅其城壁，使敵至不敢越。既越不可歸，乃謀之善

① “俾”，原作“裨”，據影印文淵閣四庫全書本、影印文津閣四庫全書本改。

者。某以為此非土豪所募水手能辦也。所募之人，以禦小寇或可，禦大敵誠非計也。且敵萬一用師海道，蓋亦掩我不備，直擣州縣①，以張聲勢，必不爭利于舟楫也。水手但知爭利于舟楫，遇其衝突州縣，安能捨舟楫而與之戰，徒有駕舟而遁爾，不知州縣孰為守哉？凡此之類，皆望朝廷更議之也。

雖然，閤下今者位實參預，必以為上有二輔，次有右府，任不我專，故有不可盡言與不可盡為者。然前輩如寇萊公、范文正公，皆以參預而行大政。當是之時，人主不疑，同列不忌，終于共濟國事。其後王安石、呂惠卿之為參預，始以制置三司而侵宰相之權，惠卿復欲攘安石之位，故近者多以是為嫌。夫如安石、惠卿之為參預則不可，如萊公、文正之為參預則亦何所不可哉？側聞聖上恭己，委任大臣，實無有間，而諸公同寅協恭之效，道侔志合，非有前日專制忌克之風。閤下于此而云不可為與不可言，非某所諭也。今日之事，如救焚拯溺，然一日不圖，則貽患日深。閤下幸而言之與幸而為之，而果不可也，則當引去山林，以全往年掛冠之美，無為久孤賢士大夫之望而不決也。昔魯使樂正克為政，而孟子以為好善優于天下。衛之諸臣好善，故賢者樂告以善道。某之庸陋，不敢自附于賢者，而明公之好善實過于樂正，是以仰恃深眷，喋喋于茲。恭惟恕其狂妄，少加聽察。如有可取一二，冀施行之，非某之幸也。不宣。

與蔣丞相論淮甸築城別紙

某輒有愚見，恃相公方開公正之門，用敢贅諸左右。江東之于淮甸，蓋脣齒也。某之効官既踰年矣，江淮利害亦頗講之。士大夫孰不欲朝廷增修邊備，日者諸郡往往自請城築，諸將且為關隘之設，其說甚美，其費亦甚大。使費而有益，不問可也，然採之輿議，謂諸郡之所少者兵爾，非城也。今兵數未之益焉，地將誰守之？建康都統司不過五萬人，所守關隘將十有餘處，每戍以三千，則僅足以分，三千果足以抗敵乎？敵衆而不分，常以大勢壓我，而我兵不如敵衆，復自分

① “州縣”，原作“舟楫”，據影印文淵閣四庫全書本、影印文津閣四庫全書本改。

以弱其勢，利害蓋較然。欲緩急資于民兵者，恐尤不足以敵也。為今之計，莫若益募州兵以壯淮甸，俾足舊額，而移城築之費以養之，兩淮得十萬人，則亦甚矣①。至于關隘非至要之地，姑俟他日可也。夫千金之家，其治生財利亦有先後，苟力之未給而每事欲舉焉，其自困必矣，不審鈞慮以為如何？

伏以相公經理萬務，諒無遺策，而某懷仰知遇，不能自已，敢因修慶，布露其大略。干冒威嚴，愧恐無地。

與任信孺書

比窺報命，伏承執法殿中，不任忻快。久欲具一書為賀，效世俗作牋牘，則懼涉不情，輒以幅紙，又似太簡，遲回至今。已而思之，不若以意之所欲言者，薦區區于左右，或遂少助，則其勝于尋常之禮萬萬也。

蓋臺諫之風不振久矣，至謂中書奉行臺諫風旨，十數年來，遂為宰相私人，朋姧報怨，固無足論。自主上赫然更化，士皆親擢，其間姓名著于中外者，亦不為鮮。而某獨以為不振者，誠見祖宗之時，臺諫論事者為多而彈擊者為少，近世臺諫彈擊者為多，而論事者不特為少，乃近于絶無也。

夫論事者，將以裨時政之闕失也；彈擊者，將以去朝廷之姧邪也。今于時政之闕漫不之省，而于姧邪亦不能大有所去，姑取其失勢易逐者，虛張痛詆，以買直欺世，未見其為能振也。蓋時政之闕，皆君相已行之事，言之常有拂意忤旨之患，不若彈擊臣下，可以掎摭細故，下及小吏，藉口而塞責。然使人君以為時政眞無闕，而朝廷眞無大姧大佞，故臺諫之論止于如此，則其為患可勝言哉？且人臣論諫，而惟患拂意忤旨云者，此吾之志不堅，理之不勝爾，非必激訐鬬怒然也。

唐之善論諫無如魏鄭公，次則陸宣公。以鄭公之遇太宗，宜其諫行言聽，而德宗之猜忌，猶于宣公無不從者，蓋二公之論皆委曲至

① “甚矣”，影印文淵閣四庫全書本同，影印文津閣四庫全書本作“盛矣”。

當，合于人情而切于義理，人君雖欲拒之，無得而拒之也。以是觀之，人臣不知論諫之道，而特以畏避為事，此孟子所謂賊其君者也。包孝肅公在仁祖朝，最為勁正敢言。嘗取其奏議讀之，明白簡易，一無虚詞。其論事則曰：伏見某日指揮某事，有不可行而已。其彈奏則曰：伏見某人授某官，不堪此職而已。如人家立語于父兄之前，雍容閒暇，不為緣飾，眞可為後世臺諫之法也。下此又有一弊，以為論事失之苛細，欲俟其大者而後發，如陽道州之為者。是殆不然，前輩譏道州任諫官七年，都無所論，幸而及裴延齡之事而去，向使止五六年而遂遷，則是終無一言，此猶責道州之淺也。

夫臺諫之為職，要當朝夕納誨，以格君心之非。俾德宗預知延齡為不可相，不待于既相而欲毁其麻也。既相而欲毁其麻，則是言無所益，故決去就以為身名。不知七年之閒，所陳于人君之前者何事，所以開道啓迪者何説？説之不合，則宜去久矣，豈必在于相延齡一事哉？

凡此者，某之所欲言也。至于條具縷析，又非某所可言矣，不識執事以為然乎？竊聞主上之擢執事，得于向時登對之初。而執事近為裏行，復首論水災以廣上德。自覿除目，輿望實為愜然。恭以素學深厚，必有所處，敢幸志其遠者大者，而勿蹈近世之規，使如僕輩不復能有所言，則臺諫之風指，其自執事振矣。

答朱元晦書

某叩首再拜啓：去冬既遣人修慰，即過宣城，春盡還舍，始覩所報教，甚以浣釋，欲再奉一記，乃久無佳便，愧向實不可言。旬日前，方領詹機宜所附四月手墨，蓋濡滞如許也。且聞尊夫人已畢大事，以我之艱，知元晦辦集尤不易矣。仍審少留塋次，動止之詳，豈勝慨歎！比曰秋冷，孝履何如？某忧患寓居，號慕益遠，僅未死滅，無足念者。江左苦旱，早晩稻皆損，歲事殊可慮也。哀苦亡聊，杜門卻得理舊業，但殊無晤語之益耳。見教不必觀佛書，固然。正以鄙性魯鈍，少年多寓僧寺，中歲復耽文詞，嘗出入其説。及粗窺聖學之門，若禪宗則久見其病，特欲窮佛之説所自，不敢便以他人之言為據也。两歲居喪，乃得取其經帙大者觀之，料元晦高明，染指絶塵，不必如是之迂也，今亦盡止矣。其詳未易遽陳，要之吾聖人妙處在合，故一以貫之。釋氏之弊在分爾，餘不足論也。如何？承諭亦悟口耳之習，至幸。惜相距數舍，末由面請爾。嘗謂學者要須有得，始能自信，故《易》與《中庸》《大學》中，皆語其得，孟子又發明自得之説，此猶默識，非口耳之所及矣。至于自信，則所謂考諸三王，建諸天地，質諸鬼神，百世俟聖，無所疑惑，然後可也。向示胡子《知言》，有意乎窮理者，惜其著書之早爾。《程氏遺書》則極詳備，所謂不敢去取者，非所望于元晦也，愚意則以為須去取爾。和靖先生甚不欲人觀，止令讀《易傳》，故其所編極簡，且云觀此足矣。近見王德修秀才，從和靖于晚年者，則聞其説尤詳。蓋云所以令諸君只讀《易傳》者，《易傳》所自作也，《語錄》他人作也，豈能盡記其意。有贈夏翜數語，因以錄呈，試熟復之。貸金荷不外，某窮悴，止江東有少俸，連遣二女子，且置得數畝飯米。去歲了兩處葬事，今年又從人假借矣。他時稍有餘，尚當相助，亦已轉語趙德莊矣，渠為地主，必能周旋也。因其行，得以布問，不覺縷縷。向寒，更冀節哀，為遺體愛重①。不次。某叩首再拜。

又

便人奉此月三日手教。至慰馳向之情。秋氣日清，伏想尊候燕居萬福。某竊食亡補，不足貽記。蒙諭出處，荷不外，前日因書偶及之，恃久照也，此自不當與吾兄商最爾。兄既久不出，則一出固宜，自審非若僕輩平日汩汩仕塗，以為貧者也。嶽祠則須自請，【案】朱子《答韓尚書書》："力辭薦召，決不能與時俯仰以就功名"。末云："必若成命已行，不欲追寢，則願因其請免，復畀祠官之秩"，故元吉云然②。朝廷意雖未可知，亦不應便以嶽祠除下爾。至謂無用于世，非復士大夫流，不知元晦平日所學何事，願深考聖賢用心處，不應如此忿激，恐取怒于人也。與世推移，

---

① "遺體"，《全宋文》第二一六冊卷四七九〇校勘記作："遺"，似當作"道"。

② "案朱子答韓尚書書……元吉云然"，影印文淵閣四庫全書本同，影印文津閣四庫全書本無。

蓋自有道，要不失已，但人于道不熟，便覺處之費力耳。如何如何？偶來介，不俟即歸，因趙仲縝行得以附此，自餘仲縝當能言之，所冀若時為器業倍萬珍厚。匆匆不宣。

答李塾書

七月日，某頓首復書賢良李君足下：某昨與令外舅遊，聞足下儁才甚著。日者復幸尊公同制而升，得奉周旋，每以未見足下為恨也。中都坌冗，日力不暇給，雖欲從多聞之士以講明道藝之藴，如無繩而縶馬，敢意高誼不遺，跫然足音乃臨于蔀室，寵以書教，述古今言行之要。取士之略，知唐制不逮于漢而本朝獨近于古者，粲然其文之華也，鏗然其韻之美也，淵然其中之宏而渥然其外之澤也。

夫制舉之缺，自元祐以迄今，聖天子蒐羅于四方，而足下昆弟裦然為首，以振眉山之舊。禮樂法度之源，兵農刑政之本，足下講之熟矣。六經之説無不習，百家之言無不通，此猶未足道。竊嘗念之，中原困于兵革者逾五十年，衣冠淪為左衽①，天子蓋不忍為之屈，思得非常之材，以攄天下之憤，而復致周道之興。故鄉舉里選為未足，而前史以為制舉者，所以待非常之材也。上心慕焉，足下宜有以副此也。

某之老懦，徒將拭目于斯。雖然，不敢忘也。既勤厚意之辱，故輒上以為謝。異時功名之來，足下徐舉武而收之，始可以為今日賀也。不宣。某再拜。

答陳亮書

頓首復書同甫上舍足下：比承過臨，遽甚未及款，然一奉餘論，亦足慰平昔願見之心。伏辱示教，審聞舍安穩，且蒙惠貺文卷，連日偶暇，方得盡讀，不翅如釋調飢也。足下學力既博，筆力健甚，且于歐陽公文，獵其精華而咀之，宜其不蹈近世畦畛矣。至于考究文中子

---

① “淪為左衽”，原作“淪于塗炭”，據影印文津閣四庫全書本改。

之藴，詆訶陳壽之未善，皆合至當之論。鄉閭銘誌序記，意皆不苟然，持此方駕于古，信無難也。況足下讜言宏議，又有藴于胸中而未究者。

某衰懦不進，何足以祇大惠①？徒知感愧藏弆而已。夫君子之待時，亦猶智者之用兵，先為不可勝以待敵之可勝也。不可勝在己，可勝在敵，苟有以待之矣，其于世之用何必焉，惟不至于用而卒無有也，則善矣。誠願足下益厚其有以俟之也。然偶有一事，欲資于左右，未知然否。比見宗忠簡公遺烈甚壯，而無狀之與傳之者，足下與其家子弟既善，又為之銘墓，若其乃祖在仁里，名德不可一二數，自靖康以來，名臣巨公中亦不可一二數也。足下一為紀述，何如？承許稍涼至郡城，甚幸。今歲一雨應期，遂當有秋，顧疏謬于此，時無一二可以警教者，亦願足下之不鄙我也。匆匆布謝，不能盡所欲言。尚幸恕照。不宣。

答汪尹書

某頓首復書作霖教授學士足下：道之不傳久矣，天下之士其號稱學者，孰不曰吾欲學夫道，然而世卒莫之許焉，豈道為終不可傳哉？幸有許焉者，其不詭于聖人幾希，其言合而近者復幾何哉？昔夫子之言曰“志於道，據於德，依於仁，游於藝”，此蓋以教于門弟子之本旨也。所謂志者，勿忘之謂；游者，則或出入焉，據不可失，依則不可離乎！自後世以文取士，雖日誦詩書之言，習禮樂之説，漫然不知以道為何物。逮其無所得，則又反取佛老之書與吾儒之相似者，緣飾求合，以為必如是然後可也。嗚呼！其果可乎哉？

今者足下貽書，首以志於道為言，足下其知所本矣，抑好之而遂欲求之乎？顧僕何足以預此。雖然，自寓于仁者之里，聞足下力學該博，以取上第，意者亦厭于文詞之末，欲究夫道，則猶有可言者爾。

足下所稱唐之韓公、本朝之歐陽公，二者固自以為紹聖人之傳，足以詆訶近世者也。及韓公作《原道》，其欲推明聖人之心亦力矣。

---

① “祇”，影印文淵閣四庫全書本同，影印文津閣四庫全書本作“抵”

至于以博愛為仁，則亦淺于聖人之道也。夫孟子以惻隱之心為仁之端，謂其端緒之始見者也。非仁止于此爾，不知顏子之克己者果何事哉？歐陽公論性，則以為性非學者所急，而六經不言性，不知窮理盡性者，果何事哉？二公者，是猶溺于文詞而未究，況他人乎？足下或以為然，試推而觀之，則亦見夫大原者矣。僕雖老鈍，猶將鞭策其後，繼此有進于左右，不識以為然否。伏幸照察。不宣。

答史千書

某頓首復書伯强隱君賢弟足下：曩聞從者嘗經上饒，不獲一見之幸，每以悵悵。小兒來自秋浦，竊知從長者遊，乃辱書縢之貺，辭義粲然，三復不能去手。既已至慰，蒼莨小亭又蒙惠然題詠，增光林壑，以重老朽之幸。且拜近詩一軸，因歎足下才氣議論卓偉如此，《湯諫》序文盡之矣。猶踸踔塵埃間，理有未喻，造物者抑將大其蘊而後發耶？來書所謂人才不可偏廢者，確乎至當。安得用材者人人言此言哉，則天下事信無不舉矣！何由面布，憑紙耿耿。蜀道遼邈，西歸豈易，所寓尚可留否？更希與時消息，以樹遠業。區區不宣。

答林黄中别紙書

寵示《春秋新解》序文，得觀妙製，有以見考證之詳，恨未盡窺全編以發蒙陋也。然左氏丘明之辨，近年惟葉石林之説最備，蓋以其下及三晉之時推之爾。愚意猶謂吾兄今既窮經旨之奥，若丘明是非，似不必深究。不然，則是杜元凱、蘇子由之襲也。頃嘗語學者，古人廉于取名，如左氏文學如此，竟不知其名字。近世士夫，一詩一曲，纔佳句便欲揭榜四門，惟恐為人所攘耳。

答祝允之書

某頓首復書貴誠學正先輩足下：比辱過顧，承惠修書，指言道學之傳，欲趨于正，辭采爛然，已深慰幸。且示《中庸發原》一編，連日熟復，有以見用意之深，學問之力，猶不鄙于老儒而咨焉。感歎何已！

上饒，禮義之鄉也，能文之士接武，某今者寓居，遂為里閭，每恨于斯道若未見切切者，敢謂得此于足下，不翅逃虚谷而聞跫然之音也，幸甚！為大夫《中庸》之書，子思受于曾子，而以孟子所傳于子思者合之，可信不誣。足下指其首篇百有九字，以為要旨，實先儒之未及也，甚善甚美。學者能盡心于此，不患乎無得矣。然《中庸》之為義，則猶體用云也。不曰中和而曰中庸，以和者在人之喜怒哀樂則發而中節，在天地萬物則成位而生育，不若庸之盡爾。與《易》相表裏，《易》則始于天地，貫以人事。《中庸》則首以性命，終以天道，皆一揆也。前輩謂《乾》之九二“龍德而正中者，庸言之信，庸行之謹，閑邪存其誠，善世而不伐，德博而化”，即中庸之義，但後世未之識耳，足下發其首篇之要，是也。至其餘二十九章，自性命之原以及於君臣父子之際，天下國家之經與夫知仁勇之德，禮樂之作，而復歸于上天之載，蓋有奥妙而本末次序亦未可略焉。要當成己成物，則率性修道，施之于天下，皆吾之中庸也。仲尼之學所以不同于異端者，正在合而不分爾。惟合而不分，此中庸之不可能也，若遂分焉，則猶異端矣！足下倘以為然，願益廣其説而大之，知粹然皆出于篇首之旨而不離于道，此正子思子所望于後世也。

答子雲示吴生三物銘别紙

養生固是一事，既有此身，何可不養以受其正？若只要不死便一邊去，不知或遇横逆而至于死，則何以處之？莊子所謂虎食其外，仲尼所謂夕死可矣，須理會過也。釋氏詆仙以為守屍鬼，蓋謂待千萬歲而後死，校之凡人則久長，責以聞道，猶隔一塵也。

釋氏只是説一悟門，故以山河大地、六根、四大皆為前塵妄想，要人悟見本來面目爾。若便悟得固善，未至于悟則執持此説，所失反多，所謂癡人前説夢也。果用此説，佛從何來？然佛之説，卻自有救此處。故曰一切權道，攝人為善。《華嚴經》許多境界，臨了方咄，善財法性如是。《摩詰經》諸大弟子自言不堪往彼問疾，足以知其權道。今人以其權者為正，以其反說為常，豈不哀哉？雖其徒號尊宿明了者，錯亦多也，伊川以為無一人，卻太過。

吾儒至孔子而後集大成，上古聖人因時成務，猶各用一說也。以三易所起，三正所建，可見孔子直是不肯分開，故最為難曉。以此養生，以此坐禪，以此治天下，要之是分不開，可離非道也。莊子所謂盜亦有道，雖未知所擇，不可謂非道也。今于《周易》觀之，看自已合做甚事，即為隨時之義也。

子思、孟子說誠，孔子猶不說，只說無妄。釋氏先說妄，故好聽也。蓋无妄即誠也，則其妄者皆不必說矣。誠者天之道，誠之者人之道。人與天一也，特位不同而事有異，易地則皆然也。

吾儒所謂天者，理之自然而無二者也。欲人易曉，非穹然在上之物也，故曰天理，盡性知天。釋氏則以神明之尊者為天，故于外別說曰佛，士大夫不能不惑。然其說有如來圓覺及無佛無我，則是也。三界外塊然在上，果何謂耶？

道非只在氣、精、神也。氣與精、神為吾之內爾，天地萬物日用者皆是也。孟子有所謂浩然，子夏有所謂未始有氣者，則深矣。張葆光論《易》，乃以神、道、易三者言之，便自有差。今止以氣、精、神為道，若此三物，從何而生？守而養之，便以為道，則膠柱矣！老子所謂恍惚者，謂其中有物有象而不可名狀也。若著在恍惚，則釋氏所謂弄精魂矣。然孔子亦不肯說恍惚中有物有象，只說太極，而曰見乃謂之象，此更不疑誤後學也。

老氏雖說無，亦不拘于無；釋氏雖說空，亦不拘于空。故曰常無欲以觀其妙，常有欲以觀其徼，則有無一也。色不異空，空不異色，則色空一也。猶一陰一陽道矣。孔子更不肯說無與空者，恐人之習其說，入于漭沆無實而遺治道也。後世之有玄虛寂滅之說，而不能治天下者，由二家之學有以啓之也。

人要用功，且以存心養性為先，眞積力久則自見觸而長之。喜怒哀樂發而中節，日用之間，縱橫自在，益有可樂。若調氣以養生，收心以坐禪，亦不妨事。然既是士人，是須做士人事，便要絶粒飛昇，累刦入定，則是有貪求之心也。須要素富貴、素貧賤、素夷狄、素患難，皆無入而不自得，即仙即佛矣。

生乎由是，死乎由是，生死一理也。原始反終，故知死生之説。若只要生，不要死，是未知其説爾。知其説，則死生俱不礙道，故釋氏以元無生滅動人，要須識其實，若但以生為幻妄，死為眞實，又卻病也。

南澗甲乙稿卷十四

序

繫辭解序【案】元吉《繫辭解》，朱彝尊《經義考》云已佚

《易》之作何也？聖人將以傳天下之道也。或曰：“道其可以言傳乎？”曰：“言不可傳，則焉用聖人？故曰‘《書》不盡言，言不盡意’。”然則聖人之意其不可見乎？聖人立象以盡意，設卦以盡情僞，繫辭焉以盡其言，變而通之以盡利，鼓之舞之以盡神，此之謂矣。夫傳聖人之意者，言也；因聖人之言以求者，道也。故辭即言爾，凡陳于卦而附于爻，皆辭也。而後世又以不陳于卦、不附于爻，泛然論《易》之指歸者，別謂爲《繫辭》，或曰《大傳》也。有議其非孔子之作，吾意其爲贊《易》道以黜八索者，非孔子莫能也。不然，其必有自而傳歟？古人傳《易》者多矣，或指其象，或定其數，或究其理，而于《繫辭》，獨取其大意而略焉。閒又講之而不備，泥之而不通，則所謂象之與數，數之與理，固無自而合也。三者無自而合，其于聖人之道，能盡而知者鮮矣。學者欲探聖人之道，當自《易》始。欲明聖人之意，當自《繫辭》始。于是而得焉，知天之所以為天，人之所以為人，施之天下，何務之不成，何功業之不見哉？況夫異端之說，皆不攻而自破矣。

予生嘗自誓①，年至六十乃敢著書。淳熙戊戌歲，既六十有一，

① “自誓”，原作“有誓”，據影印文津閣四庫全書本改。

始志其自得者，作《繫辭解》。閲再歲而僅成，因序而藏于家。嗚呼！後之君子有所自得，然後于吾言為可信，千載而下使聖人之道復傳，是則聖人之意也。淳熙十年正月，潁川韓某序。

焦尾集序【案】《通考》韓元吉《焦尾集詞》一卷

《禮》曰："士無故不徹琴瑟。"古之為琴瑟也，將以和其心也，樂之不以為教也。士之習于琴者既罕，而瑟且不復識矣，其所恃以為聲而心賴以和者，不在歌詞乎？然漢、魏以來，樂府之變，玉臺諸詩已極纖豔。近代歌詞，雜以鄙俚，間出于市廛俗子，而士大夫有不可道者。惟國朝名輩數公所作，類出雅正，殆可以和心而近古，是猶古之琴瑟乎？或曰："歌詞之作，多本于情，其不及于男女之怨者少矣，以為近古何哉？"夫詩之作蓋發乎情者，聖人取之以其止于禮義也。《碩人》之詩，其言婦人形體態度，摹寫略盡，使無孔子而經後世諸儒之手，則去之必矣，是未可與不達者議也。予時所作歌詞，間亦為人傳道，有未免于俗者，取而焚之，然猶不能盡棄焉，目為《焦尾集》，以其焚之餘也。淳熙壬寅歲，居于南澗，因為之序。

高祖宫師文編序

高祖宫師文編僅三十卷，皆兵火後所輯，非舊本也。公自少喜為詩，然見子弟傳錄輒毁去，曰："士大夫當以行義為先，是何足成名，吾以自適爾。"紹聖中，黨議既興，公謫均州，歸未終歲而薨，其治命則曰："吾平生所行事人自知之，他日無請謚，毋誌吾墓也。"故自建中靖國以來，公雖追復元官，諸子不敢議銘事。中興四十年，元祐大臣往往得謚，子孫亦莫敢請也。獨鮮于大受所為行狀猶在，用列于篇首。某逮事曾叔祖留司御史讳宗質，時王、蔡方張，有所畏避，凡家集手自鐍之，無得觀者，故公之論新法、觸時禁之言，皆不傳于外，而所傳奏議，十不四五也。南渡流離，集藁遂逸，訪于四方，莫克盡獲，惟詩尚多而内制特少，至其他文，如《與蘇子美書》《誌程伯淳墓》，士大夫雖知有之，無復見也。

嗚呼！公固不以文自名者，其在家庭誨子弟，每以西漢為宗，故其筆力雄健，尤為南豐兄弟所推。曾舍人既葬，必得公之文碑于道，而豫章黄太史自言因公詩得用事法，豈道德之蘊于內者深，其發于文詞者皆餘事哉？

小子不佞，無以紹君子之澤，獨其文編負笈而藏，欲俟備而傳焉。懼有河清之嘆，因裒而刊之東陽郡齋。夫自涯而觀于瀾，歷階而望于奥，亦足以知其大略矣。異日求于好事之家，繼有得者，尚將附益云。淳熙元年十月，玄孫具位某謹書。

極目亭詩集序

婺之牙城東南隅有亭，纔數椽，郡守周彦廣嘗取米元章所書“極目亭”三大字榜之. 然元章舊題乃上蔡也，既陷没不可見，猶得見于吾州，豈特其名之適實，而字畫之妙，亦因是顯矣。然棟宇狹甚，不足以陳觴豆、列絲竹，客至徙倚而愛之，主人僅為茗飲，或奉一杯相壽而已也。

予再為婺之明年，值歲豐少事，乃闢而新焉。其規制不能侈大，頗與其地為稱。于是來登者酒酣歡甚，往往賦詩或歌詞，自見一時巨公長者，及鄉評之彦與經從賢士大夫也。蓋婺城臨觀之所凡三，中為雙溪樓，西為八詠樓，東則此亭，皆盡見山之秀。兩川貫其下，平林廣野，景物萬態。而雙溪直譙門，涉通衢百舉武，八詠在郡庠之偏，距州治尤遠，且須女之祠寓焉。二樓不可頻至，惟極目亭在後圃之隙，不必命駕煩民，得與賓客共之。予以山林麋鹿之姿，遇退食之餘，好風佳月，必攜幼稚，支笻躡履，徜徉于兹。蓋溪光山色，奇花美卉，無日而非我有也。吾恐異時太守之賢不得而廢，則嘯歌觴詠，有以慰吾之暇者，可不傳乎？雖蘭亭逸少之風莫及，而峴山叔子之嘆未忘，因類而鋟諸木，俾好事者其有攷云。淳熙六年十二月，潁川韓某序。

九奏序

《九奏》者，繼《九歌》而作也。昔楚大夫屈原既放沅、湘之閒，作《九歌》，以文其祀神之曲，而寫其宛結，以風諫其君，有《變風》《小雅》之遺意。漢人王褒、劉向之徒爭效之，然而詞意褊迫，弗逮遠甚。宋興，鮮于諫大夫始作《九誦》。靖康之難，二宮在郊，九品官胡珵亦作《九章》，以述都人怨憤之音。由是國朝騷詞，遂與古相上下。

而《九奏》者，吾友龐謙孺祐父之文也。祐父家單父，其先正潁公有勳在廟社。年方壯，仕方為海陵尉，非有放逐之悲，抑冤之情欲訴而不得也。嘗游江湘，覩舟人祠事，有感于衷，一奮筆而為之，由是古今之作，殆將襝衽焉。信哉！祐父之奇于才也。祐父之自序，大抵傷其貧且賤而技能之微，上既不能達于君相，下亦不見憐于朋友。雖進退不可，而終無怨尤之意，此聖人之有取者也。故其言幽深而不窮，頓挫而不怒，簡而辯，曲而明。其旨初若散漫而不知其有統，其事初若譎詭而不知其有道。首以歲君，終以送瘟，間以舜陵、湘妃之事，而祐父之意遠矣。其一篇之中，則又指意各自不同，非深于騷者舉而喻之，亦莫能曉也。祐甫平生好為古文，凡前世文章之大者，必取而為之，不拔其萃不已也。

予辱與祐父交，蓋嘗見其削《封禪書》禎符而為《受命書》，刺《七發》《晉問》而為《楚對》，奪《遠游》《大人賦》而為《羽人賦》，而今又見其轢《九歌》而為是《九奏》也。其筆力自視，直出屈、宋右，不問漢、唐也。而或譏祐父之文非世所用。夫圭璧、匜爵，不用于世久矣。今斸地而得斷璧，壞冢而得蠹匜，人猶寶之不忍棄，非謂其古之餘哉！《九奏》之成也，會予兄子雲之官長沙，而祐甫寫其二以贈，曰："一以報之湘中，一以置之黄陵廟。世之人不吾知，吾其幸知于神乎！"蓋其志尙如此。雖然，世之人觀祐甫之文而知其工者不少矣，然而徒知其文之工而不知其意之有在。苟能探其意而勿眩于其文，以遂識其為人，則庶幾眞知祐甫者哉！

富修仲家集序

雒陽富橚字修仲，文忠公四世孫也。幼孤，長于伯父樞密公季申，以其恩入官。好學敏鋭，自其少年，詩語字畫則已過人遠甚，士大夫遊富氏之門，皆知其為令子弟也。既壯，為他文辭益贍，又刻意進士舉，累薦于漕臺。上官一見，輒器愛之，爭俾任其牋奏，雖其伯父，亦謂其“可世吾家”也。既更京秩，試一邑，貳一州，得守軍壘而遽終，莫不歎而惜之。

其二子集其平生所為文以示予，曰：“先君之交，君其厚者，願為之序引，以藏于家。”予于是惕然而驚，恤然而感，曰：“曩予與修仲昆弟同寓于閩，訪僧廬、游名山，把酒賦詩，追逐上下，今猶多見其文字，獨修仲不可見矣，其文實可傳焉，可不為之一言？雖然，士之所不得自用者才也，所抱者志也。才之用否繫于時與命，而志之所尚，非文字安能發之？修仲先世之勳業，與才之所可用，一見于天子，而不獲盡于一州，年纔五十，則命之奇無可言者。然其事親極于孝，兄弟極于友愛，交朋之閒樂易而無忤，至其趣向所守，則端正而不頗，遇先達名輩，每汲汲咨問其作文之法。見當路貴人，率告以天下之利害，未嘗為其身謀，則其志為可知。其為文與詩，則平淡簡遠，不為世俗鎪鏤奇崛之態，蓋皆自其家學。好事者因其文集而探其志，則修仲庶其不泯。豈獨傳于其家而已哉！”淳熙丙午八月，潁川韓某序。

張安國詩集序

詩之作，得于志之所寓，而形于言者也。周《詩》既亡，屈平始為《離騷》，荀卿、宋玉又為之賦，其實詩之餘也。至其託物引喻，憤惋激烈，有風、雅所未備，比、興所未及，而皆出于楚人之詞。後之學者，執筆跂慕而終身不能道其一二。或曰楚之地富于東南，其山川之清淑，草木之英秀，文人才士遇而有感，足以發其情致而動其精思，故言語輒妙，可以歌詠而流行，豈特楚人之風哉？亦山川之氣或使然也。自唐以來，詩人寖盛，有得于天才之自然者，有資于學問而成之者。然才之不足，不能卓越宏大，則失之淺近而無法；學之不至，不能研深雅奧，則失之蹈襲而無功。捨李、杜而降，咸有可議者矣。

嗚呼！若吾安國之詩，其幾于天才之自然者歟！安國少舉進士，出語已驚人，未嘗習爲詩也。既而取高第，遂自西掖兼直北門，迫于應用之文，其詩雖閒出，猶未大肆也。逮夫少憩金陵，徜徉湖陰，浮湘江、上灕水、歷衡山而望九疑，泛洞庭、泊荆渚，其懽愉感慨，莫不什于詩，好事者稱歎，以爲殆不可及。蓋周游幾千里，豈吾所謂發其情致而動其精思，眞楚人之遺意哉？雖然，安國之詩清婉而俊逸，其機杼錯綜如繭之方絲，其步驟蹀躞如驥之始駕。若天假之年，施藻火而御和鸞，其誰曰不宜？惜其不幸蚤世，予嘗欲爲之哀詞，悼其平生，未果也。歷陽胡使君元功集安國詩，得若干篇，將刻而傳之，以慰其鄉閭之思。又掇其歌詞以附于後，屬予序引。予於是收涕而懷，有不忍述者。嗟乎！士大夫或未識安國，詠其詩而歌其詞，襟韻灑落，宛其如在，亦足以悲其志之所寓，而知其爲一世之雋傑人也。乾道八年四月庚申，潁川韓某序。

東歸序

凡天地閒物，不能無動。物之至大者莫如天，乃動而不息；地雖不好動，沴氣奸之則搖；山岳不能動，震雷撓之則傾。三辰運行，百川東之，雲煙雨露，陰潤而火然，無非動者。草木之體，不良于動，故動以風鳥之戾，天獸之走。原魚之泳淵，蠢然血氣之類，動則生，不動則死。至于鬼神之變化，寒暑之去來，又皆默動而不可知者。人生號物最靈，其口目手足之應于外，心志肝膽之役于内，呼翕語笑，晝夜起居，固已不勝其動。又善取物之靜者，從而擾之，範金陶土以爲器用，斬木伐石以治宫室。執戈矛、奮弓矢以助爭奪，績桑麻、藝黍稷以給衣食，設籩豆衮舄以行禮，制匏革絲竹以合樂，舉天下動而不知少休。然舍是，人之有身，所謂大動者焉。駕輕車，騁駿馬，水戴而陸負，羸金而裹糧，以行中國而歷異域，近者數千里，遠者數十年，恬不以為怪，特其死生安危、窮達禍福，舉遇于此，以是觀之，蓋亦多術也。《易》曰："吉凶悔吝，生乎動者也。"夫以吉居其一，而凶悔吝居其三，是動之無益審矣。然向所謂物不能無動，則人雖欲安坐而孰得？惟君子循理而動，于其所不免者，蓋將處而勿恤也。

予生走于四方，失彼而取此，背東而馳西，好動而得咎者，宜莫如予。紹興之甲子也，客于建安，夏大水，舉家幾為魚，計足以自活。明年春，乃求試于禮部，時予兄官于杭，方其入門而拜吾親，兄弟日以相款，予之意欣然若有得也。既而厄于有司，與二三子朝夕自放于詩酒，予之意拂然若有懷也。歷時且歸，而離羣羈旅之狀又嘗愀然若有所不釋也。因思是數者，殆可繼之一笑，而皆起于予之好動。又思物之動者乃其常，意天下之士動而致此者非獨予也。噫！使動無吉則已，如有之，豈得以其悔吝言哉？予懼其懲也，作序以自怡。

送梁士衡序

僕嘗病世之君子以行道為難。夫道之行則固難矣，惟君子不以為難，則于道或庶幾焉。何也？彼誠有以任之也[①]。更嬴，天下之善射也；伯樂，天下之善御也。彎弧而斃千鈞之牛，執策而馳九軌之道，豈所謂善射、善御哉？至于睨懸蝨而命中，蹑蟻封而不亂，始可以為善矣！由是言之，君子之于道，不就其難而行焉，亦何用見其君子哉？

自一命而上，至于王公大人，皆欲行其道者也，然而位愈卑則愈難。士衡之尉于仁和也，人以為尤難焉。蓋令命自朝廷而下，部使者得以移諸府，府得以移諸縣，縣以屬諸尉而止爾。又況行畿警邏之繁，百司頒給之富，搜林藪之珍以相水衡，時甘新之獻以益御羞，使客之餽將，漕運之通塞，藉以督輸，板以令役，尉無一不當預，怠則無以應于上，亟則無以紓其下，是其視尉于尋常州縣者，萬萬不侔也。士衡以為難耶？則既受不辭矣；以為無難耶？則前後顧有不勝而去者。故予以謂惟庶幾于道，則有以任之。昔李唐諸公，自京兆一尉而顯者衆矣。異時職事無闕而足以致上之知，設施適宜而足以徠下之譽，俾後世知君子之中，亦有所謂更嬴、伯樂，非士衡疇足以副吾言哉？

---

① “任之”，原作“仁之”，據《全宋文》卷四七九二校勘記：“任”，原作“仁”，據文意及後文改。

送翁子功序

朝廷往歲復孝廉之舉，嘗怪遠近未有應詔，又其選止于在野之士而不及在官者，故郡縣得以藉口而罔敢輕議。蓋舉一孝，謂己必有愧于孝之名；舉一廉，謂己必有愧于廉之名，而眞孝悌廉潔者，又以為玆吾道之常，惟懼其有所表見。上下相疑，賢不肖相嫉，而頑戾貪黠者往往得志，此其所以猶愧于兩漢者歟！

嗟乎！若吾子功，其可以副玆選乎？子功居家孝而慈，在官廉以有立，以孤童侍老母，游宦于四方，不幸喪其兄，而兄之子且幼，子功外經營家事，内奉其親之顔色，俾不至極其兄之思，下撫其幼，俾如其父之存。暇則講學問，擇然後交。其崎嶇酸辛，皆人之所難，而子功獨無難。吾聞之，良農必躬稼，然後望其有秋；君子必躬行，然後望其有顯。士以記問剽竊，希聲利而遺行義久矣，子功其知所本哉！子功將葬其兄于秣陵，因家焉。予感其事而惜其遠也，故以序贈。

送沈明遠序

部使者之職，所以廉察一道，翕張其財賦，疏理其獄訟，而舉刺其官吏，厥任甚重。朝廷為之設屬焉，將以佐其長，治其部，俾悉應夫使者之職而已。十數年來，使者之屬，漫不之選，非出恩家則倖門，文書緫緫，懵不悉為何許事，間以豢乳臭子，則輕脫自肆。甚者假使者之權以把握州縣，鬬怒其長，開闔其黜陟，黷貨而濟其私，故賢士大夫率詆而議之。

天子方新政事，當位者不敢蹈其故常。今年春，吾明遠始用為江西轉運之屬，賢士大夫則又曰："以明遠之學且甚文與其才之可用也，豈特一部使者之屬哉？乃自師儒而遷，豈丞相以猶子之嫌，故推而遠之也？"雖然，使明遠不以丞相之故，少寘于承明著作之地，其誰曰不宜？然而特以是屈焉，吾是以賀使者之屬得人，將自玆始也。大官厚祿，固非君子之慕也，非君子亦不能有也。自麓而躋于巔，自涯而涉其流，其必有漸乎哉！若是，則明遠之所蓄與士之所期，信不可以遲速計也。既相與言，因為之序以送之，且歌以繫之。歌曰：

鼓桂栧兮汎蘭舟，乘春風兮放中流，雨漫漫兮雲油油。江之南兮千里，山有廬阜兮津有彭蠡。其菽筍蒲兮其鱠魴鯉，其荼孔甘兮其酎則旨，奉親之壽兮可以至喜。玉策兮金繩，漆書埃壖兮斯文未登。桂宮兮宣室，千雲委路兮工師未即。嗟搖落兮春菲，彼功名兮各自有時。時倏往兮易失期，子于高墉兮庶以永日。

送李秀實序

紹興之二十一年秋七月，吾友李秀實將主簿于餘杭。秀實所居之邑賢士大夫相與言曰："餘杭，小邑也。士之通經力學問而能成名以自立其家者，近推吾秀實之昆弟焉。故吾之徒歲時相與嬉遊，閒暇相與往來，詩章文字相與唱詠而酬和，杯酒談笑相與讙呼而諧謔①，亦惟吾秀實昆弟之閒為然。今其皆仕矣，行有日矣，吾之徒歲時孰與嬉遊？閒暇孰與往來？詩章文字孰與唱詠而酬和？杯酒談笑孰與讙呼而諧謔？以吾之私，固願其留也。然而人之愛其人，亦將使其功名彰于時而才業見于用歟？抑幸其終老里閭而未嘗相捨也？"秀實之仕也，其將有遇焉者矣，則又言曰："主簿，卑官也，以秀實之所有，與今瀛州、藏室之選角逐于時，未知其孰為後先，而乃使之僕僕于令丞之末，與小吏課朱墨，書升尺，斂板廡下，以望上官之顏色，資廩粟以養其親，則功名其果有期，其才業果不至于掩抑歟？"某遂言曰："夫金、玉，天下之至貴也。金之孕于山也，塊然無以異于土也，治之則見焉，治之屢者，則其質愈精。使世不用金則已，如用焉，飾瑞山之車，模甲父之鼎，吾知必于是乎取之矣。玉之孕于山也，塊然無以異于石也，攻之則見焉，攻之至者，則其文益著。使世不用玉則已，如用焉，會期之圭璧，宗廟之罍斝，吾知必于是乎取之矣。惟君子之于道也亦然，退然無以異于衆人也。試諸事則辨焉。其所試者多，則其道益廣。使世不用君子則已，如用焉，宰天下、運四海，皆

① "相與"，原作"孰與"，據影印文淵閣四庫全書本、影印文津閣四庫全書本改。

君子之事也。然君子之在下位，雖治一官，與宰天下不殊，舉一職與運四海不殊，賤其官而弗為，易其職而無所事，非君子然也。自天子跓蹕于吳，視其郡如京，視其附邑如畿，餘杭蓋畿也。畿之郊，其刺舉之任，非能不居；畿之内，其尹之任，非通官大人不處，而況朝廷耳目之近而接焉？以秀實之賢，猶懼其或不遇，則下焉者其何望？雖然，秀實無以其官之微而賤之，無以其職之下而易之，循吾道而俟焉，其將有遇焉者矣。”予久與秀實遊，固知其不樂于為彼而樂于為此也，念無以紓别者之意，因摭是以為贈。

送李平叔序

今之士，咸恥于任州縣之職。夫州縣非所恥也，其與民甚近且親，苟盡心焉，天下之利病與夫人情之眞僞，無不若睨諸掌故。昔之語治道者曰：“凡官不歷州縣，不擬臺省，蓋慮其不知務也。”嘗以是觀之，世之所謂名公卿，其詳明練達，才無所不可用，卓然能有所為者，未有不自歷州縣也，而今之士恥焉，何哉？督責有加而慰藉不逮，故以進士選者率利于主庠序，以門廕選者率利于游幕府。蓋上官苟得以援其下，必先二者焉，不第其勞佚也，不差其賢不肖也。由是勞而賢有不遇之歎，不肖而佚有幸而賞金。吏部之籍，其舉任多而得會課以更美秩者，莫不仕于庠序、幕府然也；其舉任少而積其攷于不用者，莫不仕于州縣然也。閒異于此，十不一二矣。趨競之風日益長，上日益厭苦其下。嗚呼！為之計者，將寘而不問歟？則吾有以使之也；將廢而不舉歟？則是三者固有典常矣。莫若俾其必試于州縣，然後用焉，則士亦知少變哉！

友人李平叔，其文燁然以華[①]，其行粹然以温。自其少時，鄉之子弟已相率而師事之。至其仕也，乃連屈于州縣。夫以平叔之才，上既未得見用于臺省，下猶足以主庠序之教，而周流若此。由前之説，平叔固無不可為者也；由後之説，則平叔已試于彼，又宜為者也。吾是以知平叔之不遇，殆將大其蘊而後發，異時所謂詳明練達，才無所

① “燁然”，原作“熀然”，據影印文津閣四庫全書本改。

不可用，卓然能有所為者，庶幾見于平叔哉！平叔去為桐廬之邑貳，其地多大山，江出其下，土風雖陋而山川秀發，千載而上有隱君子焉，薄三公而不為，羞萬乘而不見，國家因是以名其州。平叔能以暇日過其故處，周覽其山川而想望其風采，回視向之趨競之徒，亦可以一笑而增自愛矣。

送鄒德章序

仕將為道耶？學焉而行之，固為道也。亦為利耶？不耕績焉，而資于上，非利而何？故雖孔子，其歷聘諸侯者，思以行其道也；有公養之就焉，亦以食其利也。而《記》亦曰："大言入則受大利，小言入則受小利①。"夫利與道不啻水火，而聖人之所不廢者，蓋亦權其輕重而已也。一于道焉，則是貧者必擇祿而後養也；一于利焉，則是跖之粟有不必辭也。是故居上位而道不行，萬鍾弗顧也；居下位而道無詘，雖升釜弗恥也。今之仕者何哉？挾策而詠詩書，執筆而習文詞，既已利之矣，幸而得焉。汲汲然惟懼其不富且貴，則其于利豈有已乎？且上以是求旃，吾以是應旃，苟舍是而由他術，則愈下矣。向之利之者，誠不得已也，而今之利之者，其亦不得已哉？然則古之所謂仕者常概諸道，今之所謂仕者常怵于利也。嗟乎！今之人其無意于古乎？幾何不指此以為迂且闊也。

晉陵鄒德章，有意于古者也。始予見德章于吳中，則從有司之試也。後再見焉，則德章已有列于仕矣。予與德章復皆寓于龟溪，五日不問寒温，則僕從以請，十日不相往來，則兩家婢子有嗟異之色，蓋未嘗不相從也。既再歲，德章之仕有期，而具舟將行矣，而予之羇栖益甚。德章不以夸于予，而以責于予曰："子無以語我乎？"雖然，德章自少力學，年逾四十而始齒一命，亦可謂勤矣。同年之交遊，甫從事于州縣，而德章暫得尉，朝廷易之以主廬府之學，則亦不可謂不有合也。今天下之吏，參倍于其缺，貧者數米而待，不下三四年，而德章故秋拜官，今秋就道，抑又一快意事也。是三者皆無足為德章

① "受大利"，"受小利"，《禮記·禮則》作"望大利"，"望小利"。

道。予嘗聞其鄉人言，德章，道鄉先生之猶子也。自道鄉起家，鄒氏之子弟不登進士科者六十餘年矣，而得吾德章，容貌昂然，長身鬒鬚眉，皆有似于道鄉。又道鄉之始仕也，實掌教于淮南。今德章之于廬，亦淮南之地也，故其風烈，庶幾繼之。然道鄉之名滿天下，正諫而不顧其身，竄逐而不忘其君，彼眞以道自任者，德章其復他求哉？職之所當為，義之所可行，毋徇于世俗，而俾吾之道有立焉，則亦足以繼之矣。非必踐于其位，法于其言，然後以為繼也。若夫異日之富且貴，此今之仕者所宜動心也。如志于古也，其患無之乎？德章遂以予言為然，信以契其鄉人之望也。

送富修仲序

某嘗讀史，自漢而下，其稱循吏者，縣令實居其半。又嘗觀國朝諸公銘傳，其賢德勳烈號為名臣而身試為縣者，十亦不下七八。私竊獨怪，離亂以來，士大夫其視為縣，望望然不啻如蹈水火。其不得已而居之，則甚于墮陷穽、觸網罟，引領求捄之不暇。幸而至于終更，則又如棄蟣蝨之衣，弛千鈞之負，舉手相賀而不敢自以為能。夫距漢則遠矣，豈國朝之事相去纔數十年，而士風如是之不同哉？及某濫為縣，于此然後始悟其由。

蓋古之所謂循吏，不過潔廉以為資，樂易以為政，平其獄訟而拊其煢嫠，以字其民而已，租賦之外，未嘗語財也。今于是數者一切不問，其所先務，惟治財為然，而條目甚繁，朝會甚亟，多出于租賦之外。一物有缺，令則以不任職去。煩言或生，亦以擅興獲罪。故為今之官者，莫難于令。朝廷謂其難也，立法以驅之，俾凡自選而更其秩者，必為縣而後用。夫謂其難者善矣，而不究其所以為難，豈亦議者未之思歟？

雒陽富修仲，嘗為縣者也，而復為貳于烏程，以他人視之，宜有不得用之歎。修仲乃愉然奉其親以往，是亦舉手相賀而不敢自以為能耶？蓋修仲之為縣，其于潔廉、樂易、平獄訟而拊煢嫠，信有餘地。而于世俗之所先務者，常有不忍之意，與予同病。今修仲久已釋千鈞之負矣，而予方引領于陷穽，故其行也，姑誦此以為贐。然烏程距天子都會不二百里，在今畿甸，以修仲之敏于學而贍于文，濟以循吏之政，其將用于時無疑矣。使修仲而得用，庶幾可以究為縣之難，以復于上而革之，則異時書于信史，亦足以繼諸公名臣之後也。

送蔡迨肩吾序

市之肆，百貨攸萃也。有鼎焉，其文炳然龍也，其識蔚然籀也，其重且千鈞。好事者過之，歎曰："鼎之類不一矣！抑鑄于荆山者歟？淪于泗水者歟？出于睢上者歟？寶于壽夢而藏于甲父者歟？是何置而不取也？"將舉焉，臏幾絶而力不勝，蘄告于上，而亦不果取也。他日問焉，售于野人矣。則又歎曰："器其不遇哉！以爾其膏雉乎？以爾其解黿乎？其漸進于公乎？亦遂否于兒女也。"夫《易》六十四卦，取象莫若鼎。足奇而不峙，所以正而奠也。耳偶而上出，所以貫而舉也。腹在中而實焉，所以濟水火也。非金與玉，不可以為鉉。上帝以之享，聖賢以之養。日之策以之推神姧魑魅以之懼而遠。今野人負之而趨，獨何歟？是不然，好事者力不勝也，合衆多之力斯可取矣，上之人未之信焉，合衆多之言，斯可憑矣！奈之何臂莫之交，而齒牙莫之助也。其棄于野也，又何疑？

陽翟蔡肩吾之求仕于朝也，有以異于鼎之在肆者幾希。蓋肩吾名世之後也，其行峻以方，其學邃以博，其文詞議論，視古為無愧，吾意其器于清廟可期矣。然而吾臏幾絶焉，吾言之發而未之或繼也，肩吾去為郴之桂陽令，是猶見售于野人歟？肩吾不顧而笑曰："曩者吾之仕也，貧故也，有地百里，足以行吾之志；有禄釜鍾，足以惠吾之家，雖遠且陋而無所待焉，豈必待于西江之水哉？"怡然無不滿之色見于面。吾是以知肩吾所樂者深而所守者固，不以遇不遇為遲速也。使朝廷不用士則已，有用焉，其忍以數千里為遠、严邑為陋而遺之乎？于其行也，不能無慨然者，書是說以申之。

送連必達序

論州縣之職下主簿、尉一等，則無士之頡頏而尚氣者，或不屑為之。然公卿之貴，間亦由此而漸進，譬之升階焉，躐其級而躋其顛，必至于堂奧而後止。官雖卑，其與民甚邇。故尉之職日邏于鄉，月周于境，邑犬一吠，則援枹而從之。凡里閭銖兩之姧，影捕足躡，志于必獲。死者在道路，則為反覆驗視，惟恐民之無告也。主簿之職，總邑之冗籍，凡民賦之上于官者，雖錢以釐計，米以撮計，必躬印其券，執朱墨以與小吏校，惟恐民之蒙擾也。簿之職稍安而尉之職稍勞，然簿雖安閒，奉檄以走他郡，官冷僕隸呵叱不前，所至公宇蕭然如傳舍，蓋天下則同。而尉之將送警護，法不出百里之內，設部曲、張旗幟、聲金鼓以怖遠近，行色有光焉。一旦龇寇有加，則受賞而遷，更爵而去。故吏之好閒而無能者，往往幸為簿；喜功而望進者，往往幸為尉。二職均賤，而猶有美惡焉。

予世之無能者也，貧不能養，方為簿于劍川，而延平連君必達適為之尉。君之言曰："吾豈惡閒者哉？是特偶然爾。進退吾有命，功名不可以妄求也。"由是必達之在尉，安靜而不撓，間獲盜當賞，則推而與其下，曰："吾躬不能捕也，安可誣人而冒法？且殺彼以榮，我亦不忍。"問邑之士大夫，必曰："必達，蓋賢也。"問邑之民，必曰："尉君于我有惠愛。"故予雖不獲久與君遊，而悉其為人。雖然，必達通經力學，自少有聞于鄉，從天子得科第，試吏于此而稱于民、稱于士大夫，其于當世之富貴，宜乎將由此而遂進矣，信乎其若階而升者矣。而予何足以自見？因其行也，姑道其所以然者。

送龐祐甫序

龐子將歸矣，而告于韓子曰："子盍為我言乎？吾窮于世久矣，意天下之窮者莫我若也，而吾有幸焉。夫世之人類多蠢蠢然也，今吾之生而口能道言辭，手能作字畫，知古今、別治亂，識士之賢不肖而親疏之，玆非幸歟？然而齒滋衆而食益貧，年加長而仕不進，故吾之志率寓于吾文。而吾之為文也，亦庶幾于古而已。酒酣而歌，上徹雲漢；放意而行，不知所之。世雖不吾求，而吾亦未嘗即之也。雖然，用舍君子之事也。人之生也有涯，其將若是而已乎？抑亦不若是也，子以為如何？"

韓子曰："子窮于世而不即者也，吾嘗即之焉。仕者，人之甚慕也，吾為吏者十年矣，而無知焉。名者，人之甚趨也。吾從事于有司者三返矣，而無獲焉。吾聞之，山之窮者益高，水之窮者益清。人之窮也，其行益峻。故吾方將效子之為以自慰，是何子言之悲也？凡人之生也，心志不通，耳目蒙昧，若是者名為天窮；衣食不足于身，爵祿不副其材，若是者名為人窮。天窮者不得于天，人窮者不必用于人。今人之所謂不用者，無過于失夫富貴之期也。王公大人身存而名滅，山林之士已死而言立者亦衆矣。名滅者天絶之，言立者人不得而絶之，其為用也不亦遠乎？今吾與子也，其皆窮于人者歟？苟其不用于彼，猶有用于此也，而予何患焉？"

于是相與抵掌而笑，擊缶而歌曰：山木兮依依，澗草兮萋萋，猿禽呷嚘兮虎豹往來。耕田兮何所，山有夔兮不我肯處。江海倒流兮頹波湯湯，子舟既具兮何病沾裳。遵其塗兮遇潦則止，我車無傷兮從子萬里。

送沈信臣序

馬出渥洼，蓋千里也，日乎澤，風乎野。自他人視之，與凡馬無異也。善相者遇焉，知其為千里也，羈而致之，納于上閑。其馳騁步驟，未嘗攻而調焉，而足以備法駕之容，合和鑾之節，然後知其與凡馬異。何則？馬之質固良，非善相者無以識之，非羈而致之，無以得之也。士之厄于窮，事亦類此。踽踽而趨，吶吶而言，與衆人無異也。舉天下之大，其善相誰歟？周行之位，未嘗不虚；文章諫諍之任，未嘗不闕。羈而致之，復幾何人也？故不仕者既窮于時，而已仕者亦窮于仕。今吾信臣非窮于時者也，然挾其技以自獻于有司，屢上而屢卻，以其才與其文之美，僅得為部使者之佐而無施焉。幸而寘于蘭臺、東觀之中，金門、玉堂之上，其筆力論議，當不在衆賢下。今將造于朝以求仕也，吾聞朝多君子，上而公卿之尊，次而侍從之良，必有善相天下之士者矣，其羈而致之，亦可期矣。然猶慮之過也，因借喻以言之。

送尹少稷序

予嘗觀戰國之時重士，士之見其君至有立談而為卿相，不則厚幣加禮而不敢屈焉。蓋楚不用則之晉，齊不用則之燕，皆以士為貧富，而士亦自恃其才力、辨説，以為擧世之大，將不可一日而無我也。及夫天下既一，士之獲見于君，率以為難。設科置目，雖有長材異行，非自賈者蓋有不得選焉。何也？貴賤之勢殊，而取舍之時異也，士固輕矣。必有人焉，自好而特立，返其重者于己，移其輕者與人，俾在上者不得以其名利爵禄而要之，此視其道之何如爾。

今年秋，友人尹少稷召而至於京。方少稷之未來也，公卿交薦之，部使者顯言之，以為宜在本朝者也。及其來也，侍從之賢則就見之，百執事之良爭識之，退而咸曰："少稷之論信可聽，其才信可庸也。"御史聞之，揚于廷曰："尹某之直諒也，其可儲之以備臺諫之選矣。"翰林西掖諸公，又有誦其詩于衆者曰："少稷之文蓋如此也。"已而陛獻其言，天子以語大臣："是蓋東州佳士，何以處之？"無幾何，少稷得用為樞密院編修官。少稷既拜命，退而言歸，語其所厚者曰："吾不選于吏者三十年矣，吾才無取也。有田在懷玉之下，可耕而食焉。與其詘吾志而徇時，孰若安于命以全我也！"少稷既去，不知者色然異之曰："編修，士之高選，蓋有欲而不得者也。且其次僅旬日，少稷不屑何哉？"其知者亦悵然望之曰："甚矣！吾道之難行也。得一人于此焉可喜，失一人于此焉可惋。少稷不少忍，吾黨之士孤矣！"

嗟呼！以少稷之賢，公卿挽于前，部使者推于後，從官、御史、詞臣、百執事之良左右而掖之。天子動色稱善，自一命之微，有列于右府，士之得此，足以為其身榮，而少稷如逃負避喧，蹀躞焉行而不止，眞明于去就者哉！然予聞之，自賊亮之死[①]，大河南北之民望旌旗而思宋。漢中之兵雖張，而兩淮之備未飭，以戰則無功，以和則受辱，此君相之謀蚤夜而不釋者也。朝廷不用士則已，如用也，果無以

---

① "賊亮"，原作"逆亮"，據影印文津閣四庫全書本改。

還吾少稷哉？少稷異時肯而復來，尚足以慰夫吾黨之士也。

送陸務觀序

凡世俗所慕于爵祿富貴者，必有賢人君子所嘗居之官，相與誦嘆，以為美談而不釋。言郡守指黃霸，言縣令指卓茂，言別駕指龐統。夫霸與茂之云者，以其為丞相、為太傅，于向之所謂爵祿富貴誠有之也，而統則疑焉。且統自以興風俗、長道業、論帝王之策為己任，其視諸葛孔明實伯仲閒人，而當時遂謂一別駕可展其驥足，何哉？夫蜀，巖國也，其壤地褊蹙，無以容天下之士；其官列弗備，無以盡天下之材。彼治中、別駕，幾盛世六卿矣。後徒以其人而慕焉，殆亦可悲也已。

國家之制，自卿相至一命幾級，自臺閣至州縣幾階，自王畿至于窮荒絶徼幾萬里也。朝與一官，夕畀一職，曾未足傷朝廷之大；旦而引之東隅，暮而寘諸西陲，亦無害幅員之廣也。吾友陸務觀之移倅豫章也，則又有疑焉。然豫章大府也，為連帥之貳，以兼制兵民之重，此固周瑜、魯肅所望于統而不可得者，而吾務觀得之，抑又何疑？蓋務觀之于丹揚則既為貳矣，邇而遷之遠，輔郡而易之藩方，其官稱小大無改于舊，則又使之冒六月之暑，抗風濤之險，病妻弱子，左饘右藥，不異于醝茷之商，揭囊而賈贏，造物其安取此也？夫以務觀之才，與其文章議論，頡頏于論思侍從之選，必有知其先後者。既未獲逞，下得一郡而施，亦庶幾焉，豈士之進退必有時哉？聖天子在上，二三賢雋在列，不謂之時不可也。然務觀舟敗幾溺，而書來詑曰："平生未行江也，葭葦之蒼茫，梟鴈之出没，風月之清絶，山水之夷曠，疇昔嘗寓于詩而未盡其髣髴者，今幸遭之，必毋為我戚戚也。"蓋其志尚不凡如此，吾猶為之戚戚而言，亦不知務觀者耶？

潘顯甫字序

潘叔度之仲子名自晦，而叔度字之曰"顯甫"，取程氏謙傳"自晦而德益光顯"之義也。甚矣！叔度之善教其子如此。夫故所謂晦者，非昧然不白之意也。內有甚明，外有所不可見者焉。其猶水乎？且水之積也愈深，則其發也愈厚，人望其黯然而幽者為晦矣。酌焉而視之，激焉而揚之，其明始不可掩焉，君子之用晦亦然。《詩》不云乎“衣錦尚絅，惡其文之著也”。《易》不云乎“蒙以養正，聖功也”。顯甫方進于學也，宜以是思之。淳熙乙巳四月既望，潁川韓某序。

南澗甲乙稿卷十五

記

浦城縣刻漏記

古之觀天有二道，曆以應于時也，漏以應于曆也。嘗攷之《詩》《春秋》，諸侯之國，不得為曆，而得為漏。蓋曆者所以參天地而成四時，此君人者之事也，故《春秋》書王正月；漏者所以正晨昏之度，為朝會起居之節而已，故挈壺氏不能掌其職則齊譏焉。今郡縣實古諸侯比也，朝廷每以嗣歲頒正朔于天下，而郡縣之閒更籌取具，無刻漏之器者多矣。

浦城縣號閩之望，其地視子男為侈，異時樓觀雖設，而刻漏亦不能備。夜行者窺星，趣事者候雞，風雨冥晦則居若瞽矇，然為政者往往視為不急也。吾友趙君益卿來宰是邑，鋭意成之，浮箭視刻，率如古制。書來告曰："器雖微，然所以視民者亦足以知信，子為記之。"夫為政之道，貴不欺于民，不欺之先，要在一其視聽。今郡縣之閒，于所謂晨昏之節者已不能一民之視聽，而況于他乎？使今之示于民者舉如是之信，雖古之為政者，無以易此也。是道也，今之所忽而古之所重。益卿不習于今之忽而趨于古之重，則既知所先後矣，其進于古也優哉！予樂其有志于古也，因為之書。紹興二十五年七月既望，潁川韓元吉記。

淡齋記

紹興二十四年，予始識吾季眞于信陽，愛其温然之文，挺然之姿，將有以世其家也。既而謂予曰："吾嘗以'淡'名吾齋，吾自求其說不可得也，子能為吾言之乎？"予笑曰："子能言而不言者也，而吾可以不言言之乎？夫天下之至美者五味也，至貴者五色也。嗜于口而悦于目，雖吾不異也。醴，吾知其為甘；鹺，吾知其為鹹；醯，吾知其為酸；薑、桂，吾知其為辛。至于泊然而無味者，非子之說乎？青黄者，吾知其為黼黻；紅紫者，吾知其為綺繡，至于混然而無色者，非子之說乎？故泊然而無味者，水之謂也；混然而無色者，太虚之謂也。今夫水流為江河，發為井泉，挹之瀏然以清，激之鏘然以鳴，投之五味而隨所入焉，而水之質蓋不可名狀也。人見其味之泊然也，遂以淡歸之。今夫太虚，大而寓于天地，小而限于一室，山嶽窒之而不為盈，甕盎貯之而不為幽，間以五色而隨所寓焉，而太虚之質蓋不可名狀也。人見其色之混然也，遂以淡歸之，且彼其能受五味而納五色者，豈不以其質之不可名狀歟？使其定而不易，則酸者不可以為鹹，而青者不可以為黄矣。君子之于道也，内以存其心，外以應于事，雖酬酢萬變而無留焉者，是亦將泊然混然而後已也。夫惟泊然混然，故隨所用而無不可。然世之為是說也，苟以為無嬰于名利而不湛于嗜慾，泛然與世不相町畦，則亦不足以獨立于萬物之表，是猶畏夫五味之泊、五色之雜者也。由是之說也，雖朝泊于五味而暮雜于五色，固未有害，彼其明于體而未達于用耶？"季眞曰："然。子之說信辯矣，吾將寘于壁而徐思之。子其以是為記。"

建安白雲山崇梵禪寺羅漢堂記

閩之為郡八，一水之分，上下有四，下州之民習王氏故俗，奉佛惟謹，至上州，雖佛之徒未知有佛也。建炎初，盜起上州，民四鬬亂，四郡之境，蕩為炎埃，而下州獨帖然無事，因相與訾病，以為是不奉佛之應。自兵火事息，上州之民鮮不畏禍，而佛之徒頗知用其說以警懼動化其俗，凡所以奉佛者，相視出力，惟恐其後。無幾何，用事者歛佛寺之餘以佐縣官，由是佛之徒復睨其居如傳舍然，蔑有興事赴功之意。

白雲在建為望刹，異時以禪學著見號為宗師者閲數世，久敝不舉。紹興二十六年，僧惠琳主之，乃嘆曰："閩于天下，僧籍最富，今衰死殆盡，吾將製五百大士之像，使是州之民知雖無僧而有賢聖者存，豈不助吾教哉?"蓋左文林郎葉薦、宋穎實為之勸，二年而告備，又為尊者十八附其旁，佛之會峙其中，費金錢百萬餘，闢堂而居焉，求予文為之記。予笑曰："宋穎蓋儒者也。儒之道，不語怪以惑民，不取人以自利。今是像之設，不惑民而自利耶?"宋穎曰："不然。凡吾州之民樂為之者，以其有遷善之心也。琳之志所以有為者，耻其徒之安于陋而不振也。天下之事，能不安于陋而振以有為，俾民遷善而樂為之，是豈特佛之徒也。"予于是愧其言。然予嘗遊天台，至石橋，愛其山林之幽深，泉石之峻潔，以求望見所謂方廣寺者。而神光鐘磬之異，好事者往往能道之，則五百大士之神，其庇廕于世有不可誣。宋穎今為台州從事，盍一造其地，以吾言招之，于此方之民，宜有以慰其意者矣。

隱靜山新建御書毗盧二閣記

並江而南，自建業歷姑熟，其山之著者曰隱靜，介于句曲、九華之間，初無奇形異態，以峻拔表見于外，而澗壑透迤，草豐木茂，五峯錯立，如高人勝士超然迥出于埃壒，非世俗所得而有也。山之寺曰普惠，棟宇宏麗，佛事煥列，足以稱其山。寺之長老曰妙義大師道恭，當乾道三年，住山二十有四臘矣，禪學疏通而持律嚴甚，足以稱其寺。恭之始來也，寺既圮于盜，因撤而新之，築大殿，植二樓，峙傑閣于南，闢丈室于背，周廊重廡，環室數百，無一榱一桷仍其舊者。恭嘗自嘆，以為積此歲月，其志願之力粗已伸矣，而寺故有閣，藏三朝御書百有二十軸，規制卑陋，不足妥宸章寶墨之重。客過而問之，恭則愯然曰："吾敢後此哉？是以庋天子之書，非有朝命、郡邑之請，懼不可為爾，可自為耶？可自為今為矣。"于是鳩工庀材，夜以繼日，歲十二月乙未，閣亦新焉。先是，閣之建實嘉祐三年，郡人郭祥正為之記，謂其甲于寺屋也，乃以卑陋易之，則其興造加于舊率可知矣。明年三月告成，恭來言曰："以楹數之從衡為七十四，楹以尺度之，高下為七十尺，中以庋御書，後為複閣，以安毗盧遮那之像。左右飛閣，道壁湧千佛，欄楯四合，可以周旋瞻望作禮，圍繞在我教中毗盧遮那廣大樓閣等一切處，使昧者于此，不勞彈指，同入如來大光明藏，而雲漢昭回，炳耀大千，實我導師矣，願併記之。"蓋宋興至太宗皇帝①，悉平僭亂；章聖登封降禪，以告成功；仁宗偃武修文，躋于極治。萬幾餘閒，始得游意翰墨。三聖奎畫，在世為多，高出唐貞觀右，頒之天下，以鎮夫名山川。惟隱靜以梁慧嚴師杯渡道場，獲受此賜。建炎初，賊張琪巢焉，書以僅存，是有神物陰拱而護之。今道恭典治此山②，能竭己力，美輪奐以侈上施，又崇像設，益闡其師傳。用錢凡四百萬，積工凡萬一千有奇，而佛像之費不在焉。志勤而意廣，誠可嘉者。

嘗讀《華嚴》，攷所謂善財童子求善知識，自妙峯極海岸國，展轉南行，蓋百一十許，最後始登毗盧大閣，方能了知一切莊嚴自在境界。然是童子初入胎時，七寶樓閣已現其家，乃見世尊逝多林中重閣故在，而山巔水涯，城郭市肆，人天仙鬼諸聚集相，奔走殆徧，是遭文殊調劇不悟，自今回觀，可發大笑。恭之不起于坐，既已莊嚴佛土矣，而最後因緣，猶示此閣。善財不生，彌勒未見，將與文殊義為同異，必有能辨之者。特以御書在焉，則甚大而光明矣。道恭笑曰："然。所以求子而記者此也。"遂書以為記。

敦復齋記

人之居，凡既往而歸謂之復；其于物，凡既失而得亦謂之復。是復之義，皆返其故而還其初者也。人之所以為人，天地之所以為天地，其必有自矣。在人者求諸心，在天地之大，豈其無心哉？日運而

---

① "宋興"，原作"宋室"，據影印文津閣四庫全書本改。

② "此山"，影印文淵閣四庫全書本同，影印文津閣四庫全書本作"是山"。

星飛，淵旋而岳峙，四時變化，莫有窮盡，天地之心，固未可識。以吾心所存焉者而求諸天地，則亦不外是矣。《易》于坤之震曰“見天地之心”，而其卦曰“復”。以象而言，則陽剝而反下也；以時而言，則陰盡而陽生也；以數而言，則千百未形而一見也。是卦也，既不可以為陽，又不可以為陰，非復無以命之，豈一陰一陽之謂者歟？固哉！先儒之説，曰天地以本為心，寂然至無者，其本也。夫天地之心固寂然而至無，則天地亦幾于息矣。故無之説興，釋氏乃以空擅其宗，學士大夫未有不從而惑者也。自大而媿于細，自精而流于粗，自明而賾于幽，自常而極于變，窮天下之辨而未足以喻。昔者聖人故未嘗言焉，其言者，子思、孟軻也。子思、孟軻之言，出于不得已，而聖人所以未嘗言者，懼夫後世故以吾言為口實，將無所自得云爾。《復》之六五曰：“敦復無悔。”而其象曰“中以自攷”。夫復至于敦厚而不薄，則眞積而不已者也；其無所悔，則自質其中，而知其得者也，故曰“復以自知”。然則果何事哉？就其可見者謂之仁，合而言之則謂之道，是以六二之鄰于初則曰下仁，六四之應于初則曰從道。蓋仁者道之幾，而道者復之本也。故聖人之告顏子，以克己復禮為仁之要。夫難勝者己之私，既克者禮之復，豈吾所謂既往而歸、既失而得者乎？雖然，復不可過也，過則迷矣，迷則罔念而狂者矣。苟不溺于無也，不陷于狂也，則聖人之門其庶幾焉。

丹陽陳晞顏儁傑而有文，力學之士也，名其齋曰“敦復”，以志夫自攷之意，而求予言以記。顧余何足以進此？然竊嘗聞之，聖人之學，自治其一心，則推而至于治天下，本末先後，初無二致。故復之不遠，則以修身；復之既迷，則足以敗國。自異端之肆也，亦曰治夫心者，而其説猶以一身為可外，況于所謂天下國家，孰知可離則非道也。今晞顏亦知攷于中而自見矣，其毋入于異端以務施于天下者，則晞顏眞顏之徒也。乾道四年二月，潁川韓元吉記。

大理寺獎諭敕書記

乾道四年秋，霖雨不止，有詔大理繫囚毋得決，將親慮于廷。先是，夏五月，皇帝御崇政殿錄繫囚，有司用故事，僅以一二見，上顧嘆以為文具，欲革之。粵七月己丑，罪無小大，命脱桎梏殿門外，咸見于陛。玉音宣昭，恩以次降，和氣盈溢，天宇開霽，蓋仁聲一日被四表矣。而臣某甫以愚陋待罪廷尉，退而與其屬仰聖天子威命下逮，夙宵祇懼，思率厥職。凡獄之政罔敢愆，其蔽罔敢弗，時以奉承德意罔怠。又旬有六日，寺之獄始得以空聞。越三日，而璽書被焉。臣等下拜驚媿，此陛下留神庶獄，休澤所致，且函表敍慶，臣子常禮，乃闕弗俞，尚惟何功，肆有以寵嘉之。然臣等嘗讀《大易》，得獄之道四，蓋《噬嗑》以用獄，《豐》以折獄，《中孚》以議獄，《旅》以不留獄，皆本于《離》而行于《巽》。離為日而巽為風，日者君之明，而風者君之命也。繇人君躬明德而推信令，故其下得以審克之，則獄之不留何有焉？洪惟陛下以文王之明，備成湯之信，總攬權綱，南面而治。既取諸離，憂勤萬幾，日昃不暇，而發號施令，巽以申之，用能清問未既于法官，陰修潛消于寓縣，囹圄遂虚，繄自兹始。天且不違，而況于人乎？在《書》有之："勿誤于庶獄，惟有司之牧夫，其克詰爾戎兵。以陟禹之迹，方行天下，至于海表，罔有不服。"臣等不佞，典時臬事，奚足贊刑措之治于萬一，然則整六師以復禹迹，俾四夷率服者，斯拱而見之矣。欽誦訓獎，有榮耀焉，敢不昭示萬世而列諸石。具位謹記。

崇福庵記

古者葬而不封，蓋遠之也。中古而降，則既封矣，然墓而弗祭也。成周之禮則祭矣，故冢人祭墓為尸，然未有守也。其曰守墓禁與墓大夫之職，皆典其禁令而已。兩漢而下，守墓之家始有聞焉。夫葬而封，封而祭，祭而守，豈後世之俗寖不逮于古歟？亦曰禮之變而無悖者矣。謹其兆域之原，護其松檟之植，易其廬而屋焉，假人而掌之，子孫歲時必至而不敢忘，聖人復起，宜有取乎此也。自浮圖氏之説興，士大夫之家欲守其墳墓者，率致其徒，國家著令，從而許之。其爵算有不得命為寺，則亦自築精舍，選擇一二而處焉，以為較之丁壯而無妻孥之累，潔齊寂淨，庶以嚴乎鬼享也，天下之俗幾何年哉[①]！

祕閣修撰韓公之為都大提點坑冶鑄錢也，當紹興之十五年，請于朝曰："所領凡九路，不可以謀尺寸之産，惟母太碩人鄭之喪未葬，將卜地于信州上饒縣。"詔俞之，于是兆于明遠鄉禪寂院之東山。無幾何，公使于蜀，又帥于夔，而不幸捐館舍。紹興之二十年，其繼室李夫人奉公之柩祔窆焉。越五年，于墓左始為屋數十楹以處浮圖氏者。又十有三年，益大葺之，範金為鐘，樓居其上，門闥室宇，以備以嚴，視佛廟之規，雖微而體具。始山未有泉，庀工之日。斸土而泉湧，已而有露降于墓木而甘。夫人嘅嘆，謂其有物陰相之也，因名曰崇福庵，買牒而度為僧者三人，買田以贍夫僧者踰六十畝。蓋韓氏家許昌，渡江而南，墳墓既不可族矣。修撰公蚤以才諝自奮，歷尚書郎，宣力四方，隱然為時吏師，而不得世其貴，以盡發其藴，平生未嘗營産業，僅克有地以葬其親，而身没數千里外，取二猶子子之，繇夫人而後家道立。夫人間關東歸，既教其子以詩書，而躬布衣糲食，翛然自得，以從浮圖氏之學。凡舍宅之外，悉捐其貲以為是庵。嘗曰："吾夫之力所不及者，吾以一婦人之力，閱二十寒暑而卒成之。"

修撰公諱球，字美成，于某為祖父。某寓于信，親見夫人遇事有法，可以為難，故為道禮之變，且述夫人之志以示後之子孫，俾知孝云。乾道四年十月，右朝散郎、守大理少卿韓某記。

婺州貢院記

淳熙四年秋七月丙辰，婺州貢士之院成，太守秘閣修撰李公書來請曰："椿之始至郡也，會詔書以是歲興賢能之士，而校藝未有其所。前太守敷文閣直學士張公津嘗鳩其費，且留以待椿也。椿以多病之餘，顧其政之不暇，懼無以為矣。既而鄉老、士子咸以為請，而七邑之大夫又請為助，于是取于帑廩之餘，合以屬縣之力，而通判州事趙君彦丞奮然願督其役。起于三月壬子，僅數月也，今幸而集焉。凡為屋三百六十有四間，培薄以為高，刓砥以為平，廊廡四闢，堂舍環

① "何年"，影印文津閣四庫全書本同，影印文淵閣四庫全書本作"何幸"。

列，蓋無一弗備。觀者愯嘆，以為面勢之雄偉，規制之穩密，自浙而東所未有也，敢自以為能哉？斯郡人之志，諸大夫之勞，同事之敏，前二千石之賢以遺于我，而適臻兹爾。抑又聞之，君亦嘗為是州，實基此也，故郡人願得君之文以識其始末，則何如？"

某于是拜而不敢辭，曰："古者養士于學，以為絃誦肄業之所；選士于宫，以為賓射揖遜之地，有故常也。自隋暨唐，以文決科，國朝又加密焉。重扉布棘，羣試于有司，賓主肅拜，以就研席，究其經史詞賦之習，質以古今當世之務，引毫伸楮，使其志氣有所感發，才思有以攄盡，非居處閎敞，庭陛顯設，殆不足見朝廷招賢之美、諸侯待士之恭矣。惟東陽郡置自吳寶鼎之初，稽諸星躔，上直須女，故其俗工織紝而事組紃，物衆地廣。中興則為輔藩，德教所及，風化所被，俗變以文，三歲之舉，至五六十人，豪傑相望，公輔踵出，足為東南之表儀。異時試者寓于僧廬，褊陋局隘，弗稱是邦之大。淳熙改元春，某濫膺左符，歲適有秋，《鹿鳴》既歌，深有愧于俊造之論，始得爽塏于郡城西南隅，負巍峯，俯大川，廢榷酤之場，徹二廨以廣之，工築方興，而某易守建安矣。逮張使君來，經營未幾，又移帥于越而去。今李公之至也，寬以惠其民，儉以率其下，凡事宴游而飾廚傳者，一切不務，計吏將登，棟宇是亟，故斧斤之聲未聞，而丹雘之施已具。問于其境，蓋有弗及知者，則其無煩于人，不擾于物為可見矣。且推而不居，猶有逮于吾焉。夫天下之事，不難于基之而難于成之，豈特是役為然哉？惟成而不自以為功，則其于事也無難矣。昔魯作泮宫，史克頌之，故其詩曰：'無小無大，從公于邁。'言民之無不從也。吾意東陽之士，懷長材，抱素業以奉天子明詔，其從公之教益多，則遊斯者，功名自是以發軔焉，必有頌聲以述公之美政惠愛，又何俟于吾文？雖然，不可以無傳也。故百有二十五日之閒，其工與費皆不足書，舉其大者以告于後之人云。"具位韓某記。

東皋記

東皋者，陶氏之園也。陶氏之先，自晉始顯，而淵明令彭澤，高風峻節，足以蹈厲一世。其詩語文章所及，後之君子喜道之，況其族姓家江南，本其苗裔者，則典型餘烈，故應槩見而不妄也。茂安實陶氏諸孫，始予見其試于學宫，聲名籍甚。既而佐大農，從幕府于淮西，猶慷慨有功名之志。逮為尚書郎，則已華髪蕭然，不復問功名富貴事，而間為予言其所居之勝在興國，與郡治共一湖水，將歸老焉。後數年，茂安果自湖湘之使事，挂其衣冠以歸。又數年，則以書來言曰："杭湖而東，得地數十畝，以為東皋焉，東皋中為一堂，曰'舒嘯'，南望而行，花木蔽芾，以極于湖之涯，作亭曰'駐屐'。西則又為'蓮蕩'，小閣挹湖光而面之，餘可以為亭為榭者尚衆，而力有未及也。力之及者，名葩異卉，間以奇石，而松竹之植稍稍茂益矣①。至于山光之秀列，湖波之演迤，風日發揮，四時之景萬態，則亦不待吾力者也。吾雖老矣，得以朝夕自逸，而時與賓客遊于其間，往往爱之不忍去，獨憾子之未見也，可不為我記之乎?"予曰："夫世之所慕于淵明者，非特其去就可尚也，惟其志意超然曠達，適于物而不累于物，有所得者焉。莊子曰：'山林歟，皋壤歟，使我欣欣然而樂歟。'且山林皋壤，非世俗悦于耳目者也。所遇之樂，不自知而發，故雖樵夫漁父，負薪鼓枻，歌聲若出金石，而況于賢士大夫得之者乎？今茂安世之賢士大夫也，脱跡于名利之場，休心于寂寞之境，是宜得其樂，而自附于乃祖，以榮其歸。而予方奔走于朝市，聞茂安之風，蓋已堪愧，而茂安乃欲予文以道其意，亦俾予知歸之有不可緩者歟？嗟乎！予固未有茂安居之勝也，異日倘遂其歸而耕于靈山之下，千里命駕，以訪茂安于東皋，相與植杖而耘，詠歌歸來之辭，舉酒道舊，以謝湖山之美，庶不為淵明之羞矣夫。"淳熙四年九月，潁川元吉記。

崇勝戒壇記

佛刹之在江左，莫先于金陵之瓦棺寺。蓋自東晉興寧二年移陶官秦淮之北，而以其南舊陶地施僧慧力以為之寺。或曰瓦官謂陶官也，後訛以為棺爾。又曰昔有僧誦《法華經》者，以有虞氏之制葬于城

① "茂益"，影印文津閣四庫全書本同，影印文淵閣四庫全書本作"茂密"。

隅，而蓮華生其上，故寺以“瓦棺”得名，然莫可攷也。攷之寺記，晉武帝寧康三年，始建戒壇。唐貞觀二年，造閣三成，高二十五丈，挾以東西二閣，通十有九楹，為一方雄傑之觀。其後閣壞于南唐，又新之，號“吳興閣”，而寺名“昇元”。宋有天下，易“昇元”為“崇喜閣”，亦燼于火。太平興國五年，更錫“崇勝”院額，戒壇在焉。建炎渡江，兵寇雜擾，寺宇無一存者。紹興之十九年也，有寓僧福濤慨然欲復之，而寺基廢為軍營。會慈濟大師初政，以慈恩教法自北方之漢，曰：“吾教江南未有傳也，間智者大師嘗講《正觀》[①]，造疏鈔于此，則此地宜為講席久矣。”相與廬其側，以告于有司，請于朝，得其地纔什一也。施者漸集而濤遽化，政主之餘二十載，悉力營焉。凡殿宇、像設與夫講授之堂、棲息之室、庖湢庫廩無不備具，乃致院事以付其徒，甲乙傳之。書來請曰：“初政幸未死，得以了此寺緣也，願有以記其始末。”

頃予將漕江東，見其營繕之勞、工築之力而志之不怠也，以為佛之徒能堅忍不拔，期于事之必集如此。然予聞佛之說，以空為宗，以寂滅為樂，以身為偽，以諸相為妄，故雖垢衣乞食，坐臥不過桑下，而能神通變化，一光明中，臺殿寶閣，彈指悉現，以起人敬畏之心，示其莊嚴佛土而已。後之讀書者不解佛所說義，乃欲竭人之力，窮土木之工以崇飾塔廟，效其髣髴，然神通示現者無。方人之土木者有限，故言治者詆以為生民之蠹，而事佛之實，固不在是也。今慈濟師則不然，惟以講演妙義動化一方，隨其志之所遇與施者所可及，而使荆榛瓦礫之墟，復為道場清淨之域，規制僅足，不侈不陋。亦建大閣，崇且百尺，造為千佛，以五時教法，寘機輪之藏，遠近從學，持鉢而食者動溢千指，其視正觀昇元寺宇之舊，若三千大千世界納一毛孔，而四方上下隨處各異；又如四大海水入一蹄涔，而魚龍蝦蛭游戲自在，不知是大是小，是同是别也。

師聞之曰：“是中安有大小同别耶？曩者仁宗皇帝賜一寶珠，徑大四寸，鎮在戒壇，前日劫火洞然，此珠不壞，照耀虛空，如揭日月。又顧長康曾于寺室手畫金粟如來之像，號為神妙，吾得舊本，刊

① “間”，影印文津閣四庫全書本同，影印文淵閣四庫全書本作“聞”。

置壁間。有人如此，入吾寺門，受其足戒，能于寶珠恭敬作禮諦觀，審見此寺八百年間無成壞相，隱然常住。況于經營建立，比量大小，作去來今，何有是處？欲解斯義，往問金粟，或説半偈，當能了之。”予笑曰：“諾。”因為之書。淳熙五年五月，具位韓某記。

古文苑記

世傳孫巨源于佛寺經龕中得唐人所藏古文章一編，莫知誰氏錄也，皆史傳所不載，《文選》所未取，而間見于諸集及樂府。好事者因以《古文苑》目之。今次為九卷，可類觀。然石鼓之詩，退之則以為孔子未見，不知所刪者定何詩，且何自知其為宣王也？左氏載椒舉之言，蒐于岐陽，則成王爾。秦世諸刻，子長不盡著，抑亦有去取耶？漢初未有五言，而歌與樂章先有七言，蘇、李之作果出于二子乎？以此篇數首推之，意後代詩人命題以賦者，若韋孟尙四言，至酈炎乃五言也。夫文章遠矣，唐虞之盛，賡歌始聞；魏晉以還，制作逾靡。學者思欲近古，于是其有攷焉。惟訛舛謬缺者，多不敢是正而補之，蓋傳疑也。淳熙六年六月，潁川韓元吉記。

兩賢堂記

並江而東行，當閩、浙之交，是為上饒郡。靈山連延，秀拔森聳，與懷玉諸峯巉然相映帶。其物産豐美，土壤平衍，故北來之渡江者愛而多寓焉。廣教僧舍在城西北三里而近，尤為幽清，小溪回環，松竹茂密。有茶叢生數畝，父老相傳唐陸鴻漸所種也，因號茶山。泉發砌下，甚乳而甘，亦以陸子名。

紹興中，故中書舍人呂公居仁嘗寓于寺。公以文章名于世，而直道勁節，不容于當路者，屏居避謗，賚志以沒。上饒士子稍宗其學問，雖田夫野老，能記其曳杖行吟風流韻度也。後數年，故禮部侍郎文清曾公吉甫復來居之。二公平生交，俱以詩鳴江右，適相繼寓此。而曾公為最久，杜門醉詩書以教子弟，或經時不入州府，不問世故，好事者間從公遊，談風月爾。公亦自號茶山居士，若將終身焉。會朝廷更庶政，一時端人正士始得進用，而呂公前已下世，莫不惜而哀之。公起為部刺史，遂以道德文學入侍天子，蓋退而老于稽山之下。而上饒之人稱一時衣冠師友之盛，及二公姓字，則拳拳不忍忘。寺之僮奴指其庭之竹，則曰："此文清公所植也。"山有隙地，舊以為圃，指其花卉，則曰："此文清公所藝也。"一亭一軒，愛而不敢動，曰："此公所建立或命名也。"主僧敦仁者，言少年走諸方，侍其師清于草堂。清每與其徒誦二公詩語，且道其禪學之妙，敦仁竊聞之，以謂非今世之人也，不意遊上饒，及見二公于此寺。今既叨灑埽之職矣，俯仰踰三十載，思再見而不可得也，將虚其室，繪二公之像，事以香火而祭其諱日焉。于是榜以"兩賢堂"，而求為之記。

夫自中原隔絶，士大夫違其鄉居，類多寄跡浮圖之宇，固有厭苦冀其速去者矣，未有能知其賢，既去而見思也。在《詩》有之："蔽芾甘棠，勿翦勿伐，召伯所茇。"説者曰："茇之為言，草舍也，召伯聽斷于棠木之下，而民之被其德者，思其人，敬其木，不加翦伐云爾。"今二公之寓室，殆亦茇舍之比也。然非有聽訟之勞、及民之化，而敦仁又佛之徒，豈能盡知吾儒之事與夫賢者之詳，乃尊敬愛慕不已，至祓飾其居，以為二公之思而祠祀之，使二公也得位以行其志，則所以致民之思者，豈不足侔于召伯哉！雖然，世之為士者，見賢不能慕，既去而忘其人，聞敦仁之為，過于堂下，亦可以少愧矣夫！淳熙六年七月，具位韓某記。

信州新建牙門記

信之地勢，來自靈山，中道石起如龍，鱗鬣隱現，至郡而伏，以赴于淵。前山品立，如覆鐘釜，水淳若留懷玉，高峰出艮隅，森植猶束筍。故老相傳得陰陽之勝，雖宣和青溪之盜、建炎寇攘雲擾，皆莫能犯其城①，而郡治巋然獨在。然南有牙門而不為觀臺，僅成一樓，與縣之庋敕書者比，閱歲既久，瓦腐甓圮，楹桷摧朽，殆將壓焉。

---

① "城"，原作"地"，據《永樂大典》卷三五二五引韓元吉《南澗集》改。

淳熙之七年也，莆膓林侯枅由中祕書來莅兹郡，既再歲矣。侯之政一以儒雅緣飾，簡易而不煩，士民安之。歲適屢登，因以餘力大治其城壁與其四達之門，猶于牙門蠱敝未之議也。民相與言曰："吾侯宜為此矣。然距其捨我之日不數月，則奈何?"侯聞之，歎曰："古之君子，所寓之舍猶必葺于一日也，況公宇乎？吾雖不敏，尚能為爾成之。"好事者則又曰："州遠于山而附于水，乏土，不可斸也，前人未能為之觀臺者，不以是耶?"並庾有堆阜，侯呼庾吏問曰："平之無傷乎?"曰："庸何傷?"侯笑曰："土于是焉取之。"衆讙然大服。乃以七月壬子，遂興其役，增卑以為高，撤故以為新。凡畚鍤斤斧之工，悉厚其直，蓋無一歛于民者，踰兩月告成。臺崇十有六尺，樓其上，又二十尺，左右為兩夾樓而閣道翼焉。不侈不陋，適其地形之宜。士民德侯之深，偉侯之績，而惜其將解印綬也，願有以識之。

夫門闕之制尚矣，自天子至諸侯，所以出政令，時啓閉，肅賓師一也，下觀而化，于是乎在。故雉門兩觀之作，書于《春秋》。而漢儒記禮，乃以為庫門、天子皋門、雉門、天子應門，惟魯以周公之故用焉。然考之《大雅》，則皋、應二門之築，亦周為諸侯之時，其因于商者可知，故其詩曰："迺立皋門，皋門有伉。迺立應門，應門將將。"且伉之為言，高也；將將為言，嚴正也。豈諸侯之門必高且嚴正，然後應于禮歟？國朝著令，門廈藻栱之施，莫不有制。惟郡之正牙門，得用重屋立臺，而設鴟覆甋，其制特異。蓋揭鎮名、建旌牙其上，鳴笳伐鼓以令昏旦者，視門以為表，非其舍宅比耶？信之為州四百二十有三年矣，其地控閩粤、鄰江淮、引二浙，隱然實衝要之會。山川秀發，人物繁夥。異時多士之雋屢冠天下，而宰輔之出，閒亦蜚聲名、立事業，其風俗興起固未艾也。今林侯舉久墜之典，克合于古，斧藻面勢，有光輝焉。非若汎然樓觀登臨之美，以為執事者遊覽之資而已。雖然，侯之車既攻而馬既駕矣，不懈以思，不惑以移，斷然圖之而不日成之，以徇其民之願欲，則侯之中所存與其所操執者，天下之事何往而不可為哉！某方卜居郡郊，見其民之喜而嘉其事之能立也，因為之書。

雲風臺記

凡人之情[①]，鬱則思舒，局則思放，底滯則思高明夷曠之適。古之人作圃以游，築臺以觀，否則之山林而託焉。雖仲尼之聖，猶登泰山而臨呂梁也，豈不若是，將無以寓其情耶？然君子務以適其情，而未始縱其情。務以適其情者，不過避喧以習静，升高以望遠，俾山林皋壤接乎吾前，而塵垢粃糠不溷吾中而已。

永嘉黄使君堅叟，鄉昭武也，其居一榻之外無所遊覽，久之，得舍北地數畝，規以為圃[②]。面山者為堂，面竹者為亭，作室于花閒，置檻于溪涘，則既有名佳之矣，而昭武之南山最為奇秀，聯屬如屏障。其西則君山，遠在百里之外，聳直倚天。城之中有山號登高，熊踞而虎臥，林木蒼然，大溪絡其下。東北諸峯合遝四出。堅叟築臺而望之，其崇僅尋丈也，凡一郡之山無逃焉。書來，請予名。予少嘗寓昭武，與堅叟遊其山川，勝槩歷歷可想，則以告之曰："韓文公詩有云：'東堂坐見山，雲風相吹嘘。'子之為是臺也，以山故耶？山之狀不可以名，盍試以'雲風'命之何如？"堅叟喜曰："雲之與風，即山之自出也。今吾老矣，仕于四方，得郡而將行，顧未能終耕里閭，而惟徜徉花竹之陰，因臺之成，披襟矯首，以睨夫雲風之去來，當其滃然之奇，瀏然之清，以蕩吾目而觸吾懷，吾之樂則無盡，而君亦何自知之乎？"予曰："予固不得而知也。蓋嘗思之，以堅叟之才，遇事有立，自為州縣官，官聲卓然，宜其蚤獲用于世，而婆娑晚境，猶為天子守千里之地于海隅，其所設施，雖未為不遇，然而嘗聞之，古之賢者，每以致身功名之會，則為依乘風雲。今聖明在上，羅天下之士，以清中原而復太平之業，則夫雲集而應龍翔，風薄而萬竅怒，子之功名，得無其時，又何蹙縮于此乎？"堅叟謝曰："吾豈為是也。君既名之，則亦書之，將以示吾鄉之人，以無忘君之言。"于是書之臺上。淳熙七年十二月，潁川韓某記。

---

① "凡人"，原作"一人"，據影印文淵閣四庫全書本改。

② "圃"，影印文淵閣四庫全書本同，影印文津閣四庫全書本作"圃"。

風鶴樓記

樓在合淝淮之南，故秦九江郡也。至漢孝文析其郡，又為廬江，實今西路也。自春秋季年，吳嘗會于橐皐，而漢封淮王，皆社于此。及孫、曹紛爭，則以合淝寓揚州之治，築為新城。晉人扼淝水以敗秦師，周世宗厲兵正陽，攻戰于紫金山下，遺跡具在。故今廬州形勝，腹巢湖，控渦潁，膺濡須，枕灊皖，隱然為用武之郊，置連帥以總兵民，厥任重矣。

乾道初，詔遣大將暨建康留鑰之臣同視廬城，浚其溝隍，增其甓埴，益固以堅，乃營田以寓兵，列戍以衛民，由是帥守之寄，尤遴其選。淳熙八年，武節大夫延侯璽來鎮是邦，屬歲旱荒，流徙塞塗，公私睊睊。侯內撫飢羸，外弭寇攘，整財治軍，準繩有度，官吏協和，民庶安輯。其明年秋，政成事簡，益求所未至葺而更之。會大雨，水暴注，兩市橋壞，伐木于山，以濟病涉。又訪州之賢哲故象，廟而享之，以興起其俗。于是民服侯之化知所後先，惠而不擾，忠而能力也，相與言曰："吾侯勞于我矣，宜有以佚之。"先是，州廨之背有臺號"熙熙"，為歲時登臨燕樂之所，久廢不治，蓬生而土圮。願復其舊，以紀吾成，以侈後觀。侯則謝曰："臺固美矣，其可為樂乎？然民之幸相與也。其取橋之餘材，臺之舊址，因農之隙，卒伍之暇，為一樓以望四郊，雖不敢效前賢籌邊之作，而驤首縱目，慨然俯仰，以無忘聖君顧憂，庶思效吾職者，則猶可哉！"其冬，樓既成，因其郡佐來請記之而問所以名者。

予嘗行燕、趙、魏之野，有感于戰國之事。蓋城堞相望二三百里，坦坦而近，非有高山巨川之阻，而迭為長雄，勢莫相下，世則以謂兵為險也。然兵固自若，亡慮常數十萬。以樂毅、廉頗用之則强，以龐涓、趙括用之則敗，是豈在于兵，特以人為重焉？及觀謝幼度之戰，正今合淝。是時晉之渡江餘五十年，西北勁兵梟騎寧有在者，而能用吳楚之人以破其百萬之衆，至聞風聲鶴唳以為王師，豈天之助者耶？亦人力爾！

今朝廷視淮西幾河朔比也，以為長城，以為北門，匪文武之英，智略之士，疇克任此？而折衝厭難，俾數千里之地既庶而教，習于技擊而隱于耕鋤，蓄憤養威，不勝從軍之樂而務為安强，如侯之用心，豈易云者！夫幼度遠矣，方萬竅之號，九臯之鳴聞于天外，功名之士蓋有起舞而歎者。今遂以“風鶴”命之，亦紀其故實也。予雖不獲奉侯之樽俎，從容樓上以臨淝水，望洛澗八公之山草木依然，英風壯氣可想而見。後之登臨者，識侯之用心，其忍忘哉！

潘叔度可庵記

物莫不有生，而人莫甚于畏其死。世以養生為言者，求其氣之所自來而保其神之所可至，呼噏運動，以規天地之造化，曰委形蜕骨，可無死也。而為西方之學者，從而誚之，以為人之生皆妄也，惟捨其生，然後見其不妄者存，是謂發眞歸元，而得以出于死生之外。二説既立，未有不奇而信之者。雖然，彼固有激而云斯可也，猶以死生為累者耶！是亦遺人道而慕天道，孰知人道即天道也？生雖不捨，豈不足以聞道，而死何足以累道哉？在人猶在天也，苟不有見，徒自分爾。故曰：“朝聞道，夕死可矣。”然則道何自而聞乎？又曰：“未知生，焉知死？”然則生何自而知乎？《易》之《繫》乃曰：“原始反終，故知死生之説。”且死生既有其説矣，始之與終殆亦相似，而聖人不以其説示人者，欲人之自知也。由不能自知，故切切然惟他人之説是信，目瞪口呿，則亦無惑乎異端之言有以入之也。

自漢以還，世之儒者僅能談治道而不能知率性之道，于是治天下與性命之原，判然為兩塗。千有餘年，以道為何物，則又特以為不過于君臣父子之閒，禮樂刑政之際，所以治天下則然矣。而論者輕之曰：“爾之治天下，吾緒餘土苴也，而道常在于虛無恍惚之中，清淨寂滅之域。外夫死生，棄夫人事，然後足以為道。而儒者蓋亦斂衽避之而不敢問，不則摭其近似而求合焉，是天下有二道也。盍亦觀夫太極之生，陰陽之運，萬物之作，在天成象而在地成形，動靜隱顯，莫適而非道，則其在我何獨于死生而疑之？聖人相授，惟精惟一，而仲尼所謂‘一以貫之’者，曾未之見歟！”

予嘗病世之學者不復知此久矣。頃歲閒居，嘗與吕伯恭論之。今伯恭不幸已往，而金華潘景憲叔度從伯恭游最久而密者也，篤信好學，既連喪其室人，買地于金華之別麓，號“葉山”，以營其二内之藏，而虛其中央，以為他日自歸之所。築室于傍，因以游息，而語其鄉人曰：“吾非以厚死，吾之生亦在焉。”與予之說似合。而伯恭之友朱元晦，以聞道之意名之曰“可庵”，而叔度自名其前之堂曰“退老”，取伯恭之言以名其後之室曰“共學”，左則曰“庶齋”，右則曰“省齋”。二齋儲書且萬卷，以待朋友之習。市良田百畝，以為講習聚食之資，而積其餘以贍並舍之百家，歲稱貸而給之，目其倉曰“友助”。省齋之南有堂曰“明極”，以伯恭舊以名其先人之精舍也，亡慮為屋五十楹，規地可千尺，用意勤勤若是。

予兩竊為婺之守，植叔度庵未成，不獲一至其處，而叔度乃欲予文為之記。蓋潘氏舊居松陽，以儒名家。逮移金華，而叔度又世其科。自謂體弱不任趨走，曾未試于仕，氣貌臞然而道藝日進。距城十里，始為是庵，足以晨出而暮返。其山水之環密，景物之開曠，同志者至亦忘其歸，而叔度每翛然自得也。夫士大夫耽生而惡死，厭常而喜異，一為塋宇，不曰曠達齊物，則必覬倖幽冥無窮之福，于吾聖人之學率未之究。故予追思曩與伯恭所談，為及死生大略，皆叔度之欲聞，亦以告其鄉之士友，俾知叔度之意在此而不在彼也。淳熙九年六月，穎川韓元吉記。

廬州重建包馬二公祠堂記

賢者之在天下，其生也有以惠于人，則死也亦有以懷其心，故雖閭巷匹夫思慕而不能忘，敬畏而不敢慢，此豈或使之然哉？惟其名久而行愈彰，身亡而道益著，百世而下如一日也。故古之為治者，于一鄉之賢、一國之望，必尊禮而敬事之。或不可見，則亦謹視其墓域，嚴共其廟貌，幾若奉其先者。非覬其威靈禍福也，所以興起其俗而動化其民，使知賢者之不泯也。

宋有直臣曰包孝肅公，廬之合淝人也。其在廟堂，不能一歲而薨，而其鄉人至今祠公于節婦臺下。蓋公少以孝行聞于里閭，擢第得官，不忍去其親之左右，喪則廬于墓。及移之事君，當仁祖朝，天下可謂承平，而切切論諫，有古静臣之風，海内稱其姓位而不名，至羌夷之族願賜氏以同其宗[①]，況其桑梓之地，可得而忘之哉？然節婦者，亦公之子婦崔也。始公之子誕通判潭州而卒，崔守志以事舅姑。公哀傷之甚，以為無子，崔則告曰："公有幼子，尚可棄乎？"公駭而問所以，崔曰："公曩所黜媵妾，生子于父母家，貌甚類公，能誦詩書，今七歲矣。"公喜，顧其夫人取之以歸，拊之曰："汝非崔氏，不得為吾子也。"及公没，他日崔氏一子亦死，其母自荆州來，欲奪而嫁之。誓而弗許，乃身送母至家而後歸，且曰："若强我留，當殯于尺組之下，幸以尸還包氏也。"既鄉人上其事，朝廷為賜封邑，旌表其門。故公之舊宅燬于兵火，而表臺巋然獨在，號為"節婦臺"云，因相與塑公像以為祠，凡雨暘疾疫必禱焉。棟宇卑陋，非所以為一郡之觀先賢之禮者，士民欲新之久。

淳熙八年，武節大夫延侯璽安撫淮西，既再歲，民和而政成，始徇其欲而為之。寓公之像于中，而肖其張夫人與子及婦于後堂，位貌顯設，儼如家庭。侯則又曰："忠肅馬公亦是邦之傑也，與公皆家合淝，皆嘗典其鄉郡，凜有惠愛。今俱繪于學宫，博士、諸生以時奠其墓矣，顧其祠久廢，是宜并祀而無疑者。"于是即其旁規地以建忠肅之祠。二役既興，遠近嘉歎，棟楹榱桷，不日以具。既告成，崇扉邃宇，規制甚備。侯躬率僚吏，奉而安之。老稚駢觀，羅拜斂衽，如復見二公端委正色于黄堂之上，亦可謂不言之教矣乎！惟孝肅諱拯，字希仁，自中丞、三司，嘉祐末僅為樞密副使。忠肅公諱亮，字叔明，由太平興國起家，歷事三朝，出入侍從，判尚書都省，以太子少保致仕。其位朝本末與崔氏之事，有傳在史，固不待述，而侯乃以廬人之意，請為之記。

嗟乎！世之論孝肅，第以剛正敢言、辨忠邪、詆權倖、犯天子顏色以議國本、罷内降為難，而某獨歎其初為監察御史時，首言國家取士用人未得其實，歲賂繒幣非禦戎之策，宜選將練兵以為邊備，此誠知天下大計，為萬世慮者。忠肅公智略明敏，雖不至枋用，然識諸名公于未達，自呂文靖、田宣簡、宋元憲、陳恭公而下，期以輔相，號

---

① "羌夷"，原作"外夷"，據影印文津閣四庫全書本改。

知人之鑒。其裁剸繁劇，縱釋逋負，破械脱縛，全活詿誤，前後千有餘人。領麾符者凡十有七，善政固多，而某獨歎其在長沙日，亡命卒剽掠為患，有捕而殺之者，吏坐以死，公特貸之，曰："是為民除害也。"逮移江寧，行次九江，屬歲旱民飢，湖湘漕米適至，公移文守將，發以賑民飢，不問其可否，眞識權知變而喜任事者，非世俗拘攣之比也。今延侯膺一道之寄，來治于廬，乃追美二公志之大者，書而揭諸祠下，庶幾士大夫知而慕之，不徒紀其歲月而已也。淳熙九年十二月，具位韓某記。

信州新作二浮橋記

淳熙十年仲夏，信溪大水，浮梁敝幾墊，郡守朝奉郎錢侯象祖議新之。時歲屢歉，衆懼費不能給也，侯則曰："吾非取諸經賦也，矧敢斂于民？顧吾承乏民上，愧無以及民者，惟是燕設廚傳之常則加節焉。既踰年矣，公費之積或可用于此乎？"後兩月，會予還自宣城，郡之士夫逆而詫曰："子家溪南吾州之橋成矣，前所未有也。意他郡之有，亦莫及焉。且甚異者，方閔于雨，乃七月庚辰橋將繫之夕，雨則大霔，四郊之禾盡興，遠近呼舞，謂將有秋，不特喜夫橋而已也，子其為記之。"于是相與步其上，坦如康衢，屹如崇堤，廣丈五尺，危欄巨艦，材堅且良，羣行不聞足音，疾驅得以並轡，信乎可詫也。又取其餘舟以杭于南港，蓋兩橋為舟六十艘，舟長皆四十有四尺，大橋則東西驛道所由，出南則趨閩粤焉。予睨而歎曰："古者矼石彴木而謂之橋，病其涉之厲也。後世比舟而梁焉，蓋所以濟不通也。故雖盟津之險，長淮之阻，國朝為制，庀在有司，凡州縣之濱于巨川者，得用為法。然或為或否，君子常以是為觀政，非甚力之不足，則亦志之有怠云爾。

信在江東為衝，且巖邑也，力固不能甚富，而當官之怠閒未免焉。異時為是橋者，必資于民，頻易而屢敗。政和中，有縣令鄭畋，始市田為之助，然不能二百畝，水旱猶半焉。淳熙改元，前吏部侍郎趙公汝愚為州，既新之矣，風雨漂搖，濤波蕩激，歲纔十周，舟已復壞。今錢侯之舉也，當賑飢拯旱之餘，惟不憚于暫費而圖其永久，可不謂難？未占而孚，雨以時應，人和之感，可不謂速？眞有志而後成哉！然役興而吏不譁，事集而下不驚，則政之無擾，于是可見。嘗問其費，工忘慮五千四百有奇，錢為六千緡，糜賑民粒米之贏殆三百斛，較之前幾于參倍，則其可久將亦什倍而無疑矣。使後之有志者率勿怠而時葺之，橋之歲月豈可計耶！

侯吳越之裔也，家世袞鉞而澹如寒素，進攝郎省，來試是邦，以遵治民攷功之制，故能損二千石之得以自娛者，思及于民，移豆觴餽餉之悅于外者，以資往來無窮之利。況其雨之喜正與橋會，在《春秋》之法，得以特書，故其士夫之請者，併以為喜，而士夫之喜即其民之意也。”八月戊申記并書。

建寧府開元禪寺戒壇記

佛學之徒，以寂靜能忍為心，而以勤苦不退轉制事。故有斷其肢體以求師授法，死而至于更生，猶未忘其所營造者。用是以崇其塔廟，故雖窮山絶壑，必得其地而居之，而率有成焉，豈類于吾儒所為執德之不回而正固之幹事者耶[①]？蓋特用之于其一法爾。

始予守建寧，而城南有大寺曰“開元”，負山面溪，形勢雄峙，世傳以為吳大將呂蒙舊居也。建炎初，火于巨盜，蕝而未葺。長老僧懷璧住而慨然曰：“當以試吾願力也！”不數年則新其大門，更其兩廡，闢殿庭，興寢室，輪奐規畫，嚴且整矣。去歲之冬，又以書來曰：“寺有授戒之壇，吾學之所甚重，蓋其誓夫新為僧者。自紹興三十有二年移置于寺而猶寓于方丈之地，非天子誕彌之節莫得宣焉。府縣之官拜祝其下，而壇宇到今弗備[②]，乃先捐其平生衣資，然後募諸施者，且取寺之贍衆之餘合為之費。鳩工庀材，甓石三成，琢鏤鎪巧，極其精制，衡餘百尺，從六十尺有二，崇過四十尺，丹髹其楹，繪采其壁。而左翼軍將劉琮者，思子明之功，施作佛像其中，四大神

① “正固”，影印文淵閣四庫全書本同，影印文津閣四庫全書本作“貞固”，疑“貞固”是。

② “到今”，影印文淵閣四庫全書本同，影印文津閣四庫全書本作“逮今”。

介胄其隅，以為之衛。起五月辛未，至十二月而畢，亡慮三千緡也。”而竊欲予文以記，三返而益勤。

夫閩之八州，以一水分上下，其下四郡，良田大山多在佛寺，故俗以奉佛為美，而佛之廬幾甲于天下。若上州則雖有僧舍，類皆空乏不給，況殘毀之餘，能從事于土木哉！璧舊為衢、信二刹，人所欽向而用心精勤，汲汲靡懈，故至則成就若此。予是以知天下之事，不患于人之不能為，而患在人之不肯為。使士大夫遇事而有堅忍不拔之志，則亦何功之不可成，何業之不可廣也？故其有請，不復究浮屠之說、毗尼之教以衒詡其徒，而以有于吾心者舉而示之。然璧亦老矣，聞其築室于山，蓋將休焉。因為此書，俾建溪之人歲時嬉遊梅山陸泉之下，以觀開元紺宇之盛，知其興復自璧始也。淳熙十年五月，具位韓某記并書。

南澗甲乙稿卷十六

記

滋德堂記

君子行事，未嘗必其報也。而天之所以報于人，初不可期以久近。蓋嘗以世俗論之，近者在其身，久者在其子孫，皆所以為報也。故郭令公之貴，第其攷者垂三十年，而漢之楊氏為三公者數世，其理則一。而人人遂以百年之報為遠，曾不知于天地之大，亦朝暮爾。然古有言曰："活千人者，子孫有封。"夫活千人，猶有其事也，不幸而無所事，何用見其德哉？聖人之事天，則曰"作善降之百祥"。孟子曰："雞鳴而起，孳孳為善，舜之徒也。"則善者果何事也。

嗟夫！今世之所謂善，雞鳴而起，匍匐鬼神者有焉，口誦佛老之書者有焉，然薰茹蔬、戒夫殺食者亦有焉。是固未為不善，質其行事，則或不然。吾意古之為善，有不在是。及觀孟子之說，曰"存其心，養其性，所以事天也"，然後知古之事天即為善矣。何也？夫天者，善之元也。善者，道之繼也。天既以性而命我，而我以道之繼者事之，則其心與性之存者，顧何假于外為？至于能活千人，則亦充其無欲害人之心而已哉！

予少寓昭武，買田在郡之東。有朱姓萃居一鄉，號多賢士。時朱君令圖為里之豪，而善不見外，循循教其子弟甚力。後十有餘年，令圖之子欽則登進士第，未幾始仕，而又以賞更其秩，鄉閭始歎異曰："令圖之門何以致是耶？"予聞而告之曰："是蓋為善之報。其所以為善，非今世俗之謂爾。”及欽則將為縣于巴陵，泣而言曰：“欽則之齒一命而官于建安，吾父幸見之矣！今遂宰邑以臨于民，吾父不及見也，悲莫甚焉！歲時得以拜而事之者，墓所有堂，其為我名之而有以記之，以昭吾父之善，俾子孫視而不敢忘也。”予曰：“子之先君子所植厚矣，鄉閭猶莫得而名，而吾何足以知之？雖然，惟其不可知，此固遺予者也。吾聞之，植德務滋，譬之水與木焉，其流日以深，其枝葉日以盛大，故願以‘滋德’名子之堂，而以德之説表其上，不特俾君之子孫視而不敢忘，庶幾一鄉之賢亦敬慕而不能忘也。《詩》有之，‘德輶如毛，民鮮克舉之，我儀圖之’，可不務乎？”淳熙十年正月，潁川韓元吉記。

易足堂記

楚有士，好遊躐衡、廬之巔，泛洞庭，下彭蠡。凡林藪之幽，川澤之奥，無不走也。意未云足，聞有三神山在東海之中，其上多奇禽異卉，人之壽而仙者居焉。意乃甚慕，庶幾可一至也，殫其産以治舟，竭其力以聚糧，没歲窮年，莫能見也。恐懼于波濤之淵，既憊而歸。里之父老從而笑之曰：“曩子之志甚鋭也，吾未可以言焉。今其倦矣，吾語子遊。子獨不見夫吾之居乎？依于數仞之丘，而闢為尋丈之室，隱几而卧，屨未始躡乎閾也，瞑目而遊于胷中，而四方萬里之遠，子所未至者也，吾皆至焉。何哉？子之游者事乎外，而吾之遊者事乎内也，顧安用僕僕然東西行為？昔者秦、漢之侈也，貴為天子，富有四海，力固已并諸侯，威固已服四夷，而惟以其身之未能升天也，旦旦而求之。有方士者嘗為之幻，導之而升，其所見宫室之美、嬪嬙服御之盛，若有以異于人世閒也，恨莫能留，涉筆而志其墉，明日視之，則盡己之宫也。是何哉？由其心之未舒，則縱其耳目之欲者未制，故希于外者無已焉。由是而言，禍莫大于不知足，而富常在于知足。況子以匹夫之賤，規規以好游名天下，亦安往而後足哉？”

友人章冠之聞而嘆曰：“吾非好游者也，借是以推天下之事，其不類于游者幾希。彼富與貴，是人之所欲也。今吾有數畝之田可耕，數椽之屋可庇矣。雖萬錢之廚、千閒之廈不是過也，豈不為甚富矣乎？邑之士以吾為可親，賢卿大夫以吾為可與游，開卷執筴而詠焉。古今事物之情，舉無所遁，俯仰于天地閒，蓋亦無媿，豈不為甚貴矣乎？故吾嘗自以為足，而人常恨吾之不足，特未知世之所謂既富且貴者，其心果能如吾之足哉？今吾僅營一堂矣，將以‘易足’名焉，則何如？”

夫冠之，詩人也，與予兄弟交最厚且久，其清苦貧窶，予亦常恨其不足者。而聞其說若此，犂然有當于予心，遂書以為堂之記。其山川之勝，風景之佳，冠之必能自見于詩爾，予尚何所言哉！淳熙十一年正月，潁川韓元吉記。

竹友齋記

趙彦秬周錫寓于東陽佛舍，種竹百餘，以朝夕其下，名曰“竹隱”，而告于予。予曰：“竹則佳矣美矣，然隱非吾子事也。吾聞古之所謂隱者，謂其時命之大謬而不可以出也。今子以帝族之賢而聖明在上，一試而得官，再試而暫躓。然子之論議卓然益高，文辭蔚然益華，校今多士之選曾何後？齒壯而髪鬒，特時有未至而已，何遽以‘隱’為？吾將更以為‘竹友’則何如？”周錫曰：“君之語我厚矣。夫友者，同志之稱也。竹之志謂何，而人何得以友之？”予曰：“古之所謂友者，豈惟同志之謂，蓋亦友其德也。竹之志不得而通，抑其德有似于君子歟！今夫春而華，夏而茂，秋而成且實，冬而復其根，則固草木之常也，惟竹為不然。以拱把之姿而懷金石不渝之操，以尋丈之材而藴松柏後凋之節。雖葩卉艷發，澹然不為之遷；雪霜沍嚴，挺然不為之槁。依乎山巔，放乎水涯。氣凌雲霄之上，舞佳月而嘯清風，若不復為世用也。逮其用焉，穴而吹之，足以為威鳳之鳴，協律呂之和；挺而簀之，足以障洪河而庇廣厦，薦之清廟而為籩莒，納之金匱而為簡筴。帷堂以為簾，設几以為簞，總竿以為箭，傅羽以為箭。旅于菁茅而不為侈，雜于木屑而不為賤。則竹之用，無施而不可焉，是其虚心以近道耶？今子之未至者，時也，使聖人而能為時，則冬起雷而夏造冰矣。惟時至然後應，則亦何事于隱乎？且君子坐臥于竹陰而吟詠于一室，于懷中之得，固亦無異于隱者，俟有用而發焉，宜無以‘隱’名也，惟竹之德有似于君子，故願吾子友之。”淳熙十二年三月，潁川韓某記。

絶塵軒記

貴溪尉舍，舊有黄梅出于垣間。元符己卯歲，廖明略舉宋廣平之事，題曰“能賦堂”，以況尉君曾敬之也。明略既為之記，而晁無咎題其後，謂其于敬之遠矣。無咎又和其試茶、看花二詩，有“兩絶塵”之句，則敬之為人固可知也。後八十有二年，福唐鄭肇之子仁實為尉于此，乃葺堂之壞而更新之，訪梅栟而增培之，亦治其東偏為小軒，寘筆研書帙其間，以朝夕坐臥而休焉。會秩滿將更，而予因榜之曰“絶塵”，蓋取于無咎之詩語也。

夫三君子遠矣，廖、晁以館閣英名留落是邦，曾君以相家子文采風流，號有典型，一時酬酢往來，歆豔後輩，其于廣平之賦，殆有感而發也。若夫絶塵之喻，則顔子之望于夫子者。雖詩人比興無所不用其意，然予亦豈獨為梅花而發哉？子仁通于學而邃于文，學業過人遠甚，方從事詞章之科，其奔逸青雲皆自此始。故予復感而書焉，庶幾異時為尉舍之美談也。淳熙癸卯十一月，潁川韓某記。

建安縣丞廳題名記

古者輔相之任曰丞，百司九列之貳或曰丞，而郡縣之副其長者亦曰丞，蓋丞之名，將以翊其上而丞之也。郡丞秩稍高，下統掾曹，體亦有閒。至縣，則事無大細悉關丞。然長或能，率其權不以予丞；丞或才，復擅其權不以事長。苟異是，則必退避畏縮而舉聽于丞；遠嫌絶疑，漫不助其長。之二者均失矣，豈設官共治之意哉？

莆陽林智可之丞于建安也，而某濫為之長，凡邑之事，智可不遺餘力以助吾，蓋更聽迭議，必至于濟而後已。由是相與歡甚，脱去畦畛，無區區世俗之病。故建安雖號劇，以某之懦而無譏焉者，智可之賴為多焉。智可以其暇日整治其庭廡，築室于南端新城扉之樓，以為臨觀燕息之所，既又集建炎以來丞之名氏于壁，屬某為之記，故為道丞之設、吾二人相與之好，以媿夫世俗之徒。智可嘗為德化令，治有聲矣，屈為丞，蓋不卑其官如此。吾是以等而上之，其知所以共治者歟！紹興三年十二月旦，潁川韓某記。

饒州安仁縣丞廳記

凡天下官府，雖曰臨民，而棟宇之設類不能逮夫浮屠、老氏之舍。蓋浮屠、老氏，其徒務為夸大，既營其居而不會其費，苟費不具則有弗為，規制未備則亦弗已，故磨于歲月，次第相付。州縣之力有不可冀者，而士之居官，望遷而幸去，遠不過三年，近止一二歲，視之若傳舍然，緜蕝草創，殆無必葺之意。始鋭而終怠，作于前或弛于後，非有慨然持不回之志，未易舉也。

國家肇造，乾德中始詔官廨增葺剏造，對書于新舊官曆，其不葺者殿一選。至景德三年，又定為印紙之目，廨宇閒數既書其虧損，至添蓋則又曰配民與不配民，皆所以防制官吏，欲其不苟而已。自印紙之改式也，後生不能舊制，而官吏之苟日滋。數十年來，加之以兵火，因之以匱乏，官廨不整尤甚。

饒為望州，安仁為劇縣，丞為上佐，其廨在縣治之西，面覆盆之山，俯玉石之津，山水秀異，陰陽家以謂得廬山之一趾。然其宇蠹壞，久不可居，至寓于他所。淳熙十年，從政郎韓君歷為丞，始鋭意新之，懼其費無所取也。先是，君之來，邑例有迓夫之直，君儲之不肯用，而用以市一山之木，梁楹乃具。而民之輸役庸者，亦例有公廨之入，君復不肯用，而亦不敢盡廢①，銖兩積之，以陶瓦伐石，且為工匠之募。邑以剩粟助之，閲再歲而僅集。其廳事堂廡，庖湢廄車᷊備而不陋，足以稱其官而民無一詞以為擾者。吾是以知天下之事，有志者竟成，而顧望退縮以為不可為者，特繫其能否爾。祖宗之制，于是可稽；而君之廉勤能力，于是可見。君潁人也，于吾族猶諸父行，績學守官箴，蓋有家法，故不敢溢美以書，而書其實以識于宇下。淳熙十三年正月，具位韓某記。

---

① “不敢”，影印文津閣四庫全書本同，影印文淵閣四庫全書本作“不肯”。

泰州水門鼓角樓記

淮甸之郊，介江而瀕海，曰海陵郡。其地富魚鹽，駢商賈，河流貫城中，舟行若夷路。其門跨水者三，歲久而敝，浮桁以制衝，橩扉以置鑰，曾無以示禁而嚴闉闍也。錢塘萬侯以儒雅飾吏事，守郡之明年，政成而令修，乃重理所謂山水門者，且樓其上，以臨望四郊之遠。民俗喜曰："吾公可謂知所務矣！"無幾何，郡之鼓角樓墊而壞，民又嘆曰："吾公其可忘此哉？請亦新之。"侯則謝曰："鍾被天子命守是邦，無能也。始至之日，庫之緡錢僅數百，庾之斛粟纔數十也。旱暵既作，禱而幸應，麥菽旋登，粳稌雲委，因得盡心焉。兵吏之賦既充，歲時之用粗給，故方隅無犬吠之驚，以鼓舞堯舜之治。然城扉之防姧，征税之自入，有不可緩。今民之居尚茨于茅葦，而守之舍則亦寢備，夏屋渠然，以朝夕安處，雖一樓未葺，庸何傷？"而父老相與沓言之，賓客士大夫慫恿之曰："樓之于郡府，皋門之地也。笳鼙之攸在，無不設者，如目之有眉，面之有額，雖若不繫于用，而天下不可闕焉，著自古也。攷其近之歲月，作于紹興之丁巳，蓋四十有八年矣，由公而遂廢，其忍乎？"于是又以其餘力始為之樓。既成，翼以二垛樓于外，遂為一郡傑特之觀。

夫古之君子為政而美者，無非以善于民也。民之所欲而拒之，所弗欲而强之，皆非所以善于民者。況夫土木之功，繕修營造之役，雖聖人亦所甚重。惟刺史二千石心一不在乎民，則沽整辦之譽以衒其風力者有之[①]，增耳目之奇以自娛自奉者亦有之，下則傷于財而蠹于民，適資匠胥之盜竊。《春秋》于門觀之作、臺囿之築，無不謹者，抑以是夫？今萬侯之政則既善矣，澹然不志于功利而蠱敝是去[②]。逮及舉事之際，不自以為足，躊躇四顧，殆有所不得已者。至因其民之所願欲，然後為之輪奂翬飛，不侈于前，不夸于後，無一取諸民，無一勞其民者，用能談笑以底于成，推是以往，舉而措諸天下可也。海陵儒

---

① "辦之"，原作"辨之"，據影印文淵閣四庫全書本、影印文津閣四庫全書本改。

② "功利"，原作"功和"，據影印文淵閣四庫全書本、影印文津閣四庫全書本改。

學之鄉，吾意其士子必有歌而頌之者，將轉而上聞。故其規制之略、費用之目，皆無足以書，特書其善于民者，以彰侯之用心，俾後人其知焉。

鉛山周氏義居記

東南之俗，土狹而賦儉，民嗇于財。故父祖在，多俾子孫自營其業，或未老而標析其産。近歲因為之立法，雖曰欲絶異時爭訟之弊，而紛紜鬬鬩，殊無睦婣忠厚之氣，賢士大夫每以為病也。信安之地，犬牙于閩，鉛山又在南，孕金青，殖寶貨，壤厚而泉沃，類多大家。

周氏世為舒灊人，繼遷金陵，避五季之亂，來家鵝峯之下，蓋三百年矣。有祠號將軍者，最其始祖也。系雖莫可譜，其曰承志、曰誼者，皆累祖業儒。至處士欽若，字彦恭，有聲三舍閒，晚不事舉，慕其舅祖里儒劉煇之義，嘗曰："劉公舉進士，天下第一也。作《起俗記》，以詆譏不義之俗。其祖妣之喪，有二季父，而公自以嫡孫而為之重服。買田聚書，教養其族之貧者，邑令名其社曰'義榮'，是可法爾。"處士始欲與其伯仲同居而不異籍，自以身在季不得專，切切為恨。逮其病亟，當紹興二十二年六月也，索紙書字二百餘，以戒其四子。有曰："吾平生教汝讀書，固不專于利禄，欲汝等知義，以興微薄俗爾。我病必不瘳，汝等盡孝以事母，當以義協居，勿有異志。居舍雖小不足恥，田園雖寡不足慮也，不能遵吾訓，是謂不孝。他日或仕，不以廉自守，是謂不忠。不孝不忠，非吾子孫也。"越六日而逝。其配虞氏，賢而守義，慟哭而藏其書。淳熙四年，其子曰藻、曰芸、曰苾、曰芾稍長矣，虞乃以遺命陳于民部，祈給之憑，有司方下州縣覈其實。又七年，藻等益壯以有立，繼乞曰："母老矣，官未給憑，無以安母心，以明父訓。"于是部符于州，州帖于縣，始坐條令而予之據，以昭示其子與孫。蓋國家之制，願以財産不許子孫分割典賣者，官為給據，子孫不得追改也。而虞又自請，異時子孫或違父母命，各居異業，許外人告而聞于朝省，坐以不孝之罪。于是鄉人莫不欽歎，而賢士大夫者相與來言，求予文以記。予為之出涕而言曰：

先王之教，以孝弟為本；士之訓子，以義方為先。自先王之教陵遲而不振也，秦之法，民不分異者倍其賦，而德色于父，誶語于母，漢興猶或有之。故歷代以來，于族居而義聚者，官必旌其門閭，復其户租以表厲于衆。此無他，由為士者徒能誦六藝之文，以干取禄位而務殖其家，不知有以啓導其子孫之善意，則亦宜乎風俗寖壞而未之或革也。昔陶靖節，晉之高士，其稱潁川、濟北二賢以戒其子者，第以同居共財為首。唐之崔鄲，一門孝友，四世同爨，兄弟六人皆至三品，史以為未有也，可謂難矣。逮我朝至道中，南康洪氏累葉聚舍，期功百口，建塾館于雷塘以誨子弟。太宗皇帝嘉之，賜以御書百軸。其弟文舉入謝，天子又書“義居”之字以為寵，且命之官。其子待用遂登巍科，非積善彰明之效也耶？夫處士之善世無知者，其秉心蹈義，于是可見。《傳》有之，“制宅命子，足以觀士”。而虞氏，故殿中丞戩之孫，年九十矣，華顛素裳，既受封邑，尚惟保其夫之訓以勵其子。而藻等孝友孜孜，克成其父母之志餘三十年，後將弗墜，周氏其自此興乎？洪惟聖明在上，今年方崇兩宫期頤之慶，推恩宥于天下，或轉而上聞。至道故事，其申賁于巖邑，以風動于東南，殆無疑矣。周氏歲入不能二千斛，内外幾六百指，養其偏親，時其祭祀，給其嫁婚，皆有定式。歲又以十萬錢招延儒士，俾其幼稚學禮無缺者。儉以足用，是可則云。淳熙十三年二月癸亥，具位韓某記。

雙蓮堂記

聽事之南有地數畝，平池面其前，古木蔭其上，東南諸峯羅列四出。或曰是故為堂者，前主簿撤之以為今聽事。予始至而愛之，思復其舊，會予假職事于郡，力不果為。明年，自郡還，舟行次南山下，見大木數十若棟楹者棄于岸次。或曰：“前郡有命治郵亭西津外，材且具水則暴至，而郡亦命止焉。”予笑曰：“是其以相我哉！”歸而謁諸縣，盡得之。前所謂堂者，横植四楹，不卑不陋，始于五月之乙亥，而迄于六月之壬子。僝工之五日，有雙蓮生于舍之背①，遂以名之。

① “生于”，原作“生乎”，據影印文淵閣四庫全書本、影印文津閣四庫全書本改。

夫自古以來，仁人君子抱其器而不得施于時①，守其道而老死于世者，蓋非特世之罪也。世方求材而君子不逢其求，故在上者歎于無材②，而材者傷于不用，此豈特人為然耶？方予之為是堂也，廢為瓦礫之場，鞠為荆榛之墟，過之太息而已。而輪囷合抱之材，適皆棄于山荒水涯，幾為樵蘇薪槱之利。一旦瓦礫荆榛者變而為几席樽俎之勝，而輪囷合抱者引而致干雲霄之上，施斤斧，被丹雘，以逃寒暑而避風雨焉，彼豈取必于人哉？是二者，適相值以應吾之須而然也。而君子不安其命，以俟後之須者亦惑矣。

嗟夫！今龍泉為邑，二浙之窮處也。經營名利者不出其塗，出入富貴者不由其境，水行敗舟，陸則折軸，四望而行，綿歷巘險，不數百里不得郡邑。而吾與數君子仕焉，當其塵埃倥偬之暇，徜徉于兹，商天下之治亂，道古今之人物，已則酣歌起舞，勸酬交錯，把酒賦詩，以極一時相從之樂。彼奔走勢利者，蓋亦願此而不可得，于吾之道不既有所處乎？然堂之景物日益佳，後來之從事者日益衆，為堂之計且無窮，故一草木之異何足以動吾心，姑志其實，使知自吾得之而已。于是聞者以予為知言，請書以為堂之記。

深省齋記

人之心觸物而動，動則有感，然感人之深者莫如聲，故管絃以合其和，金鼓以作其怒。世之人蓋有聞鐘磬之聲而自得其良心以進于道者，非鐘磬使然也。人之聞鐘磬者，必于僧坊道室，由山林之幽寂，適耳目之清淨，將以會道而未得，惟鐘磬有以發之耳。杜子美《遊龍門寺詩》："欲覺聞晨鐘，令人發深省。"子美平生學道，豈至此而後悟哉？特以示禪宗一觀而已。是于吾儒實有之，學者昧而不察也。曾子曰"吾日三省吾身"，夫識其遺忘謂之省，審視其微亦謂之省，人能内省其身如識其遺忘與審視其微，則所以存其心者，蓋當如何？

盱江鄧器先，好古博達士也。寓居石壁，闢室數椽，而寺僧日鳴

---

① "仁人"，影印文淵閣四庫全書本同，影印文津閣四庫全書本作"賢人"。

② "歎"，原作"歡"，據影印文淵閣四庫全書本、影印文津閣四庫全書本改。

鐘其上，器先因以“深省”命之，是有取于子美之詩者然也。吾聞之，君子之于道，立則參于前，在輿則倚于衡，亦何事求于視聽？昔西方之人，嘗以誨其徒矣，以謂聞則言聞，聲則言聲，惟聞與聲，俱名矯亂。器先之為是室，左右圖史，日與賓客吟諷飲奕，談笑議論。而浮屠氏之慕其賢者亦參其間，盍以此説問之，當有得句而擊鐘者耶？

景德寺五輪藏記

比丘顥寧住池州景德寺，有《大藏經》，一夕而火，衆皆聚泣，以為不祥。寧獨笑曰：“是將待我而易也，庸何傷？”寧始傳法在長蘆，能鼎新其棟宇而老于佛乘，池人亦敬異之。不踰月，果以其願力更為所覆之殿，悉大其舊。又為藏者五，摹諸經分寘其上，閱再歲而後成。中為機輪，轇轕運動，復以無量金銀五綵而為嚴餙[①]，又以無數幡幢寶鐸網幔而為供具，珠珍閒錯，丹碧照耀，老稚環觀，歎未曾有。于是書來乞記，三返而益勤。乃謂之曰：“吾之不託于文久矣，況為佛之語乎？然吾聞之，佛經之入中國，重譯而僅傳，其雜偽紛舛，殆與儒書未删者同。而中國之學者穿鑿傅會，亦不異于俗儒稽古之説也。爾之徒不務其擇而惟取其富，又庋而弗讀，乃為是機關技巧，以衒于愚夫愚婦，而曰是將運之而與讀無異，不幾于兒戲而自誑哉？且在爾之法，一已多矣，而安用五為？”寧曰：“不然。子特知子之説，非知吾之説也。夫佛之説為經，經之設以藏[②]，藏之轉以輪，皆假名而合者也。默而識之，則佛固未嘗有經，經固未嘗有藏，藏固未嘗有輪。使世之學佛者不以目視而以耳聽，不以口誦而以心通，吾之藏信無用于五也。然自其五而言之，若天之緯星，地之喬嶽，與夫氣之行于天地之閒者，發而為聲，聚而為色，散而為味，數猶是爾。至于四肢之與首也，手足之有指也，雖以我身無或異者，不知我身動

① “金銀”，原作“金絲”，據影印文淵閣四庫全書本、影印文津閣四庫全書本改。
② “經之設”，原作“經之説”，據影印文淵閣四庫全書本、影印文津閣四庫全書本改。

者為誰。有動者故，是以凡夫莫能測知。今吾合一臂之力，而令此藏皆悉運轉；藏運轉已，亦令此經皆悉運轉；經運轉已，則令此心皆悉運轉；心運轉已，一切真經當在何處？子見夫琅函犀軸，輻萃鱗委，而經未始讀也；曾不見夫手臂從衡，雷奔電激而藏未始動也。即動與靜一剎那頃，于此藏中，當有能證三摩地者。昔有童子聚沙為塔，或以爪甲畫成佛像而猶許之，況吾此藏衆寶所成，願力所就，諸經所集，人天所護[①]，以為兒戲，不亦可乎？”予曰：“吾不復辨也。請問爾之費幾何？”曰：“縻金錢一萬七千緡。”“為日月幾何？”曰：“始乾道七年正月，迄九年十月。”“其廣若大幾何[②]？”曰：“藏崇二十五尺，袤十有三尺，四傍者崇減于中六尺，袤則減其半焉。”“施者為誰？”曰：“相仲德、鄧居諒而下，施財者也；汪彥，施經者也；工之與民，施力者也；寺之徒，施緣化者也，故願子施以文。”予曰：“爾之志堅若此，其求無不獲又若此，吾文何吝哉！”于是施之以為記。

廣教院重修轉輪藏記

信州城北有大寶剎名曰“廣教”，惟昔陸羽即山種茶，泉乳甘潔，草木清潤。剎西南隅實建大藏，爰以精金，合衆寶色，天宮樓臺，徧覆其上。復作大海，激水騰波，魚龍出沒，守護其下。諸天綵女箜篌笙笛，作樂歌舞，圍繞其前。此土所有諸佛菩薩真經妙義，分卷析軸，函實其中。有主藏神紺面赤髮，雙角嶷然，非龍非妖，非夜叉鬼，以指劃口，出風雨聲，率領眷屬，挾持其輪。州之境内，若男若女，凡曰祈禱，惟神是依。或時江湖舟墮險處，出手雲間，捄度危急，以是因緣，多歷年所。一日，藏軸傾偃自摧，竭千夫力不能搖動，四衆環觀，愁惱怖畏。長老懷璧來住是剎，以大慈悲出善巧智，即告四衆：“我有無邊願力，重興此藏。汝有珍寶及錢穀米，當即隨捨，毋作愛悋。”初以一錢，積至千萬，曾未幾月，藏忽運轉，迅如

---

① “所護”，原作“所證”，據影印文淵閣四庫全書本、影印文津閣四庫全書本改。

② “若大”，原作“若何”，據影印文淵閣四庫全書本、影印文津閣四庫全書本改。

風旋，隱若靁動。觀者作禮，歎未曾有，更相為言："此藏前日非有增減，何因不動？今者何得外相不易，運轉如初？是大長老必有幻術，使我不知，孰能為我決疑惑網?"爾時長老笑謂四衆："我豈有術，非不示汝。我觀此藏機牙交闗，輪輻互設，阿僧祇刦，未有可壞，而其壞相獨在于心。心初不堅，蟲蝎螻螘，諸濕生類得其閒便。然其本體莊嚴具在，眞經妙義，元不欠闕。我以方便復安其心，得端正木補其故處。是法藏也，猶再生人，精神既還，手足自用，由此故能運轉不息。汝等當知一切世閒欲證如來無上妙果，非從天降[1]，不自地出，究竟圓覺，皆在汝心。以汝眞心不能自見，雖有八萬四千祕密寶藏充載汝身眼耳鼻舌同于如來，而無如來智慧明了，流浪生死，如逆風波，蔑有暫止，佛以方便直指汝心，若對鏡時自識其面，使汝法輪觸處運轉，亦如此藏圓滿現前[2]。汝心本無，我法安有，由心非心，悟法無法，返求汝心，當得自在。"于是四衆同聲，以偈讚曰：

我觀世閒諸幻師，或時幻出諸技巧。樓閣寶座及天宮，龍神夜叉非一相。了知是幻即非實，謂佛示現亦復然。一切皆由心所生，知佛是心非是幻。譬如迷走狂癡人，眼耳鼻舌元具足。觀瞻動作及言語，在人趣中無有是。醫王調以無上藥，其心既正身亦隨。六時所用常獲安，自然歡樂有生意。惟大寶藏妙法輪，此土他方悉瞻敬。雖有五千四十八，如來所説衆妙經。繇其心病未即除，一時乃有諸壞相。大士願力度衆生，圓滿布施彈指頃。心華發明不空過，十方佛刹皆現前。須知此藏及是心，悉無工施力用所。天輪長旋地軸涌，法界空虛元不動。以不動者觀諸佛，還以動處作佛事。河沙刼塵徧莊嚴，盡未來際無有壞。

慈相院重月泉題記【案】此文似泉銘而不用韻，且"窾堅肖明"等句義不可曉，謹依原題附存于記之末[3]

緊濩迺神，道自嶔碕。窾堅肖明，祀蠱弗治。易甓而石，泉用蠲

① "非從"，原作"能從"，據影印文淵閣四庫全書本、影印文津閣四庫全書本改。

② "現前"，影印文津閣四庫全書本同，影印文淵閣四庫全書本作"眼前"。

③ 標題後小字案語，影印文淵閣四庫全書本同，影印文津閣四庫全書本無。

潔。施及壇宇，既液既墁。盈飲以滌，澤瀸其永。休工識勤，敬諗來裔。

題名

金華洞題名

淳熙改元，七月既望，陳巖肖子象、陳良祐天與、黄掞子餘、趙師龍德言、韓元吉無咎觀稼秋郊，自智者山來謁雙龍洞。篝火蒲伏，徧閲乳石之狀。寒氣襲人，酌酒竹陰。支笻至中洞，飲泉乃歸。

凌風亭題字

予昨以紹興戊寅歲來宰建安，逮兹假守。今年上元後一日，始得攜家登凌風亭，作此以示知縣趙偉文，蓋恍然遼鶴之遊也。淳熙丙申①，潁川韓元吉題。

建安縣治之凌風亭，待制尚書韓公尹邑舊創也，去思之政，猶甘棠然。汝彧承乏之初，茸治未幾，而公鎮是邦，不忘疇昔，迺以暇日特枉旌騎，臨賁斯亭，置酒賜詩，前所未有。顧汝彧何者，得此榮遇，敬摹諸石以侈公休。是歲仲春，宣教郎、知建安縣趙汝彧題。

【案】此題原本附于韓元吉題字之後，今仍其舊②。

題跋

跋文潞公諸賢墨迹

黄廷老家所藏元祐三跋尾，其二則魯公祭常山父子文。李大夫

---

① “淳熙丙申”，原作“宰熙丙中”，據影印文淵閣四庫全書本、影印文津閣四庫全書本改。

② 小字案語，影印文淵閣四庫全書本同，影印文津閣四庫全書本無。

帖、郭僕射書，嘗見石刻矣。其一則藏眞書，蓋未見也。觀穎叔所識，謂魯公得張長史筆法者，豈此耶？劒去而遺櫑具，鐘亡而寶追蠡，顏、素帖雖不存，文忠烈而下，名公之墨，得一已可珍矣。

跋趙郡王墨迹

少師、安化郡王以宗藩之英，及見中原太平之盛，艱難渡江，享有富貴。而手書此文，推原道德仁義，詆譏前代，欲使人君用為龜鏡。是以知其所感者深，所蘊者厚矣。乾道丁亥歲二月甲戌，潁川韓某書。

跋曾吉甫帖後

永豐周日章、日新兄弟少力于學，嘗以詩謁曾吉甫于茶山，此其報字也。公之去茶山踰二十年矣，周氏兄弟華髮蕭然，猶連蹇場屋也，覽之歎息。淳熙十二年二月十日，南澗翁韓某題。

跋李和文帖

國朝文雅，至章聖時乃盛。楊、劉二公，制作彬彬，為天下表儀。而和文公以勳閥尙帝女，筆力頡頏，號相師友。此帖蓋與中山論禪，可概見也。晚嘗援韋嗣立故事，祈衲祿以老山林，其胸次所蘊，視富貴眞何物耶？乾道八年十二月五日，潁川韓某盥手以觀。

跋鄧聖求除拜帖

鄧安惠公制册深厚宏雅，自成一家。東坡先生相與酬唱，嘗並直玉堂矣。逮其拜轄，乃假手賀之，豈應用之文，特禮不可廢者，或欲試其門人筆語能道己意否耶？乾道壬辰五月己丑，潁川韓某書。

跋仁風堂

晉袁宏為東陽郡，謝安以扇贈之，宏曰："輒當奉揚仁風，慰彼黎庶。"蓋前賢美談也。郡有燕寢，因以"仁風"榜焉，庶修東陽故事，且俾里俗共興于仁云。淳熙元年四月丁卯，潁川韓某題。

跋范元卿所藏歐陽公帖

文忠公手墨世固多有之，二帖蓋與原甫、君謨皆平日至厚，周繳委曲，情如家人，足以見前輩交友之誼為可寶也。稱謝原甫，戒其用快，而頗譏其豪飲不可當。勸君謨以瘡愈當治内，猶寇賊後修武備，所以禦後來之患，而自謂各有少病，其為藥石之言互相啓發，又可寶也。淳熙二年八月壬午，潁川韓某敬觀。

跋司馬公倚几銘

温文正公《倚几銘》，今《傳家集》所未見者。銘文甚簡而注義特詳，其告君之善，惟恐不盡也。勾注塗改甚多，而無一字行草，其敬謹之至，未嘗斯須忘，可不法哉！淳熙三年十一月庚午，潁川韓某觀。

跋荆公書彌勒偈

《阿逸多偈》，懺悔法也。蔡元度自謂荆公好書此，不知幾本。豈平時行事于心有所不安，亦如暮年捨居為蘭若者耶？不然，是蓋學佛之末耳。

跋山谷醉帖

山谷草聖數紙，醉帖尤奇，乃知用筆在有眞意也。

跋蔡君謨帖

高伯祖丞相獻肅公帥成都時，蔡忠惠公任寄省所寄書也。語簡而意親，無復世俗不情之態。前輩尺牘多類此，可敬而法哉！公以壬子正月庚子生，不知距蔡公為幾日，書尾致吳茶，益見嗜好之不忘也。淳熙六年，刻石婺女郡齋，七月壬戌，潁川韓某記。

跋東坡帖六紙

東坡前四帖，以倅杭及黄岡時書也。後帖言屢乞解職，則在朝矣。淳熙七年十二月丙午，韓某觀。

題陳季陵所藏東坡墨迹後

醉翁夢中所作絶句，好事者謂其非夢也，語妙而意不屬爾。然思致高遠，殆欲仙去。東坡在杭，劉景文數從公遊湖上，其戲景文絶句，為西湖而作也。一筆書二詩，意必有在，後人徒賞其字畫耳。

跋蘇公父子墨迹

右文安、黄門二帖，所言皆私家細事，至煩碎而靡密，無足深論。學士大夫相與存而傳之者，豈不以其人哉？夫不能以古人自任，千載自期，而欲恃區區之文墨以為不朽者，可以慨然于此矣。

跋辛企李得孫詩

辛公以直道勁節意忤時相，閑廢退藏者十有餘年。既得一孫，賦詩自慰，優游平淡，氣恬而意新，有德之言也。然晚預大政，名德昭垂，以享高壽。今其孫頎然出而世其家矣，天之祐善，顧可量耶！

跋沈寺丞墓誌

國朝設科進士，前輩謂惟慶曆二年得人最盛，蓋王岐公居第二，先獻肅公居第三，王文公第四，而呂正獻公、先莊敏公、蘇魏公皆在榜中，相踵至相位，祖宗至今未有也。此外猶多賢士大夫，寺丞沈公信其一矣。沈公素以行藝表其鄉，年未艾輒請老。時獻肅判吏銓，岐公在西掖，故制詞甚美。究觀誌文所載，位不既其材德而著見若此，其餘慶將有待而發耶？

跋李正之祖墳約束後

正之欲葬其親，久未獲兆，至閉户不肯出，曰："吾母之未有藏也，其忍徇世俗之禮，日夜禱而泣焉？"既襄事矣，述其得地之由，因為條目，以令子孫，纖悉備盡，可為士大夫家龜鏡也。顧平時熟于陰陽地里之書，雖日坌集，經營殆踰年，蓋莫當其意。一旦得大洋之卜于上饒，而西安親舊又予之以烏巨之穴，面勢流泉，悉應于法，固已甚異。而兩源之山始屬數家，犬牙交互，若未易謀，皆惠然樂從，掉首弗受其直，故正之得以竝用，俾其室人亦有歸焉，此實純孝之感而神明之所陰相。然陳族又以千夫力助其勞，則諸陳與楊、徐好義之風，兹可以興薄俗哉！

書師説後

二程先生講論答問之言，門弟子記之，舊曰《師説》，厥後見于世，其號《河南雅言》，而分大小程子者，程氏諸孫所修也。其號《伊川雜説》，自通言明大本而下，名以為十三篇者，胡明仲兄弟所輯也。《雅言》則潤色以文，間遺其意，復以章奏書記交寘其中，楊、謝諸公之語綴于後。而《雜説》者亦廣記而未擇，下此悉號《語錄》，未知其誰定，尤混亂不可攷。明道先生蚤歿，伊川先生復坐黨籍之謫，逮還伊闕，聞諸故老，蔡京至遣人伺察之，俾無敢著書，則當時私淑其徒所記亦略矣。靖康初，公道始開，楊龜山首闢王氏。建炎龍興，先生門弟子相繼有聞，《易》《春秋》《語》《孟》之學始行于天下。而趙丞相嘗官于洛，素知推敬其書，一時士君子靡然嚮之。及秦益公當國，諸賢零落殆盡，秦亦舊從洛學者也，晚乃謂人為其所惑蓋三十年，且詆其説為提先手，由是雖進士之文亦不復道之矣。

夫聖學之有本與儒術之有傳授，曾何計于時好。然天下之士惑于異端者深，溺于文辭者衆，不議而非之，亦指而笑之。予家有《師説》，其編各有名氏，或者相勸傳之，以謂非且笑者顧何足恤，使傳而習焉，雖數十百年，千萬而得一人，亦斯文之幸也。用釐為十卷，刊置江東漕齋。間有異同，不敢悉去，而首以尹和靖之編者得所先也。二先生之説不復異錄者，不能盡知也。頃和靖為張子韶言，伊川暮年為《易傳》，未肯出也，其學于是乎在，後生宜盡心焉，因併以記。乾道三年後七月，潁川韓某書。

書朔行日記後

嗚呼！靖康之禍，吾及之也，尚忍趨庭而見于敵哉！然吾嘗念之，中原陷没滋久，人情向背未可測也，傳聞之事類多失實，朝廷遣偵伺之人，捐費千金，僅得一二。異時使者率畏風埃、避嫌疑，緊閉車內，一語不敢接，豈古之所謂覘國者哉？故自渡淮，凡所以覘敵者，日夜不敢忘。雖駐車乞漿，下馬盥手，遇小兒、婦女，率以言挑之。又使親故之從行者反覆私焉，往往遂得其情，然後知中原之人怨敵者故在，而每恨吾人之不能舉也。歸，因為聖主言："敵之强盛幾五十年矣，臣有知其不能久者，特以人心不附而已，是將何時可附，願思所以圖之，合謀定算，養威蓄力，以俟可乘之釁，不必規小利以觸其幾也。"上深以為然，蓋不敢廣也。淳熙改元，出守婺女，夏曝書，見《朔行日記》，因書其後，以明吾志之非苟然耳。無咎記。

書許昌唱和集後

葉公為許昌時，先大父貳府事，相得歡甚。大父以紹聖改元登第，對策廷中，有“宜慮未形之禍”之言，由是連蹇不得用。建中靖國初，幾用復已，凡四為郡倅，秩滿輒丐宮祠，遂自許昌得請洞霄，以就休致。平生喜賦詩，一時士大夫之所推重，故晁景迂公以謂遠則似謝康樂，近則似韋蘇州也。中更亂離，家藏無復有者。紹興甲子歲，某見葉公于福唐，首問詩集在亡，抵掌慨嘆，且曰：“昔與許昌諸公唱酬甚多，許人類以成編，他日當授子。其後見公石林，得之以歸，又三十餘年矣。今年某叨守建安，蘇峴叔子為市舶使者，會于郡齋，相與道鄉閭人物之偉，因出此集披玩，始議刻之，蓋叔子父祖諸詩亦多在也。箕潁隔絶，故家淪落殆盡，典型未遠，其交好之美、文采風流之盛，猶可概見于茲云。”淳熙二年九月，具位韓某謹書。

跋和靖先生手筆後

某所見和靖先生書，此凡三本矣。一得于九江，一邢正夫家，而此為最後，蓋又二年以贈呂景實者，今藏于潘叔度。以校前二本，皆有改削，前輩謹于言若此哉！欲言之無擇難矣①。叔度好學，宜知者也。某既假而移諸石，因志其後而歸之。

書尹和靖所書東銘後

和靖先生手書《東銘》，修水黄子餘所藏，寓九江時筆也。先生少喜字畫②，嘗因書碑，同舍聚觀，伊川笑謂之曰：“是固無害，第將為人役也。”自是不復書，然暮年筆力猶健如此。其教學者，必先

---

① “言之”，原作“志之”，據影印文淵閣四庫全書本、影印文津閣四庫全書本改。

② “字畫”，原作“字書”，據影印文津閣四庫全書本、《永樂大典》卷八二六八引韓元吉《南澗集》改。

讀《東銘》，然後看《西銘》，謂從寡過而入子，餘其知之也，展玩太息。淳熙改元六月戊寅書。

書和靖先生手書石刻後

紹興初，和靖先生自蜀出至九江，書此以示夏翌，閒亦録贈門人，今所見凡數本也，其意深哉！當是時，士大夫頗以《伊川語録》資誦説，言事者直以狂怪淫鄙詆之，蓋難力辯也。先生既長道山，館中俊彦多從先生問學，且求《伊川語録》，先生謝曰："某無録也。"掇同門所記僅數十端示之，昨載于《師説》之首。張公子韶亦以為請，先生曰："伊川之學在《易傳》，不必他求也。"其後先生歸寓會稽，學者猶以不看《語録》為疑，先生曰："諸君知乎？《易傳》所自作也，《語録》他人作也。人之意，他人能道者幾何哉？"又嘗曰："伊川先生頃亦為《中庸解》，疾革，命焚于前門，人問焉？伊川曰：'某有《易傳》在，足矣！何以多為？'"此非先生不知也。某假守婺女，見此紙于潘景憲家，蓋呂堅中所得者，因摹之石以遺後學。追思拜先生于道山時，遂四十一寒暑矣，撫卷慨然。淳熙六年六月庚戌，門人潁川韓元吉記。

書尹和靖論語後

和靖先生《論語解》詞極簡嚴，將俾學者深味其旨而有所自得也。乾道庚寅歲，某憂居上饒，過先生門人王德修，問此書亡恙，且曰："子異時官守，不刊行之耶？"某于是愧其言。會明年復將官中都，度未可輯也，乃以舊年兄弟手所抄本往累故人趙德莊于建安，庶可成焉。昔和靖嘗云少從伊川先生學《易》，時伊川出《易傳》七十餘家，和靖茫然未知所從①。伊川曰："日觀一爻可也。"繼有所質問，伊川色莊而氣嚴，未嘗語也。或曰："未也，姑求之。"已而意

① "所從"，影印文淵閣四庫全書本同，影印文津閣四庫全書本作"所入"。

有所會，伊川始忻然為之剖析諸傳，而伸以己說[①]，蓋終身不忘也。故其誨人亦欲如此，此書所以簡嚴者歟？

題鄭侍郎所得欽宗御書後

靖康改元，敵騎犯京師[②]，朝廷備守，布何灌之兵于城下[③]，宰執與二三侍從議遣使軍前，皆未肯往。鄭公時為駕部，獨入都堂問狀，遂假以工部侍郎，少宰張邦昌脫所衣紫袍，兵部尚書路允迪解腰下金帶，併鞍勒狨坐借公，登時啓行。公平日慷慨有志氣，談笑無所憚。中使押至安上門，縋而下。敵帥知公至，亦遣吳孝迪等來，夜會于何灌帳中，且曰："皇子郎君趙州見新天子即位赦，以手加額曰：'今無所爭矣。'"而議割河朔、犒軍金帛二事。公與其使還至都亭驛，則已四鼓。欽宗皇帝御批若此，公有記錄甚詳。嗚呼！事變倉猝，噬臍何追，尚忍言哉！淳熙十一年正月十日，具位韓某敬書。

題鄭侍郎所得太上皇帝御書後

鄭公再以珠玉使金營，時太上皇帝既至軍前矣，而金人方因姚平仲劫寨事送公于都統寨，將害之也，太上皇帝為之泣下。蓋君臣同患難，故公在侍從，獨示以三書，謂之熟敵情偽，可料之爾。公雖不至柄用，優游林下，年幾九十，其福壽之蘊，敵人何所容其刃耶？淳熙十一年正月十日，具位韓某恭覽御筆，敬題其後。

書眞清堂詩後

唐陸景倩任扶溝丞，按察使覈其治狀，曰某强清，某詐清，景倩眞清也。予頃為建安宰，作丞廨一堂，因以"眞清"命之，賦詩其

---

① "己說"，原作"己訟"，據影印文淵閣四庫全書本、影印文津閣四庫全書本改。

② "犯京師"，原作"薄京師"，據影印文津閣四庫全書本改。

③ "何灌"，原作"河灌"，據《宋史》卷三五七《何灌傳》、影印文津閣四庫全書本改。下同，不另出校記。

上，二十有五年矣，而久廢不治。宗室善罙深甫今丞建安，乃以邑儀例給而不欲私者，積而葺之。幾一歲，楝宇復新，益植雙槐、二桐于南墻之下，整其西偏以舍客，為庖廚，闢小亭以待試茗，亦足以見其貳令之暇有餘適也①。深甫以近族命官，嘗同僚于東陽，力學績文，遂以決科，有志于事業而不肯沽激取譽，可謂不負此名哉！而摹予舊詩為寄，覽之慨然，因書其後。

讀管子

管子之書，戰國游士之術也②。孟子曰："齊桓公之于管仲，學焉而後臣之，故不勞而覇。"則仲之與桓公，平日謀國議政者其亦詳矣，然舉而著之書者，則齊國之士也。當是時，齊有稷下之學，蓋亦是堯舜，非桀紂，談道德而言仁義。雖仲之作内政以寓軍令，在于强兵富國而覇齊，今其書則尚權術、務籠絡，要以愚其民而用其力，駁雜為甚，已有戰國之風，不知仲之説果若是乎？故吾意其為游士之術也。莊周之言曰："道術為天下裂。"蓋六經未經聖人之手，則士之談道者不能醇且正。漢興，賈誼、晁錯之流莫不推尊管氏之書，使是書而得盡用，則亦無惑乎申、韓之刑名，商鞅、李斯之慘刻，豈復先王愛民養人之政哉？

嗚呼！孔子之後，猶有孟子，其言王政，皆本于仁義，粹然一出于正，後世推之，以為孔、孟，非虚語也。孟子之論管仲，止于以其君覇，而未嘗議其治齊之政，夫是以疑之。淳熙丙午八月，南澗翁書。

---

① "貳令"，原作者"貳合"，據影印文淵閣四庫全書本、影印文津閣四庫全書本改。

② "術"，原作"述"，據影印文淵閣四庫全書本、影印文津閣四庫全書本改。本段下同，不另出校記。

南澗甲乙稿卷十七

論

易論

天下之數，其出無窮，而天下之理，皆本于一。夫一者，所以為天下之數也。自一而至于十、百，十、百而至于千、萬，有是理然後有是數焉。蓋理者存乎内，而數者見乎外也。存乎内者，微妙而有所難言；見乎外者，纖細而可以畢舉。是二者其所由來，皆始于一矣。《易》者，聖人所以窮天下之理而非止論乎數也。然而天下之理，非數亦無以明，是故畫之不足而定以為爻，爻之不足而變以為卦，卦之不足而繫以為辭，辭之不足而衍以為策。後世以之窺天地、曆日月、占星辰、驗風雨、筮人事、知鬼神而推萬物之變，自數而言，蓋有不可窮盡。自理而言，六十四實本于一卦，三百八十四實本于一爻，萬有一千五百二十實本于一策也。何也？夫乾之初九即卦之震也，震之初九即卦之復也，坤之初六即卦之巽也，巽之初六即卦之姤也，夫豈非一卦耶？自陰陽而畫二卦，自二卦而生六子，自六子之交而為六十有四，夫豈非一爻耶？六十四卦之爻，皆歸于乾坤二篇之策，皆始于太極，夫豈非一策耶？聖人以謂天下之理，一卦之畫不足以盡，而一爻之辭不足以載，一策之少不足以推也。是故自一畫而分以為二，自二而變以為八，自八而生以為六十有四，自六十有四而散以為三百八十有奇，自三百八十有奇而總以為萬有一千五百二十，以明其時，以寓其象，以定其體，以作其用，使天下之人由是以探焉，則亦庶乎其可喻矣！世之言《易》者，類不能喻乎此。焦贛、京房之徒，則曰吾知為數而已，理則吾不知也。王弼、韓康伯之徒，則曰吾知為理而已，數則吾不知也。其言數，則蔽于卜筮福禍而入于瞽史之淫僻；其言理，則溺于虚無汗漫而流于佛老之迂妄，使聖人開物成務，冒天下之道，千載而不傳，謂之不達乎理可也，謂之不明乎數亦可也。蓋達乎理則知所謂數矣，明乎數則知所謂理矣。嗟夫！天下安有理之外别有數，數之外别有理也哉？

禮樂論

儒者之效，莫先于禮樂；儒者之弊，莫大于徇禮樂之名而不識其實。蓋禮樂之實不可一日去于天下，而禮樂之名則天下有時而不用。人見夫禮樂之名有時而不用也，遂以為天下眞無禮樂。夫天下一日而無禮樂，其可以言治哉？世儒之説，曰王者功成制禮，治定作樂，陋哉斯言也！功不成，獨無禮乎？治未定，獨無樂乎？彼之所謂制禮作樂云者，惑其名者也。今夫飾黼黻，盛文繡，築壇于郊，考廟而享，席而賓，豆而宴，可謂禮矣；撞鐘而伐鼓，總干而獻羽，鳴律而應吕，可謂樂矣，而禮樂之實有不在于是。夫天下一日而無禮，則君臣、父子、夫婦、長幼之節將大亂而不可為矣；一日而無樂，則陵暴、鬭怒、争奪、賊殺之禍將接跡而起矣。是二者，禮樂之實，日用而不知者也。黼黻文繡，鐘鼓干羽，禮樂之名爾。苟天下既已享其實，則夫所謂名者，存可也，亡可也，而必待夫黼黻文繡大備而始謂之禮，鐘鼓干羽畢陳而始謂之樂，奈之何天下其不疲且病也。夫世之儒者，不識其實者衆，故必竊其名以自鬻于世，謂時君世主將興于所謂禮樂者，非從吾言則不足以自見。師以是傳之弟子，父兄以是詔其子弟，譊譊然號于天下，俾天下視禮樂以為難致而不易得之物。而時君世主當功成治定之極，睥睨天下無可為之事，則亦欲以夸耀于後世，未有不溺其説而信之者。開明堂、置辟雍[①]、鑄九鼎、作大輅，

① “開明堂置辟雍”，原脱，據影印文津閣四庫全書本補。

甚者不遠千里登泰山之穹崇[①]，輦石泗濱，伐竹嶰谷，有意于舞百獸而張洞庭也。百姓之力已竭，大農之藏已虚，而世儒之論未厭，其斁耗天下，有異于軍旅者幾希。嗚呼！是眞聖人所謂禮樂哉？善乎夫子之言曰："名不正則言不順，言不順則事不成，事不成則禮樂不興，禮樂不興則刑罰不中。"蓋天下之論禮樂，始于名正事成，而刑罰亦在其間，于是而可以探其指矣。

又請問禮，曰上下安之謂禮。請問樂，曰民和之謂樂。若是則先王之制禮樂非耶？先王之制禮樂，其大要本諸此，其下則因人情而為之節文者也。何也？人君者，其富甚矣，其貴極矣，其情則無以異于人也。而得肆而不已，必蕩蕩而不制則患生，故必順其情而制焉。蓋人情莫不好尊安，為之堂陛以嚴之；莫不好華好，為之服采以章之；莫不好聲音，為之歌舞以悦之；莫不好馳騁，為之蒐獮以行之；莫不好顔色，為之妾媵以娱之；莫不好飲食，為之宴享以樂之；莫不好鬼神，為之祭祀以福之；莫不好遊觀，為之巡狩以適之。數者禮樂所自出也，使人君之治，上下安焉，民庶和焉，則有不待堂陛而嚴，不待服采而章，不待歌舞而悦，不待蒐獮而行，不待妾媵而娱，不待宴享而樂，不待祭祀而福，不待巡狩而適矣。苟為不然，上下亂而不能安也，民庶怨而不能和也，雖有堂陛，其能安之？雖有服采，其能被之？雖有歌舞，其能玩之？雖有蒐獮，其能舉之？雖有媵妾，其能保之？雖有燕享，其能居之？雖有祭祀，其能宗之？雖有巡狩，其能備之？何以言也？漢高帝未嘗郊天，豈妨為創業之英主？周宣王未嘗耤田，不害為中興之賢君。當是時也，天下謂之亡禮得乎？景王鑄無射，不捄周室之亂；成帝好音聲，無益漢祚之衰。當是時也，天下謂之備樂可乎？故以漢高、宣王之治，問其四夷則服從，問其諸侯則順朝，上之則天地悦豫，下之則人神協同，豈非所謂得禮樂之實也？以景王、成帝之治，四代之樂雖陳于庭，三雍之儀雖正于郊，嫡庶亂而不分，外戚强而不制，豈非所謂得禮樂之名也？説者徒見夫子之告顔子有禮樂之事，遂以為治道不越乎此，曾不知夫子之門，政事、征伐皆禮樂也，故以鐘鼓、玉帛為不足議。夫子之後，惟孟子為能知之，

① "甚者"，原脱，據影印文津閣四庫全書本補。

故其論禮則曰“執中無權猶執一”，論樂則曰“今樂猶古樂”。唐之諸臣如魏鄭公者，舉其君于堯舜，而世儒訾之，以為不能答禮樂之問。嗟夫！使天下而不知禮樂之實者，斯人之徒有以啓之也。

詩論

聖人順民心以立法于天下者，不過曰禮與義而已。禮義者，非有以强天下也，一家行之，舉國異之，聖人不遽以為禮也。一人是之，衆人非之，聖人不遽以為義也。惟其一人言之而衆人奉之以為則，一家行之而舉國視之以為制，然後聖人揭而號于天下，曰如是而足以為禮，如是而足以為義，而天下莫敢不從焉。非聖人為是紛紛以矯拂于人也，亦曰天下之心，吾先得之云爾，奈何務高其説以衒于世俗者，則曰聖人之所謂禮義，非出于自然也，忠信之薄而情文之繁者矣。嗟乎！為是説者，果足以知禮義哉？蓋其説出于老子。老子之言曰：“失道而後德，失德而後仁，失仁而後義，失義而後禮。”老子之所謂失，猶曰去之而一變云爾，非果以為失之也。今夫穉而蒙、長而健、老而死者，人之常也。飲食牝牡，居處步走，日異而歲不同，老氏亦曰“復歸于嬰兒”者，孟子所謂“不失其赤子之心”也。如使天下之人去其飲食、牝牡、居處、步走之事而悉效于嬰兒之匍匐以乳，是何異于絶吾禮義而必務于道德之説也耶？聖人之禮義，將以復民于道德也。禮義之興，則道德于是乎在，謂雅與頌者，則固賢人君子之所作也。其為風與變風，有非賢人君子之所作，而出于匹夫匹婦之作矣。以匹夫匹婦之作，宜其于禮義有不能合。而當時君臣之閒，一悖于禮義，則匹夫匹婦羣聚而譏之，至其甚則曰不可詳也，不可道也，鶉鵲之不若也。夫國君之行事，而匹夫匹婦乃以為不可道，以為鳥獸之不若，是其心必有感憤而不能安者矣。心之感憤而不能安，則求其所以安者，非禮義哉？若是則禮義其出于人心之自然也明矣。《緑衣》之詩曰：“我思古人，實獲我心。”《雄雉》之詩曰：“不忮不求，何用不臧？”由是言之，履加于首，徒隸忿怒；裸裎適市，童子羞之。吾是以知世儒之陋，以禮為僞，以義為外者，曾徒隸、童子之不若也。

三國志論

史之法以記事為先，然其大略不可以無《春秋》之遺意也。司馬遷作《河渠書》述禹貢，作《貨殖傳》述子貢、范蠡，班固因之。夫遷之書，五帝以來之史也；固之書，漢之史也。禹與子貢、范蠡，何以見于漢哉？則亦不得乎記事之體矣。自遷、固作《呂后本紀》，而為唐史者則亦作《武后本紀》。夫呂后以女子而擅漢者也，其國與主猶在也。武廢其國與主而稱周矣，何以得紀于唐乎？是大失乎《春秋》之意者也。

陳壽之志三國，其記事亦略矣，欲取《春秋》之意則未也。壽之書以《三國》云者是矣，以《三國》云者，示天下莫適有統也。魏則紀之，吳、蜀則傳之，是有統也。魏之君曰帝曰崩，吳之君曰某曰薨，蜀之君曰主曰殂，此何謂耶？夫既已有統矣，而又私于蜀，是將以存漢也。存漢則不可列于傳也，且蜀者，當時之稱也，昭烈之名國亦曰漢爾。今不以漢與之者，畏其逼魏也，然其名不可没也，其所以名國者，則漢不存矣，無以，則曰蜀漢乎？孫氏之有江東，其何名哉？諸侯割據者也。雖然，魏已代漢矣，紀之可也，吾將加蜀以漢，加其主以帝王而並紀之，以其與蜀者與吳[①]，易其名與薨而存于傳，庶乎後世知所去取矣。

魏論【案】集内《上建康尚書書》有云“往嘗著《三國論》，頗有意見”，此下所輯是也

姧雄莫不負天下之才與窺天下之志，而其所以不得肆者，無窺天下之時爾。聖人之治也，必謹為夫天下之時者，故使姧雄之志無得而生，亦使其才卒為我用。今夫猛獸之在山也，齒足以決，而爪足以裂，氣足以暴怒。及其既擾于人也，可以玩之于掌股而納之于行陣，

① “與蜀者”，原作“吳蜀者”，據影印文淵閣四庫全書本、影印文津閣四庫全書本改。

用其決裂之具而伏其暴怒之氣，此豈有他哉？制之有術爾。故時者，亦聖人制姧雄之術也。然天下之時不能常治與安，惟無使其至于不可治與不可安而已。聖人者知可治之時難得而易失也，而姧雄者知可亂之時亦難得而易失也，故其心惟恐夫天下之治且安。非恐其治且安也，恐無以肆其窺天下志也。東漢之末也，治天下者不思為其時，而惟思去其患，紛紛然召天下之兵，此姧雄窺天下之時也。其窺之驟者，固以倉卒而無成；其窺之深者，禍至于不可救。若夫曹操，其可謂窺之深者矣，不先視其窺之跡而力為其窺之之時。夫天下豪傑奮臂而皆起，此窺之之時也，使之盡去而吾獨存，不亦可乎？操則不然，以為天下豪傑苟不至于皆起，則吾無其時矣，乞州焉與之州，請命焉錫之命，竊地不呵，殺人不問，陰持其權，以鬭天下而徐為自取之計。且夫劉備者，操之所深忌也，得備不殺而又與之兵，此所謂假虎以翼者，其飛去決矣。非不欲殺也，與之兵，幸其或為我用；與之兵而少與之，則雖不為我用，亦不足以自立，起而收之未晚也。孫權之有江東，又非不欲圖也。吾方用兵于中原，必先攻其易者，而後攻其難者。夫先攻其易者，則難者將不顧其易者而勢足以孤①；先攻其難者，則易者或合于難者而勢足以衆。是故中原略定，然後借劉表而加兵于吳。當是時也，備在荆州而備可得，苟以襲權之無備也，而權可除，是一舉而二患去矣，天下將無如我何，操之計信未失也。雖然，操精于用兵而拙于此何哉？奕者之鬭棊也，志在于敵則必亂，志在于己則必審，其勝與敗之形莫不先見，而奕者有不能知也，必觀于奕者而後知之。操之兵非素習于舟楫也，不可以施于吳也。為操之計者，使數十萬之衆水陸並進，得一戍焉而守一戍，得一城焉而守一城，連營列栅，勢禁而力逼之。備之力既衰，而吳之步兵亦不足用，磨以歲月而事舉矣。不知出此而輕鬭于江湖之上，欲以虛聲下之，則不既疏矣乎？嗚呼！備亦嘗攻吳矣，掃境内之衆，合五谿之蠻，連營列栅七百餘里，而亦至于敗，何哉？操之敗在于不用步兵，備之敗在于不用舟兵也。當蜀之戰利以速，當魏之戰利以久。而以備之策資于操，以操之策資于備，此固周瑜、陸遜之所憂也。

---

① “孤”，原作“孫”，據影印文淵閣四庫全書本、影印文津閣四庫全書本改。

蜀論

天下有大計，有近功，善為國者先定其大計而不急其近功，不善為國者反是。夫大計者，吾之所以自立也；近功者，吾之所以自利也。負斧斤而入山林，其志將以求薪也，遇横草而束之者，此童穉之力，而斧斤何預焉？曹操之盗漢也，天下莫不欲誅之也，然其誅之也無名，而强有力者又常急于自利，是以易敗而卒無成。劉備以宗室之英，則誅操之有名者也，以區區之巴蜀，豈誠足以鬭魏哉？雖不足以鬭魏，豈不足以得魏之尺寸也哉？然而諸葛亮日動其師以臨其境，而數往數來若不勝其任者何耶？吾然後知善為國者，眞不急于近功也。夫以亮之才，天下可運于掌，豈不能積粟而後動？今歲之言曰吾糧匱矣，吾兵不可以不歸；明歲之言曰吾糧匱矣，吾兵不可以不歸。是不能不見嗤于愚夫愚婦，況能以保天下之英雄哉！亮之告備曰：“天下有變，命一大將，將荆州之軍以向宛、洛，而將軍自率益州之衆出于秦川，則百姓孰不簞食壺漿以迎將軍者乎？”嗚呼！此亮之始謀也。始謀之而不能成之，則是亮之無謀也。雖然，亮之言固曰“天下有變”云爾。今也天下未有變，則吾固不可以輕用其師，雖不可以輕用吾師，而亦不可以忘夫討魏之名，慑其强大而遂已也。于是齊其國家，訓其士卒，揚旆荷戈，日將討于魏者，以陰俟其變而亦不貪其尺寸之利。不幸而變之無有也，于是又託于糧匱而復還，外足以繫天下之望，内足以養吾士卒之氣，而不使天下知漢之不可興，而憂吾之師不復出也。及夫魏之三世也，權臣弄其威柄而政日以弊，土木戕民之務駸駸然而起，是魏有可乘之漸也，于是乎始為屯田久駐之基而不復還矣。嗟乎！蜀之所以為國者，以有亮也，亮死而蔣、費繼之，猶足以有立也。蔣、費死而繼之者非其人，塊然一隅。國既不治，而翹翹然競其小利，今日拔一縣，明日下一城，吾之國亦疲，而吾之師亦厭，天下且以為吾之所以勝敵者止于如此，而大計去矣。

噫！亮之出師也，魏延嘗請以萬人東當子午而會于潼關，此韓信之謀也，而不可用乎？夫與人鬭者，奮梃而呼于門，此鬭之常也；挾刃而窺其室，此鬭之賊也。奪梃而呼其門，是度我之力足以勝之也；

挾刃而窺其室，是幸其人之寢且病也。寢且病不可常，故挾刃而窺其室者鮮有不敗。韓信之兵也，當秦、項之紛爭，天下莫適為主之時也，故其謀可以遂。今魏方無事而欲幸其寢且病，此樊噲横行匈奴之説也。關羽之圍樊也，不顧其後而殲焉，而况于延乎？故夫天下之勇而無謀者，不可以用也。

又論

人臣不可以無才，而人君不可以有才。人臣無才則無以成其君之務，人君有才必有以奪其臣之事。故君者天也，臣者地也。丘陵、江河、草木、人獸皆附于地者也，丘陵之所以高，江河之所以流，草木之所以華且實，人民、禽獸之所以蕃且育，皆因地而見者也。天固若無預焉，而人徒見其穹穹然而高，莽莽然而大也。夫穹穹然而高，莽莽然而大，此所以覆地而成物者也。必也物物焉而降于天，吾見其不足以為高且大也。燭之以日星，沛之以雨露，鼓之以大風大霆，摧之以大霜大雪，而使物莫不由于其中，天之所為，如是足矣。

三代而下，人君未嘗不以才勝也。夫人君者，必將有其君之度者也。人君而無其君之度，是幸而居君者也。兩漢之君也，惟高祖為得之，而孝武為似之。雖東京之光武、唐之太宗，未免屑屑而任其才也。嗚呼！孰謂三國之際而有玄德乎？玄德之為人也，用兵則不若曹操，智數則不若孫權，技勇擊刺則不若吕布。夫不若者，誠不若也，是以多敗而少成，狼狽而屢走，幾無以容于天下。而吾以人君之事許之者，以其度也。蓋人君者，無事于用兵，無事于智數，無事于技勇擊刺，苟度之不足也，則不急于人而急于自用矣，不能愛民而至于害民矣。用兵、智數、技勇、擊刺者，皆人臣之事也。玄德之為人也，二者常有餘而數者常不足，其不能有天下者，是其得臣之晚也。夫孔明之才，非屈于吳、魏者也，非玄德亦不能屈也。後世知其君臣之相歡，而不知其所以相歡，蓋必有以相伏者也。漆之合者以膠也，酒之和者以糵也，益以水焉，則漆壞而酒醨矣。荆州之敗也，曹操之師猛于風雨，此人之疾走而亟避者也。而玄德方愛荆人之歸，一日一夜行不過十餘里，其言曰："夫濟大事，必以人為本，今人歸吾，吾何忍棄去?”嗚呼！此虞舜、文王之言也，玄德何自而得之哉？吾是知孔明之所為屈也。冀城之拔也，得士女且數千人，蜀人相賀，而孔明獨愀然曰：“普天之下，莫非漢民，一夫有死者，亮之罪。”嗚呼！此伊尹、周公之言也，孔明何自而得之哉？吾是知玄德之所為歡也。故觀于玄德、孔明之事，君知所以為君，而臣知所以為臣矣。

吳論

天下之勢一，然後可以言治；天下之勢不一而言治者，是猶同居而異户也，其道必離。三國之鼎摅也，天下其不可一乎？雖然，三人者皆當世之雄也。曹操長于用兵，劉備挾君人之度，若夫孫權，有智謀而無遠略者也。雖其成敗不可以豫測，然不幸者備也，而可責者權也。備之不幸者，無先為其資爾。權之可責者，蓋嘗以其世而論之也。毁齒而藝木于國，其實可跂而待也。黄耇而藝之，則享其實也不能必矣。操與備其年相若也，其死相先後也。權為最少，居位為最久，而其立國無可言，治國無可稱也。其君臣之日夜以為計者，不過欲畫其長江而有之爾。且天下皆知魏之為賊也，而己獨受其命。夫受其命則君也，名為之臣而不實之，其可也？有事焉則戰，無事焉則聘，吾不知其立國之説也。外則嬖其臣以亂政，内則暱其子以亂分，吾不知其治國之説也。故終身言兵而不能望中原以發一矢，其乘關羽、敗曹休，皆市井之小數而盜賊之淺謀也。淮南之近，曾不足以得之，而規規然遠求夷州、儋耳尺寸之地，且為大言以三分天下，蓋亦可笑也已。嗚呼！使備而有吳之資，與權之年，其中志不巴蜀而止也。

夫天下之相持也，常懼其無機，至而失之者，是無乘機之具也。蓋弩之發也必以機，其乘機也必以矢。機發而弦絶者，是無矢之過也。善為射者，必厲其鏃以符機；善應變者，必厲其策以狥時。方權之初也，山越之衆猘其東，交、廣之寇梗其南，武陵之羌闞其西，境内且未治，而魏亦未有釁，茍責權以討魏，是責人之無已也。及夫五十餘年，國内既富，寇夷且平，勢足以有為矣。魏人一旦不恤其民，命司馬懿抗四萬之衆以興遼東之役，當是時也，權臣自將而甲兵空，蓋踰年而後反，此取魏之機而不可失者也。躊躇不顧，魏兵既歸而拾取其餘，此不亦雀鼠貪生之計也哉！官渡之戰也，孫策欲襲許；柳城之師也，劉備請伐魏，蓋英雄之志，未嘗一日而忘機，亦不可一日而失機也。雖然，曹芳之踐阼也，魏人益弱，諸葛恪以二十萬曾不能以取新城，今是舉也，能保其必勝乎？吾之説為權設也。司馬懿既出，魏之諸臣非權敵也。恪之時，權死久矣，恪知賊之衰而君臣幼弱，智能之士不用，而不知己之主少國危，亦何以異于魏也。噫！此孟子所謂燕伐燕，安往而不敗哉！

太公論

用兵之事，有制有法，而又有道。積人以為伍，積伍以為兩，積兩以為卒，積卒以為旅，積旅以為軍，甲以副步，步以衛軍，此所謂制；教之以戰陣，嚴之以鼓鐸，表之以旗物，辨之以號名，勸之以賞罰，此所謂法；度彼己之强弱，較事理之順逆，量仁義之有無，明利害之輕重，此所謂道。嗟乎！後之用兵者，其詳于制與法者有矣，而知其道者幾何人哉？

太古之論兵，天下皆曰黄帝。黄帝之兵，其制與法不可得而見矣，其可見者，不過曰“去天下之害”云爾。非若戰國之士角其詐力，以朝夕從事于軍旅者也。使太公而有言，亦用兵之道而已。文王、武王，得太公而為輔者也。文王之用兵，載于《書》者曰“戡黎”，載于《詩》者曰“伐崇”，曰“侵阮徂共”。武王之用兵，亦曰戎車三百兩，虎賁三千人，四伐、五伐、六伐、七伐而已，未嘗久暴師用衆也。然則太公之武功，于是可見矣。故詩人稱之，曰“維師尚父，時維鷹揚。涼彼武王，肆伐大商，會朝清明”。是太公之功，特相武王伐商之事也。伐商之事，其用兵亦略矣。

戰國之時，天下方以兵爭也，好兵之士思寓其説而不可得，凡用兵之説，乃舉而歸諸太公，然則太公者，其亦好兵者哉？而又有甚不可者，任詐與術，反覆機變之論，從而著之于書，以為此太公所以造周者也，天下從而信之，後世從而師之，曰“是眞太公之言”云爾。今也請無問其他，彼其所謂十二節者，有曰養其亂臣以迷之，進美女淫聲以惑之，遺良犬馬以勞之，時與大勢而誘之。然則紂之無道，皆太公有以訹之歟？文王、武王其以是而謀之歟？是非特文王、武王不以是而謀，雖戰國之君，未有以是謀之而成者也。其以是而成者，僅見于勾踐之亡吳，有近于兒女子之戲，非夫差之闇，其亦覺矣。

嗚呼！而謂太公為之乎？後世徒見其書有以窺天道、察地利、明人事、謹符節、嚴號令、潛謀應猝、變化若神，車旗、器械、溝壘、糗糧之具纖悉備見，遂以為三代聖人之兵亦復出此，不知聖人用兵之有道也。昔孟子稱太公以比伯夷，曰天下之二老，又曰太公望見而知之，是孟子以太公同于聖人，從後世之言，則僅足為孫、吳之輩矣。

周公論

處天下之變者，必思所以任天下之疑；任天下之疑者，必思所以弭天下之禍。今夫天下之變，非聖人無以處之也，而不能使天下不致疑于其間，惟聖人于此有以任其疑而不顧。夫雖有以任其疑而不顧，若使天下之疑久而不釋，則上將見疑于君，下將見疑于民，天下之禍，吾其無以弭之哉！是故處之非難而任之為難，任之非難而弭之為難。然衆人所謂弭天下之疑者，不過曰委而去之而已。夫使聖人處天下之變而懼于天下之疑，亦不過于委而去，則是天下之禍自我而啓矣，曾何足以為聖人？惟聖人所以弭之者為道，不特有以弭聖人之疑①，而卒使天下之禍無自而發，此其為聖人者歟！

周之為周，未再世也，成王幼沖，不能紹文、武之業，此可謂天下之變也。舉天下之大而聽于周公，天下不能無疑焉。誅管叔、放蔡叔，流言四起，而周公端委于上，寂然如不聞，是周公有以任之也。任之既久，果何以弭之哉？雖然，成王寖已長矣，其聰明志慮猶未足自治其天下，而周公歸政焉。以常人論之，既歸之政，則周公可以致為臣而去矣，公乃偃然自處于師傅之位而不去，由是知周公弭天下之禍之深也。蓋周公以謂成王之聰明志慮雖未足以自治其天下，而吾與

① “聖人之疑”，影印文淵閣四庫全書本作“衆人之疑”，影印文津閣四庫全書本作“天下之疑”。

一二賢者輔之，則亦足以治。苟必待其聰明志慮足以自治其天下而政始歸之，則天下之禍有不可弭者矣。何也？人君之聰明志慮足以自治其天下，而猶制于大臣，則惡忌之心易生，納讒間之言，況以叔父之尊而臨之哉？故于是舉天下還之君而不去其位，以為之臣。當是時也，非特羣臣不足以知周公之心，雖召公亦不之知也。故曰“召公為保，周公為師，相成王為左右，召公不說”。夫召公之不說，謂周公歸政之早也，故公為言“嗣前人，恭明德，在今予小子旦”，而悉舉商、周輔相之盛，伊尹、伊陟、巫咸、甘盤、虢叔、閎夭、散宜生、泰顛、南宮括之徒，用乂厥辟，受有天命之事，以廣召公之心，其終又曰“若游大川，予往暨，汝奭其濟。小子同未在位，誕無我責”。及成王足以自治其天下，而聰明志慮皆吾有以啓迪于前，而惡忌讒間無自而發，君臣罔有閒隙而至于太平，此周公歸政之早之效也。由是言之，周公之變，召公有不能處而思弭其禍者，召公之智且有所不及，而以責夫後世之臣，此周勃、霍光不能自保者歟！

老子論

昔者嘗怪太史公之書，以謂申、韓之學者，原道德之說。蓋申、韓之學，自以刑名為宗，而商鞅用其術，使秦之民重足而立，身死名僇，為天下笑，豈與老氏所謂道德同日而語！雖然，其弊豈無馴致者哉？夫老氏之說，以無為為宗者也，天下之治而至于無為，可謂極矣。後世之能致此者，莫過于虞舜，而舜之時嘗去四凶也，舉十六相也，修禮而作樂，巡狩之轍徧于天下，皇皇然未之少休，號為無為，而亦無不為矣。何則？無為者，其治之理；無不為者，其治之具也。是以儒者之學，每論其為治之具，而不論其無為之理。使天下後世守其具而施之，則亦足以至于無為矣，尚有虛言之務哉！老氏則不然，不先論其為治之具，而姑論其無為之理。彼無為之說既勝，視夫為治之具若卑近而浼焉，則天下之人惟其空言之慕，思所以致夫無為者，蓋亦不知所為矣。不知所為以號于天下，而天下將何從？是必紛紜膠擾，以不順吾之令，而吾之所謂無為之志無自而伸矣。言發而下不隨，命出而衆不應，故必刑法然後可以威之。刑法之威既立，天下之人始無敢犯，以成吾之所謂無為之治者。嗚呼！是申、韓之術如此，而豈老氏之意哉！

今夫老氏之意，蓋將以明吾道德之歸而致天下于無為也。蓋世之欲行禮者，必教其升降揖遜之節，然後上下之分明而不亂。今有人焉，惡其升降揖遜之繁，不若安坐拱手以為無事。至于少者狎之，强者侮之而無以禁也，然後為令以齊之，曰不安坐而拱手者斷棄其命，則鞭扑不已而刀鋸相尋矣。不知聖人制為升降揖遜之節者，將以使民至于安坐而拱手也。申、韓之弊，何以異此？嗚呼！孔子之不言性與命與仁，非不言也，蓋嘗發其端而使人之自得也①。老氏之學則盡言焉，後之人用而不知其要者，流而入于刑名；習而不察其理者，流而入于虛無。刑名之弊，商鞅以之；虛無之弊，王衍以之。二者皆貽患于天下，吾是以知太史公之言未為過也。

孟子論

性者，所以受于生者也。自孟子道性善，天下之言性者猶惑之。夫惑之者，未能求之于天也。夫天之所以為天，人之所以為人，其有異者乎？人之所以不能知性者，以不能知天也。言天之道，莫辯乎《易》。欲知人之性，盍觀夫《易》之所謂天乎？欲知人性之善，盍觀夫天之所謂元乎？故《易》于《乾》則曰“大哉乾元”，于《坤》則曰“至哉坤元”。由元而後有亨，有利、貞。然則元者果何謂哉？太極之未判，陰陽之未形，于是而有理焉。天地萬物，得之則生，不得則死，聖人無以表之，故曰元。是元者，善之所由出也，人之性有以異此乎？喜怒哀樂愛惡欲者，人之情也。情發于性，而性非情也，性則本中而情則有正。當喜怒哀樂愛惡欲之未見，于是而有理焉，足以見夫人之所受者矣。聖人無以表之，故曰善。是善者，出于元者也。而天下之言善者，皆以對惡而言，蓋無以表之云爾。今夫天下之人指以為性惡者，桀、紂、盜跖也。桀、紂、盜跖之惡者，不過于屠戮殘賊之暴而已。然其屠戮殘賊之暴，豈終食之閒而無違哉？其終食

① “自得”，原作“可得”，據影印文淵閣四庫全書本、影印文津閣四庫全書本改。

之閒，屠戮殘賊之暴有時而不作者，則其所謂善也，所謂性也；其作于屠戮殘賊之暴者，情奪之也。使其屠戮殘賊之暴終食之閒而無違，則亦不可以為人矣，知此，則知善之説矣。天下之所以不知者，止以善為對惡而言，不知其所謂無以表之之説也。《書》不云乎："惟皇上帝，降衷下民。"《詩》不云乎："民之秉彝，好是懿德。"夫民之衷，天所降也。其好德者，秉其常也。是道也，惟《易》言之，孟子能明之耳。荀況、揚雄其皆未達于《易》者乎！

荀子論

天下之風，能變天下之士，而士之所守，要在不為天下所移。夫天下之風皆善而吾無移焉，非所謂士也。惟天下之風未善，宜吾有以易之，斯可以謂之士矣。吾之道不足以易之而返，懼其有不合也，假吾道以務為合之之説，則未見其為不移者也。當孔子之時，天下未知以儒為貴也，而孔子必自貴其儒者之説。彼雖不吾聽，而吾亦未嘗屈焉，故孔子之道日尊。傳孔子之道曰孟子，當孟子之時，諸侯惟知以利為急也，而孟子則曰"亦有仁義"；惟知以地為廣也，而孟子則曰"闢土地者民賊"；惟知以兵為事也，而孟子則曰"善戰者服上刑"。夫孔、孟之説其于當世，不翅如水火之殊科，方圓之異鑿也。惟其所守不為天下所移，而亦不務于求合，此後世之士跂望而不可及也。若夫荀卿子之書，其亦未免于求合者歟！何則？卿所負者儒術也，所遭者戰國也。戰國之時，非富不安，非强不立，非兵不雄也。故世之游士持是三者以要諸侯，曰吾足以富爾國，吾足以强爾國，吾足以用兵決勝而謀爾國。戰國之君，非是三者亦莫之聽焉，而卿之書皆有之。卿之意，以為吾所謂富國者，非彼之所謂富國者也；吾所謂强國者，非彼之所謂强國者也；吾所謂用兵者，非彼之所謂用兵者也。由吾之説，亦足致富强而善用兵矣。故富國之説，曰節用裕民而善藏其餘。强國之説，曰道德之威成乎安强。用兵之説，曰兵要在乎附民而已。卿之言非不正也，其所以為言者，將以求合也。彼其見戰國之士以是得君，則亦懼其言之不入也，飾仁義之説以附于三者焉。然其論雄深而辯博，此其所以使李斯之徒學之而失其所後先哉？然昔齊王好戰而孟子請以戰喻，好勇而孟子請無好小勇，好貨而以為公劉好貨，好色而以為太王好色，豈亦徇時乎？孟子之言，因事而有諷，以誘其君者，非著之書以求合也。

管寧論後見蘇子由《管寧贊》，乃有同者，然以偶合，不復改也

人君不能必以擇臣，而人臣能必以擇君。不能擇臣者一于失人，不能擇君者一于失身。或曰天下一家，而君可擇乎？曰不食焉而已。天下有大利害焉，食焉而不告之，是不忠也；不食焉而必告之，是强忠也。不忠者非聖人之事也，强忠者亦非聖人之事也。雖然，天下方貪也而吾獨廉，天下方愚也而吾獨智。苟天下之尚賢也，則其廉與智也皆足成名；如不尚賢也，則其廉與智也不足以保身。伯夷、叔齊，天下之廉者也；比干、子胥，天下之智者也。何伯夷、叔齊足以成名，而比干、子胥不足以保身？所遇之時異也。伯夷、叔齊而非成王也，則亦足以殺其軀而已。君子不幸而處此，既不可以失身于人矣，亦不可以不保身于時也。

當漢之大亂也，田豐、沮授其為計非不忠且盡也，而不知袁紹之不足用，此失其身之罪也。孔融、禰衡其智非不先見也，而皆陷于死，此不保其身之罪也。彼荀彧、郭嘉之流，又以操為眞吾主也，拳拳然導其私而成其志，天下之士未有不惑而從之者也，其不從之者，得幼安一人焉。夫盜方據主人之居，吾固知其非也，知其非而力不足以救之，請無汚于盜而已。迎而拜之，餽而受之者，是汚于盜也。無汚者去之也，去之而盜知焉，則以為將赴訴而圖己也，露刃而見追，則亦不足矣。故其去也，必將僞為遊而遠之；及其餽也，必將婉為詞而謝之。如是則吾不汚而盜不疑，雖不足以救主人之亡，其與拜之、受之者，亦有間矣。

操之盜漢也，幼安知其力之不足以救之者也，逃于遼東則亦遠矣，彼有聘焉，則亦不可以不返也。雖然，其祿不義也，則亦不可以不辭也。故聘焉而返者，所以解其疑也；祿焉而辭者，所以謝其餽也。歷其四世，優游没于牖下，而足不一至于其庭。嗚呼！其權謀智略雖不外見，自其大者而觀之，吾意其為不用之孔明也。雲之滃然見

于山也，其勢將以成雨也。大旱焉，則山或不足于雲，雲或不足于雨矣，遂以為山無雲而雲無雨可乎？其可以見者，用也；其不可以見者，不用也。邴原、華歆，世以並于幼安者也。原既無足道矣，歆之才亦有過人者也，然而躬引伏后而斷其首，則犬彘之不若也。陳登之稱歆，曰“淵清玉潔，有禮有法”。夫清與潔、禮與法，果何事哉？清與潔者，處世而不污也；禮與法者，君臣之大義也。歆之為操用也，則既污矣；而預弒天下之母也，則大義去矣。是語也，吾將移之幼安，天下其不信之哉！

孔明論

君子之事君也，必將告其君以所欲為者，而濟其君之所未為者。君以為然耶，吾將起而就之；其不然耶，吾將引而去之，是故君不勞而臣不辱。伊尹之于湯也，將使為王也；管仲之于齊也，將使為霸也。其王與霸者，莫不一告其君而終身未嘗言也，其終身言者，附其王霸者也。其君也，亦不以其一告于我者朝夕而問之也。其朝夕而問之者，亦附其一告者也。故上下寂然，安坐以待其成。嗚呼！今儒之言曰：“吾君未能用我也，吾將以其小者告之。小者而用也，吾將以其大者告之。”而君之待其臣，亦曰：“是人其可用耶？姑試其小者而徐咨其大者。”旦是而夕非者有之矣，朝可而暮否者有之矣。是待凡君與凡臣之道也，望其成功者則不然也。

孔明之始告其君也，蓋將以興漢室而取荊、益也。興漢室者，所以正名于天下也；取荊、益者，所以為興漢室之資也。善耕者必有其地，善賈者必有其財。無地與財而言耕與賈者，是惰農與游手也。而天下非之，曰曹操之得罪于天下者，以脅漢而取之也，方誅之而亦脅人以取之，則何以正名于天下哉？嗚呼！帝王之興也，雖湯、武不能無慚德。孔子與之者，以其救民之功而贖其放弒之罪也。曹操脅漢而可以誅之者，漢非有桀、紂之惡也，弱而不振，散而不守爾。玄德之于荊、益，賓客也，非君臣也。雖然，景升之既死也，孔明欲襲其孤可乎？此玄德之失而敗于吳者也。玄德之在新野也，景升蓋嘗疑之矣。魏兵一旦加之，其孤不愛其地而降焉，而其民惟玄德之歸也。今也令民之歸，廢其孤而用其地，則不失為湯、武也。非特不失為湯、武，而其豪傑之衆猶可以効一戰。戰而勝耶，則荆州固吾有也；其不勝耶，借力于吳而勝之，則荆州亦固吾有也，尚何用假于人乎？惟其小不忍而終無以寓其足也，于是從吳而假之。夫假之者，他人之物也。假人之車者必畏其折，假人之馬者必畏其跌。夫折與跌，非所畏也，畏其傷輪與足也。既假之，必歸之。傷且不敢，而況于不歸乎？不歸而猶怒人取之，是己負其曲，而他人擅其直也。猇亭之釁，于是啓矣。噫！荆州者，爭物也，而曲直不可以不先定，故孔明之計，吾未見其失也。

韓愈論

君子之所學，蓋思以造于道也；聖人之立言，蓋將以明于道也。三代而上，聖人之相授者以道，故其治有不可跂及。三代而下，聖人之道獨存于書，故其治不見于天下。後之學聖人者，能言其道者既罕矣，況所以治天下哉！昔者夫子之道蓋詳于《易》矣，曰："立天之道曰陰與陽，立地之道曰柔與剛，立人之道曰仁與義。"又曰："一陰一陽之謂道，繼之者善也，成之者性也。仁者見之謂之仁，智者見之謂之智，百姓日用而不知。"夫孔子所謂道，人與天地一也。夫子之後，言道者有子思，則曰"天命之謂性，率性之謂道"。子思之後，言道者有孟子，則曰"仁也者人也，合而言之道也"。子思所謂性，孟子所謂仁，其皆合于孔子矣。自荀況、揚雄，曾不知以道為何物。董仲舒，漢儒之盛者，亦曰道者所繇適于治之路而已。又曰"大原出于天"，則聖人之道，人亦何自而求之，何自而得之哉？蓋天之所以為天，人之所以為人，其知之者蓋鮮矣。

韓愈之作《原道》，可謂勇于自信者也，非有假于他人之說也，其所見于道者如此也。然愈者能明聖人之功，而不能明聖人之道。能明其功，故曰古之無聖人，人之類滅久矣；不能明其道，故以仁為博愛。若仁僅止于博愛，顏子所謂非禮勿視聽、勿言動者，果何事哉？雖然，愈之排釋老，其無取乎？昔者嘗讀《中庸》之書，愚與不肖之不及固易曉矣，智與賢者豈有過之之患？及觀釋老之學，然後知聖人所謂過之者也。且夫棄君臣、去父子、絶生養之道，然後得其所謂清淨寂滅者，則人之聞道者鮮矣。曾不知君臣之不棄，父子之不去，相生養之道不絕，則清淨寂滅者何獨不存？子思子曰："道不可須臾離，可離則非道也。"蓋絶而修之者易為力，不絕而致之者難為功。彼其為中下之人言之爾，孰知極高明而道中庸者哉！

辨

漢高祖戮丁公辨

王可以有私乎？何也？漢高祖之戮丁公而封雍齒，其無私乎？雖然，雍齒之封則美矣，丁公之戮，是欲欺天下後世矣。或曰帝之徇于軍中，曰："丁公為項王臣不忠，使項王失天下者也。"帝之窘于彭城，短兵將接而遽退，使後之臣無効丁公也，其戮則宜，何用見其不公？韓子曰：不然。高帝之危，有甚于鴻門者哉？前有范增，後有項莊，饗士欲戰，拔劍起舞，而高帝幾于不免矣。項伯者，羽之諸父也，因留侯以見帝，既為之緩頰，而使亞父之謀不用；又躬蔽其劍，而使莊不得逞。然則使項王失天下者，果丁公乎？果項伯乎？彭城之奔，苟丁公聞兩賢之言而未退，則帝豈拱手而就禽者，其死生特未可知，非若鴻門之危，一舉衆而成敗之速也。畔臣有義之罪，孰為重輕？帝之于伯，事未成則約之婚姻，天下既定，則封之列侯而賜姓劉氏；于丁公則藉口而殺之。帝王之道，固如是哉？或曰：若是，則丁公不誅可乎？曰：誅可也，而項伯反為列侯。二人者均宜死者，誅其一而謝其一，謂之曰無私，吾不信也。

説

賈説

越之俗好賈，有大賈賈且十年，累鉅萬，因不賈，計曰："吾固賈也，今棄其業而忘賈殆不可。雖然，吾老矣，當坐于家，縱不能賈，盍使吾子代賈哉?”已而其子弱不任賈，召僕者一人誨之賈事。賈視僕出入益信，盡付之。僕念賈不親行，又不賈且久，物之貴賤不侔于昔。賈付以十特，僕歸豕者數十。賈為之喜，旦日佐以百金，則黄金也。僕橐白金二百而入，僕稍稍得計，而賈家無甚怪怒。因大積其私，聘美女，建廈屋，為樓居其上，器用、服飾猶賈之家焉。賈謝客過之，亦疑其己之家也，執馬者懟以告。賈歸勵其子曰："是僕眞能者也，資賈以富吾家，又資吾以富其家。”韓子曰："賈為利者也，其資于人亦巧矣。”

徐大珪字子功字説

玉之用，以圭為貴，自天子至公侯，其制有别也。為之邸則以祀，為之瓚則以祼。土云以測景，琬云以結好，其載于禮則又不同。然圭之大者，則天子搢諸紳而未之或執焉。説者曰："其度蓋三尺也。”舜之修五玉，史不具著，而圭之見則于禹乎始。夫禹之功大矣，而特命之以圭，宜亦異于常圭，不獨以其色也，故曰"告厥成功”。雖然，禹之德非功則不可受，雖堯之聖，非功亦莫敢錫也，則後世之以無功而享于命服者，寧無歉哉!

太學徐生以其親之命，更其名曰大珪，而予易其字曰子功。蓋子功之為人温厚而能文，其質可用以為貴，其進而自致也，不曰功乎?功不立能顯于世則否矣，故予所願其勉之也。或曰功則信然矣，而禹之功若之何則可慕?予曰："不然。昔荀卿子以謂塗之人可為禹，孟軻氏以顔回為同道。吾夫子自以為無閒然，則禹之功其果不可慕耶?故又為之説以贈。”乾道戊子十二月庚戌，穎川韓某云。

鄭光錫字説

鄭僖靖王之孫、和州防禦使，始名興宗，字光祖。今年春，將命朔庭，還未數舍，驛吏中夜馳呼，曰："御所有金牌書!”鄭侯啓緘下拜，則天子親灑宸翰，更其名曰興裔也。某適與侯同使事，顧而嘆曰："古之氏族，繼祖而别則謂之宗，世守而傳則謂之裔。宗者子之支也，裔則統言之矣。且鄭之得姓甚著，武莊為周卿士，見于《緇衣》之詩。漢則當時、康成，唐則珣瑜、餘慶，聲名事業，磊落相望。今君奮自戚畹，而才力表表，受知聖主，持節七閩，析利病而明臧否，風采凛然動一路。上之用君，將不特此而已也。故玠圭寶玉不以為榮，路車乘馬不以為寵，而錫兹美名，俾振起其氏族，在本朝諸公間，被此賜者不過一二數，所以期君遠且大矣。然而君之字亦未安，某請易曰光錫，可乎？光以彰君之德，錫以昭上所賜也。”鄭侯曰：“諾。吾懼弗稱爾，願書而志之。”于是為之説以贈。乾道九年四月甲戌，潁川韓某述。

攷

唐制兼官攷

唐之制踵隋舊規，文武各置散官，凡文職隸于三省六部，武職隸于諸府十六衛，未嘗相侵也。然自武德初，武臣大功重任，或加之文職以為異恩，故李靖平輔公祏，則為東南道行臺兵部尚書，蓋行臺如分司，然無職掌也。繼授刑部尚書。命平突厥，則復改兵部尚書①，為定襄道總管，是帯尚書之職使之將兵，以示寵爾。靖自是遂正遷僕射而為相。攷太宗之時，武臣為尚書者例皆拜相，故李勣自并州大都督召為兵部尚書，繼而同中書門下三品；張亮自相州長史召為工部尚書，遂參預朝政；侯君集自右衛將軍遷兵部尚書，遂參議朝政，唐制，左右僕射及三品或參預、參議朝政，皆為宰相，未有宰相、執政之别，非今參知政事比也。此其驗也。不然，當時諸將數十，立功者甚衆，如蘇定方、薛仁貴之徒，豈不盡為尚書哉？惟屈突通曾除刑部尚書，自以不習文法固辭，見其不能預政矣。中葉後，武臣致仕，或除尚書，張仁愿、張萬福等是也；身後或贈尚書，薛從、郝廷玉等是也。以武臣平日不為此官，于其仕及身後間以寵焉②，始足為重矣，故未嘗悉使武臣得之也。

---

① “復改”，影印文津閣四庫全書本同，影印文淵閣四庫全書本作“後改”。
② “身後”，原作“身從”，據影印文淵閣四庫全書本、影印文津閣四庫全書本改。

夫太宗之法善矣，高宗、中、睿猶能守之。逮明皇天寶中，朔方總官牛仙客以無功而亦拜尚書，宰相張九齡固爭以為不可，九齡因是罷去①。及李林甫代為相，姧邪迎合，竟使仙客為之。而明皇不察，復用仙客為相，特激于九齡之論，必欲用武臣，初不問其賢不肖也，其視太宗之用李靖，蓋亦遠矣。然終唐之世，無武臣任侍郎者，是未嘗除也。太宗嘗以番將阿史那社爾兼鴻臚卿，亦異恩矣。唐世武臣，遂以兼卿為寵。高宗將伐高麗，尉遲恭自開府儀同三司致仕，止授太常卿，起為左一軍總管，是亦带卿職使之將兵，以示寵也。至明皇時，郭知運以隴右經略使、田神功以平盧兵馬使②、高仙芝以安西都護並兼鴻臚卿。肅、代時，李嗣業以復東都兼衛尉卿，馬璘以破史朝義兼太常卿，段秀實以懷州兼司農卿。郭子儀鎮靈武，兼衛尉卿。其子曜以子儀恢復功，至德初亦兼衛尉卿。次子晞為鴻臚卿③，論惟正以募兵靈武為光祿卿，尚可功自賊所來歸立功、戴休顔以平黨項立功，皆試太常卿。唐制，試官猶今带權字④。辛雲京積功至特進、渾瑊積功至開封府郡王，止兼太常卿，是武臣非有功勲者不加卿職，其重又可見矣，亦未嘗悉得之也。然終唐之世，武臣無任郎中、員外郎者，蓋未嘗除也，此其大略可攷矣。

嗟夫，文武之任一也，譬之舟車焉。車之行陸，舟之行川，皆隨宜而任重也。後世文武之名太分，而任亦偏于輕重，故文武相視如楚、越。然文臣常任内事，武臣常任外事。武臣每以不得文職為歉，故唐間以異恩而加之⑤。及唐政之衰，武臣任藩鎮者例必兼臺省長官，而其僚佐亦遥領臺省之職，大抵以悦藩鎮之意，而臺省之官遂輕。正官不足，又增檢校，由是僕射、司徒之稱逮于皂隸，祭酒、賓客之號加于將校，名實紛糾，莫此為甚。陵夷至于五代，不可攷矣。此本朝所以一釐正之也。

---

① “罷去”，影印文津閣四庫全書本同，影印文淵閣四庫全書本作“罷出”。
② “平盧”，原作“平廬”，據影印文淵閣四庫全書本、影印文津閣四庫全書本改。
③ “次子”，原作“其子”，據影印文淵閣四庫全書本、影印文津閣四庫全書本改。
④ “字”，原作“子”，據文意改。
⑤ “唐間”，原作“唐朝”，據影印文淵閣四庫全書本、影印文津閣四庫全書本改。

南澗甲乙稿卷十八

銘

一經齋銘有序

漢韋長孺父子皆以明經位至丞相，當時為之諺曰：“遺子黄金滿籯，不如教子一經。”儒者至今以為美談，蓋庶幾于韋氏也。予友何德循，故丞相正獻公之孫而端明公之子也，弱冠好學不倦。予名其齋曰“一經”，而説者曰：“古者自小學至于太學，三十而五經立，一經不亦褊乎？”予曰：“學之為事也，苟誦習而已，雖歲閲百家可也，豈但五經？夫經淑諸人以道者也，自炎熊至于勳華，其歷千祀，經蓋未備，而道且安在哉！西漢去古未遠，故大儒董仲舒之流，皆號為能通一經，而其言粹然，與經無擇，後世記問之學不逮遠矣。由是談之，五猶一也，一猶五也。未有能明于《易》而不能通于《春秋》，能安于《詩》而不能立于《禮》者也。故學者務聖人之道，雖一經為有餘；如其不也，雖五經為不足，然則一經褊乎哉？”德循曰：“諾，子盍為我銘。”銘曰：

我思古人，愛莫似之，其存者言。惟言之興，與道俱傳，自葉流根。《禮》《樂》《春秋》，《書》事《詩》情；《易》其大原。譬彼東流，三江九河，其來渾渾。究厥攸歸，有會有别，孰為吐吞？智者權之，以一知萬，斯獲其元。厥心孔昭，放諸四表，塞於乾坤。匪繄冥行，亂其濤瀾，轢其藩垣。偉矣漢儒，睨于籯金，其學不繁。嗟子勿忘，言遵其塗，兹道之門。

誠身齋銘有序

河南富子立以“誠身”名其齋，而徵詩于韓子。韓子曰：“吾詩不必為也，詩以達情，而以論道，吾懼其幾于釋老，盍試為之銘？夫子思、孟軻之說，學者日誦而易之，故必即異端以求道，不則其趨襜如，其居頹如，色以為容，擇然後言，欲致其誠者，試以事則無施焉。君子之于道也，將以成天下之務，非獨為是槁木死灰然也。譬之水焉，其止也可以觀萬物，而行也可以利萬物，君子其勉之哉!”銘曰：

老佛肆行，羣心日盲。置生問死，土木偶形。弊基諸儒，白首抱經。弗析厥理，虛文第程。何以救之，曰身是誠。誠久而著，道將縱横。放諸四方，如權遇衡。聖人之運，實侔于天。惟天不言，萬物故成。君子反身，蓋復其原。匪誠能天，以天道名。水流在川，無或不盈。子能終之，天下可平。

好仁齋銘有序

學至于仁而已乎！仁者，人道之正而道之所可見也。故曰：“仁也者，人也，合而言之道也。”《易》之論道，則曰顯諸仁，而《復》之爻以初為仁，又以為道。是道也，夫子以告顏淵，而其心三月不違。自餘告弟子，或舉其一端也。孟軻氏没，千載不能明，近世先儒始有發焉。雖然，知之不如好之，好之不如樂之，蓋亦有漸云爾。

建陽馬子嚴莊甫于其尉舍闢齋，以望鵝湖之高峰，而其鄉先生朱元晦過之，以表記仰止之意，名以“好仁”。且人之對是山，不過愛其清高峻拔，以動悅于心目，而元晦獨取其靜者，俾其徒嚮而習焉，可謂善觀于山矣。莊甫又欲予銘，將志而不敢忘。夫君子之學，固在于不忘也，其進而至于樂者，孰禦哉！為之銘曰：

天之蒼然，地之隤然。人居其間，有是道焉。其道伊何？克己而復，復則無妄，玆為其目。何以命之？厥惟吾仁。物由以生，惟明在人。操之則存，念之作聖。取譬如山，其一而靜。好而不學，蔽焉亦愚。寂而至無，豈吾之徒。内形諸心，外施之率。邈然四海，罔不來暨。有山在前，室惟其常。出入起居，睨而勿忘。

汪南美二十八宿硯銘一名琴樣硯，有序

端石以下嵒為正，今嵒竇石墜水生，不可入。或得之甚艱，璞亦小，然色澤與諸嵒異，可辨也。汪南美頃為肇慶通守，得石于下嵒，僅尺餘，烈為琴樣硯，其中容墨僅如掌大，然上下有鴝鵒眼二十有八，因號二十八宿硯，甚珍之。南美年九十三而終，予為誌墓，其子邦俊以為贈，辭不可，因銘而藏焉。銘曰：

琴之無絃矧為石，規其窪中以瀦墨，先生守玄詎知白。炯然光芒星四七，端嵒之傳此其嫡。如金方寸璧盈尺，吾非多言貫于一。

呂景仲二硯銘

三星麗天，雨珠在泉。青紫雜然，其中有玄。寶之以傳，式全其堅。右大硯

炯然之眸表其質，溫然而澤蘊其德。磨硯古今茲有力，惟谿之璜子其識。右小硯

北園艮泉銘

鳳之陽，鶴之麓，有峗而伏；堂之坳，圃之腹，斯瀵而沃；東于渟，潤于谷，可用而足；清如官，美如俗，是為建人之福。淳熙乙未歲六月庚午記

崇福菴安靜泉銘

安靜道人，倚杖視役。撥剔草間，泉應而溢。萬斛源源[①]，既甘

① “萬斛”，原作“萬斗”，據影印文津閣四庫全書本改。

且清。四衆環觀，爰以我名。道人云亡，泉流不息。千畆深耕，百夫聚食。有僧住廬，有墳在山。嗟嗟子孫，勿忘我艱。琢石碣銘，毋俾泉壞。泉本無生，道人常在。

君子泉銘有序

劉嶠字子淵，以學行為鄉先生。晚齒一命，輒丐祠祿[①]，飲水曲肱，雖仕而隱也。年八十六，視聽不衰，嗜酒喜賦詩，超然有高世之趣。屏居城西山，郡守韓某訪焉，愛其林壑幽清而汲甚遠，為鑿井竹間，逾三十尺未有泉也。再過而禱，石竅而瀵涌，既冽且甘，里人異焉。以子淵之德履，命為“君子泉”。為之銘曰：

蘊德之深，藏之堅兮。渫之益清，斯其天兮。繘而用焉，永千年兮。欲知其人，視此泉兮。

兼淨亭銘有序

徐應祺種竹溪上，結茅竹間，日為挾筴之地。其宗人行仲取東坡詩語，名以“兼淨亭”。應祺曰：“此非特水竹然也，亦聊以寓吾心爾。”予過而愛之，應祺請銘以述其意，為作數語：

古士愛竹，朝暮竹間。竹不竝水，猶如住山。有樂水者，日臨清流。無竹與依，汎然具舟。嗟哉徐子，結亭自娱。惟水與竹，乃二者俱。水清十尋，竹密千挺。澄波脩幹，接影交映。好事來觀，目以“兼淨”。是中有象，非色非想。挾筴徜徉，契我心賞。曾不取舍，魚與熊掌。問之何得，得于《春秋》。《春秋》之本，上下可求。惟虛惟一，以息以游。吾聞聖賢，道以治世。匪若野人，罔舍内外。子曷遽止[②]，時行則行。既明子心，亦成子名。

---

① “祠祿”，原作“辭祿”，據影印文淵閣四庫全書本、影印文津閣四庫全書本改。

② “遽止”，原作“逮止”，據影印文津閣四庫全書本改。

贊

呂伯恭眞贊

噫嘻伯恭，不可見矣。尙懷師生，彷像于此。澹然其容，淵乎其止。有風扶搖，可九萬里。

王德修摹尹和靖先生畫像見寄因為之贊①

嗚呼！儒學之要，在養其正。施之萬務，動罔不應。吾于先生，以是為訂。其安而行，曰誠與敬。綽乎周旋而中執，儼然色莊而氣勁。故白刃在前而莫屈，飯疏飲水而奚病？流離萬里，謂有天命。發明大道之原，致人主之尊信。本孟氏之知言，蹈顏子之幾聖。豈仁無終食之違，而窮理以盡其性者耶！

齋誠密記贊

"冬至子時陽已生，道隨陽長物將萌。星辰賜告銘心骨，謹用寬章奉至平。"右詩二十八言，"齋誠密記"四字。

慶曆初，潁莊敏公為龍圖閣直學士，經略鄜延。嘗冬至祀家廟，公方齋居②，夢天星貫而成文，曰"龐某後十年作相，當以仁佐天下"。公為是詩以志之，緘題其上，亦曰"至夕密記"。皇祐三年，公自西府入總百揆，發緘視詩，若符契然。某舊聞其事于薦紳間，以為非夢而見也，或者以其近怪而不語耶？其後訪公之曾孫謙孺于吳興，始獲拜公之手字，而緘題之跡猶在，愯然歎曰，有是哉！

恭惟昭陵在位四十有二載，廟號曰仁，天下歸仁焉。雖聖人之性

① "尹和靖"，原作"尹知靖"，據影印文淵閣四庫全書本、影印文津閣四庫全書本改。

② "齋居"，原作"齊居"，據影印文淵閣四庫全書本、影印文津閣四庫全書本改。

出于自然，亦當時輔相之助也。然自乾興以迄嘉祐，所相凡二十三人，而天特以仁付公何哉？公之未相也，夏人猘西方，公築十一城以捍要害，而元昊請命。其既相也，智高畔嶺南，公獨以師付大將，不為疑貳，而夷獠授首。及將老而歸也，猶復經營屈野之西，以為疆埸之備。二十年間，未嘗一日忘兵，宜與夫仁不相似，然蓋好仁則惡不仁。而孟子曰："為天下得人謂之仁。"方天下升平，寇夷小侮，不震以威，則不仁之患不去。而公之于仁也，薦一司馬温公于朝[1]，元祐之政，至今賴之。昔臧文仲廢關下賢，孔子以為不仁，公之仁不既大矣乎？為之贊曰：

宋襄公不禽二毛，兵敗于泓，見譏《春秋》。齊管敬仲作内政以寄軍令，九合諸侯，君子與之。兩漢以還，道術不明，君柔臣偷，以仁為名。惟予莊敏公，用之則行。能寬而威，匪殺而生。戎服治軍，遂臣夏羌。寇攘于鬼方，制勝于廟堂。德或未綏，報國以人。子孫百年，賴其典型。蓋天非嗇于仁，而人不勝其任。公之成功，天詔之矣。嘒彼小星，不顯其文。豈惟仁宗，社稷之臣。士之趣仁，宜公是式。煦煦苟安，仁之賊耶。

文

婺州勸農文

國家之制，守令專一勸農為職。婺之為境至狹，民之力田者，蓋有不待勸者。然去歲一罹旱傷，闕食亦甚。朝廷課民種麥，丁寧備悉，蓋慮其食不接也。今春耕已動矣，有田者自耕之，無田者為人耕之，皆可以得食也。而鄉村之間，猶有一二盜竊，或興販私鹽，以取重罪，是志在于食而不知務本以求焉，太守甚不取也。父老其道此意，以教訓于子弟，麥可望矣。若豆與粟，度地所宜，猶可致力焉。陂塘之利，當修築以備旱也。富豪大姓，亦惠卹閭里，鳩集而使之。至于賑救之方，均濟之策，太守其何敢辭？惟無怠于力，以服勤于田

---

① "溫公"，影印文淵閣四庫全書本同，影印文津閣四庫全書本作"文正"。

畆者，爾輩其自勉云。

建寧府勸農文

建寧之境，地狹而民貧，民之力農，蓋有不待勸者也。然太守昔忝邑令于此，去之十五年矣。聖天子以為知此邦風俗之舊，復以千里付之。其出郊而見父老，不敢但循故事而已。蓋聞往歲旱荒，七邑之民甚闕于食，至掘草木之根以度朝夕。遊手末作，頗不務本，往往冒法禁，販茶鹽，十百為羣，以自取罪犯而負逐利。又多費良田，以種瓜植蔗，其可耕之地，類皆崎嶇崖谷閒，歲有所收，不償所費。一至饑饉，則强梁嘯聚，迫脅上户，以收糴禾米，類皆弗靖，足為鄉閭之羞。父老其為太守以此戒誘後生①，後生務遵農業。今造茶夫雲集，逮其將散，富家大室亦宜招集房客，假之種糧，以多耕荒廢之壤。高者種粟，低者種豆，有水源者藝稻，無水源者布麥。但使五穀四時有收，則可足食而無凶年之患，以少變此邦之俗，實太守所望于父老，亦聖天子委付于太守之意也。

又勸農文

當春勸耕，守令職也。閩中地狹小，民患無田可耕爾，尚何必勸為？然太守昔為令，今為守，頗知此邦之風，又行且去矣，父老其為我道將以勸于民者。蓋地雖狹，惟有水者為田，其無水之地，可以種粟麥者，未如泉、福之廣也；山雖多，惟茶果之植，其負山之原，可以藝桑柘者，未如江浙之美也。每歲茶夫既散，富家大屋宜有以招之，俾其耕種于無用之山、荒墟之地，日計之不足，歲計之有餘，亦可以漸至富殖而收養無田之民，使不至于游手盜賊也。桑柘所以為衣，粟麥所以為食，則或遇水旱之憂，二稻雖捐，亦不至于凍餒矣。此非特太守之意，實朝廷之令，俾太守奉行者也，可不念哉！

---

① “以此”二字原脱，據影印文津閣四庫全書本補。

又勸農文[①]

太守昨被命守此邦，時方旱災，賑救之不暇，無以慰爾民也。去之四年，聖天子不以為不肖，又使臨焉。凜然未知塞責，連歲屢豐，米穀價賤，深可慶者。然朝廷督厲州縣，每俾民多種二麥。至籍其頃畝具帳册[②]，以干御覽。蓋以歲豊為不可常恃，欲備荒歉而接食也。去冬嘉雪屢應，二麥必熟，尚合增修陂塘，稍資灌溉，多植桑麻，益務織絍。若高原陸地之不可種麥者，則亦豆粟所宜。動以衣食為本，庶幾仰副聖天子勤卹之意。至于率禮義而息鬬爭，避追呼而先輸納，則又父老所當訓于子弟，以善風俗。是皆太守之職，以勸於汝者也，可不念哉！淳熙六年二月十五日示。

戒先酒文[③]

處之公醞多敗，賓至率取酒他所，人以為病。紹興十五年，易庫於郡廨之西南，負山嚮明，下臨大川，地極爽塏。其冬之閏，遷焉。好事卜日之吉，以桃茢葦索取釀具而祓之，命巫祝以戒於先酒曰：

咨汝帝嬴，儀氏之英。下逮唐杜，誕著厥靈。窺竊造化，合和黍稷。頒天之祿，伊酒是職。導養血氣，五味之醇。已疾扶老，以壽我民。凡禮之大，賓嘉吉凶。非爾不成，萬方攸同。夏王胼胝，弗克爾旨。唯商之高，良弼是視。周登太平，有醉之既。叔季厭德，崇湎於池。亂性傷生，上惑下迷。嗟汝基胎，允罪允功。利將害除，為世所容。今我是邦，公厨百壺。泉有並醴，米有稃珠。汝胡曠瘝，弗即乃事。惟醯惟醨，是類是比。口則起羞，罍則受耻。邯鄲之圍，貽誚萬世。吉日良辰，爾居告新。甕盎潔清，麴糵載成。却除不祥，屏蚋去

① 本文位置，影印文淵閣四庫全書本同，影印文津閣四庫全書本置於《婺州勸農文》後。

② “賬册”，影印文津閣四庫全書本同，影印文淵閣四庫全書本作“簿册”。

③ “戒先酒文”及“易足堂上梁文”“雙蓮堂上梁文”，底本及影印文淵閣四庫全書本均無，據影印文津閣四庫全書本補。

蠅。往其協心，悉效汝能。希於聖賢，毋受惡名。我侯在堂，歌舞且設。獻酬徜徉，一飲千日。汝奠汝祭，醉飽有餘。唾罵弗興，百神與俱。變毀為譽，不亦美乎？敢陳訓言，請問何如？巫對曰唯唯。

易足堂上梁文

生長番陽，因早孤而背井；漂流胥浦，適久住以成家。乃結茅茨，以避寒暑。轉菴居士，世間長物，海內窮民。書劍遠游，老作諸侯之客；簞瓢獨樂，常多長者之車。定居雖愛於江山，高卧每憂於風雨。賴豐歲石田之入，兼故人草堂之資。始辦數椽，僅容雙膝。焚香讀《易》，知天命以何疑；延景揮觴，稱吾心而易足。修梁斯舉，善頌攸同。

兒郎偉，抛梁東，五十今成一老翁。賸種秋田留客飲，醉鄉無日不春風。

兒郎偉，抛梁西，秋水年年滿稻畦。四老堂中揮翰手，甘心壟畝把鋤犂。

兒郎偉，抛梁南，鄉國羣峰碧玉篸。夜鶴曉猿休悵望，江鷗沙鷺久相諳。

兒郎偉，抛梁北，邊頭無事民休息。諸塵不染在家僧，一切隨緣安樂國。

兒郎偉，抛梁上，青面老人譚實相。大鵬斥鷃永逍遙，明月清風無盡藏。

兒郎偉，抛梁下，親戚時來共情話。感懷誰復助蒸嘗，努力從今畢婚嫁。

伏願上梁之後，四大輕安，五窮辟易。里社同春秋之宴，田園了伏臘之需。有餘閒之人過門問字，無催科之吏妨我吟詩。永佚餘生，式貽後嗣。

雙連堂上梁文

草滿池塘，喜謝公之得句；花深林館，稱韓老之投竿。地接仙都，時容吏隱；疏剔蓁蕪之舊，盡還水竹之幽。澇齋主人，意廣才踈，心勞政拙。自愛桑榆之暖，靡辭枳棘之栖。拄笏看山，寄吟情於天外；移牀對月，橫逸興於座中。視執扑於兩筵，方僝功於一堵。清香畫戟，雖無燕寢之風流；官柳野梅，猶有草堂之氣味。闢軒窓而面水，浮枕簟以生風。式舉修梁，用伸善頌。

拋梁東，山鎖溪流一箭通。江路數行新柳綠，海天千頃斷霞紅。

拋梁南，千步虹橋跨碧潭。玉匣雙龍人不見，劍池寒水夜光涵。

拋梁西，金碧琳宮寶篆題。介福舊開元命殿，觚稜鬬角與天齊。

拋梁北，令尹堂中民訟息。村歌且和竹枝詞，社酒猶嫌醅甕窄。

拋梁上，目盡青天連疊嶂。長安家信日邊來，千里白雲長在望。

拋梁下，水竹光中詩酒社。菱葉荷花取次生，天香國色俱無價。

伏望上梁之後，寇攘永息，水沴不興。樽酒追歡，賓友來過於稷下；詩書解說，主公毋滯於《周南》。從犬吠之相聞，任烏來之亦好。長為盛事，以燕後昆。

建寧府祈雪祝文

歲寒未雪，方懷農事之憂；熛怒興災，復致市廛之懼。仰資妙力，庶滌前愆，伏願慈雲密布于上天，瑞澤遂周于平地。里閭靜謐，永無縺缶之勞；麰麥豐登，益有倉箱之望。

漳姪受官告廟文

淳熙三年[1]，歲次丙申，十一月壬寅朔，二十四日乙丑，孫男具位某云云。某茲緣郊禋，復冒廕補。爰念從弟元功，頃者令于通山，無祿早亡，將死之言，以子見祝。今其子漳，在諸姪中適又最長，因以具奏，蒙恩補將仕郎。祗奉先訓，資孝以忠。躬見廟筵，祖攷其祐之。

① “淳熙”，原作“淳化”，據影印文津閣四庫全書本改。

淲冠告廟文

乾道九年歲次癸巳，正月乙丑朔，孫具位某云云。某之男淲，年登志學，爰以正旦，加之冠禮，庶祈保祐，俾克成人。

作主告廟文

粤乾道八年歲次壬辰，四月巳亥朔，初二日庚子，孫男具位云云。某祗荷先訓，玆冒從班，稽摭禮經，祀及五世。爰以孟夏初吉，作主于廟，涓日告遷。

秋祭告廟文

某以中元之祭，前夕先薦庶羞，而翊旦復用素饌。雖出舊俗，慮為煩瀆，輒議自今歲始，秋祭改用社日，專以素饌，獻于中元，庶幾蠲潔，不相紊雜。仰冀神靈，特垂鑒察。

淲納婦祝文

淳熙四年十一月丙申朔，二十七日壬戌，具位云云。某之男淲，娶婦晁氏，朝奉郎、新通判廬州子闔之女，蓋以道舍人之孫也。爰以嘉日，歸見于廟。契誼既厚，子孫其宜之。

元諒納婦祝文

淳熙二年歲次乙未，十一月戊申朔，初四日辛亥，孫男具位某。昨以族弟元諒既繼叔後，遂娶嚴州分水縣進士王覬之女，以九月望日往迎其家。今者挈婦歸見廟下，冀垂默祐，俾克嗣續。

納壻祝文

乾道八年歲次壬辰，七月戊辰朔，二十八日乙未，孫男具位云云。某第五女五十六娘，納壻右迪功郎、新南安軍南康縣主簿孟植。男女及時，成茲嘉禮，恭見于廟，是宜佑之。

祭文

祭葉少保文

嗚呼天乎，而弔公乎！典型其不可見，而後生者卒無師乎！天之生材，弗畀其全。有能全之，其用則愆。或幾于用，而嗇其年。茲世大患，從古以然。惟公之材，可謂全矣。雖有智者，莫得而器。貫穿六經，馳騁百氏。笑談千言，落筆萬字。時取其餘，施于政事。妙齡秀發，獨步當世。遂以文鳴，入裁帝制。羣凶在朝，公不詭隨。晚逢中興，丞轄是司。歷殿大邦，有仁有威。隱然江淮，聲譽四馳。閩盜俶擾，尺箠笞之。公曾不留，山林是思。歸奉祠宮，年既七十。掛冠之請，靡俟終日。上心嘉公，賜以旌節。子孫滿前，丘壑自佚。優游福壽，數指可屈。凡世所患，公無其一。今蓋棺其何憾？而天下猶且痛惜[1]。豈公之材雖用而不久于廟堂，公之年雖高而不及于百歲。徒令多士誦其文章，四夷想其風采。時無老成，邦國殄瘁。則孰不聞風而咨嗟，過車而墮淚？

某早以大父之契，登公之門。無尺寸之長，而猥蒙國士之待；有通家之舊，而不翅子弟之親。訓誘之誼，敢或不遵？曾數月之不見，遂俯仰于千春。此其所以呼天自悼，而一哀有倍于衆人也。

祭葉丞相夫人文

嗚呼！夫人柔嘉之德，淑令之姿，蘊于閨門，固已有異也。爰卜

① “猶且”，影印文淵閣四庫全書本同，影印文津閣四庫全書本作“猶切”。

其歸，來嬪大家。方合巹之夕，而丞相遂登俊造之科。鄉閭詡焉，葢以為必貴也。克佐元夫，仕于四方。内娱其親，外睦其族，和且有義也。平津之封，鴟堂既開，夫人起家而居有之。詠周《詩》于鵲巢，膺湯沐于大國，則亦榮之至也。慨甲第之初成，俄一疾之遽嬰。首如飛蓬，奄忽至斯，行道之人①，猶為之出涕也。奕奕衮衮②，自遠而歸。面勢山川，躬得吉壤，以為夫人之藏。雖既老而莫偕，然始終哀榮，亦可以無愧也。其舊從相君之遊，適守是邦，靈車之遷，敬祖于庭，是以敢言其契也。

祭曾吉甫待制文

南渡衣冠③，流離搶攘。有赫一門，兄弟相望。德誼之美，政事之良。玉節虎符，八座丞郎。公實其季，發為文章。粲然一時，珪璧琳琅。曾未試之，白玉之堂。徒昌于詩，韶鈞鏘鏘。瓊弁珠纓，貂褕繡裳。儷吕軼徐，追陳媲黄。從衡蹈厲，世莫敢當。而公之學，肆其汪洋。執德不回，用心允剛。本于六經，蹈乎大方。中嬰險巇，澹然則藏。晚生有逢，乘風而翔。孰又惎之，俾脱其箱。公雖在遠，告猷益臧。道山曲臺，典型有光。謂公百年，其壽而康。曡不見矣，我涕用滂。嗚呼哀哉！我初拜公，靈山之陽。繼見于台，從容豆觴。我來過蘇，公病在牀。如寮十年，義何敢忘？公今將葬，禹穴之岡。孰為邦國，老成而亡。嗟嗟後生，莫知我傷。

祭許侍郎文

惟公藴德淳大，内懷篤誠。見于政事，方嚴而明。發為文章，氣豪而清。剸邑殿州，志無不行。權臣炎炎，頤指任意。公如不聞，人為公畏。崎嶇萬里，秉志自遂。亶如幾何，所全者大。公論始昭，命

① “行道之人”，影印文淵閣四庫全書本同，影印文津閣四庫全書本作“行路之人”。
② “衮衮”，影印文淵閣四庫全書本同，影印文津閣四庫全書本作“衮衣”。
③ “南渡”，原作“南波”，據影印文淵閣四庫全書本、影印文津閣四庫全書本改。

公遄歸。蜀道之民，愛莫留之。周旋九卿，布武法從。逢時休明，不為不用。公席未安，益獻其言。權衡古今，上稱善焉。淮右瘡痍，執節綏撫。經營邊陲，以御敵侮。屈指當代，如公幾人？奄不可見，天其不仁。嗟我識公，踰二十年。簿領之徒，疇昔有緣。公侍明光，辱薦相先。契闊死生，風誼凜然。自公告老，猶冀公壽。盛德不亡，尚宜有後。我來江東，公葬有期。往奠一觴，以寫我悲。

王樞密路祭文

惟公直亮之氣蘊于中，方嚴之色見于外。蚤以詞苑之英，實際千齡之會。精神折衝，全蜀是賴。堂堂山立，以道進退。歸視草于禁林，適妖氛之橫潰。遂同寅于帷幄，偉嘉猷之具在。慷慨獻言，彌切而剴。謂叶輔于聖神，用咸熙于帝載。云胡不留，國則殄瘁。當亡之思，有華其襚。靈車既遷，過者墮淚。矧緊同寮，一見莫再。悵挽焉其孰推，嗟欲助其疇愛。庶公聞之，致此薄酹。

祭致政張参政文

孟軻有言，氣大以剛，以直養之，塞乎四方。公之在朝，出處有義。不辱不驚，蓋本于氣。國有回邪，正色靡隨。廷有大議，讜言不欺。弄權者誰，公則避退。雖實忌公①，亦莫敢害。屏迹十年，天下望焉。玉潔冰清，莫知我全。自蜀引歸，再臨江東。敵騎遄驅，逆折其衝。迄登廟堂，俾翊大政。上方責成，公則告病。平生之蘊，百未一施。亦獻其猷，命于元龜。意公雖老，必畀上壽②。以養于國，有謀則就。匪天不遺，其又何咎。嗚呼哀哉！公于社稷，有言有功。如鼎鑄姦，魑魅不逢。公于字民，有愛有威。如彼谷風，或煦或吹。和戎方興，我則闢之。國本未建，我則明之。蜀道之遠，建業之危，銓敍之允，勸講之宜。嶷然英聲，厥問四馳。今其已矣，千齡是思。某

---

① “雖”，原作“誰”，據影印文津閣四庫全書本改。

② “必畀”，原作“以畀”，據影印文津閣四庫全書本改。

荷公之知，于未識面。不俟其來，辱以論薦。假節舊邦，益懷高風。欲往奠公，涕洟是從。有臨其穴，致此豆卮。百身之贖，豈懷我私。

祭周資政文

淳熙元年歲次甲午，六月丙辰朔，二十三日戊寅，門生朝散大夫、充敷文閣待制、知婺州軍州事韓某，謹以清酌庶羞之奠，致祭于致政大資參政先生周公之靈。惟公勁直之氣聞于時，温恭之色見于面。校書天祿，蚤歷塊而不羣；執法殿中，遂干霄而直上。方簪筆而入侍，竟剖符而出藩。初無忤于龍鱗，上聖之知甚寵；中僅脫于虎口，權臣之怒已深。流落十年，崎嶇一節。運逢更化，起閭里以來歸；志則盡忠，入朝廷而見嫉。將焉往而不黜，曾何病于弗容。精金百鍊而益剛，長河九折而逾駛。天子初覽于庶政，驛書所召者四人。嘉其敢言，趣以論事。蓋士方競于謀利，公獨指為不然；時方急于用兵，公獨詆為未可。致宸衷之簡在，由誠意之盡輸。果從武部之班，亟上政塗之峻。竊欲自治，以扶未危。邊鋒不戰而寖消，廟論弗咸而旋定。進退不迫，施張可觀。稍均琳館之燕閒，猶課海邦之治行。蓋未替股肱之眷，乃特以筋力為辭。公雖倦而臥家，士猶倚以輔國。掛軒車而不出，眡簪裳其若遺。久安泉石之遊，猶冀松喬之壽。老成遽失，殄瘁興嗟。

某頃以頑疏，夙承顧遇。涖官曹于幕府，即荷品題；列掾屬于中臺，實資陶冶。慨一違于牆仞，恍九換于歲躔。逮紆郡紱而來，未致尺書之敬。撫甘棠之舊憩，正爾馳懷；動宿草之新悲，何期隕涕。雖素車白馬之已後，豈斗酒隻鷄之敢忘？情見乎詞，公其亮此。嗚呼哀哉！

祭龐祐甫文

年月日，具位某謹以清酌庶羞之奠，致祭于亡友察推龐兄祐甫之靈。嗚呼！祐甫之窮，一至此乎！凡人之生，匪哲則愚，曰窮與達，是有二塗。語其命則不足，較其才則有餘。雖賦予厚薄，不可預料；

而榮悴壽夭，得非偏歟。嗟夫吾祐甫，其智識宏遠，足以蹈厲一世；其筆力雄贍，足以詆訶萬夫。坎壈不振，與木石俱。曾寸帛斗粟，不足以冀。閉門寒餓，至無以衣食其孥。平生所自見者，獨詩騷之妙，暨苦節之不渝。中學佛而自誓，幾溷跡于樵漁。固富貴之難必，尚意其老壽而為山林之臞。何遽往矣，使吾黨之士，莫不收涕而欷歔。曩子之來，白髮見顱，驚議論之或壯。藹然曳杖，已不任于馳驅。閒遽飲而墮淚，復仰天而歌呼。吾固已疑其氣之頗折，不謂俯仰數月而遂亡其軀。子之常言，欲以累予，惟翰墨之遺藁，與幼稚之諸雛。丐我序以傳世，諄諄望其不孤。我文非工，執信是圖。將率朋友之義者，共執百金而買田湖山之隅。庶諸子之無憂，得自力于詩書。慰子九原，門户可扶。子柩在舟，奠此一壺。尚能飲之，斯言不誣。嗚呼哀哉！

祭趙德莊文

嗚呼！德莊為時俊人。吾之迂疎，固無得而友也。惟其平生，博取而汎愛。然臭味之同，宜莫如吾之久也。憶相遇于建水之濱，歲行甲子與乙丑也。相與評文論詩，極當世之妍醜也。閒掀髯而一笑，粲錦繡與瓊玖也①。我將官于龍淵，君奉檄于傳舍。閉關而飲，曾不計其升斗也。時各年少而氣壯，謂功名可以立取也。其後為别數年，輒又一見，慨相顧已白首也。竝遊建禮之門，分處中台之掾。方羣鷙而四馳，誓各固其所守也。衆猘猘而共嫉，幾悉墮于虎口也。既皆避而引去，去而復歸，其何所怨而奚歸咎也。獨出處之幸同，周旋一世，視富貴于何有也。方君列于奉常，謂當在文字之職，繼常、揚而襲韓、柳也。迄有藴而未盡，況可幾于大受也。嗟君去之既遽，而我用之亦偶也。少我數年，謂宜壽也。豈期奄忽而遽逝，曩時之約銘墓之文，果出于吾手也。二妾惸然，一子甚弱，君意之不如，信八九也。於越之人，思君之愛未忘，今遂葬焉，是亦為其不朽也。平時交遊，在亡者半，或相視而莫顧，豈必較其薄厚也。葬不得臨其穴，病不得

① “粲”，原作“餐”，據影印文津閣四庫全書本改。

問其牖也。死生見于交情，吾于此而則否也。孰知吾哀，薦一觴而致三韭也。嗚呼德莊，其尚飲此酒也！

祭張舍人文

嗚呼！安國之才，一旦千里，信朝燕而暮越，歷萬險而不躓。非方皋與造父，孰得撙其銜轡？發嘉譽于兒童，首英名于多士。脫蛟鯨之垂涎，排鴛鷺而接翄。奮長纓于册府，見諸老之戢袂。出擁六州之麾，入裁兩院之制。爛珠璧于文詞，捷風雨乎政事。灑妙墨之淋浪，傾高談于意氣。邊陲望其威聲，黎民歌其遺惠。馳騁十有五年，疇不謂之已試。亦足以方駕羣豪，軼步當世矣。嗟人生之多艱，固靡限乎富貴。眷昔賢之有言，無八九之如意。况屈吾安國之指，十不滿其一二。上則諎于父母，下則拊于兄弟。委澗藻之莫收，乏階蘭之或莳。觸炎歊而遽疾，臥空舟而倏逝。委蓋棺于朋友，付弱女于諸婢。功名鼎來，賫志没地。他人不能一日，行路為之隕涕，尙何三事之可希，百齡之足計哉！我方銜憂，公訃奄至。死生契闊，俯仰則異。僅餘豐碑，絶筆千字。惟慟哭之云阻，寓斗酒而往酹。望孤墳于鍾山，尤仿像于一醉也。

祭汪舍人文

嗚呼養元，抱器博厚。濟以道學，寬裕有守。其立不倚，其合不苟。其仕于時，涅而不黝。其言于君，朝論夕奏。義可則可，義否則否。上亦謂焉，可以大受。寘之諫垣，試之江右。匪日而歸，眷賞益懋。紫微高閣，威鳳來簉。羣飛翽翽，瞠乎若後。誠實之褒，用則未究。遽以疾辭，其又誰咎。意其少邅，何天不祐。嗚呼哀哉！古亦有言，善人是富，乃如養元，而不俾壽。邦國之悲，憯莫能救。嗟我識公，歲云未久。為僚省曹，傾蓋如舊。不鄙謂我，宜取以友。再集于朝，盛德日就。契闊數月，我實在疚。書來諄諄，猶未去手。謂當一見，慰我奔走。豈期我行，乃遇公柩。隻雞之觴，矢此以侑。孰知我哀，有淚如酒。

代祭謝舍人文

惟公負抱才猷，噤不得施。出贊戎機，僅越歲時。云胡一疾，遽爾淪棄，天不慭遺，而止于斯乎？嗚呼哀哉！公從予遊，十年于茲。蠟屐登山，臨流賦詩。一觴一詠，相與追隨。琳瑯金薤之書，璀璨瓊琚之辭。前無古人，誰其似之。召記玉樓，翩然言歸。公不我留，我心傷悲。嗚呼哀哉！日月有期，時將葬矣。奠以生芻，薦之芳醴。巫陽下招，魂兮徠只。

祭許舍人幹譽文

嗚呼！士有文學行義信于朋友，忠信篤敬行乎蠻貊。而坎壈一世，若有以阨之者。其為人耶？其將歸之天耶？嗟嗟幹譽，恬情不競，强志好修。同官奉常，閱歲兩周。文史相從，有唱必酬。贊道天步，日近冕旒。既遷郎曹，持節萬里。使不失詞，語皆稱旨。及在靖康，秉筆立螭。矰繳既張，鴻鵠高飛。江湖放浪，漁樵追隨。落落難合，耿耿自奇。公隱卞峯，我守霅川。公來訪我，一嘆懽然[1]。曾未幾日，召對紫宸。偉哉三策，有屈有伸。將大用公，試以親民。赴官上饒，公無愠喜。行未兩驛，遇疾不起。嗚呼幹譽，宜享壽祉。胡不百年，而止于此。十載空山，眞可逃死。嗚呼哀哉！仁者必壽，壽者必仁。人孰無子，反憂其親。孰如幹譽，翛然反眞。巨海一漚，太空浮雲。音容渺矣，欲見無因。聊致薄奠，寓哀一尊。嗚呼哀哉！尚饗。

代養志姪祭王舍人墨卿

惟公學術根源，本乎性天。行業施為，無非自然。致養北堂，晨昏必親。觀色無違，維時孝純。發策決科，光明禁途。珥筆螭坳，裁

① "一嘆"，原作"一笑"，據《永樂大典》卷一四〇四六引韓元吉《南澗集》改。

成帝謨。載持漢節，命于丹陛[①]。駕之不俟，以承天子。禮行簡驩，乃逢譴怒。志之弗伸，維此之故。天胡不仁，仁人不壽。以予外舅，而仁靡究。我祖仲氏，實升我君。君不我棄，婚姻孔云。顧惟寡學，尚其來教。如何治命，禮成不報。門之未掃，丈人以行。誰歟來者，提攜我後生？奠牢之設，匪清匪馨。嗚呼哀哉！君其歆我誠。

焚黄告祭先考通議文

某比自天官，得請補郡，蒙恩列職學士。遂以彝典，上延禰廟，贈階從班。追念墳壠，陷為異域，輒因諱日祭奠，用申焚黄之禮。神靈不隔，庶其鑒之。

祭伯父文

淳熙二年歲次乙未，正月甲申朔，二十五日戊申，姪具位某。伯父通判奉直，伯母恭人馮氏之塋。某昨者試令建安，實奉伯父之訃；既官大農，又聞伯母之逝；厥後賤婦繼亡。今某乃蒙誤恩，易守建安，獲拜墓下。感愴之情，如何可言。

祭叔父文

年月，姪云云，叔父將仕，養娘宋氏之塋。某之與叔，少纔三年，同學聚嬉，情若兄弟。逮叔之喪，嗣猶未立，宋母無歸。某不揆期養其終，且謂異時儻得推蔭，謀繼叔後。嘗以尺紙，焚之柩前。厥後養娘歿于某之官所，遂附叔以葬矣。前歲某僥冒郊恩，乃克以族弟元諒為叔似續，得尉鄱陽，行且授室。而某兹蒙朝命，易守建安，相與拜埽于墓下。閲四年，志願甫遂，幽明不隔，庶幾鑒之。

---

① “命于”，原作“令于”，據《永樂大典》卷一四〇四六引韓元吉《南澗集》改。

祭三十三司户叔文

年月日，具位某謹以清酌庶羞之奠，致祭于族叔父前處州司户三十三迪功之墳。某再叨守州，始克訪叔塋厝，僅乃得之。追念昔者，叔攝事于玆，相與甚款，遂三十年。祖航為僧，四十八娘遠嫁龍泉，無為叔後者。感傷之懷，如何可述？

祭四十四撫幹叔文

淳熙八年歲次辛丑，五月二十五日庚子，族姪易、族孫元吉、元修等謹以清酌庶羞之奠，致祭于叔公四十四撫幹韓公之靈。嗚呼！古先聖人謂葬曰歸，死或未葬，魂猶如羇。惟公之喪，遠來自夔。旅泊萬里，踰三十朞。匪有仕者，歸曷可期。既續公後，人皆涕洟。某等咸寓是邦，逢車載馳。禪寂之山，母弟所栖。公其往焉，庶安于斯。

告先兄墓文

淳熙十三年歲次丙午，三月，弟具位某謹以清酌之奠，敢昭告于亡兄河圖大卿之墓。某往歲遣淲詣省，嘗令具言某之僥倖奏補，當以及兄諸孫，以厚先君之世也。去冬復遇郊禋，遂獲有請，以蔭椝孫矣。今其受命，雖曰某之志願粗伸，俯仰之閒，僅踰三年，痛兄之不及見也。遙望丘壠，有淚如洗。敢祈鑒之，默賜保祐。俾之有立，克紹家規。庶吾兄弟之情，永永不忘。寓書陳詞，但切悲感。

南澗甲乙稿卷十九

碑

東嶽廟碑

嶽之涖中國五，惟岱宗位東。其德在仁，其職生養，以應夫出乎震者。三代命祀，齊、魯大邦，得以望而致祭。非其地也，他諸侯雖禮備，莫敢越焉。自秦、漢一四海，無有遠邇，畢為郡縣。凡山川不在其境，禱祠之盛，猶或舉之，而陰騭降監廟而徧天下者，亦惟是東嶽為然。宋興三葉，升中告成，册以帝號，由是冠服、宮室，率用王者之制。蓋古者以神事山川，以鬼事宗廟。其曰嶽瀆視公侯者，特其牲、牢、豆、籩用等而已。壇壝有地，非必廟為也。去古既遠，事神之儀悉務鬼享。故雖山川而築宮肖像，動與人埒，土木崇麗，至擬于明堂太室，無甚媿者。將禮與時變，其致力于神，當如是耶?

泉州故有東嶽廟，附于開元觀之側，規制狹陋。紹興二十一年，郡人相與謀曰："吾州在閩越東南，負山瀕海，自五季而後未嘗見兵火。雖列聖臨禦，澤濊而德洽，豈緊明神實陰相之，其曷以報?宜廟之宇一新焉。"乃卜地于城東之山，是土也，潯而甚黄，俗號黄山。或曰皇者，黄也。而麓有大石，高且百尺，相地者言："去此則可以廟矣。"民趨之，劂鋤剗夷，老稚奮力，不日而坦焉平壤，遂以為前殿基。刓高培薄，順其形勢，以楹計之，屋且百區。山靈瀆鬼，儼列異狀。社公土母，拱挹後先。祈年有方，司命有屬。巍壇中峙，六扇外闢。璿題丹碧，跂翼煥爛。使望而進者肅然慢懼，如有執死生禍福之籍在左右，遂為一邦神祠之冠。經始于是年四月，而休工于二十七年八月之望，縻緡錢十有四萬，閱歲而後成。噫，亦勤矣！

先是，右朝請大夫張君汝錫首施錢五千緡，以郡人唱。施者既集，而張君即世，其子壻右朝奉大夫韓君習實始終之。凡廟之位置高下，與夫費用之出納、工役之巨細，皆韓君力也。逮茲二十年，海無飄風，里無鳴枹，稉稌露委，疫癘不作。而泉之俗利賈而業儒，蠻艘獠舶，歲以時莀。既富而安，野有弦歌，士皆詩書文雅是厲，踵屬通顯。民之幸神賜者，不懈益虔。于是請書其事于石，因為作祀神之章，俾聲于廟而碑焉。其辭曰：

神之徠兮自東，驅列缺兮馭豐霳。玉策照耀兮，石礎穹崇。巖巖在望兮，粵與魯同。若木出日兮，丹崖火融。嗟泉之陽兮，既新我宮。鈞天兮帝所，百祇衛兮萬靈從。坎鼓兮鏜鐘，蔚馨白兮茘紅。蠔羞于鐭兮，柬薦于壅。山無毒螫兮，海無颶風。蠻賨委路兮，卉衣蒙茸。蠱消厲息兮，歲仍屢豐。發德大兮，靡有不通。民趨于宮兮，惟誠在中①。猗千萬歲兮，神施亡窮。

蘇文定公祠碑

歙之績溪縣西隅，有亭曰"翠眉"，不知其何人作也。前則二小山對出，自亭而望，嫵然如眉，地勢平衍，林木茂蔚。元豐末，蘇文定公為縣，愛其幽清，時往遊焉，賦詩其上。公去而邑人思之，即亭為祠。中更黨籍禁錮之餘，書毀跡滅。重為寇攘之厄，井邑蕩然，公之遺翰了無在者。紹興中，好事者飾縣廨一堂，名以"景蘇"。後令曹訓刻公在績溪所為詩三十六篇于石，而摩公之像于亭。歲月寖久，棟宇弗支。

淳熙十年，公之曾孫祕閣修撰謂為江南東路轉運副使，按行邑中，來拜祠下，出俸錢付縣吏，曰："修之，勿以煩民也。"時奉議郎、宣城虞儔方祇縣事，愧而謝曰："此令之職也。昨為令者，以頻歲救荒，故未能及。儔至甫幾月爾，固將及之，其敢用公之私錢？"

① "誠"，原作"成"，據影印文津閣四庫全書本改。

某適以行役過縣，儔道其所以，且願得文以為之記。其明年來曰："祠成久矣。"闢亭為四楹，得家廟本，別繪公像于中。前為軒檻，以面兩山。後為便舍，以待遊者。以公之愛其處，規制仍舊，不敢侈也。

夫公之名滿天下，而文章誦于四夷。功烈論議具載信史①，豈須記而後傳？蓋績溪在江左，巖邑也，公之為令僅以半載，而邑人至今乃不忘，則其道德所加，必有未施信而民信之者矣。雖然，公之對制策，當仁祖朝已負敢言之氣，而幾見黜于有司，驅馳州縣，不得用于臺閣者踰二十年。逮東坡先生以詩得罪，公亦坐貶于筠，起廢而來績溪，則既五十矣。自是始還，曾不數年，任言責、司翰墨，以翊政路，而登門下省，則向之忌嫉于公而蹭蹬不偶者，未足為公嘆也。昔公自蜀入京師，縱觀山河之雄、宮闕之壯，上書韓太尉，實自比司馬遷，欲求天下之奇聞壯觀以激發其志氣。顧以一縣之微，一亭之小，耳目所寓，未厭而樂之，何哉？公嘗有言曰："天下之樂無窮，而以適意為悅。方其得意，萬物無以易之。"其斯之謂歟？今虞君之政，惓惓慕公。而徇民之思，以志于公所遊之地，則績溪者殆公之桐鄉也。故某摭民之謠以為祖神之章，俾歲時酹公而歌焉。其詞曰：

公之居兮岷峨，西懷欒坡兮家具茨。翠眉之山兮何足以嬉？公之來兮崑崙丘。大江注兮九河流，翠眉之水兮何足以遊？嗟公視于天壤兮等于浮漚，擾擾萬類兮是惟蜉蝣。撫茲百里兮曾何異于九州，剖折獄訟兮亦吾廟謀，不為此棄兮詎為彼留。金閨兮玉堂，調神鼎兮輔巖廊。朝臨汝水兮暮棲海康，榮枯貴賤兮公以為常。藐祠庭兮山之左，杉千章兮竹萬个。公之去來兮世莫可期，慘雲車兮斯人是思。

處州東巖梁氏祠堂碑銘

政和中，四方無虞，士大夫緣飾儒雅，無有遠邇，以歌詠太平為事。是時處州麗水縣梁君生四子矣，皆舉進士，馳聲學校閒。一日，有善擊劒者過其門，君獨留之，命諸子習焉。蓋鄉閭莫不非笑之，君

---

① "具載"，原作"且載"，據影印文津閣四庫全書本改。

亦憮然太息曰："是固匪俗子所知。天下將勤于兵，吾懼子孫之不免也。"

越數年，盜起青溪，覆郡縣，二浙大擾。而君不幸已死，諸子嶷嶷有立，謀率衆拒賊，以成父志。而第二子將者，偉岸鬒須眉，尚氣節，乃挾守禦策干郡，太守不能用。當宣和之三年也，臘賊之黨洪載，果道松楊，襲據郡城，刦取大家財，散以募衆。又以妖術蠱郡民，置圓鏡案上，曰可以照人罪業，即毆出肆屠戮。麗水凡十鄉，其七已悚聽載命。惟梁氏所居曰懿德，與其鄰宣慈、應和二鄉，猶恃其兄弟，不肯附賊。而賊欲下取溫州，聞梁氏之季曰惠者，尤知書識戰鬬，即遣僧道珍來曰："能助我，無憂富貴。"惠不聽，乃拘惠妻之父李生，而命李之子要說逾切，惠叱去之。載大怒，因害李生，而潛兵夜犯懿德。道險阻，至則黎明，衆得遁匿，廬舍悉被焚。將兄弟謀曰："賊勢張矣。"白其母，盡傾其家貲募壯士[1]，得千人，即所居七里而近有山曰東巖保焉。東巖者，四面斗絶，緣崖為門。上則泉壤甚沃，草木可蔽隱，有浮屠之舍曰定香。自唐開元末，士人避袁晁之難嘗棲之。乾符、中和閒，羣盜繼作，章承趣亦固守其上，一鄉獲全。俗謂之赤石樓，承趣廟食焉。故三鄉之民皆來歸，推將為部領，列保伍，定賞罰，凜凜若官府，雖里中惡少年，皆帖然莫敢為暴。載數遣衆來攻，將常指麾坐守，而惠與伯仲齊驅出戰，鄉民之健者王墳、任祖輩鼓而從之。閱三月，亡慮二十戰，我軍徂擊輒大勝，斬首二千級。而惠年最壯，勇亦甚，身被十數創，屢潰圍而出，賊終不能下。至今鄉人過其地，必手加額，曰："此梁諸郎戰處也。"載聞有王師來，欲逃于海，而溫已嚴守備，且畏將乘其後[2]，遂就降。納賂于監軍童貫，得美官。會別命守臣至，始以東巖事上之，為貫所抑。

建炎初，倪從慶嘯亂于衢。部使者請將兄弟俱行，乃奏其前後功。朝廷命將文資，而賞惠以武爵，惠不肯就。然鄉民用是德其兄弟，而州縣亦敬異之。時四方兵興，遇有盜賊擾及軍旅事，郡必召而咨焉。將後為興化軍莆田縣主簿以卒，而惠不復仕，因大聚圖史，萃

① "傾"，原作"頃"，據影印文淵閣四庫全書本、影印文津閣四庫全書本改。

② "將"，原作"義"，據影印文津閣四庫全書本改。

雋秀，以教其子弟。紹興甲戌歲，及見其子安世登進士第，里閭以為榮。好事者嘗纂其事為《東巖錄》，且欲為梁氏父子立祠巖上久矣。

淳熙四年，安世自大農丞出守韶州，書來請曰："東巖之績，吾州户知之也。向使先大父無先見之明，則子弟安知習武事；祖母顧吝其財，則諸父無以募士；先君子不力戰以成功，則三鄉殆為魚肉，童稚可親文墨哉？今五十年矣，俾後世無傳，安世則有罪。故願得君之文，以揭于定香祠下。"某嘗官于麗水，多識其賢士大夫，知其事為不誣也。蓋古者能禦大菑、捍大難，在禮法得祀，在史得書，在功庸得銘。今梁氏忠孝義烈見于父祖，而子孫寖顯且大其家，當書無疑。然自韶州之中科第也，其宗族與其鄉之士子，莫不競于學，往往踵預賓薦。主簿之子季安，亦首貢國子。連三進士牓有登名者，則梁氏陰德可既耶！因為碑之而繼以銘。梁君諱宗善，字明世。其長子曰先，字信甫；次字新之；三曰錫，字聖與；季字民懷；其母為潘姓，皆預于祠者。銘曰：

天之蓋高，險不可升。地之險耶，矗為丘陵。匪人當之，險亦何恃？劍門峨峨，失則平地。甌粵之山，有石巉巖。與天比崇，奠于東南。寇攘鴟張，嘯凶我鄉。孰為隄防，蔽其井疆？烈烈梁君，智則先見，時方尚文，教子以戰。子承義方，昆令季强。屹如金湯，民用不傷。長戟一呼，其從如雲。縋負而登，蟻聚蜂屯。既遏其攻，折其犇衝。畏我其乘，不下于東。三月之捷，百世之利①。我耕爾桑，食則以祭。祿不報功，天道罔忒。有孫而賢，貴富其聯。繄德之積，豈惟戰多。勒銘山顛，其永不磨。

連公墓碑

宣和五年，故寶文閣學士連公諱南夫以祕書省校書郎假太常少卿賀女眞。來年正月，會金使李靖來告太祖之喪②，朝廷遂除公接送伴，

① "百世"，原作"不世"，據影印文津閣四庫全書本改。

② "金使"，影印文淵閣四庫全書本同，影印文津閣四庫全書本作"敵使"，疑作"虜使"。"太祖之喪"，影印文淵閣四庫全書本同，影印文津閣四庫全書本作"阿固達死"，疑作"阿骨打死"。

改命為祭奠弔慰使。公前以面對更京秩，天子記其才氣可用，而蔡攸方領樞密，陰忌之。大臣亦謂敵有喪，可以虛聲動者，欲稍變契丹舊儀，合祭、弔兩使為一，且詔公："吾所奉賞設金繒與借糧米，皆已副金人之需。而西京應、蔚、奉聖、歸化、儒、嬀等州，逮今未交，宜開諭交取以來。"公不敢辭，至敵，果以祭弔竝聘為言，公從容對曰："告哀使僅留三日爾，朝廷亟欲報命，故因某送伴而遣，殆有司失照例，非有意也。"所議漫不答，反以納張覺與燕山之民有所誚詰。公慷慨復曰："本朝兵將蓋多，何至須一張覺？燕民之來稍衆，未盡見爾。"論辯不屈，遂成禮而歸，歸即為上言："敵好不可保也。朝廷所仰大將則郭藥師，兵則常勝軍，比年軍政不修，新邊無河山之阻，而糧食未均，薊州卒有羸餓，河朔馬羣盡空，無留良焉。願選中國將帥以制藥師，練中國士卒以制常勝軍。"因面奏："劉延慶敗十萬衆，皆童貫賞罰不明，致其遁走，且厚幣以易雲中而以捷奏，乞斬貫、延慶以謝天下。然城池不堅，器械不利，敵有輕視中國心，不一二年，將不遺餘力而來矣。"徽宗皇帝聞公言大駭，盡以所論付樞密院、宣撫司，而攸、貫之徒皆切齒也。始公道遷祕書郎，既還，遷起居舍人。

七年三月，遂拜中書舍人。言者觀望大臣，詆公為不職，除右文殿修撰、知慶源府。公曰："慶源在河北，正宣撫所隸，何可居？"撾登聞鼓論其事，願易他所，即改濠州，淮南小郡也。而言者志未逞，復謂公謝表有譏訕，降一秩。是歲十二月，敵果叛盟犯京師①，欽宗皇帝講和赦下，即論敵情十患，願因諸道之兵未遣亟擊之。

靖康二年，除待制徽猷閣。公曰："吾惟備一州矣。"繕治濠城，鑿巨石五百步，運甓塞淮流之貫城者，增城為三丈，立樓櫓竝城，開稻田十里以爲濘。二聖北狩，或言偽楚赦且至，公密伺于境上曰："有賫赦者當斬之。"已而宗室數十，丐納官職以去，公持之慟哭，曰："南夫宋臣，且侍從也，義當保茲壘。況元帥康王在外，必應天命，諸君幸毋恐。"即遣人馳蠟書勸進。

---

① "敵果叛盟犯京師"，原作"敵果率衆逼京師"，據影印文津閣四庫全書本改。"敵"疑應作"虜"。

建炎登極，詔公再任，公又論講和致禍之由。聞集議駐蹕，即上疏祈幸關中，且謂敵勢猖獗[①]，秋高馬肥，必為渡河絶淮之計，畫捍禦策為四十條。復移書李綱、郭三益，宜用漢高捐關東以與黥布、韓、彭之策，以燕雲致其地豪傑，以遼東致高麗，以契丹故地致契丹遺族，其論甚壯。

繼有召命，而敵已犯揚州[②]，濠民懼無與守也，挽公不得行。明年，除顯謨閣直學士、知江寧府。未踰月，大駕駐江寧，即府治為行宫，公竭力營繕，無一弗備。又乞江北置三大都督，分總陝西、兩河、淮南諸路，而自薦一二大臣為可用，語出驚衆，即丐外祠。命知桂州，又改饒州。金人薦食江浙[③]，破豫章、臨川，遊騎至饒境。公科丁壯為固守，敵雖不犯，而羣盜蠭起。有侯進萬餘來攻，公大闢城扉以疑之，賊惶懼未知計。公夜熾火，聲鼓震天，進遂驚潰。而劉文舜大艑數十，由南康而下，公躬部民兵，晝夜乘城，矢石幾盡。時禦營統制王德號王夜叉，駐兵廬陵，公飛書邀之，衆畏其不來，德得書泣曰："我嘗繫建康獄，連公為守，待我厚，當死報之。"以舟師不三日至，文舜懼，請降，誅其渠魁五人而散其衆。有王念經者，以左道聚愚民至十餘萬，公勸德追擊。至貴溪，斬首數萬級，復為民者幾倍。紹興改元，張琪既破新安，直抵城外。公遣將敗之，伏屍四十里。于是，饒以塊然小壘而能卻金兵、捍羣盜，獨立于江左，饒人至今祠公不忘。而公以疾得請臨安府洞霄宫。未幾，起知信州。始詔守臣具民閒利病或邊防五事，公應詔論十一事，且指赦令倚閣二税為非，曰："安有占田而不輸税者，軍旅調度，顧可闕乎。"

移泉州。朝廷下福建造舟以備海道，遣使督促。公曰："舟用新木，難遽辦，且濕惡易壞。若以度牒錢買商船二百艘，則省緡錢二十萬矣。"從之。時詔親征僞齊，公慨然獻議，引漢卜式願盡死節、馬伏波以馬革裹屍之意，乞扈從，不報。在泉二年，提舉江州太平觀。

嶺南水陸盜賊充斥，劉宣自章貢擾揭陽，鄭廣、周聰抄海道，而

---

① "猖獗"，原作"甚熾"，據影印文津閣四庫全書本改。

② "犯"，原作"至"，據影印文津閣四庫全書本改。

③ "薦食"，原作"已自"，據影印文津閣四庫全書本改。

曾衮據釜甑山者七年，其餘妄稱大王[1]、太尉、鐵柱、火星、飛刀、打天之號凡十八火，動數千人也。即起公經略安撫廣東，進寶文閣學士，兼措置虔、閩盜賊。公入境，召大將韓京，激厲使之。且按誅惠州孔目吏與曾衮表裏者，合諸郡兵，以次年平定。降者遣詣密院，或分置軍中，擒獲者戮于市，脅從者還其業。嶺嶠遂清。詔書獎諭，遷官一等。而公裁決明審，滯訟悉空。番禺之人立祠作碑，以紀其績。

徽宗與寧德后凶問至，公上疏曰："事已如斯，追救何及，惟用兵可以雪恥。宜乘軍民痛忿，竭作北向也。"酈瓊既叛，公又言豫賊得瓊，正在疑貳，願以劉光世為前驅討焉。逮河南故地暫得，公亦進封事，以為殆天授我，機不可失也，正不可以得地小恩，而忘二聖播遷大恥，當乘其未備擊之。復提舉太平觀。蓋公自靖康深以和議為非，至謂不知講和為何策。國家之難，皆和議有以致，執論不變。及故地雖失，慈寧還歸，宰相以成功自居，指公為異論之人。言事者奉其意，以公在廣日用講和霈恩放杜充之子自便為非，由是落寶文閣學士。紹興十三年正月二十六日，終于福州寓舍，春秋五十有八。

嗚呼！公蓋應山處士之曾孫也[2]。處士德安人，諱舜賓，歐陽文忠公表其墓，所謂孝友溫仁以教其鄉者，贈至金紫光祿大夫。其第三子諱庸，公之祖也。攷則諱仲涉，贈至通議大夫；妣楊氏、高氏，贈淑人。公字鵬舉，年二十四，進士上舍。釋褐授潁州司理參軍。移鼎州教授。省罷，調澧陽尉。丁內艱，調襄邑主簿、虔州教授，未赴。除辟廱正、禮制局檢討，補校御前文籍，遂為校書郎。徽宗一見奇之，僅踰年，擢之侍從。氣正而言直，艱難變故，志在經綸，其言曰："《易》窮則變，變則通。今之禍變，眞變也，而通之道寓焉。"故始獻議幸關中，繼則議遷江陵。且謂天子當留神武事，以激昂將士；乞倣講筵之制，置侍射、侍馭之官以待諸將；選三等豪户，倣六郡良家子以充禁衛。乞先圖李成，則盜賊可無患。然朝廷既誅六賊，凡除授有討論之目，公則曰："何示天下以不廣也！惟當共籌，所以報金人而已。"又謂："可以用人死命無過爵賞，而朝廷吝惜太甚，

---

① "妄稱"，原作"忘稱"，據影印文淵閣四庫全書本、影印文津閣四庫全書本改。

② "應山處士"，"山"字原脫，據影印文津閣四庫全書本補。

請優立告變賞格，而增重帥守之權。”皆不顧衆異。州縣各闕官而悉罷權攝，公則曰：“議者不過為朝廷惜請給之費，宜聽其權。而監司察其私，嚴其繆舉同罪之罰，則無廢事矣。”及舉行贓吏杖脊朝堂之令，公自信州條具言曰：“選人七階之俸，不越十千也。軍興，物價倍百，當先養其廉，稍增其俸，使足贍十口之家。然後復行贓吏舊制。”朝廷是之，增選人茶湯之給，天下稱誦以為長者。在濠，遇淵聖受禪，首乞不罷天寧節宴設。及建康初對行宫，即勸天子以漢高、唐太宗之英武而行孝悌，又曰：“宫闕少安矣，當思二聖在沙漠而未安也；于此朝羣臣，則問以迎二聖之策；于此見將士，則問以回二聖之謀。”太上皇帝為之感動。蓋公于論思靡不盡，而不為拘攣齷齪之論。才略從横，僅見于誅鋤寇盜，綏靖一方，曾未得究其所施，誠可哀者。其帥嶺南，懼涉瘴癘，自誓不受俸給，以祈全家生還。及被賞進官，力辭不肯受，朝廷不從，竟以回授其兄喆夫，而以俸給推與其兄妹及姪。自廣而歸，扶攜仕族之不能歸者數家。平生奏補，先其孤幼。輕財好施，家無餘貲。

紹興十五年十一月十五日，葬于懷安縣稷下里崇福山之原，而未克有銘。淳熙之十一年，其子雎來告，因攷訂其行事，敍而碑之。公官至中大夫，贈左正奉大夫。娶王氏，鄰臣之女，贈淑人，先公卒。男三人：雎，朝奉郎、權發遣邵州；彀，承奉郎、監秀州華亭縣袁步鹽場；瑩，承奉郎。女二人，長以疾廢，次適將仕郎劉蘧。彀、瑩與次女皆前卒。孫男二，孫女九。有奏議三十篇，文集二十卷。銘曰：

文武之分，肇豈自古。治功則文，戡定斯武。嗟世誦説，乃以為文。侮至患生，孰濟我民？偉矣連公，處士之孫。以文決科，勇且有仁。公初奉使[①]，請誅邊臣。不懼不驚，天子聖明。禍亂方興，刻意武事。矢謀于朝，用則不既。禦戎鄱津，殄寇海濱。笑談之閒，有勞有勳。政令恩威，英明愷悌。烝嘗于民，才則我忌。以和為功，吾其可同。成敗奚言，第輸我忠。惟公之忠，匪顧其利。孰能昭之，賫志没地。懷安之原，稷下之山。罔愧于先，後其有傳。

---

① “奉使”，影印文淵閣四庫全書本同，影印文津閣四庫全書本作“使金”，疑作“使虜”。

右朝請大夫知虔州贈通議大夫李公墓碑

紹興初，天子駐蹕吳會，議者請嚴海道之備，侍從官有言朝奉大夫、主管武夷山沖佑觀李公嘗貳明州，能言海道利病，其才可用。于是詔添差通判明州，兼沿海制置司參議官。即上備禦策，以為異時諸郡四封立塢壁，設馬穽，拘保甲文具也；當募土豪，率鄉社，因民俗器械，以地險為計。海道雖亘數千里，其要害不過數處，宜用舟師，如通之東簽料角、平江黃牛垛頭是也。于是臺諫又言公之説信而不夸，乞盡付之以責其效。是歲天子下詔親征，遂命措置防托海道，總舟師駐許浦，又戍于通州之崇明。

七年，再其任。秩滿，除知南劍州①。庚申夏六月，敵復渝平。朝廷大講守備，侍從、臺諫各薦所知，又以公應詔。被召至行闕，太上皇帝問以海道事宜。而故相張魏公為福建安撫大使，招降海寇，得多槳船五十三艘，兵將二千五百人，獻于朝，乞付公節制，而薦公尤力。衆謂公且用也，而時相忌不己出，特不用之，第復以公參議沿海制置司，公請候事息即赴新任。

移駐京口，撫馭招降之人與諸軍兵上下甚肅，海道帖然。事息矣，莫有論其功者，公曰："吾知赴新任而已。"然南劍凋弊久，汀、虔多草寇為鄰，公經理其賦入，郡以不乏而寇以不敢侵。會朝廷遣五分弓弩手分戍江淮，且命以其家行。公曰："閩俗安土重遷，道里甚邈，無舟車之利，事未便。"奏論之，乞依祖宗舊制，三歲而更則猶可也。時諸郡皆應命，獨公州遷延未遣，既而有旨罷之，老稚驩呼連營。在郡二年，得官田數百斛，給郡學，養諸生以倍，郡人繪像祠焉。代還，除知虔州，兼管內安撫南安、南雄兵甲司。

紹興十六年九月己酉，卒于嘉禾之寓舍，春秋六十有二。賢士大夫之與公遊者，公卿貴人嘗薦公為可用者，莫不悼恨嘆息，不謂其止此也。公嘗知杭之富陽縣，政有惠愛。未及代而遭其考少師公憂，因卜縣之白昇山以葬。縣民相率來助，有出財者，公悉謝之。方臘之

① "除知"，原作"防知"，據影印文津閣四庫全書本改。

亂，民為密護其丘壠，得不犯。至公之喪，遂附于少師之右。蓋其年十二月甲申也。二子：大下，今為朝散郎、知澧州；大正，朝散郎、潼州府路提點刑獄。泣而言曰："兄弟奉先人之澤，粗有立矣。而歲月寖遠，先人之善未有誌述，富陽之人願有以書于墓下。"予既與二子交，又獲與公之二三壻遊，知其行與事，用書之曰：

公諱文淵，字深道。按其譜，潁州。七世祖遜，仕五代周為行軍司馬。六世祖漢捷，仕閩為王審知監察禦史、東平把截將，即建之松溪縣家焉。五世祖懷德，襲父官，為閩馬步軍都總管。逮公之高、曾，猶儒業不得仕。至考諱規，始登元豐五年進士，官中奉大夫、夔州路提點刑獄。贈其祖仲元朝散大夫，而中奉累贈至少師矣。妣吳氏，贈魏國夫人。公以少師恩入官，主陝之湖城簿，攝盧氏令。中使過縣裁物價，游手輩挾勢侵商賈，公為禁戢，得無擾。再為開封之東明簿，方田均稅，公當開封、祥符、中牟三邑，多權貴豪族，皆斂避莫敢奸，號為平允。調鄭州榮澤丞，用薦者改通直郎，遂為富陽。時府中鬻爵下屬縣，公力謝："吾邑民貧，不敢受邑。"民至今稱之。

知明之鄞縣，權接伴高麗奉表使人，宣和四年也。出戍卒當給犒賞，羣吏要之，譁噪于庭，皆愕眙不敢問，公為馳入好諭之，請寘吏于法，郡以無事。縣西有廣德湖，延袤數十里，溉田餘二千頃，廢以為田，給高麗供備之費。公得唐大和中復湖事跡，及熙寧曾舍人鞏所為《修湖記》，以請于朝，丐以還民。奏且下，值靖康之難，公亦丁內艱去。主管南外宗室財用，不赴，添差通判明州。紹興改元，高麗遣奉表官崔惟清至，以公舊嘗與其使接也，又為引伴至行朝，且命送之。僅逾年，以省員罷，遂丐沖佑之祠。在明三任，前後閱十年，積官至右朝請大夫。

公少習于文，喜觀昌黎文公之作，老猶成誦，亦慕其為人。其召對論事，敷奏詳雅，蓋首言褒寵節義、修政事，然後可復境土；且乞郡守以三年為任。天子嘉之。然勁直，不肯附麗以取世資。平時家居，不妄言笑，教子弟必以禮法。性孝友，與仲季同居，雖罷官歸，不私有其俸積。少師澤不逮其季，公則奏之而後其子。撫嫠妹之子，教以學，而資其二女以嫁。在延平有倅貳死官下，留落無依，公葬而厚賻之，為買田業。道出松溪上家，會親族，贍卹其孤窮，故其鄉黨尤稱之。

二子既通朝籍，纔贈公通議大夫。娶張氏，中大夫、右文殿修撰徽言之女，繼室以其娣，皆封宜人，贈碩人。女四，吏部侍郎方滋、直祕閣張祁、常州司法參軍胡知言、通判紹興府沈雲應，婿也。孫男七：初度、叔度、公度、幼度、俟度、景度、伯度。孫女八。曾孫男二，女一。公生雖不得盡其藴，今四十年，二子以才諝嶷嶷著見，諸孫好學森立，慶未艾也。因為之銘，以志于墓下，其文曰：

修之在身，用之在人，君子所以自貴也。匪時不伸，匪用不行，君子貴乎有位也。若夫位不既其才，用不副其志，在我者亦奚愧也。嗟哉李公，時非不逢，用而不終。公卿侍從，既不我知。尼而不施，子孫是宜。富春之陽，有封如堂。善政喜言，公其可忘。

南澗甲乙稿卷二十

墓誌銘

武經郎主管台州崇道觀趙府君墓誌銘

魏悼王五世諸孫諱轔之，字積中，仕至武經郎，以仲子南雄州恩贈右朝奉大夫。既葬二十年矣，南雄泣而請曰：“先君子之葬也，公晣兄弟未有立也，故逮今乃欲銘于墓隧。”嗚呼！某雖未識君而識其二子，知君為賢宗室也，以其子甚秀而文，知君教之有道也；以其子官而有能名，知君之行事可法也。君没未幾，而子之仕者達，幼者仕，諸孫林立，家道可觀，知君所積者厚而不薄也，是皆宜銘。

蓋悼王之子諱德鈞，贈保平郡王；王子贈濮州團練使諱承耒；濮州之子贈和州防禦使、歷陽侯諱克周；歷陽之子贈少師、開府儀同三司、榮國公諱叔何。君，榮國之子也，以父任補三班奉職，歷監磁州滏陽縣驛者三年，三門白波輦司催促綱運者四年，皆盡力無乏事。國信使李彌大、輦運使呂博問才而薦之，監興仁府 南華縣市易務。有提舉官按部，據籍索抵當物，未即見，其直且數十萬。使者喜甚，謂能摘伏也。同事者噤慄不敢語，君則怡然曰：“物固在，孰敢盜之!”已而果得。使者改容謝君，以為有守。

紹興初，調潭州兵馬都監，易監信州上饒縣包家山銀場，授建昌軍兵馬都監，遂請奉祠。凡主管成都府玉局觀者一，江州太平觀、台州崇道觀者三而終身焉。其在建昌也，任不釐務，每治藥以施病者。會軍且變，戕人于市，逢君愕曰：“是施藥濟人者耶!”相戒毋敢犯。

君雖小官而德服强暴如此。然君少處上庠，不克卒業，常欲勵諸子稍酬其志。及諸子就學問，方流離兵火閒，君課使讀書，日夜不倦，且厚禮俾擇師友遊。公晰遂擢紹興十二年進士第，公晫亦以取應得官在高選。君因恬不復進①，乃刻意黄老養生之書，凡鍊形服氣之説與夫丹砂變化之術悉窮其奥。終日清談，未嘗輒及榮利，而樂善好施，疾病與之藥餌，死亡賻之槥，貧且不給者，為經理其家。故歷官四十年，俸禄隨盡，不治産業為後日計。人謂君必享上壽，紹興二十二年二月七日，乃以小疾不起，年纔六十有一也。南雄方為處州録事參軍，遂以其年四月某甲子，葬君處州青田縣鳴鶴鄉龍回山之原。

娶元氏，武經佾之女，先君二十九年卒。男女四人：公時、公晰、公晫、公昭，男也。傅杲、唐廙、張廷詢、鄭良輔，壻也。其後公時終武翼郎、臨江軍兵馬監押。至乾道八年，公晰以左朝奉郎、權發遣南雄州，而公晫從義郎、公昭秉義郎，俱監潭州南嶽廟。孫男七人，孫女十二人矣。蓋天將厚其報而昌其後也歟！銘曰：

趙公六十非遐齡，鋭志教子登科名。位卑德重人匪輕，南雄款款興孝思。表以封碣增光輝，死者令德今有知。

沈氏考妣墓誌銘

勾吳之邑曰無錫，衣冠萃居，故多賢士。有沈君端輔者，字温卿，一字相之。其六世祖來自湖之德清縣，世業儒，好義事。至君尤謙厚長者，澹然口不言人過，與物無忤。博習羣書，下至方技小説無不通也。既科舉累不利，益不肯隨衆下筆作諂語以媚有司，開門授徒，以教其鄉里，由是搢紳大家爭延之，君亦訓誘不倦。閒賦詩自娱，多出奇語。好吹洞簫，善奕棊。或弄翰為枯槎怪石，率以寓其意，翩翩有隱君子風。已而其兄以累舉得官，其季中太常第，君則喜曰："門户有責矣，又何求?"愈自放于詩酒。然其室吴姓，蓋同里人，名文剛，聰悟知書，善區處其家。故君遊于外輒數月，門内事悉不一煩君慮。又好賓客，具杯酌，不問有無，吴欣然承之，至躬刀匕

---

① "因"，原作"固"，據影印文津閣四庫全書本改。

弗憚。凡祭祀之常，親族還往，奴婢耕爨，瑣細無乏者。生七子矣，皆短折。吳年四十有六，夢力士抱嬰兒墜雲中，曰："錫汝子。"既而生子。稍能言，吳日置膝上，授以方名六甲，長則教以《孝經》《論語》，閒為說古今易曉故事。授名千里，纔十歲，紹興十六年九月二十五日，吳以疾終。後二年六月十九日，君亦不起。君享年五十有九，吳則又少于君四歲。

君不嗜釋老，而探于性理若自得。屬纊無他語，第撫其子曰："好視吾筆硯也。"當乾道之壬辰，千里乃登進士科，與當世賢士大夫遊，有聲稱。吳與君相繼葬于縣北天授鄉後祁村久矣，千里念其考妣，欲有所誌，而幼孤不能知其行與事，則外咨乎交朋，內叩諸傅姆，僅聞其一二，哀慕不能朝夕忘。至淳熙之九年，疏而泣曰："不敢絲銖增損，以不信于長者也。願有以銘。"予怛然謂之曰："子言固信矣，為表于墓道，何如?"千里復曰："表則彰于人，銘則慰諸幽。今先君與母之善，皆聞其大略于人者，則人蓋有知之矣。惟生不及養於家，仕不及謝於堂，千里之恨亡窮焉，可不慰諸幽乎?"而予之從妹為千里之繼室，既厚且親，以其子之立，知其父母有以遺之也，則其賢為可知，因敘而銘。

君二子：長則千里也，迪功郎、邵州州學教授；次曰芑，舉進士。女適迪功郎、無為軍巢縣主簿張宗尹，其次適進士曹俊德；孫男今三人，曰欽若、炳若，一未名。銘曰：

士以成其身，女則成其家，德之令也。未有成焉，俱以待其子，亶為命也。揚其名，顯其親，謂之有後也。雖不克見焉，繇其施之厚。沈氏之藏，人莫不哀之，而其後宜之。悲夫！

左朝請大夫致仕李公墓誌銘

宣城士大夫，其為端重老成而直亮博洽者皆稱李公彥恢。而在朝僅為御史臺主簿，外則淮南、京西兩道轉運判官，年六十有七，官左朝請大夫，莫不以為未盡其蘊也。有孫兼，謹厚好學，從吾兄子雲遊，能哀其事與言，而謁予曰："祖父之葬未銘，願得銘以傳永久。"予既熟公之譽且嘉兼之有志以揚其先君，此固何愛于銘？因攷而系之曰：

惟公胄出唐西平王晟，是生憲。憲生游，自長安徙宜春。有咸用者，為吉州推官，避亂隱廬山，著詩名當時，號“李再梅”。生昭逸，為南康大庾令。令生含章，登太平興國五年進士科，官至太常少卿。祥符中，守宣，後家焉。生公曾祖師文，任宣州涇縣主簿，贈中散大夫。娶陳氏，潁川郡太君。中散生公祖孝先，任朝散郎。娶梅氏，永年縣君。朝散生公父磻，任忻州助教，廣州番禺縣主簿，贈右朝議大夫。娶石氏，封太恭人。

彥恢，公之字也，諱宏。政和五年進士，授深州教授，以便親，易廬州舒城縣主簿。盜劉五竊發，公首捕其徒六郎者，以跡問其巢穴，導官軍勦獲之，積受賞承直郎。除父喪，調饒州司士曹事。廟堂見公姓名，訝不我求，改滄州教授。道梗不得赴，權宣州旌德縣守。呂右相好問、李參政光皆深知之，呂公且薦公有文武才，大可用。公在邑，教土豪，練民兵，勒以部伍，賊張遇不敢犯。李公檄公率衆赴郡城，以解劇寇之圍，邑民相率詣州，請于監司，丐公為眞，以不應法罷。覃恩改宣教郎，教授明州學。軍旅方興，士業偷惰，公榜于堂，勸以忠孝，而誘一二俊者俾習制舉。通判建康府，會車駕巡幸，繕修行宮有勞，密賜秘閣新法帖、茶香甚寵。決獄屬縣，多所平反。

紹興八年，用御史中丞常同薦入臺，議論剛直無隱，一坐盡傾。因轉對，乃言：“陛下不可謂穹蒼悔禍而忘修德之戒，不可謂夷夏樂推而懷自聖之心。願無忘在莒，敦明恕于天下。”且謂“大臣平用舍之心，則小臣無僥覬之望。公道一舉，私恩兩忘。宜察其情僞，明示好惡。”上稱善。而大臣方怙權用事，見奏果不樂。公因丐外，得知南安軍，不赴，乞主管台州崇道觀。十三年，起漕淮南，許民輸菽粟以代紬絹，蠲上供一年，增糴常平米至三十萬斛。用吳序賓之說，通西南二漕財賦以便餉給，遂為定制。廬州僧廣允以呪水愈疾聚衆，公曰：“此左道也，邊城詎宜爾！”杖而逐之。有旨帥漕議團結禁旅以備紅巾盜，公秘不發，卒無恐。代還，天子嘉獎，以為得人。十九年，漕京西，治官吏之舍，易苫以瓦。定郵置程限為擺鋪，曰：“襄陽距行都遠，驛書不可滞也。”既而朝廷遣使按行諸路遞，獨公所部以先辦聞。刺舉務大體，不察察。郢倅故堂吏，訐其守喬大觀，以謗訕被黜，因求公奏辟，公正色拒之。或謂此人宰相耳目，宜慮其禍。公曰：“吾知盡職耳，何可慮!”論者果以為言，遂罷歸。明年，復主管崇道觀。二十四年六月十七日，以疾終于家。九月壬戌，葬于宣城縣長安鄉黄村。

公倜儻有氣節，雅志當世。趙忠簡公再為相，公見趙公，從容論事，切于治道。至言“天下之患莫大于上下委靡，兵將驕惰。今强敵外窺，僭偽内侮，未足多懼也”。秦太師與公布衣交，以公論用人為譏己，猶重公，復以為部使者。至知郢州事入譖事，幾陷羅織，然公廉介自守，論者不能深文中之。當官俸入，非令所載，一錢不受。取公使酒飯，必償其直。平生不治貲産，父時有田二頃，屋數十間，悉推與二仲，曰：“吾仕斯有禄矣。”訓子弟以不欺為先，婚嫁孤幼十餘。晚年雖貧，聚族至數百指。買妾，問知士族，亟嫁之。里人陳姓女流落外邑，贖以還其家。郊恩，先與其弟，故鄉里推敬，以為師法。所為文號《指劍集》若干卷。

娶石氏，朝奉大夫振之女；繼秦氏，朝奉大夫綬之女。子鼒，迪功郎、淮西安撫使准備差遣。女適進士翁升之。孫男兼也，迪功郎、隆興府進賢縣丞；導，早世。孫女二，壻修職郎吕得中、進士石徽。曾孫男女九。

故吏部侍郎陳天麟常云：“太上皇帝既更化，諸賢彙集。一日問向為漕臣李某安在？知樞密院湯思退對以物故僅數月也。上慨然久之。”乃知公之被簡記如此。使未歿，其進用豈後他人？鄉里至今哀之。銘曰：

治道之興，略匪一士，世用以濟。逮其不然，以私害公。士為不逢，時之泰否。士亦何病，兹為有命。我來寓宣，舊聞公名，既忠且清。攷其世系，訪其行事，足以垂世。直道正言，當路忌之。粤惟其私，才為小試。外而不内，則以有悔。公雖逝矣，簡于聖神，猶公是詢。敬亭峨峨，宛水湯湯，念公不忘。

中奉大夫直敷文閣黄公墓誌銘

建寧衣冠氏族，惟浦城之邑最盛，卿相侍從，蟬聯大家，郡人類其子孫為《爵里記》，而黄姓其一也。端拱二年，有名震者，起進士，至諫議大夫，世寖以顯，多登儒科。至公之大父諱實，與眉山二蘇公為文字交，有聲當時，出入從班，為朝請大夫、寶文閣待制、定州路安撫使以没，贈龍圖閣直學士、大中大夫。龍圖之父諱好謙，為朝散郎、知潁州，贈通議大夫。龍圖之子諱子有任太廟齋郎者，即公之父也，贈正奉大夫。

公諱任榮，字擇之。四歲而孤，母李夫人教之有法。年十三則通羣書，遇事輒解。叔祖金紫公宰俾治其守冢僧舍，鈎校無遺，喜曰："是兒才可見，後必遠大矣！"以大父恩，補假承務郎。蔡安持知順昌府，公始為太和縣主簿，甚器之，俾攝府椽，平決咸盡理。既還，邑有戍卒過縣，凌奪市民，譁甚。令捕而欲治，則併令詈辱，令退縮不敢問。公召而詰曰："軍侵平民既犯法，復詈吾長官，奈何？"皆懼失色，曰："惟公命。"公徐曰："吾不汝窮也，宜避罪亟去。"取券米饜與之，衆謂公少年有立。移潁上尉，太和鄉胥裒白金以贐，公笑而斥之。辟京西轉運司准備差遣，金人犯京師①，不克赴。季陵帥臨安，辟錄事參軍。李光代季，待公逾厚，率諸司薦于朝。而公前有捕盜賞，既遷京秩，猶用薦得監行在北倉。秩滿，知撫州金谿縣。時江西羣盜方擾，他邑賊類澒洞，莫知所為。公集民兵，外嚴守備而内理獄訟自若，民幾不知有盜而盜亦不道公境。邑人相與繪公像祠事之。都轉運使趙子湜以其事聞，詔審察都堂。會户部侍郎張澄又薦之，除浙西路常平主管官，改知廣德軍。張叔獻為臨安，屈公自助，奏為安撫司幹辦公事，改主管機宜文字。遷提舉浙西常平茶鹽，有倉官怙時相親，慢不受約束，且謬妄有請，公輒沮卻之。遽誣公鹽課不登，即奉祠。未幾，起知興國軍，移知信州。紹興二十六年，就除江東轉運判官。會江西轉運周綰避安撫使閭丘昕姻連，詔公兩易，公至而昕卒，攝帥事者幾歲，寬明有惠政。改知衢州，而永嘉郡兵鼓譟，毆監官，幾為亂，提點刑獄撫之不能定，命公往鎮治。公疾驅至郡，流其首者，餘悉不問，一郡肅然。而聽決務合民情，莫不畏愛。會淮西謀帥，加直祕閣、知廬州。温之士民日數千人遮道，不得行，至挽

① "金人犯"，原作"金兵薄"，據影印文津閣四庫全書本改。

公輿復于郡廨而後已。公曰："朝命安可辭也?"夜，假小吏輿，遁而登舟，衆覺而去遠。《易》謂"視履攷祥而其旋有慶"者，非公也耶? 某頃以信幕，沐公知薦甚異，子直向以銘為請，義不得辭。銘曰：

惟古循吏，民不忍欺。不赫厥稱，去而見思。公之為縣，民敬而祠。逮其為州，民挽留之。惟公之政，善不見外。察而不苛，廉而不劌。握節四方，再漕于畿。天府峨峨，兩治其師。富貴在前，曾不汲汲。究其所施，人莫我及。上既眷公，用豈不盡。垂用而歸，世以為恨。天之俾公，則壽而臧。厚德淳名，嗚呼此藏。

左大中大夫充龍圖閣待制致仕贈左正奉大夫呂公墓誌銘

隆興改元之次年，前禮部侍郎呂公自徽州入對内殿，言致治之要，當以内為先，收人心為急，而朝廷當守一定之論，不可屢變。時天子新即位，切于求治，聞公言大稱善，欲任以事。公謝曰："臣蚤衰且病矣，理一郡猶不能，其敢任事?"有詔除敷文閣待制、提舉神佑觀兼侍講。公在講席，凡可進諫，必因經陳誼，反覆論辨，盡其説而後已。會敵使再通，禮有未定，上問公和議成否，公曰："彼利吾幣，何患不和? 但既和之後，勿以為無事，宜思患豫防之。"未幾，以病乞外祠，章五上而不受。既不能朝矣，上猶問大臣，"公果病耶? 是老成有學問者"。進龍圖閣待制、提舉江州太平興國宫。六年十一月七日，終于家。嗚呼! 公之論思，大略可覩矣。

蓋國朝呂姓自丞相文靖公始大，世有顯人。公曾祖諱宗簡，于文靖為兄弟，仕至尚書刑部員外郎，贈金紫光禄大夫。其配魯氏，贈普寧郡太夫人。祖諱公雅，仕至徽猷閣待制，贈少師。其配安氏，贈鄧國太夫人。攷諱希朴，仕至承議郎，贈右正議大夫。其配張氏，贈碩人。

公諱廣問，字仁甫，自少儁拔能文。年二十即貢太學，登宣和七年進士第，授宣州士曹掾，改司理參軍，治獄以情，未始徇上官意。調徽州婺源縣主簿，權邦彦安撫江東，辟為幹辦公事。權公拜樞密，李光繼至，又辟公書寫機宜文字。召試館職，辭不就，得宣州學教授，用薦者改宣教郎。李公帥江西，再辟主管機宜文字。會其入參大政，詔薦西北人材，乃首以公應詔。給事中劉一止輩交薦之，宰相專且愎，指以為黨，公與薦者皆罷去，李公自是南遷。且興大獄，得其私書，有所善姓名，悉中以事。公屏居黄山之隅，怡然若無意于世者。以流寓恩，監西京中嶽廟，從吏部選，知江州德安縣。招輯流亡，建學舍以教其子弟，獄訟幾息，邑人相與祠公于學。添差通判筠州，又通判虔州。及用事者死，舊人稍稍復用，公始召為禮部員外郎。而言者嘗有舊怨，又詆公禮部侍郎周葵黨也，復俱罷。明年，除提舉江南東路常平茶鹽公事，移浙西路。入對，言“常平錢穀自軍興多用之，以法嚴故不上聞。今虚數未除，恐緩急誤指揮”。上為遣使覈其實，遷本路提點刑獄兼權湖州。除直祕閣、兩浙路轉運副使。異時漕臣多媚悦上下媒進取，公獨屹屹無依倚，而人亦不敢干以私。因奏事，太上皇帝問所部人材，悉以實對。除右司員外郎，假某官充接伴金國賀生辰使。時金人且畔盟，使者入見，無恭順禮。公曰：“是求釁端，不足計，願增邊備待之。”既至盱眙，敵有宣徽使銜命越境來見者，公曰：“此非常禮也。”見之而不拜其命，時以為得體。遷中書門下省檢正諸房公事，拜起居郎。一日，上曰：“呂某練達，不沽激也。”大臣皆未諭。既至中書，則御批除公侍御史矣。以宰相陳康伯有姻聯，避不就，遂除權禮部侍郎。凡内禪典禮前未有者，多所訂正，且密議先建儲宫，以示四方之信。上踐阼，疏十有二事以獻，其言深切，皆留中不出。兼同修國史。請外，除集英殿修撰、知池州，以病移徽州。歲饑，損常平米價以賑民，而任其所損之數。時州郡多獻羨餘，公不肯，曰：“無以使上知民之貧也。”

為人和易長者，與物無忤，而内實剛重不可犯。每讀書，見昔人行事有所感，或為出涕。遇憸佞狡險之徒，至不忍視其面。其受知李泰發，嘗勸其明公道而察附己者。周敦義與公平生交，自貧賤至貴達，未始一語相詭随，而世皆目以為黨。屢躓不伸，非明聖在上，則朋黨之禍將復起矣。然公之任宰掾，當軍書旁午，與同列陰贊廟堂為多。其為池州，論沿江備守甚至，然後知公之用有不盡者也。少時家貧，兄弟奉親至孝，聚族數百指無閒言。賓客過之，疏食菜羹，講論道義，終日不厭。或見其市魚肉而客饌無有，戲問之，公蹙然曰："吾親所以為養，吾徒可享哉?" 及貴，有遠族乞附公服屬以就國子試，公曰："是豈特欺君，非幼子毋誑之義也，不可教後生。" 蓋誠信不欺類如此。臨終，處其家事如平時，手疏邊防利害為遺奏，有曰"遠斥導諛之言，力行責實之政，結人心以固本，養民力以待時"，皆公雅志也。享年七十有三。官至左大中大夫，爵太平縣開國伯，食其邑七百户，贈左正奉大夫。娶王氏，太府寺丞有之女，封令人，先十二年卒。男三人：得中，修職郎、監行在草料場；庶中，皆早世；自中，承務郎。女適從事郎胡璉。孫男女三，尚幼。

公家自河東遷符離，而世葬鄭州管城縣，因公之南，始家寧國府太平縣，葬其夫人與其兄弟長壽鄉之古城山，且自為穴，今遂窆焉。是宜銘，俾其後有攷。銘曰：

世之誣賢，以黨斥兮。空而去之，易為力兮。其不可去，聖不惑兮。既去復還，姧則熄兮。不有君子，其能國兮。猗嗟呂公，蘊厥德兮。不玷不缺，如圭璧兮。致柔與和，中則直兮。人皆曰賢，識不識兮。誰其舉之，抑又踣兮。出入事君，盡其職兮。有言必信，義不嘿兮。以筮以決，如龜筴兮。俾以重任，宜柱石兮。視彼憸士[1]，孰失得兮。黄山之隅，聚族百兮。孝友中庸，善斯積兮。兄從弟從，永此域兮。

祕閣修撰鄭公墓誌銘

祕閣修撰鄭公既葬于衡山，其孫景先來告曰："大父之未有疾也，命景先買地衡州，得衡山縣紫蓋鄉長興之原，且歎曰：'昔吾攷之壽不登七十，今吾過七十者三焉。吾鄉在襄邑，生不可歸矣，死可無地而葬以累汝耶?' 于是為兆以遷其二夫人，而虛其左以俟。景先聞其言之悲而不忍言也。大父以乾道七年七月二十日果棄諸孫，而景先以九月甲申葬公其穴，請為之銘。" 嗚呼！蓋公元祐大臣尚書右丞公之子也。自黨籍之禍起，子孫禁錮，幾不容于時，故公晚而得仕。中興

① "憸士"，原作"憸壬"，據影印文津閣四庫全書本改。

踰四十年，元祐大臣子惟公在，天子嘗謂其材諝風績稱其家也，今又亡矣，在法得銘。

按鄭氏，世為拱州襄邑人。右丞以寬厚忠信聞天下，諱雍，任資政殿學士，以公之恩贈太師。右丞之孜諱有彰，任駕部郎中，以右丞公恩，亦贈太師。駕部之孜諱元吉，贈太傅。公諱安恭，字子禮，以避后謚，改思恭。四歲而孤，未冠遊太學，有聲稱。黨禁稍開，始得以右丞遺澤授承務郎、監淄州酒税務，簽書武昌軍節度判官廳公事，通判道州，權發遣容州。改鬱林州，再為容州，得主管台州崇道觀。辟廣南西路經略安撫司主管機宜文字，權發遣肇慶府，就差德慶府，再為肇慶府。知邵州，兼沿邊溪洞都巡檢使。除廣南東路轉運判官，改西路，加直祕閣，陞計度轉運副使。移荆湖南路，進祕閣修撰，除荆湖南路提點刑獄公事，復提舉崇道觀。積階至右中奉大夫，爵文安縣開國男，食邑三百户。

始公在武昌，佐其守禦寇有勞。寇攻漢陽，守檄公赴之。被命即緣江至，躬自縋城，諭以禍福而解。猺賊犯道營，公出戰，縛其酋。會曹成兵大至，郡僚皆遁，獨登城呼軍士曰："吾與爾守此，敢去者斬！"衆謂賊不敵，公即持牛酒直抵其營，曰："吾道州倅，來勞軍。"飛矢雨注，城上皆為公懼。成見公無甲，驚異。公徐曰："道為州數家聚也，産賦不滿千緡，何足辱諸君？聞王師且來，豈若束兵刃，為社稷立功名哉？"成笑曰："通判不疑我，所教亦誠也，願無犯城，留一夕于外。"明日果去。而守令未還，宣撫岳太尉軍驟集，廩空無粟，君召四郊父老曰："大軍之來，為爾輩卻賊也，有粟宜以十三助我，與其餉軍，猶勝没于賊也。"衆感泣，得粟五百斛。岳軍少之，呼公至帳下，左右示以淫刑具。公不顧，對曰："郡無粟，取于民也。今民力亦竭矣，請為民受法。"岳公遽起曰："飛敢有此也？軍無食且怨，欲與君議其策耳。"公曰："米税未當輸，誠得幕府榜，俾先期輸，且得其嬴，可足用也。"遂從之。民知公且被罪，凡輸米不復計其量，迄飛之平賀州無乏，即以書謝曰："當奏，厚酬公官。"

宣諭使薛徽言薦為容州，在容幾三年，莫知公政之善者。既移鬱林，容民遮道留公，而鬱林之人相賀。轉運司議置鹽倉鬱林，公指其非便，議十上，且請于朝，得寢。時諸郡守獻羨餘，部使者以為言，公曰："吾郡無餘也，何所獻?" 高、雷、化三州流民來歸，義廩不足，公亟取常平米以賑。有司謂常平不當用也，遂捐俸米以償。再為容州，盜賊屏息。龍圖閣直學士張宗元經略廣西，謂公能弭盜，辟置幕下。妖賊譚友諒作亂，公招捕之。既移肇慶，轉運又以南恩盜屬公。因伸嚴保伍，重賞以捕賈鹽者，瀕海之盜遂清。勸民植桑萬六千株。在德慶三年，遇大水當賑濟，同判者不肯，公曰："民無食即死，是死于水等也。吾專任之。" 再為肇慶，認金坑額千兩，丐無擾民。肇境接溪洞，一切以寬為治，嶺外銓擬素不平允，至公則無間言。其罷而復起，信宜縣茶寇竊發，執邑尉，屠令之子，殺將高居弁，獲李宏，朝廷遣鄂軍步騎千人來赴，乂失期。公攝提點刑獄，會兵雷州。水軍統領皇甫謹逗撓不進，將斬以徇，同列叩頭乞賜自贖，謹遂以勁兵敗賊。俄李云三千人犯容管，建黄麾，語僭甚。公以騎兵夾攻，遂獲云與其左丞相而散其衆于農。有詔拜直祕閣。降賊中夜復變，公設伏以待，斬其為首者七人，遂定。奏聞，遷中奉大夫，陞副使。帥、憲臺皆闕，公佩三印，備禦郴賊李金甚至，朝廷用是易公湖南，俾捕金，且隨軍應辦錢糧。金既平，加祕閣修撰。踰年，改提點刑獄，凡囚之麗死者，閱再四而後決，曰："是不可復生矣。"

為人端厚長者，閒居無惰容，與物無忤。方臨淄歲饑，民相食，公持檄，單騎遇暴客，負而趨，僕者自後至，捄脫之，將追刃其人。公曰："是于吾何冤? 規食遺死爾，安用必其死耶?" 故其數年鋤盜，先以恩信招撫，逮不從而後誅。至治兵臨戎，介然有不可犯之威，以是知公非苟然者。平生未嘗營産，第以教子孫、恤宗族為念。所居號西湖，作佚老堂以自適，衡人舉尊重之。初娶吳氏，未踰年卒。再娶梁公左丞燾之孫、朝奉大夫頤吉之女，其卒先二十五年。三娶陳丞相文惠公四世孫、朝奉郎賁之女，其卒先十三年，皆贈令人。曾祖妣太夫人王氏，國于蔡。祖妣太夫人郭氏，國于慶。妣李氏，夫人，國于鄆；王氏，夫人，國于周。母宋氏，追封令人。子曰簪，終右從事郎。女二，適右承議郎周彭、迪功郎趙師忞。孫男景先也，迪功郎、横州司理參軍；次景文，將仕郎。曾孫女尚幼。鄭之去襄邑也，至是始家于衡，故敍而銘之。銘曰：

元祐之政，偉矣一時。時之多賢，而黨目之。擯其生全，俾没于地。錮其宗支，俾弗得仕。既清返夷，踰四十年。如木有枿，典型寓焉。云誰獨存？右轄之子。温温而良，克紹其美。惠及遠民，外殿七州。既去復還，民渴其留。帝曰嘉哉，賜爾簜節。有威爾宣，有衝爾折。嗟時舉才，弗競惟武。寇攘方張，公則不懼。翦其蝨牙，革其梟吟。外削其鋒，内懷其心。曰湖之濱，曰嶺之外。窮靡籲天，饑弗罪歲。豈無吏師？公惠實多。釋甲而田，士不荷戈。官參九卿，位首中祕。有來明廷，寧不我俟。公知甚先，佚老有堂。紫蓋衡山，遂為公鄉。惟鄭之遷，自拱襄邑。伐石勒銘，其庶可識。

資政殿大學士左通議大夫致仕賀公墓誌銘

上即位之二年，詔資政殿大學士賀公落致仕，提舉萬壽觀兼侍讀。上親御翰墨，累數十語，其略曰："朕嗣服以來，思得黄髪老成，詢咨政要，其為朕幡然而起，勿以髦疾為辭。"公捧詔泣而言曰："陛下龍飛，臣以得謝在田里，無繇一望清光。今恩意若此，年將八十，其敢矯情飾詞，尚以虛文末禮為解？"因不復具免，束擔就道，第辭所授職，願一見而歸。既入見，所陳治道之要甚切。時和戰未定，上問公策將安出，公曰："臣向非主和者也。自符離之役，器械刓敝而軍氣尚索，願少需之，姑聽其和，而戰未可終日忘爾。"上稱善，即日拜知樞密院事兼參知政事。公譽望益高，謂且相也。僅數月，當路有忌公者，議率不合。會慶節佛寺開啓，公拜而偶躓，因待罪。上雖優詔開諭，繼而請曰："臣老甚，願賜骸骨。"瀝懇再四。天子重違公意，乃復以資政殿大學士致仕。還台州。乾道四年三月二十九日，薨于家，享年七十有九。訃聞，天子震悼，輟視朝，贈左光祿大夫。其年五月乙酉，葬于天台縣太平鄉善嶼山之原，公所自營也。淳熙八年，其孫敦仁來曰："大父之薨與葬也，敦仁兄弟幼未有知，嘗聞治命，將以銘誌屬君，逮今始克請，幸加惠其死生。"嗚呼！某頃少年，荷公鑒裁，辱薦于朝。熟聞公之行事，今公蓋不可見矣，其可見而傳者，敢不次而銘之。

按賀姓本慶氏，胄出于姜。春秋齊有其族。至東漢，純仕侍中，厥後避孝德諱而更焉，著于會稽。當三國吴，齊以武功顯。晉則循，唐則知章，賢譽具著。逮公之七世祖，從僖宗幸蜀，為眉州防禦推官，卒葬其地，遂為眉之青神人。移籍蔡州汝陽。曾祖諱息機，皇任尚書屯田員外郎，贈太子太師。配楊氏，贈文安郡；侯氏，贈同安郡，皆夫人。祖諱撫辰，皇任朝議大夫，贈太傅。配王氏、吳氏，皆贈秦國夫人。考諱現，皇任承議郎，贈太師。配王氏，贈楚國夫人。

公諱允中，字子忱。登政和五年進士第，積官至左通議大夫，爵會稽郡開國公，食邑二千户，實封二百户。其歷官則任潁昌府學教授，辟雍錄，遷正及博士，國子監、宗正寺丞。入祕書省為校書、著作郎，假太常少卿，使金國賀正旦。公自少穎悟不羣，慷慨有大志。嘗遇異人授以兵書，曰："此吾昔授滕甫者也。"讀之，非世所傳，遂默以經綸自負。時金人始通，衆皆憚行，公被選，笑曰："是可覘之也。"道遠且險，館餼或不時，敵之伴者率麤暴鮮禮，公嘻笑待之，而惟刺其下情，且問契丹遺民，果得其實，謂藥師不可保，宣撫必不能任事。歸曰："敵之諸帥，盜賊藪也，可不慮乎?"所親執政謂公："後生毋妄言。"賜服五品，遷司門員外郎。浩然請退休。靖康改元，選户部，不復拜命，遂以某官致仕。禍亂既作，張邦昌亦鄧族壻，公獨不被其污，衆始服公先見。

建炎初，罹內艱，上書薦布衣王大智知兵可用，而朝廷併召公。公曰："士大夫惟不知兵，故無以禦國之難。某之居喪薦士，非自媒進也，可傷名教、害風俗乎?"即繳所被省劄不受，而被寇轉徙湖湘間。劇賊馬有迫潭州，守向子諲患無備，思以利害說之。公為見有，曰："宋祚更興，足下風貌勇略正宜立功名者，何自棄于此?自古盜賊有壽終者乎?"有不覺心動，改容謝曰："郎中將以教有耶?"公為留數夕，有卒不犯城。而公既飄泊，因自放于山水。至天台，愛其幽深，得地萬年山間，結茅種蔬，若無意當世者。而范丞相宗尹以"抱膝"名其庵，地故無泉，公默禱于山，得泉舍下，自名曰"應心泉"。時已落致仕久矣。紹興八年，始得用為江西安撫制置大使司參議官。九年，入為倉部郎，轉吏部。請外，除福建路轉運副使，平鹽貨，謹黜陟，號為稱職。而宰相謂公不肯下己，凡主管崇道觀者閱六十月。又命公為福建安撫使參議官以抑之。公嘗持節本道，而回翔入幕府，處之怡然，人用是莫涯其量。復為崇道觀。

太上既更政化，始起公太常少卿，除禮部侍郎、實錄院修撰，接伴金國賀正人使兼侍講。俄拜給事中。皇后殿奏補非親屬，吳國大長公主女夫轉行兩官且陞事任，勳臣三子授待制、集英殿修撰，皆塗歸無所顧避。宰相乞其便私差遣，有旨改合入官者二人，仍與內外窠闕。公奏曰："寒士改官，視為再第，內則筦庫，外則屬官。俾宰相子，則主司孰敢令之？昔司馬康以光之子扶侍，改服色，光猶力辭。今陛下既新萬務，宰相當忘其私，臣甚為沈該惜也。不然，檜、熺覆轍，可不杜其漸哉！"上覽奏稱歎，謂非公不能及。自餘如三衙刺兵改易軍分，牧馬營地占奪民田，大將回授其子而轉閤職，中貴人遷秩不應法，或免試補官特差之類，繳論不一，于是執政者相與懷愧，而權貴亦仄目睨公矣。然太上特知公深，眷之厚，凡中外奏對論事者，多付公看詳以聞。一日，對論君子小人事君之異，公曰："君子志在尊君，則不能無忤；小人志在悅君，故第為詭隨，此不可不辨也。"太上稱美久之。因言："聞陛下欲闢御苑以近某人園，果乎？"太上曰："誰為此言？"公曰："臣既有聞，不得不奏也。"太上曰："卿言甚忠，繼有所聞，宜悉以奏。"公知之無不言類若此。或具奏，輒焚其藁。遷吏部尚書兼修國史，進侍讀。時增修六部，公論于朝，費緡錢三十萬，且役殿司軍，妨其閱武，不必為也。不從。再乞致仕，不允。

公善書，筆法遒美，太上嘗以所臨王羲之四帖為賜，且批紙尾曰："卿留心翰墨，深得八法之妙，勿以不工為笑也。"張循王神道碑成，詔公書之。公因講筵，三留身曰："臣蓋論張俊諸子除次對論譔不當矣。今君命寵其父，不敢辭。若其家有所謂潤筆，不敢受也。"既張氏果致金綵甚厚，有旨受之，公卒辭焉。拜參知致事，奉顯仁皇太后遺留物使金國。至汴京，敵就館賜宴，大合樂，且用常例賜花。時敵人已驕倨有背盟意，用吾畔將孔彥周押宴。公謝曰："使人之來，致太母遺物也。國有大喪，樂何忍聞，況戴花乎？"語酬復數四，其大使怒，至露刃脅公。公曰："王人毋暴慢也，事固有體，强弱豈有常哉！"端笏不動。自副使而下皆屏息驚懼，其使語益不遜，謂："將殺汝！"公徐曰："爾輩殺人外得何能？吾年餘七十矣，當守節而死！"聲色俱厲，其使為卻立。彥周從旁解曰："兩國通和久，參政勿動心也。”揖公坐，令左右捧花侍側，曰：“不須戴也。”敵之甲士相顧竊語：“二十年無此使矣。”行次邢州，迓者輒車騎疾馳甚遽，凡百餘里，道傍居民乃言：“太行有仕契丹者，欲取賀相公為都統也。”至敵廷，掖門有闇者坐不起，其一肘之曰：“是使者忠勇，可為之起也。”微偵之，蓋李氏之子。然後知公名已傳敵中。先是，奉使者畏敵人欲留北人，例詭以為貫江淛。公待班客省，果問公鄉里年甲，皆以實對，莫不歎異，遂成禮而歸。歸即言敵勢必大侵，宜亟為之備。太上疑未決，而同列謂公之往應故事爾，不宜生事端，先自紛擾。公歎曰：“吾謀不可用也。”即引年丐致仕，章三上，且面奏，以母夫人藁葬漢陽，欲移厝天台，非親行不可者。太上惻然，允公請，錫金卣、金鬲二，茶藥甚厚，御書二大字以寵之。特許朝辭上殿，宰執置酒江亭，朝士賦詩，祖帳之盛，中興以來未之有。

公既得謝，即走漢陽，遷楚國太夫人之喪，葬天台前平山。買宅郡城，即城外野水營别墅，號“小鑑湖”，築亭于抱膝庵之側，號“杉亭”，為記以敍其意。上在潛宫，雅聞公名，注想以待，僅決大計而歸，蓋公益老矣。嘗與士大夫論之，公之清介放曠，棲神養志，初若李長源；其隱臥高蹈而有志天下，中若謝安石；及剛正不屈，引去自全，又若孔君嚴。其出處始終，眞盛德哉！有文集、奏議共若干卷。

秦太師檜與公同年第進士，同在學省、三館，且齊庚甲，契亦甚厚，而公素善趙丞相鼎、李參政光，故秦用是沮公特甚，反謂公趣向有異，而公亦竟毅然不顧，殆將終老山林。晚遇二聖，致位通顯，得非天耶！雅有知人之鑒，所薦至輔相、侍從者十數，次亦名聞當世。每歎曰：“吾老無能為，薦賢所以報國也。”性孝友，遇奏蔭，先與其弟姪而後其子孫。贍養宗族孤幼，婚嫁之甚衆。寡交遊，所取嚴甚，至其愛厚，或千里命駕，有昔賢之風。和政郡夫人鄧氏，京東提舉鹽香洵彦之女，先公之二十七年薨，至是合祔焉。男昶，右朝奉郎、主管台州崇道觀，先公二年卒。女嫁右朝請大夫、直祕閣朱商卿，先公十餘年卒。孫男三人：敦仁，今為通直郎、主管台州崇道觀；敦義，承務郎；敦禮，承務郎、新監淮西 江東總領所太平惠民局。孫女三，進士林憲、謝宗經、韓檜，壻也。曾孫四人：光，登仕郎；詵、覎、充，皆將仕郎。

公平生疏財貨，未嘗治産業。在二府，得給使，嘗積而不用。將薨，諸孫甚弱。招郡太守俾視其篋，并賜金面析之，下逮僕妾之信厚者，了然不亂，蓋于死生如此。銘曰：

伊昔子文，仕嘗三已。見稱聖門，繇不愠喜。公之在朝，三掛其冠。老則故常，壯也實難。惟公存心，豈尚富貴。有位則行，以道進退。公之未老，志在經綸。及其既老，志則初伸。奸賊醜類，抗詞靡懼。在我能全，矢死勿顧。公在東臺，正色凛然。敕書屢塗，以盡我言。公在二府，整剛立矩。思會衆材，以齊百度。孫吳之略，有藴自衷。抱膝巖栖，不為不逢。既逢而歸，迄未悉施。左琴右書，樂我鏡湖。熙運天飛，黄髪是咨。公不俟駕，竭蹶而馳。粤執事樞，行付天柄。成謀甫決，公亦告病。我評于公，清莭令名。鄴侯謝傅，及孔左丞。惟天降才，功豈易就。八十之年，徒俾我壽。赤城之山，上應三台。自公我開，式憲後來。

右通直郎知袁州萬載縣杜君墓誌銘

宋朝衣冠姓系，惟杜氏譜録最遠。自漢建平侯延年、晋當陽侯預，至唐京兆族望，皆有其傳，而元和宰相宣獻公之子有名勝者，嘗為揚州租庸使，遂貫于揚之永正，今儀眞郡也。三世仕南唐，徙家建業，是生禮部尚書鎬，以文學受知太宗、眞宗。又再世，是生天章閣待制杞，以才略事仁宗，任方面，皆號名臣。天章之子照，仕不及顯，以其子大夫恩，贈右正奉大夫。而大夫公諱圯，仕至右朝請大夫，歷福建、江西路提舉常平。生二子，君其次也。君少習禮義而天資孝友，矻矻就學問，為人忠信不欺。居官以廉稱，遇事介然有立。僅更七品秩，得宰兩縣，年甫六十以没。嗚呼！其可悲夫！始予寓閩中，與君父子遊最厚且久，于君契誼實弟兄，雖家人婦女猶姻戚也。君之兄錫既早世，而大夫公繼以壽終，今又哭君之喪，而君之子頴乃欲予文以誌君墓，其何敢辭？

君諱鐸，字文振。以父任起家右修職郎、提點坑冶鑄錢司檢踏官、福建安撫司準備差遣。丁大夫公憂，服除，為湖廣總領司屬，得監潭州南嶽廟。改右宣教郎、知泉州永春縣，再為袁州萬載縣，未及往也。君才力實有餘而退抑不自見。其在鑄錢司，被檄走諸郡，不擾而辦治，使者始稱其能。在總領司，會移軍分駐九江，君且受代，疾馳曰："軍至惟當得食爾，他非急也。"為之日夜經畫，而餉餽悉集，營壘以次亦就，衆始服君識先後之宜者。閫帥幕府僚吏二十許人，多輕鋭喜進，君獨恬靜自守，故參知政事賀公允中、工部侍郎王弗參議其軍事，皆器重君，與之善。逮為永春，刮弊剔蠹，政方有條，而君多病蚤衰，告滿以去。既調萬載，歸治其家矣。乾道六年十月二十五日，疾遽作，一夕不起。蓋大夫公嘗簽書邵武軍判官廳公事，因家焉。君事大夫公孝以盡禮，而穎之事君，如君之事大夫公者。然大夫公之疾革，君適在官，號泣就道，既大斂而始至。而君之喪也，穎之至亦然，里人莫不哀之。遂以七年八月戊申，葬君香林之原。始大夫公自儀眞遷正奉及夫人之柩于邵武，大夫公亦祔之，至今三世矣。娶黄氏，左通奉大夫中美之女。男二人：穎，右迪功郎、南劍州尤溪縣主簿；浻，尚幼。孫男女皆二人。大夫公以詩名當世，君亦得其句法，與他文類之，得若干卷藏于家。銘曰：

三代之懿，以世象賢。委則有原，斯久其傳。惟唐杜氏，代有令系。事業文章，益顯于唐。詩甫論牧，如晦黄裳。其在本朝，太眞仁宗。祖孫服儒，有烈有功。我求典型，慨今五世。善其莫耶，窾卻未試。玉潔冰清，志則大行。豈不我思，定交平生。樵水道山，世亦有誄。過車弗馳，銘以弗愧。

故中散大夫致仕蘇公墓誌銘

蘇姓在本朝凡三望族，其系出梓州者則太簡，舉進士為天下第一，被遇太宗，入翰苑，參大政。出眉山者明允，以布衣顯名，而文忠兄弟同時登制舉，典内外制，長春官，輔門下省。惟同安之蘇盛于中間，翰林公以賢良方正受知昭陵，出入侍從，而丞相亦冠多士于南省，歷事五朝，為時宗臣，是相哲宗，具有勞烈。三家子孫各紹其閥，文獻典型，相與上下，可謂盛哉！

公蓋丞相諸孫，而翰林曾孫也。翰林諱紳，丞相諱頌，皆贈太師，公于魏國，有傳在國史。徙舉鎮江之丹徒。其第五子諱京者，公之攷也，終朝請郎，贈至金紫光禄大夫。與其兄景、謨學識行誼俱稱于時，鄒志完、游定夫、崔德符輩蓋其交友，故門下侍郎諱南陽公尤知之，而仕不獲顯。其贈安康郡太夫人歐陽氏者，公之妣也，實文忠公之孫女。

公諱師德，字仁仲。少穎悟，丰貌秀整，丞相甚愛撫之，以為類我，飲食必置左右，未始以去膝下。既知學問，而明敏彊記，其得于父祖，聞于外家，習于遊朋，皆過人遠甚。崇寧四年，始以丞相繪像景靈宫恩，補假承務郎，初調和州歷陽縣主簿、監秀州華亭縣市舶務。丁内艱，服除，吕尚書安老撫江東，辟准備差使。改右宣教郎、監都進奏院，充樞密院計議官。請外，得廣德軍，以言者罷，主觀台州崇道觀者再。久之，通判平江府。公之為計議也，與端明殿學士胡邦衡為僚，邦衡上書論和議，詆執政為可斬，公謂之宜婉也。後邦衡謫嶺外，用事者罪公嘗預其藁而不以言，遂罷廣德矣。至是王晌守平江，議多不侔，而晌移建康，公適攝府事，有小人之甚者，干公以私而不得逞，會公友壻常中丞子正没于鄰邑，遂相與譖公會與郡守周三畏持官錢二千緡致賻，且父子共為祭文，有指執政語，實皆無也，併以邦衡之事為證。秦丞相大怒，諗御史劾奏，公遂削籍，投汀州。且下部使者究其事，逮繫甚衆，勢熖熏灼，榜掠皆誣服。公之子玭亦停官，蓋人人知其冤。在汀六年，踐蹈不敢喘息，而公買地種竹，葺茅茨其間，父子相對讀書，將終身焉。繼徙徽州，怒者亦死。

太上皇帝更庶政，凡流竄非其罪悉俾自便，公父子始得生還，仍復故官。方上朝謁，太上見姓名識之，曰：“是無故遠竄者耶?”衆謂公且進拔，而政路又有不能知公者，止除通判建康府，然盡還罪籍年月，凡一歲四遷其位①，恬不見喜愠。居官暇日，則與佳賓客走郊野，訪尋六朝舊跡，萃集為圖，以正昔人傳述謬誤。閲再歲，始得提舉荆湖南路常平茶鹽。全州軍士嘯亂，部使者多論守將失撫馭，公曰：“守固有罪矣，軍士可不懲乎?”乃手書數十移督視府，乃廟堂卒用公策，遣裨將市馬，道清湘，捕首惡誅之，一路以寧。代還，復

① “遷其位”，影印文淵閣四庫全書本同，影印文津閣四庫全書本作“遷其官”。

主崇道觀。吏部尚書汪聖錫輩薦公，宰輔謂老成恬退可用。有詔赴行在，而公以耄疾力辭丐閒，朝廷特許以再任。始築室會稽城西鏡湖之上，賦詩見志，超然有晋士之風。

乾道八年，歎曰："吾不復苟禄矣。"即以右奉直大夫致其仕，時已賜服三品，爵為丹徒縣開國男，食邑三百户。玭通朝籍，以郊祀恩進封朝議大夫。淳熙二年，以慶壽恩遷中散大夫。四年八月幾日，將啓手足，與醫者語相酢酬，晏然而逝，享年八十。其年十二月壬申，葬于會稽縣五雲鄉陶山之原。初娶歐陽氏，朝請大夫恕之女，公之舅子也；再娶方氏，朝請郎元修女，先公二年卒。男三人：長玭也，今為承議郎、新通判明州；璉，早世；瑑，某官。女四人，長適朝請大夫、直顯謨閣吕正己，次適迪功郎舒康老，次適某官某人。孫男七人：渭，迪功郎、常州晋陵縣主簿；溱，將仕郎；温、汭、泂、濂、湜尚幼。孫女二人，長適進士徐邦傑，次在室。

公為人温厚樂易，介然有守，篤于信行。少事母孝，遭寇亂，與兄親負其輿而奔。吕安老之引公自助也，待公甚異，至相約同歸田里。安老不幸歿于事，公遂以女歸其子。為小官，盡職不苟，華亭增鹽課至百萬餘斤。在邸院，值疆埸多事，書奏旁午，詔命不可稽，率未有條，公以法律定為程度，至今用焉。持節湖 湘，大抵抑豪强、惠貧弱，民至越境送之，戀戀不忍去。其為詩文甚工，韓子蒼、汪彦章皆稱以為不下古人。有文集三十卷，藏于家。聞見殫洽，議論有據依，自其家傳。士大夫多從之質問故實。及將召歸，議者謂宜優閒文史之選，非必勞其筋力之務已也，而竟不少見。嗚呼！可勝惜哉！

始吾友蘇季真欲誌公墓，而自以病弱不能致思，屢以屬予，未之諾也。今季真亦下世，而公之二子又以為請。追念季真之言與夫家世之契，而頃歲尚及與公周旋，悉其始終，抑又何辭？銘曰：

世之大患，君子信讒。譬彼燒城，孰捄其炎。嗟譖人者，豺虎弗食。擠之下石，亦盡其力。墜而不殞，是為有天。人諒其寃，天與其賢。顯顯魏公，天下中庸。疇克似之，以亢其宗。魏公不亡，有令孫子。一罹于讒，不起于仕。既詘而信，兹病以老。上聖憫焉，其用不蚤。文而蔚然，行而粹然。黄髮之詢，奚又舍旃？稽山之陰，銘以詔世。植此百年，善其後裔①。

右朝奉大夫致仕曾公墓誌銘

乾道九年二月甲申，右朝奉大夫曾公葬于池州貴池縣崇賢鄉長樂山之原，問其享年，則八十有四也。問其子若孫，則二子嘗為郡守、縣令，年皆過五十，蒲伏哀號在道。有孫俱出仕，孫又有子矣。遠近來觀，相與歎息，曰："斯非積善植德之報歟？是何壽考之隆而子孫之滋也。"始公之子穜得郡于龍城，奉公以就養。人見公褒衣長身，視聽不衰，而奕棋飲酒，超然有自得之樂，蓋莫不榮之。今其亡也，子孫盈前，家道日昌，攷其平生，無一可憾，又莫不哀之，古之所謂高朗令終者哉！其二子來請銘，因敍之曰：

惟曾氏出于有夏，自莒遷魯，為魯著姓。漢都鄉侯樂四世孫據避新室之難，徙江淮間。唐末，家于泉之晉江。國朝有諱穆仕至殿中丞者，公高祖也，累贈太師、中書令兼尚書令、魏國公。諱會，以文學取高第，仕至刑部郎中、集賢殿修撰者，公曾祖也，累贈太師、中書令兼尚書令、楚國公。諱公望，仕至虞部郎中者，公祖也，累贈金紫光祿大夫。攷諱孝蘊，以才業事徽宗，為江淮發運使，入户部為侍郎，終龍圖閣學士，累贈少師。曾祖妣吳氏、黄氏，贈太夫人于吳、楚二國。祖妣朱氏、戴氏，贈夫人于廣陵、普寧二郡。妣謝氏，贈夫人于秦國。母王氏，贈太宜人。

公諱浩，字德充，少以父恩補承務郎，調成德軍倉草場。持太宜人心喪，再調池州永豐監。丁秦國憂，方侍疾，不解衣頮面者踰月。及居喪，水漿不入口者十日。少師公撫之曰："爾能若此，其知忠以事君矣。"服除，兩授官。既以省罷凡十年，乃歎曰："人子事親，職也。今事親日少矣，安能捨所事以從外物？"遂不忍去少師公左右。居久之，制置司辟為蘇州司錄事。少師除帥杭州，即以親嫌丐罷，朝廷命為兩浙提舉鹽香司幹當公事。未踰月，少師公薨，時四方俶擾，公扶柩居池州，葬于黄龍磯下，因遁跡九華山，無復宦遊意。

---

① "善其"，原作"善哉"，據影印文淵閣四庫全書本、影印文津閣四庫全書本改。

劉洪道守池，辟公青陽縣丞，公以有田在焉為請。宣諭使過邑，民遮道詣使者留公，公不顧竟去。張丞相開都督府，范漴知岳州，以丞相意辟公岳陽軍節度判官。漴怒其酒官，訹公文致其罪，公輒直之。嘗俾公出按屬縣令，誡曰："毋徇顏情也。"已乃無一事可治，吏輩怨甚。公正色曰："令有罪庇之，是顏情令也；無罪入之，是顏情守也，二者俱不可！"漴不能奪，人皆服公長者。又嘗遣公白事督撫，丞相問招復歸業人，公具以告。丞相愕曰："君非岳陽辟客乎？所言與郡文書弗合，何也？"公曰："郡之言文也，某之言實也，敢便文而掩實？"丞相異之曰："君忠信人也，宜留此別任事。"公又謝曰："為人將事而不報，何為忠？託名而留，何為信？"丞相不能强也。漴既去，後太守至，欲大新郡治，公力諫之，守怒，命公無得預。公曰："吾寧得罪太守，無得罪百姓。"既而部使者以是劾守擾民，削秩罷郡，而相率薦公以循吏。万俟丞相時任提點刑獄，故其為中執法也，又薦公可用。荆南帥欲掊羨餘，檄公走諸郡，且云："事已，當辟為辰州。"公按籍無他取，曰："吾其可以利誘乎？"居岳四年，始授饒州樂平縣丞。以太母霈恩，賜五品服，知宣州涇縣。女魔周號三娘兵者，帥府既招而戮之矣，守挾勢諭縣，欲掠為己功，公第以實報。守恚甚，委同判按視，而守用是進職，因任公曰："吾將及矣。"遂引疾去。知建康府江寧縣，時相鄉閭也。相家歲有逋賦，公督之無所憚。秦少保告歸謁墓，所過振動，州縣以應辦為奇貨，而墓在邑下，掌留鑰者謂公甚費毋惜。公計之，當錢五十萬，無一合支者。僚吏爭進曰："常平、係省錢皆可貨爾。"公曰："常平、係省官錢也，以官錢媚人，吾首可斷，此不可為。然吾不欲異他邑。"即倒篋中，得白金二百星付之。少保聞，亦戒其下曰："江寧老令廉有餘，勿擾之也。"通判鄂州，遇登極赦，守未交印，公實攝郡，當以一子進表受賞，而守既視事，亟遣其子行。或勸公自列，公笑曰："子弟得官有命，其可以訟受服？"凡經歲，禮部驗其月日報公，而後從之。覃恩，賜服三品，主管台州崇道觀。隨其子官廣右，再請祠祿，遂致王事。還次鄂州，以小疾而逝，乾道七年八月二十二日也。

公幼沖淡簡靜，寡言笑，學欲窮理盡性，不切切于利祿。方大觀、政和間權門盛闢，或勸其進取者，公叱曰："大丈夫當守正以厲俗，何至泛泛若隨風萍哉?”蓋少年自立如此。性嫉惡，不喜傾邪側媚事，聞人語及，若負芒刺。故其仕也，能抗上官，拒貴要，進退視禮義，不為身謀，然亦以是不得顯用于世。而臨兩邑，通守一郡，皆有惠政。其喪之在鄂也，鄂人相率奠哭，有涕下不止者，其去官十餘年矣。始楚公仲子宣靖公以盛德相仁宗，勳在廟社，族緒既廣，至少師治家尤號有法。離亂來故家典型殆盡，後生輩日入澆薄，公獨守其法嚴甚，聚族數百指，飲食起居悉有故常，內外之言無敢出入，肅如也。嘗曰：“田園可廢，家法不可廢；日用可無，家法不可無也。”嗚呼！使公得用于世，以其治家者推之，效亦可知矣。

娶王氏，先四十年卒；繼室應氏，先二十年卒。公之葬也，開壙得古鼎，鄉人異焉。二子：穜，右朝散大夫、前知柳州軍州事；次耒，右迪功郎、前昭州平樂縣令。三女：長適進士章覽，次適右通直郎、知德安府安陵縣張造。孫男三：蒙，右從事郎、寧國府宣城縣主簿；常，右迪功郎、潯州平南縣主簿；晏，將仕郎。曾孫男一，綰。女二。臨終，告其子曰：“吾嘗為《恢復要略》五千言，未上也。他日可陳，為我陳之。”其子類其所為文，得十卷藏于家。銘曰：

古者世祿，得人于門。其緒孔蕃，其德有源。是以典型，百祀弗墜。于邦有光，于家克類。惟宋氏族，温陵之曾。如皙如參，父賢子承。有勳有庸，曰相曰輔。梗枏豫章，駢出其圃。嗟嗟大夫，不為利回。嶷然之姿，挺然之材。彊直自遂，靡炫于世。疇能舉之，用則不器。公雖好剛，其政則和。剸邑佐州，民以詠謌。內齊于家，猶治于府。曰愉匪嘻，曰威匪怒。即此有法，寧食無田。移孝而忠，子孫其傳。位不吾崇，天則吾壽。樂哉斯山，式裕厥後。

劉令君墓誌銘

令君諱允恭，字邦禮，姓劉氏。其先自唐司徒晏轉漕江淮，子孫散處淮南。其可見者，八世祖陶與其兄隨居光州，避地至閩。王氏以其鄉鄰，得之甚喜，命陶為秘書監，隨為閤門祗候，二人辭不就。福清縣東南有塘，面鍾山，愛之，家焉。兄弟居塘東西，王忠懿曰：“公等無故鄉念乎?”取漢新豐義，名其里為“新豐”。陶生可權，可權生倜，仕至千牛衛長史。倜生文杲，中太平興國八年進士第，終登州司户參軍。文杲生日新，日新生謙，謙生岫，岫生元善，即令君之攷也。累世以治生自立，雄于鄉族。

君少知學問，而精毛氏《詩》，凡注疏與本義，誦之如流，終身不忘。賦性方直，氣象深厚。後生輩為不義事，必詰之，厲然見于顔面，以是鄉之士大夫推為長者。紹興中，軍旅未給，朝廷募民以貲為官[①]。張魏公鎮福州，得初等文秩，分勸豪户，衆未有應者，君獨笑曰："是將助國家爾，何以官為?"首輸而拜命。惠州林使君仲堪素與君善，因曰："邦禮之才，宜為縣者也。"請以為河源縣令。已而亦謝之，曰："老矣，安能舍己稼而耘他人田乎?"先是，君築室塘東，大治其塘，廣袤數百尺，且曰："吾祖之所以居也，敢不敬愛?"旁蒔花木，刻石表横塘，因自號"横塘翁"。植桂百株，以為桂堂。儲書數千卷，招致名士，俾其子弟學，曰："後世宜有興乎!"一時賢公卿之在邑者，相與造焉。君必為擊鮮釃酒，杖屨塘上，談笑竟日。若樞密黄公、尚書郎夏之文及林惠州數公，皆有詩什往來，見于傳誦中。于是横塘之佳名勝槩，甲于一方。塘之隅有南谷僧舍，久廢不治。君捐其餘力，徹而新之，遂為里人香火祈禳之所。有爭訟者，或詣君求決，君則為之陳道理曲直，法令可不可，往往羞縮遜謝以去。平生長于心計，而尤好陰陽曆算之書、山川面勢之説，占時日、候豐凶，悉造其妙。好事者請問焉，酬酢不倦。方經界法行，閩地最遠，莫知其要，君能度地形方圓曲直為步畝之則，纖悉備盡，人皆用以為準。縣陂自唐天寶間壅流，灌田凡數萬畝，歲久溝湖為豪右所侵，遇旱乾，民挺刃爭水，訟不絶。縣宰屬君治之，著規立籍，衆咸以為利。溪舊有石梁，南直縣門，其不盡者為堤，返遏水勢為暴，至漲溢通衢。君毀堤而益橋，疏為十道，糜錢千餘萬，逾年始就，縣市至今無水患，衆謂二役非君不能成也。君既瀦塘水，大蓄魚鼈其中，遇水潦則泄而縱之，所居山林茂甚，禽鹿藏集，弋獵者不使道其下，嘗曰："吾無以惠于物，特以好生遺子孫爾。"仲弟早世，為婚嫁其猶子，且營其猶子之居甚備，亦新其二子之舍，相視如一，君乃致家

① "募民"，原作"募官"，據影印文津閣四庫全書本改。

事，獨與賓客晏遊自適。耳目聰明，步武如馳，克享上壽，其五福之萃者耶！淳熙二年二月二十九日，無疾而逝，春秋八十有三。男曰剛、曰則。女四人，長適封川縣令林師孔，次適將仕郎林丙，次適融州司法參軍高演，次適進士林翼之。孫男七人：遂之、適之、永之、速之、進之，皆業進士，餘尚幼。

始君喪其二親，縞衣徒行，營葬甚久而後得地，因歎曰："吾死，毋以此累子孫！"乃自兆其穴于仁壽里羅漢山之原，而君之室李氏先二十二年卒，葬焉。至是將以十二月甲申合祔，而剛與則來請銘。蓋君之從女實歸于某，而辱與君周旋于橫塘之上。既三十載不復見矣，其可以辭。銘曰：

梗楠其材玉其德，時乎無位仕罔職。畜之斯宏用之力，施于治生厚乃殖。疏其泉瀹其洫，林皋之欣有餘適。曰壽而富天所錫，年希期頤十且七。門容高車路長戟，詒其後昆福之積。生居死藏躬自擇，鄉閭勿忘此其識。

南澗甲乙稿卷二十一

墓誌銘

方公墓誌銘

敷文閣學士、右通議大夫致仕、桐廬縣開國伯、食邑八百户、贈右宣奉大夫方公諱滋，字務德。其先有名儲者，顯于漢。至唐末，干以詩名江南，門人諡為元英先生。七世而惟正，業儒以孝聞。生子楷及孫蒙，相踵登景祐、治平進士第，始大其家，今為嚴州桐廬縣人。其諱楷者，公曾祖也，任駕部員外郎，贈中大夫。妣吳氏，贈太君于咸寧、普安郡。其諱蒙者，公祖也，任屯田員外郎，贈銀青光祿大夫。妣陳氏，贈夫人于永嘉郡。考諱元修，任朝請郎，贈特進。妣王氏，尚書左丞安禮之女也，贈夫人于餘杭郡。

公生十三歲，遭王夫人憂，已能盡禮。宣和末，特進没于魏幕，羣盜方煽亂，公號泣奉喪疾馳，夜則闕地以殯，與其家屢失，僅歸祔于餘杭夫人之墓。以遺恩起家迪功郎、江南東路茶鹽司幹辦公事，改浙東。故參知政事張守知紹興府，辟為觀察判官，委以裁決，一府盡傾。有戍卒部曲謀變，公獨從張公驅數騎誅其首。朱丞相勝非繼為帥，益知之，歸即薦可用，就差浙東安撫司幹辦公事，除樞密院計議官。侍從五人又薦之。賜對便殿，獻籌合上意，改宣教郎，辟行宫留守司准備差遣。進陳十事，復除計議官。常同遷御史中丞，以親嫌請外，除提舉江南東路鹽茶公事。又言謀畫不一，上下苟安，宜悉召廷臣折衷一定之論，斷而行之。上欣納，訓獎甚厚。

紹興九年，以言者罷，主管台州崇道觀。明年，知秀州，轉運使檄為他州輸御馬穀千斛，公曰："郡輸有常經，若為他州償賦，當倍取于百姓，吾以罪去不能也。"漕者遂屈。既而又欲別取二萬斛，公亦奏拒之。貸常平米三千斛，以築華亭禦海堰，至今為利。除直祕閣，以言者落職，復得崇道觀。知楚州，民有與僧徒為佛會，怨家誣告以夜聚妖黨，繫獄數十人，公杖其首者，啖以腥血遣之。河南百餘家來歸，公以民避苛政不可卻，散之村疃。部使者劾公擅出有罪，招納敵人，朝廷為不問，而公力請引避，除廣南西路轉運判官，復直祕閣、知靜江府。猺人楊再興叛服不常，丐遣鄂州軍平之，以為新寧縣[①]。有道士莫六名善走，能晝夜行三百里，數犯法亡命為盜，衆且千餘。以錢百萬募武士縛之，數州遂靜。公方為漕，時行經略法，常論黎猺土曠人稀，難與內地匹，恐遂生事。至是瓊管騷動，嘯聚迨八千人，入州縣，劫囚徒，熾甚。朝廷記公前議，為罷廣南經界，且命公招拊乃定。進直敷文閣、知廣州，放繫囚七百餘。會兼舶事，非令甲所當輸，一切不取。盜齊孫為害十五年，公疑有為之橐者，既而果得新州吏與賊通狀，蓋每調兵，吏輒陰告孫，使得遁去，兵退則復出，果不能捕，一舉獲之。移知福州，海寇犯境，公命水軍能破賊，凡賊所有，官不問也，衆爭奮，海道肅清。知明州[②]，罷城郭保伍之禁，決私堰六十所以便民舟。主管崇道觀。

三十一年，除京西轉運副使，時邊事日聞，公見宰輔，言備邊計，不能用，復奉祠。明年冬，知廬州。對于建康行宮，公言逆亮已死，彼國方亂，宜經理淮甸，以觀其變，即具上數十條。至則斬潰卒入人家者，收橫澗民兵以置屯田，邊境大安。移知鎮江府，獻議者增沙田蘆場租賦，公疏五説論之。

隆興改元，以言者罷。會王宣連嶺右為盜，害雷州守臣，擇靜江帥。公之去四明也，奪敷文閣，遂復舊職。既召對，上曰："朕知卿治績，言者妄也。嶺寇方長，故藉卿以往。"公請授方略，上曰：

---

① "新寧縣"，原作"新宋縣"，據影印文淵閣四庫全書本、影印文津閣四庫全書本改。

② "知明州"，影印文津閣四庫全書本同，影印文淵閣四庫全書本作"公在州"。

“卿舊治，待朕言乎?”既就道，賊已平。改知鄂州，步軍司戍數千歸自石城，總領所不肯任其廩券①，公曰：“軍雖無功，可乏食耶?”自市芻粟與之。事聞，朝廷命總領所償公。復知鎮江府。其冬，敵亦犯淮，淮民渡江亡慮數十萬，公日走江濱勞集，為開舊港泊舟，使避風濤。時他州流移數多剽奪，獨公境安甚，飢者皆得食，比去，無不感泣。大臣視師江上，欲五里置烽燧，公曰：“濱江猶有岡阜可舉火，南則水鄉汗漫，易失候望。一炬而兩舉，或且召亂矣，豈若嚴斥堠，不數驛可至都門哉!”有旨是公議。

乾道改元，除兩浙轉運副使，罷敵使夜行火礮，去二十年之弊。又論湖州丁絹最重，至生子不敢舉，請如舊制輸錢。除權刑部侍郎，刑法用例稍弊，已詔自是不得奏裁。公謂奏裁有定法，願依建隆舊制，若法所不可，勿許濫奏，上從之。吳郡所全宥蓋四十人。又祖宗朝，士大夫為臺諫論列，監司按劾，若事涉贓私，必加攷覈，近年不復行，皆罷免。至遷官任子，刑寺約以罪，無不拘礙，請自今雖有論列按劾，而來經鞫正者，免約以法，遂為定制。兼權户部，有請貧民貸富家粟第償其半者，公曰：“是使富家不肯貸，而貧民亦無所資食也。”議不行。假户部尚書，充賀金國正旦使。公襟度坦夷，吐論平正，敵人有所指論，公應答無留詞，敵亦用是推重。他日吾使至敵中，猶問公安否，為何官。久雨，應詔論闕政，罷沙田蘆場之賦，與拘收圭舊之議。試户部侍郎，未幾罷，俄除敷文閣待制、知建康府，請現錢五十萬緡，增置會子務以安人情。上以出内府白金十萬兩，付總領所以為稱提。拜吏部侍郎，假吏部尚書館伴金國賀生辰使，加敷文閣直學士、知荆南，且命至襄陽視城壘，與軍帥議邊事，條上甚悉。增置巡檢官，以消沌中盜賊。移疾，提舉江州太平興國宫。

八年，知紹興府。公初為府從事，且佐帥幕已四十年，吏民猶識公，喜甚。公亦周知其利病，遂力請蠲羡餘米四萬斛、錢十六萬緡以寬民力，收貧民之未葬者百九十殯，刻石為義藏，遠近稱焉。以疾丐祠②，不許，徙知平江府。既入見，上曰：“卿為佳部多矣，平江久

① “廩券”，影印文津閣四庫全書本同，影印文淵閣四庫全書本作“廩食”。
② “丐祠”，影印文津閣四庫全書本同，影印文淵閣四庫全書本作“丐免”。

弊，其為我整之。”公猶言會稽和賣之弊，上嘉納，且命毋下拜。公懼而下拜，不敢辭行。至郡數日，疾果甚，進敷文閣學士、提舉江州太平興國宫。八月丁丑，以不起聞，享年七十有一。士大夫識與不識[①]，莫不咨嗟悼恨，謂公之用猶未究也。

蓋公為人惇厚長者，該洽舊典，論事知本末，貫穿古今，務有用之學，不為虛文。儀矩豐偉，望之若不可親，從之久亦不可得而疏也。遇事敢為，苟利國家、便百姓，勇決不顧外議。平生三為監司，五為郡，七領帥節，二廣則皆任經略，建康兼行宫留守，鄂州亦特置管内安撫使處之，敭歷幾遍天下。罷免、奪職、奉祀者數四，氣不少衰，所至孜孜，務盡其職[②]，發姧擿伏，嚴而不苛，經理財賦，緩而不弛。紹興中，以才諝膺上任使，用事者雖厚公而陰忌之，故周流遠近幾二十年，曾不得一覲闕廷。然公在二廣，遇遷客流士，衆方掎摭[③]，視為奇貨，而公獨與周旋，病則饋之藥，死則治其喪與護其家以歸者甚衆。其在閩，有以口語忤大臣繫廷尉獄者，下郡索其家文書，公得輒焚之，人為公懼，公亦未嘗恤也。在廬，求包孝肅公孫于民閒，請于朝，得齒一命。再為鎮江，策敵志在和，以告廟堂俾決。及敵使至江上，較宴設舊儀，公方領漕事，雖非其職，為之區處成禮。所薦引多為當世顯人，聞人有一善，汲汲稱之不容口。歲時為書，問親舊必徧。晚居秀州，稍治居第，于宗族尤孝友，郊奏之恩，先以與孤弟姪而後其孫。

嗚呼！以公之已為著見如此，則其未為而為士大夫所嗟惜者可既耶！累階右通議大夫致仕，爵桐廬縣開國伯，食邑八百户，贈右宣奉大夫。娶李氏，封碩人，右朝請大夫文淵女，先公二年卒。公葬于臨安府臨安縣靈鳳鄉歸長山之原，至是十一月丙申合祔焉。男三人：導，承直郎、兩浙西路提點刑獄司幹辦公事；燮，將仕郎，蚤世；誼，承務郎。女三人，長適蘇璉[④]，次適安豐軍判官王明清，一尚幼。

---

① “八月丁丑以不起聞享年七十有一士大夫識與不識”，影印文津閣四庫全書本同，影印文淵閣四庫全書本作“八月丁丑十二日公竟奄然逝矣當時士大夫聞其議”。

② “務盡其職”，影印文津閣四庫全書本同，影印文淵閣四庫全書本作“盡其職業”。

③ “掎摭”，影印文津閣四庫全書本同，影印文淵閣四庫全書本作“倚據”。

④ “蘇璉”，原作“蘇槤”，據影印文淵閣四庫全書本、影印文津閣四庫全書本改。

孫男二：叔恭，登仕郎；叔寬，承務郎。女孫三。文集、奏議二十卷，藏于家。公既葬，導等請敍次為銘。某少聞公事，及客于丹陽，官于朝，漕于江東，知公出處為詳，故不復辭。銘曰：

若古有言，黃髮是詢。更于萬事，繄老成人。猗歟方公，諫達疏通。恢乎有容，退然在中。仕于四方，使節州麾。有仁有威，有猷有為。衆方疾驅，我安而徐。衆擯弗覗，我收而視。其在蕃宣，幾半天下。政平而良，號公長者。其在朝廷，翩然羽儀[①]。才無不宣，號公吏師。凡士之為，得一可喜。公實兼之，其譽則偉。木之就繩，金之在甄。既曲且直，能方而圓。公蹎屢伸，公藏屢試。雖有知者，莫得而器。晚遇上聖，謂公其歸。一疾不瘳，天子用嘻。七十之齡，古亦云壽。惟德不亡，益昌厥後。

宣教郎新知衢州江山縣馮君墓誌銘

馮預字子容[②]，始予識之上饒，方舉進士，眉字疏秀，議論衎衎，文采粲然，而運蹇不得志。予嘗曰："世固有若子容而不一第者乎？"然年四十餘，始獲貢名禮部，主黃州黃岡簿。以貧不能待其次[③]，得監潭州南嶽廟。予則曰："子容豈久困于州縣，其必有知者。"已而朝廷果用為江州教授，謂可更其秩矣，而不論薦，尙缺員，復教授黃州學[④]，始改授宣教郎，從吏部選，知衢州江山縣。予時典銓，因勞之曰："國家方嚴字民之選，雖臺閣士必更邑而後用也。江山距子之居非遠，其毋憚以勞。"子容則謝曰："某病藹然矣，其敢承君意？且人有生死，非命也耶！"予固訝其言之不祥，而子容忽得嗽疾[⑤]，疲曳于道而歸，則遺其兄頎書，曰："殆不可至八月矣。"而果以七月二十六日卒，實淳熙四年也。家人視其文藁，乃嘗作詩，有"甲子

① "翩然"，影印文淵閣四庫全書本同，影印文津閣四庫全書本作"煜然"，疑作"烨然"。

② "馮預"，影印文津閣四庫全書本同，影印文淵閣四庫全書本作"馮顯"。

③ "待其次"，影印文津閣四庫全書本同，影印文淵閣四庫全書本作"待其選"。

④ "復教授黃州學"，影印文津閣四庫全書本同，影印文淵閣四庫全書本作"復敍授許州學"。

⑤ "嗽疾"，影印文津閣四庫全書本同，影印文淵閣四庫全書本作"痢疾"。

循環幸一終”之句，蓋子容至是年僅六十，若自知其止此者。其兄方倅九江，以書來曰：“頎兄弟淪落，不得同居，以視其死且藏也。惟吾弟之才，君辱知之，而衆皆期之以大吾門户。今顧何言，願得君之銘以信于後，其可乎？”予既聞其喪而惜之，又因其兄之言而益哀之，則為敍之曰：

嗚呼！子容蓋乾興丞相魏國文懿公之五世孫也。文懿功勞，烈在國史，而世為河南府偃師縣人。曾祖殿中丞諱維申①，妣江氏。祖武翼郎諱景温，妣余氏。父通判蔡州諱鐸，贈朝議大夫。妣趙氏。子容年二十，併失父母，嶷然自立。及為文，不專習進士之作，而卒見稱于人，故公卿大夫喜延之，少年子弟多從之。既累舉不能奮，始一意為舉業焉。朝廷屏流寓之舉于諸州，又命進士治經者必兼聲律，他人矻矻有難色，子容談笑視之。既通《春秋》，亦善詞賦。紹興三十年，遂以中第，聲譽翕然，知其筆力無不可也。至是而終，則又知其命之信窮也。子容娶康氏，先二年卒。二男子：長椿，年三十五歲②；樗，年十歲。女子嫁諸葛校。是歲仲冬己未，葬于上饒縣開化鄉金地佛舍之山。銘曰：

謂君不官，既更品秩；謂君不年，既六其十。惟君才能，未試孰識。是為可哀，以誌幽室。

承議郎新通判興國軍孟君墓誌銘

君孟姓，澤其名，德潤其字也。右侍禁、贈正議大夫諱古之曾孫，中大夫、知棣州、贈特進諱之方之孫，中散大夫、贈中大夫諱鑑之仲子也。曾祖妣、祖妣皆董氏，贈夫人。妣郭氏、張氏，贈令人。孟族家澶淵，自正議之祖太子中舍日新者端拱中登明經第，徙開封之長垣，今寓于臨川矣。

靖康初，天子登極，棣州用故事遣君奉表入賀，補將仕郎，調紹興府蕭山縣主簿、福州觀察推官。丁内艱，服除，授筠州推官、南安

① “維申”，影印文津閣四庫全書本同，影印文淵閣四庫全書本作“維中”。

② “三十五歲”，影印文津閣四庫全書本同，影印文淵閣四庫全書本作“二十五歲”。

軍判官，改右宣義郎、知寧國府寧國縣，歷湖南安撫同幹辦公事，得通判興國軍。未行，以淳熙八年六月十五日終于家，官承議郎，年六十有四。

蓋君家自高、曾以義居①，子孫孝謹守禮法，仕則廉以有立。君在蕭山尚少，被漕委理閘西興，已罷部夫數千，整整有條，不兩月而竟，衆皆才之。繼經界行，縣官互覆所量田畝以造其籍，蕭山獨三覆未能實，使者以付君。君辭當用他邑，使者曰："藉君之敏爾，亦何嫌。"君悉召父老詢其利病，折田以六等，均税以三，則訖無閒言。在筠，則招輯逃田甚當。賊李金犯南雄，度嶺即南安也，民洶懼，官吏不知所為。君力白守貳，請治械登陴，警備惟肅，賊既不犯，諸司用是薦其能。寧國壯縣，豪姓持吏短長嚚于訟，令多不滿秩去。君晨起據案決事，夜漏下数刻始休。縣圃有池臺，足未始躡其閾，果熟墜地，童奴不敢收。桑千本，藉其利以贍徒囚。得巨商匿税，倍征，吏忻然請為元夕費，君乃以繕學宇。方朝廷增戍，瀕江治寨屋，君區處甚裕，鄰邑尚騷然，而寧國之工已罷歸矣。部使者欲厚君賞，君曰："此職也，何可言？"于是向之號持短長者，雖朝夕立縣門外，伺闞無所得，縮頸褫氣。逮君終吏，民遮道以泣，然後知君之政無不善也。

始予居親喪，道寧國識君，竊問其市井，類能頌君之政。故人林桷為尉，挽予宿尉舍。君來語終夕，氣貌温然，質直無矯僞，其年適與予同，各話其兒女。時予尚一女未嫁，君自言其兄之子植若可壻者，故予後以歸植。今君既没，臨川士夫悉道君之行義，惜其才之不得盡。且言君少力學，從師受《春秋》，明大指。母疾，至刲股合藥以進。奉寡嫂盡禮，教其子姪，多預計偕，閒登進士第。有姑喪夫來歸，養之二十年如一日。女兄之子未有子而夭，君為立其嗣，且經理其生業猶己家也。築室聚族餘千指，里閭推其雍睦。疾革，尚能命酒酌親戚，談笑而逝。娶周氏，吏部尚書武仲之孫，男女皆三：楷，從政郎、南劍州將樂縣丞；楫，承信郎、監贛州興國縣税；杞，舉進士。女適修職郎、岳陽軍節度判官李鞏，將仕郎朱翁熹，將仕郎晏嗣

① "以義居"，影印文津閣四庫全書本同，影印文淵閣四庫全書本作"以義聞"。

建。孫男炎。孫女三，在室。十月某日，葬君金谿縣歸德鄉望州山之原，其銘曰：

孝子親睦于族，行之常也；持其身，惠其民，政之良也。仕不究其材，á可傷也。嗟哉後人！亶不忘也。

朝散郎直祕閣致仕陳君墓誌銘

丞相贈太師魯國陳文恭公之仲子名安節，字行之，為朝散郎、新提舉荆湖北路常平茶塩公事。淳熙八年，請于朝曰："體弱多病，願致為臣。"時年四十六矣。朝之士相與驚嘆，是蓋克家而文者也，恬于勢利若此。上恩允從，寵加直祕閣。然行之已属疾，其辭祿勇退，謂所瘳也。其年三月二十一日，竟以疾終。里中士夫來弔，皆失聲慟哭，以謂文恭公之勳德，固宜有後，而行之之賢實可後者，乃不幸短折。及觀其臨終所作韻語，則超然脱去世累，且區處其家事纖悉備盡，無凝滯惑亂之意，然後知士大夫徒為之哀，而行之中有所自得也[①]。其孤將以明年三月某甲子，葬行之于弋陽縣玉亭鄉之横原，而來請銘，因敍之曰：

行之家信之弋陽，其祖而上，名德世系與其勞烈官爵，有文恭公之誌與傳在，不問可知。惟行之幼警敏，日誦千言，涉筆成文，豐腴典麗。既冠，文公將任以恩[②]，行之謝曰："姑欲自致也。"及試國子監，果名第一。既而不獲上于禮部，始受監潭州南嶽廟。虜酋斃歸[③]，文恭不處其功。天子内禪，公懇辭相位，上欲加異之，特旨改行之右宣議郎，繼主管官告院。隆興二年，虜復犯淮[④]，詔中使馳驛起文恭于鄉，文恭辭以病，使者迫趣就道。既入對，用司馬康故事，命行之扶掖至殿廷。復用龐穎公例，賜行之同進士出身。文恭五上章不肯

① "中有"，原作"終有"，據影印文津閣四庫全書本、《永樂大典》卷三一五五引韓元吉《南澗集》改。

② "任"，原作"仕"，據《永樂大典》卷三一五五引韓元吉《南澗集》改。

③ "虜酋斃歸"，原作"及金主亮敗"，據《永樂大典》卷三一五五引韓元吉《南澗集》改。

④ "虜"，原作"敵"，據《永樂大典》卷三一五五引韓元吉《南澗集》改。

受，至以敕牒納尚書省。而文恭薨于位，行之居喪，始不敢辭。監尚書六部門，除將作監主簿，遷軍器監丞，改司農寺丞。請外，除權發遣南劍州。始至，帑廥空乏，行之不事科擾，凡所經畫，久而有餘。民俗類不舉子，行之勸其舉者，官賦之粟者三年，土風寖革。而負販私鹺率千百為羣，急則為盜，行之榜論之曰："若羣聚而來，是為盜矣，吾不敢貸；苟善去即平人，不汝追也。"羣賈道郡境，相視潰去。郡據雙溪，積雨暴漲，行之禱于神，願以身當其危，且為排筏以援溺，發倉庾以賸飢，一郡以安。暇日，詣學舍，指楊龜山、陳諫議二祠像以勸學者，曰："二公延平之望也，諸生可外求哉？慕是得所師矣。"于是郡民皆服其愷悌而悅其能化。行之驟得末疾，郡之老稚扶攜日候于門，至相與斂錢，即州第為禳醮之禮。行之遂請主管武夷山沖佑觀以歸，疾亦少間。朝廷倚以為部使者，欲稍試其才。嗚呼！不謂其止此也。

行之忠厚儒雅出于天性，居家孝而篤，敬而和，與物無忤，語恂恂惟恐傷人。從之遊，益久而益爱。平居聲色未嘗加于僕妾，其親與舊，至號為"小魯公"。上嘗面謂之曰："卿敦龐福艾甚似先相公也，未為州耶，善為朕收民爾。"所以期用甚遠。方辛巳之冬，文恭外理邊務，内裁庶事，延見賓客，入則密與行之商確議論，其助甚多。父子之間，自為知友。行之既篤于學問，復喜浮屠氏書，深詣其理，故居官不表襮，泊然若無意于世。異時部門之選，或遂為郎，至行之為監主簿，議者迂之，行之則笑曰："仕寧有迂直哉？皆可以承上命也。"既論對，力陳治道精擇監司而已。得郡陛辭，上雖稱文恭之功，行之一不復自敍，願効力民事以勸農桑，而施于一州，大略可見，若天假之年，其所立顧可量哉！

居鄉惟杜門誦書，頗務周人之急，施之衣食，與之藥餌，贈以棺櫝者不可勝数。至餘力則甓街衢，航津涉，惠于往來。故其喪，不特士大夫為陳氏惜，而田夫野叟咨嗟涕洟，亦為其鄉之惜也。所為詩文，有集二十卷藏于家。妣魯國夫人何氏，端明殿學士志同之女。娶鄭氏，先二十五年卒；繼室韓氏，左司郎膺胄之女。二子：景参、景惠，皆承奉郎。銘曰：

三代之懿，象賢以世。尹躬姬旦，亦紹亦繼。惟木匪喬[①]，莫盛我朝。若呂范韓，勲名昭昭。噫文恭公，相于艱難。笑談麾兵，宗廟再安。文公之子，仲則是似。帝曰嘉哉，其錫以第。才惟後良，器實端厚。温至春風，美若醇酎。曷以試之，外付一州。玉節煌煌，嶷然好修。式佇其歸，光于前人。何恙之亟，何命之屯。死生斯常，君所自識。臨絶琅琅，不怛不惑[②]。豈無顯庸，世為君惜。往從文恭[③]，後其在德。

直寶文閣趙公墓誌銘

吾友趙德莊將葬于饒州餘干縣某山之原，其婿方友陵以狀來曰："盍為之銘?"始與德莊遊蓋三十年，在朝廷同曹，在外同事，猶兄弟也。一日，道前輩相約誌墓事，德莊忽曰："某死，幸子銘之。"嗚呼！德莊竟先往矣，予何辭焉？予為建寧，後德莊纔数年，方治郡圃一堂，德莊諾為之記。聞其已病，將治書問之，則訃已及門矣，其尚忍銘？蓋德莊吾宋之賢宗室也，在士大夫亦曰賢。力學能文，風度灑落，詞辯纚纚不休。遇樽酒談笑，掀髯抵掌，一坐盡傾。然持身嚴甚，非其交不往。當議論是非曲直之際，嶷嶷不可屈，雖坑穽在前弗顧，鐘鼎探手可得，不能誘也。既受知聖主，亦且用矣。亶如于外，不得盡其才而没，豈命也哉！

德莊諱彦端，德莊其字也。于宣祖皇帝為八世孫。曾祖諱叔郱，贈廣德軍節度使，封淮陽侯。祖諱澤之，贈右朝奉郎。考諱公旦，終左朝奉郎、知建昌軍南城縣，贈左中大夫。妣某氏，贈令人。

德莊年十七應進士舉，南城亦鎖其廳試進士，父子俱為國子監第一，遂同登紹興八年禮部第，主臨安府錢塘縣簿。公卿貴人爭識之，

---

① "匪喬"，原作"惟喬"，據影印文津閣四庫全書本、《永樂大典》卷三一五五引韓元吉《南澗集》改。

② "不怛"，原作"不憂"，據影印文淵閣四庫全書本、影印文津閣四庫全書本、《永樂大典》卷三一五五引韓元吉《南澗集》改。

③ "往從"，原作"往後"，據影印文津閣四庫全書本、《永樂大典》卷三一五五引韓元吉《南澗集》改。

聲名籍甚。為建州觀察推官。丁外艱，釋服，得軍事判官于秀州。守不任事，德莊率為之區處，不自以能稱。用薦者改左宣教郎，有以德莊之文達宰相父子，欲用為中都官者。德莊懼而歸，其人果敗。從吏部選，知饒州餘干縣，為政簡易而辦治。故德莊謀居邑中，而邑人至今稱之曰："吾舊宰也。"充福建路提點刑獄司幹辦公事。

近臣薦所知宗室。隆興改元，召對，上迎謂曰："聞卿俊才久矣。"時王師北伐還，德莊則曰："臣宗室也，與國家尤共休戚，言敢不盡？前日議者惡人異己，故近臣有不得盡其謀，遠臣有不敢進其說。如無近者一戰之悔，則將贊陛下以羣言為可廢矣，願深為他日戒。"除國子監丞，遷吏部員外郎，言："元豐初節度至觀察使纔八員，今乃四十員；防禦至刺史纔二十員，今乃二百員。乞重名器，抑僥倖。"又言本朝以兵為國，宜汰廟軍以益禁兵；宗室孤遺女恩所不及無肯娶者，請聽其夫得就轉運司試以優之。權樞密院檢詳諸房文字，會參知政事葉公去位，有陰謂為黨者，德莊曰："吾何黨哉？黨于是而已。"即請外，除知江州。不數月，召為檢詳文字，遷右司員外郎。而葉公既相，德莊為言人材巨細，可用不可用，大抵稱人之善，以助朝廷之選。始德莊父子甚貧，客四方，祖妣與其昆弟及妻子喪，皆藁葬未厝，德莊曰："吾得去畢此幸矣。"既諸公留之不可，除直顯謨閣，為江南東路計度轉運副使。即冒大雪走餘干，畢葬而後還。朝廷增修邊備，與予同論江淮事宜及所俘去留①。上批紙尾，俾與大將議。饒、信州大饑，民強糴為暴，官廩不繼，德莊行部，請留二州上供米各三萬斛賑糶，自是歲以為常，民以不病。移福建路計度轉運副使，過闕，請久任淮南郡守，休輿築以安邊民，乞放池州被水人户夏税。故徽州折帛錢俾輸本色，皆極一路利害。上遣中貴人諭旨，留為左司郎中，假户部尚書，館伴大金賀正使。前是宗室無出疆為伴使者，自德莊始。遷太常少卿，復丐外，除直寶文閣、知建寧府。德莊舊悉其俗，民以便安。歲餘，治倉廩亭館一新之。因嚴不舉子令，且曰："毋俾民畏，當有以利之也。"乃乞下户生子，給米一斛，與錢千，及蠲其身丁凡萬四千緡，而以府用之錢償縣。宰相見其

① "所俘"，影印文淵閣四庫全書本同，影印文津閣四庫全書本作"俘獲"。

奏，歎曰："趙君平日不吾同，此議何可遏也？"遂著為一路法。

改提點浙東路刑獄，坐衢州賑曆稽期，削兩秩，德莊恬弗辯。以小疾，得主管台州崇道觀。餘干號佳山水，所居最勝，日與賓容觴詠自怡，好事者以為有曠達之風。德莊在朝時，每欲用為文字之職，訖不得用。聞其詩詞一出，人嗜之往往如啗美味。然宗戚貴游欲以圖畫納禁廷祈為題賦者，率謝不能。其掾宰府，盡言無所遜避，以是多忤。與人交，坦然不事畦畛。其為縣，務寬其民；其為郡，務假其屬邑；其為部使者，則郡之細故亦不問。喜為義事，重然諾，遇所施與，不顧家有無。親故客之經年不厭，其田園、屋宅之計如不聞也。官至朝奉大夫，享五十有五歲，卒以淳熙二年七月四日，葬以是年某月某甲子。先娶曾氏，繼室李氏，贈封皆宜人。一男子，良夫，將仕郎。二女，一嫁同年進士祕書省正字方翥之子，即友陵也。一尚幼。其所為文，類之為十卷，自號《皆庵居士集》云。銘曰：

漢諸王裔，鮮克蹈義。惟向與歆，父子同著。于赫宋宗，仕于四方。有才有良，文藝益彰。德莊父子，聲譽則偉。南城弗施，蓋在其嗣。主實遇聖，知其雋名。正色委蛇，首于列卿。人則爱之，其用弗究。天胡嗇之，而弗俾壽。于越之濱，德莊所安。没又葬焉，宜千萬年。

承仕郎致仕李君墓誌銘

淮南故多士也，自郡邑殘于兵，惟歷陽近歲儒雅之風猶盛。昔中書舍人張安國嘗為予言："吾里有李君巖老者，長厚君子也。雖讀書不求甚解，至其所躬行，有博文强識之士所不逮。嘗曰：'吾家甚微也，當以農事為本。'每歲則治其溝洫，時其耕耨，莫不有法。由是君之田常登，一鄉之農視之，亦無敢惰，而鄉之士子復見其躬率禮義[①]，悉尊慕之。吾于巖老，父之執也，不命之進不敢進，不問不敢對，其言有終身不敢忘者。"予因叩其行事，則曰："巖老生十歲而父亡，奉母王氏至孝。建炎閒，盜入其里，妻奴皆被執，巖老獨負其

① "鄉之士子"，影印文津閣四庫全書本同，影印文淵閣四庫全書本作"一鄉之士"。

母以逃。少鞠于叔祖誼者，叔祖家亦被禍。巖老聞其一孫尚在，百計求之，間關得于建康市，為授室，且贖其田園，給之終身焉。巖老善治生，然其視財之取與，若不足以動其心者。常負人縑錢十萬，既而其人亡久矣。一日，遇其子壻，舉以還之，壻初不知也。歲有水旱，必損其粒米之直以售于鄉。或以故衣敗絮准焉，笑而不拒。其無以准者，又從而貸之，亦不受其息也。方錢會初行，淮民無識其眞僞，巖老間得僞者，輒自焚之，不以問其主①。家有耕牛，必養使自斃。歲遇牛疫，而巖老所畜獨不病。里有貧者，則給之食，死則助其葬，蓋不可勝數。宗族墳墓而無後者，歲時薦祭無闕焉。吾伯父待制公晚得疑疾，他人餽之輒不食，惟巖老飯之，則舉匕筯無難色，故吾父以子女妻其子瞻。而吾守臨川，遇登極恩，俾瞻奉得齒一命。蓋鄉閭敬爱巖老者如此，非謂之君子可乎？”

安國雋傑尚氣，不妄許可者也。故予嘗志其言，厥復識瞻于建康，爱其温厚有文，而以未識君為恨。今年瞻以書來曰：“瞻不幸失所怙矣，生無以奉吾親，今葬也，願得銘諸不朽。”予于是問君之喪，則曰享年八十有三。瞻為滁州來安縣尉，以慶壽之澤，封君為承務郎，君遷延不肯受，曰：“十月甲戌，吾元命所直也，當以是日受之。”至期，沐浴具衣冠，捧告拜舞，與賀客相酬酢無倦容。家人方具酒醴設席，君入正寢，端坐不語，左右趨問之，瞑目逝矣。吁，亦異哉！

夫死生于人，猶夜旦也。然居則貪其生，富亦狥其財，莫知性命之正，而不為浮圖、老氏之所詆議者幾希。君之生既有以裕其身與肥其家，以教其子孫，而死也不怛于化，豈有會于道者耶？君嘗以追修佛事戒其子曰：“若捐金幣可使登天，則貧者當墮無間獄矣！此在持心何如也。”以是知君之學道，其庶幾焉。因追念安國平生之言，一為書之。

君諱良弼，字巖老，世居眞州六合之定山。自君徙石佛，今為和之烏江人。曾大父文智、大父明遠、父璧俱稱于鄉。娶于氏，先四年卒。三男子：瞻，其長也，次澹，次蟾。三女子：適進士張雲翼、王

① “其主”，影印文津閣四庫全書本同，影印文淵閣四庫全書本作“其來”。

允明、黄鑄。五孫子：宗臣、宗龍，餘未名。君之亡，以淳熙三年十月三日，以十一月辛酉葬于定山祖塋之側，從君志也。銘曰：

養其德足以為其壽，積其善足以裕其後。其達于死生者大矣，孰謂貴可逾于富也耶[①]？

中書舍人兼侍講兼直學士院崔公墓誌銘[②]

上乾道九年，思得文學之臣以視草、司詔令，惟翰林學士品秩甚崇，雖或假攝，亦必侍從，將擇庶僚之俊異者寓職玉堂，以作古貽後世。于是詔左宣教郎、祕書省正字崔公敦詩首為翰林權直。公通州靖海人也，少年中進士科，早有文名。用薦者入館閣，所為制詞一出，温潤詳雅，明白有體要，衆以驚嘆。兼崇政殿説書兼權給事中，而公以封駮之重資望未稱辭焉，上益嘉重其名。明年十二月，以父憂去位，未除喪，復遭内艱。淳熙之五年，翰林學士、今知樞密院周公子充屢請補外，上以為難其人。一日，中批以問舊嘗薦公吏部尚書韓某曰："崔某今安在？"然後知公之眷未忘且復用矣。某因具言公連有家難[③]，適外除，陛下用之，此其時也。既召見，即言："國家治否係公論廢興。公論者，衆心所在，理之當然，乃天道也。願明詔大臣，施舍廢置，務合于此。"上稱善，除樞密院編修官，後為權直。公既拜命，從容言曰："翰林院者，自唐以來，醫卜技術皆預直也。至開元别置學士院，則專待儒臣。今泛然以翰林權直為名，固不能稱，所懼聖朝官名未正爾。"上悟，即更為學士院權直。遷著作郎兼權吏部郎官，又兼崇政殿説書。公具辭曰："銓曹事劇，非文子講説所可兼也。"未幾，進國子司業，改權直學士院。

八年九月，拜中書舍人，加侍郎、直學士院。公賦性端厚，議論疏通，知大體。始以固人心、振士氣為言，且謂監司、郡守以蠹厲之

---

① "富"，原作"父"，據影印文津閣四庫全書本改。

② "兼直學士院"，"兼"字原脱，據《永樂大典》卷二七四一引韓元吉《南澗文集》補。

③ "具言"，原作"其言"，據《永樂大典》卷二七四一引韓元吉《南澗文集》、影印文淵閣四庫全書本、影印文津閣四庫全書本改。

威為强，以敏給辦事為能，詞訟不理而專事財利，教化不修而專用刑法，最為知要。自直宿邇講，遇引對，所陳必剴切，然不務激訐以沽名聲，故睠予隆甚。嘗論儲蓄將帥韓、范二公備邊之策，乞用通練持重從臣三四為沿邊都轉運使，委以邊計。遇軍興，則正以宣撫之名，或用大臣宣撫，則俾為判官参貳。又言宰執日見天下士，而偏俾將校未有登其門者，宜令款納，以擇其才。執政從官任帥臣方面，于外亦責其薦。凡侍從、臺諫初除，及三衙都統制、諸路總領到任半年，各舉勇略之士籍名禁中，以備選用，皆深契聖意。進《選德殿六箴》，曰政令聽察、財用審慎，極規正之義。且言："用人之道，不輕于始，無忽于小。州縣長官，當以教化為務而厚風俗。羣臣章奏，多應事故，誕謾無實，願依眞宗朝籍記其言，以考察是否，則忠言樂輸而虛誕不敢進矣[①]。"及在經筵，嘗請遇免講日，則講讀官以所讀及講解之文，并隨義口奏之事錄本進入，以廣聖德，而盡儒臣之蘊。在西省，尤多繳執，正色無所顧避。先是，臣下有援例陳乞，既降特旨，雖其比類或不一，中書無敢審覆。公言此非所以嚴朝廷也，宜令有司詳考而後施行，上皆嘉納。屬歲旱議荒政，公引太宗皇帝救災之舊條五事以獻，其說則擇監司、郡守，謹盜賊，嚴賞罰，逐鄉算場以定分數，而寛税賦之期，量行倚閣，且乞減諸路丁錢米，出空名告身以誘募入粟，寛飢民强貸之黨，毋久繫囹圄以召和氣，皆切于用者。又進嘉祐中置寛恤司故事。上顧問甚至，因條上其詳曰："此固根本、護元氣者也，願置一司于户部。詔中外以民閒利病來，付館職二人編排，而侍從二人看詳。陛下與大臣審擇罷行之[②]，歲計之有餘矣。"復論私糴之擾、輸納籍没科罰之弊、命令稽緩之由，求安静之吏以寛民力，獎正直之風以作士氣，因及通判科抑賣鹽以惠其鄉。時方議監司、郡守將迎之賞，公曰："此末也，獨夤緣互送之饋可革爾。"悉見聽。至造膝密陳，有家人不得覘其藁者。上深器許，衆謂公之柄用可期矣。九年，大疫，遽以疾。五月幾日，以不起聞，天子悼嘆，士

① "虛誕"，原作"虛言"，據影印文淵閣四庫全書本、《永樂大典》卷二七四一引韓元吉《南澗文集》改。

② "與"，原作"舉"，據《永樂大典》卷二七四一引韓元吉《南澗文集》改。

夫弔者皆失聲墮淚。詔贈四品，推恩其後，所以賻卹之特厚。始公遊行，愛溧陽縣山水，買田卜居。及父之喪，得邑之舉福鄉泉山葬焉，至是以十年二月丁酉祔于泉山。敕建康府為辦葬事。

公字大雅，其氏族自唐為甲姓。五代末，有師約者，仕南唐，因家靖海。曾祖珙、祖涇皆隱德于鄉，累世習善行，以不殺為勸，號崔放生家。至父邦哲，始業進士而教子甚力，以子封承事郎，贈宣教郎。當紹興三十年，承事君以累舉奏名而公與兄敦禮聯登第，父子三人同日解褐，鄉人榮之。敦禮為諸王宫大小學教授，一病而卒。不數月，公又物故，人尤哀之。公初主揚州高郵縣簿，次兩浙轉運司幹辦公事，遂正字于祕書省。逮還朝，除擢皆出上選，三年四遷而侍西掖、典内外制、執經勸講，可謂千載之遇而不究其用。嗚呼！得非命耶！

公博覽强記，為文敏贍。嘗倣漢、魏至唐，為《鐃歌鼓吹曲》十二篇，以述祖宗功德之盛，見稱于時。又以司馬公《資治通鑑》于治亂得失、忠邪善惡有所未論者，凡一君之後為總説，一代之末為統論，成六十卷，號《通鑑要覽》，皆以奏御。而上命公更定吕祖謙所編《文鑒》中羣臣奏議，其增損去留，率有意義。有集文若干卷、内外制藁若干卷，《所類制海》十編、《鑑韻》五編藏于家。官自朝奉大夫贈中大夫，年僅四十有四。母陶氏，贈安人。娶軍器少監錢俣之女，封安人。一男子，端學，幾歲。四女子，長及笄，餘尚幼。

方公兄之没也，公悼之甚，誓以己之恩先與其姪，今錢夫人遂推遺澤以成公之志。故其葬也，士友相率為之請銘，是重可哀也。銘曰：

惟文之修言乃立，學而能通濟以識。細焉歌詩鉅典册，皇猷帝謨兹潤色。猗嗟崔公學允力，辰哉遇聖譽斯赫。玉堂增官首其直，温然珪璋藴其德。從横詞林論皆益，帝眷之隆且丞弼。年方剛强衆所惜，生淮之壖葬于溧。

中奉大夫提舉武夷山沖右觀王公墓誌銘

隆興改元，天子登大寶，恩沛天下，全州守臣獨失撫馭，賞賚不時給，軍士李明等怨憤唱亂，盜庫兵，辱長吏，傷其家属。通判州事到甫數日，力不能制，則以姑息好語諭之曰："朝廷知曲在太守矣，若輩非得已，必不加罪，幸毋殺人，毋縱火也。"于是明自號提舉都官，脅都虞候鄧福為之長，假犒勞以取帑廩，假質貸以取民財，而選其桀黠，陰伺郵傳，凡遞角至，先發之，而州縣以事報上者，追吏竄易，悉如己意。内外恐恐，諸司不能制，湖湘之南，駭愕傾動。已而朝廷既罷守臣，欲擇知略可倚者善其後。時中奉大夫王公待知全州，素有能名，磊落喜任事，尙一政未當赴命，越次官之，衆以為危。公慷慨就道，道中廉知賊情始末，連三具奏，且乞以偏將部兵三百，取市馬于廣西為名，路由清湘，庶得備患而無張皇騷動之擾。會参知政事汪公澈督視在荆襄，上以付督視府，俾如公謀。公比至州，偏將牛信者部兵亦至。公與之約，日以數十人次第過郡，潛舍近郊，而密召鄧州一二以為腹心，從容治事如常事。一日，禽明等倡亂者三人，鞫問具伏，梟首于市。又七人杖脊配嶺表，揭榜通衢，餘置不問。一州之人，上下驩然若更生。當是時，微公謀慮周密，奠而後發，不苛不擾，則軍與民殆將均被其禍也。士大夫始服公之才為可用，名聲喧傳，而公推功其下，被賞而官者三人，有旨加秩一等。任滿陞擢，公則又曰："賊之不殺縱火者，倅韓慤冑游説力也，願以予之。"慤冑由是亦受進官之賞。其忠信不伐如此。未幾，除湖南路轉運判官，移湖北路兼知鄂州，主管台州崇道觀。知徽州。陛辭，上記之，曰："是有功于全者也。"即改授江南西路轉運判官，得提舉建寧府武夷山沖佑觀者再。淳熙八年七月一日，以疾終，享年七十有四。累階中奉大夫、會稽縣開國男、食邑三百户、賜紫金魚袋。

公諱次張，字漢老，世為濟南長清人。父諱衣，尙書刑部侍郎、贈少師。祖諱宿，武學博士、贈宣奉大夫。曾祖禕异，中散大夫、直史館、贈太師。妣何氏，贈魏國夫人。少以侍郎恩補承務郎，穎悟有知識。喜法令，習之，遂中刑法科。歷浙東及湖南提刑司檢法官，覆獄事號平允，不務刻深。郴州以三重囚來上，公反之，得不死。負其才氣，勇于有為。耒陽羣盜充斥，使者檄公合巡尉兵討除之，辟廣西經略司幹辦公事。帥胡舜陟節制三路，平寇賀州，公密贊其畫甚多。安化蠻賊蒙自由鼓萬衆破宜州鎮寧寨，公督戰破賊，斬獲甚衆，遂復鎮寧，即通判宜州。繼通判肇慶府靖、邵、融三郡。嘗言小使臣詐冒之弊，請身故即批其付身。又言溪洞蠻詐為漢官士子，带家属止鋪驛，以誘市吾人，一為奴婢，用以祭鬼，請嚴為禁。州縣失察此，當官之賞悉不與。為轉漕，鉏姧剔蠹，事加約束，纖微備舉，至罷麴引印賣官紙錢以紓民力。朝論欲募敢勇千人屯豫章，公率諸司條陳甚切，以謂“江右盜賊多凶惡逃亡輩，復置以為軍，歲久連結窺伺，可不慮及?”相度于九江、興國之閒松山口置寨，駐兵百人，絶茶商嘯聚之路，則曰：“此所急也。”朝廷皆是之。大抵興利除害常切于心，而仕多在湖，熟于事宜。方畔兵張，莫敢問詰，談笑指揮，不見難色。被命江西日，條上六事，則乞守臣節制駐劄軍將，進納人押綱運始許注授，鄂州置轉般倉以貯荆襄粮運，籍競渡游手以備水軍。極言綱馬致斃之由，上悉開納。而興國守者告公移書問事為私，朝廷雖以鐫官罷守，而公亦因是退閒，自頤其老，曾未數年，疾不復起。嗚呼，可勝惜哉!

子男五：延年，通直郎、知臨江軍新淦縣；延壽，通直郎、知邵武軍秦寧縣，皆前公卒。當[①]，從政郎、撫州臨川縣丞，後公半月亦卒。獨第三子從事郎、静江府臨桂縣丞延之，與幼子登仕郎延嗣在。女四：朝奉郎、通判明州汪懔，通直郎、知岳州華容縣鄭景山，奉議郎、通判房州趙伯厚，迪功郎、新臨安府司户参軍趙師周其壻也。孫男七：久大，從政郎、新都大提點坑冶鑄錢司檢踏官，至大、保大皆將仕郎；功大、彌大皆登仕郎；宏大、亨大尚幼。孫女五：長適迪功郎范子永，次適進士張蒙，餘在室。曾孫男二：均、塤。曾孫女一。

公嘗寓衡山、會稽，而買宅于信，爱其風土，家焉，遂葬于上饒縣乾元鄉官源之山。娶李氏，封令人，前卒于靖而寄于衡山。延之從公治命，閒關奉其柩以合祔云。淳熙八年十月庚申也。銘曰：

士之遇事，每辭于難。利器所施，節錯根盤。有如王公，毅然可觀。談笑臨危，懦者汗顔。其在小官，執法言言。人皆刻深，我獨恕寛。其為長吏，廉而有制。匪利之掊，惟民是惠。既壽而臧[②]，子孫

① “當”，影印文津閣四庫全書本同，影印文淵閣四庫全書本作“富”。

② “臧”，影印文淵閣四庫全書本同，影印文津閣四庫全書本作“康”。

滿門。得無陰功，逮其後昆。自濟之陽，來家江東。息焉藏焉，寧為不逢。

高郵軍曾使君墓誌銘

曾宣靖公相仁祖致太平，晚預定策，賜號亞勳，其子孫儒雅才業，自為世家。宣靖之子諱孝純者，君曾祖也，仕至光祿少卿。光祿之子諱宜者，君祖也，仕至尚書虞部郎中。虞部之子諱恬者，君父也，字天隱。方崇寧、大觀間，天下學者趨時好，溺王氏新書以弋聲利。奸臣擅朝政，至禁錮諸儒之説，俾不得傳。而天隱獨欲探性命之理，從上蔡謝先生、龜山楊先生遊，以講明聖人之道，善類至今稱之，以其字行。而留落不偶，僅為朝請郎、知大宗正丞以没，其身後之澤始及君也。

君生五歲，葬母李氏，哭泣哀慕不異于壯者，宗丞異之，俾從名士闕注學。再舉進士不第，則歎曰："舉子之文，務應程度，豈若求吾所自得哉?"益誦書史，欲見諸行事。起家監潭州南嶽廟，調錢塘縣主簿。錢塘在今為赤縣，小官例奔走不復能顧其職[①]，凡輸送之籍率不時注，民被追擾甚。君則督吏注籍惟謹，至日夜稽攷，或廢寢食。府尹趙子潚號嚴明，遇僚吏不假詞色，惟于君頗盡禮，時俾攝其属以自近。就差衢州西安縣丞，樞密劉珙、侍郎周操相繼為守，皆器爱之，屢決疑獄于旁郡。用薦者改右宣教郎、知湖州安吉縣。浙之劇地，民悍吏猾，事叢集不可區别，宰得善去僅一二。君獨以寬民處之，乃坦坦服化，鬬傷為減，獄罕重囚，至以空聞。乃新縣學舍，延俊秀，勸以向道藝、務為善。民相率詣部刺史乞留君，近臣亦薦君可應監司、郡守，而君之從父丞相懷適参大政，以為嫌，僅除君通判臨安府。其佐府事，裁決無壅，總工役新垂拱前殿、建太學御書石經閣，皆以辦治受賞。秩滿，除權發遣高郵軍。陛對，即言天下之弊莫大于無實，今士大夫議論非不激昂可喜，而職業類苟歲月。且引漢文帝因張釋之言不拜嗇夫之事為證，

① "例"，原作"吏"，據影印文津閣四庫全書本改。

願獎敦厚、抑虚誕，以變風俗。又言兩淮州縣類多掊克，資妄用，徒知修城池、闢田野為邊備，然不知民和邊備之本也。上異其言，稱善久之。君既至郡，即以鎮静不擾為先，率斂横取為戒，而游謁饋餉一無所問。先是，帑庾空乏，官吏、營卒俸不時給，君曰："吾不妄取，亦不妄用也。"釋民之負官錢貧窶無所償者凡數千緡，謹征榷、簡燕集、罷工役，持之僅一歲，用果有餘，歡呼之聲聞于道，而不幸君已疾病矣。君雖寬于治民，而嚴于馭吏。邑尉有非理掠里正致死者，數持達官書來；掌酤牙校犯罪，請以功贖。君一不顧而竟寘于法，人用是服君之平，莫敢犯。淳熙七年九月二十三日，終于治所，郡人相與罷市哭之。官朝散郎，賜服五品。娶陸氏，處士逵可之女，封安人。

君性友孝，温厚長者。喪宗丞，廬于墓左三年。與其弟居，終身無閒言。先世之産，遜而不取。其仕于州縣，雖上官屢知，不肯務合以求進。平生喜書札，有楷法，然與子弟書、僕隸約束，未嘗輒草。所為文，有《約齊藁》若干卷，而教其二子尤力。其長耆年，次延年，同時貢名禮部，入太學，有聲場屋。女五：適朝奉大夫、軍器監丞魏叔介，承事郎、激賞酒庫所幹辦公事王錞，進士毛适、元粹，一在室。孫男四：郇、邲、郵、郟。孫女一，尚幼。而延年後公十九日亦卒，耆年以是歲十二月某甲子，奉君之喪葬于平江府吴縣南宫鄉香山之原。其世次鄉里，國史有傳。曾祖與祖，則皆贈右正奉大夫。曾祖妣、祖妣趙氏，同姓而異族，皆贈太碩人。考累贈朝議大夫，妣贈恭人。君則諱崇，字希元，春秋六十有六云。銘曰：

曾出温陵，其胄燁燁[①]。一門峨巍，逮兹七葉。大者廟堂，次亦侍從。光禄虞衡，慨已弗用。丞于大宗，既未省郎。孰謂使君，不寘周行。藴德抱材，粹然温淳。百里一州，惠及我民。議論不詭，達于帝聰。自其家傳，以孝以忠。不即厥身，子孫是宜。君雖已矣，後為可期。

---

① "燁燁"，原作"奕奕"，據影印文津閣四庫全書本改。

朝奉大夫軍器監丞魏君墓誌銘

君諱叔介，字端直，世為建康人。以其考葬王父于宣城縣，因家焉，遂為宣城人。王大父贈太子太傅，諱覺；夫人陶氏，贈于文安郡。王父贈少傅，諱樞；夫人林氏，贈于慶國。考則諱良臣，參天子大政，為學士資政殿，贈太保，謚敏肅。君于敏肅為季子，生十二年，喪其妣秦國夫人趙氏，哀慕如成人。既長，侍敏肅疾，至刲股為藥餌，刺指血寫佛書，祈以己年延父之年，舉族稱其孝。居喪盡禮，事二兄悌睦，人曰："是可移以事君矣。"

初為南嶽廟者，再。服除，得監左藏東庫。待次省罷，主管臨安府城南左廂公事。南廂最號劇，衆謂君始仕為難，君强敏自奮，裁決無留壅，老吏畏戢，一時貴人賢公卿稱薦之，異時頑惡好訟者噤不敢逞。閱再歲，無一事審訴于府于臺省，而君持以無私。始富商訟牙儈乞取，積其贓至數萬緡，監繫累年餘，百家貧不能償，君為請于朝釋之，然挾權勢以隐征者，則正色究理不顧。有炭賈以萬斤入市，曰："此某官所市也。"君倍罰之。巨舶載海物，揭黄旗于上，每曰進御而私售自若，君不問其詐，第籍其有，盡輸内東門，弊遂革。江潮囓岸，壞民廬，東宫領尹，工部侍郎沈夏貳府事，盡以属君。他官特往來視役也，御府賞賜以香茗綵幣。君以石貫堅木為岸心，築碎石以易其舊，第賞乃居次，君恬不問。提轄權貸務都茶場，嚴私鹽之禁。舊例獲鹽，類雜砂礫以增權衡之重，務加其罪，君悉除之。試補吏胥，私託一不受，曰："吏不嫻會計，害可勝言哉?"頻歲課不登，增入至二百萬緡。遷軍器監丞，其以軍器物輸者，定為先後程日，綱吏舉無滞歎。淳熙四年正月幾日，以疾不禄，年纔三十有八也。

嗚呼！以君之才而資孝謹，闓爽有立，方寖用于時，使壽而光顯，顧可量哉！君初以父恩補承務郎，嘗從所親使于敵，以榷貨、贈羡皆得賞，積階朝奉大夫。其始仕也，修贄以文謁黄尚書通老，黄公留語終日，亟稱不容口。最後與司農韓卿子雲厚善，朝夕往來，遂以二女歸君之二子。蓋君好學不倦，攻苦為文詞而疏于財利，務周人之急。或有勸其增治田産，則謝曰："吾藉先人業，懼亡以堪也。"臨終顧諸子，俾務學而已。有《定齋耘藁》幾卷藏于家。娶曾氏，朝散郎、權發遣高郵軍崇之女，封宜人。四男子：大中，承務郎、監常州在城都税務；剛中，從事郎、秀州華亭場支鹽官；執中、文中，皆將仕郎。二女子，在室。大中等以是年九月辛酉，葬君昆山鄉袞山之原而未有銘，為之銘曰：

惟材之良，楩柟豫章。培之拱把，仰為楹梁。匪緊斧斤，缺折用傷。魏為大名，其系煌煌。有偉敏肅，勳登廟堂。施及厥支，宣大而昌。矧其春秋，甫仕而强。矧其才能，既試而張。剸劇治繁，則莫不長。弗予其年，曷希其光。塞之必流，後其益芳。

朝散郎祕閣修撰江南西路轉運副使蘇公墓誌銘

蘇文忠公以文章冠天下，士大夫稱曰東坡先生而不姓也。中興渡江始，諸孫有顯者，其二曾孫隔在許昌，相繼來歸，才望表表著見，天子識而用之。一曰嶠，字季真，歷諫省，給事黄扉，待制顯謨閣。次則公也，諱峴，字叔子，兄弟一時馳名。其任海陵縣丞日，故參知政事錢端禮以吏部侍郎宣諭淮東，薦之曰："蘇軾為宋儒宗，爵不配德，而峴才識操履綽有典型，願加甄錄，庶可敦風俗、激士氣。"賜對垂拱殿，言合上意，命之曰："爾四世祖集《太常因革禮》者也，其主簿太常寺。"在職逾年。嘗論考課法，乞赴選之官具前任五事，簡平允之士以為廷尉平，第知縣之闕為數等以選能者。將遷大理正，以女弟之喪[①]，祈便親養，朝廷以為太府寺丞而待其次。既而外舅曾丞相懷長民部，引嫌易將作監丞。因論對，則曰："治道貴持久也。常人之情，恨不成于頃刻。陛下勿以小利而忽大計，急近效而妨遠圖也。"語益切至，人以為難。知邵州數月[②]，丁内艱。掌舶貨于閩，趙丞相雄為樞密，又薦之。上曰："朕記其面也。"召見，曰："卿可謂清苦有立矣。"除吏部郎，卿于太府，由福建轉運使移江西。上復

① "喪"字原脱，據《永樂大典》卷二四〇一引韓元吉《南澗集》補。
② "邵州"，原作"邠州"，據《永樂大典》卷二四〇一引韓元吉《南澗集》改。

念之曰："東坡之孫，惟峴有家法在，宜與職名。"執政未及擬，詔充祕閣修撰，然後知公之簡于聖衷蓋久也。而公舊苦肺疾，以哭兄逾戚，連歲屢作。淳熙之十年也，六十有六矣，疾旬餘，卻醫藥不肯視，曰："東坡之年止此，吾何德似之？"屏葷茹，冠櫛而逝，十二月七日也。將葬，諸子以銘為請。予與公既故且親，同里閭，共庚甲也，其何可不銘？

公為人清澹寡欲，氣正而言直。在官以廉，居家以儉，接朋友以信義，恬不務進取，故自奉常辭正而易丞，由寺而移監，未嘗一以介意。方曾丞相當國，每以正論助之，人不謂其子壻也，竟以嫌引去。其提舉福建市舶，前官有以歲市乳香增數授貼職者，公之增至三十八萬斤，不肯自言。還朝，主吏部右選。武臣類不知書，所理多不伸，公悉意直之。或俾召保任而行，吏莫敢肆。在太府，同詳定敕令，遇遷官，輒蹙頞不怡累日，曰："用既逾分矣，祿不及親何益也？"蓋公實文忠公季子斜川公諱過之孫，諱籥之子。季真為母兄，其還自北方，而文忠仲嗣無後，以諸父之命後之，從祖侍郎公遲郊恩任公。祖諱迨，朝散郎、尚書駕部員外郎。妣安人歐陽氏。考諱簣，將仕郎，累贈朝奉大夫。妣太恭人范氏。

始文忠愛陽羨山水，買田欲居，僅數百畝、屋數楹也，而家于許昌。至離亂，駕部即世，歐陽夫人始居陽羨。大夫早世，妣復守志，公奉二夫人盡禮無違。歐陽夫人既終，公以孫服喪，益治其生事。而范夫人一女，甚愛，納壻與公同居三十年，舍以正寢，而己造室于西偏。雖百錢斗粟，非夫人之命不擅取予也，閨門雍睦，人所歎羡。初為鹽城縣鹽場，罷舊例之不可仍者，自以家貲買小舟部餫，場吏始知有上下之分，課以充羨。及丞海陵，都督府下淮南帥司市馬，檄公定價，公釐為三等。帥謂可損，公曰："馬求諸民擾矣，況重損其直乎？"公代去[①]，縣境鹽户率錢為贐，公悉拒謝之。時郡方以事閣公俸，聞是愧而還公。舶使之不謹，多以私市珍貨為利，公則自食物外一不以市。今丞相梁公里第與司為鄰，嘗和公詩，戲曰："只恐歸無茘子圖"，言公雖茘枝不肯圖畫以歸也。

---

① "代去"，"代"字原脫，據《永樂大典》卷二四〇一引韓元吉《南澗集》補。

公學有家法，喜賦詩，自童稚出語已警拔，晚淳淡不事雕飾，有《綺語編》僅三卷，曰："此吾以適意也。"時夢與羽客唱詠，飄然有出塵之想。其論事于朝，則重縣令之選。且言人材所以濟治功，求之則是，用之或非。與循吏、能吏之辨析，蠲兩淮旱荒三年之税。又言軍將子弟恥武技而尚文墨，緩急無可用，乞令統制官于部曲各舉所長[①]。上甚嘉納，曰："文武一道，東坡詩固有云也。"請罷州縣市令司，遂行于天下。文武提點刑獄不兼置，後亦行之。上嘗問邵州瀕溪洞，當用武臣與否，公言："文武惟所擇，然州縣之與溪洞接者，法當禁僧道技術遊士往來[②]，食鹽官亦置場貿易，今稍弛矣，願嚴之。"其將赴舶司，上詢以舶商事，則曰："不敢以道路之言欺陛下也，俟至部講究以聞。"議者歎公忠實。既還，始奏二事：以蠻貨售于一路，而勿拘于置司之地；舶務官通于四選，而必經任者。皆見納。大府市藥材于雜買務，得不以時，公曰："藥以治病，兹實惠及民者也，請用舊法市于外。"戒監司郡官不得以私意易置縣令。閩之漕計以鹽筴，而州縣積負，公奏除十餘萬緡。江右俗號嚚訟，公為條目揭道周，有投牒不應法令，皆拒斥之。其語頑而貌很者，面諭以理，往往愧謝而去，訟亦為省。平居誨諸子以履踐為先，詞章次之，嘗曰："忠孝本也，不務本而事文，所謂書蠹是已。"

娶曾氏，贈恭人，先二十年卒。男六人：枘，迪功郎、嚴州桐廬縣尉；格，以繼季眞而夭；石，以繼族兄奕世，迪功郎、監行在省倉下界；極，將仕郎；栘、杞，皆力進士，欲自奮。公有遺澤，相遜而未承也，公之教為可知矣。女一，適施槩。孫男五，孫女六。枘等以明年十二月庚申，葬公宜興縣芙蓉山南平之原，且以曾恭人祔焉。不祔則云"曾恭人久祔于姑兆，不再舉也"。為之銘曰：

嗚呼東坡，夷夏知名。況其子孫，且有典型。典型伊何，見于三世。季眞叔子，實令兄弟。季固顯矣，公僅九卿。廉以篤躬，孝以事

---

① "令"，原作"今"，據《永樂大典》卷二四〇一引韓元吉《南澗集》改。

② "當"，原作"嘗"，據《永樂大典》卷二四〇一引韓元吉《南澗集》改。

親。澹然而和，介然以清。學非嗜書，志在力行。自其少年，亦以詩鳴。陽羨之濱，吾祖有田。進退裕如，若將終焉。其逢允時，其命則天。凡今之賢，豈不富貴。公雖未極，視以弗愧。尚其後昆，克紹其門。墓隧有碑，公亡有孫。

南澗甲乙稿卷二十二

墓誌銘

龍圖閣待制知建寧府周公墓誌銘

公諱自强，字勉仲，世家衢州江山縣。其任尚書屯田郎中、贈正議大夫者，曾祖也，諱源。朝奉大夫①、直祕閣、贈金紫光禄大夫者，祖也，諱彦質。迪功郎、德安府司户曹事、贈中奉大夫者，父也，諱夫亨。公幼績學能文，伯父舍人公離亨甚愛之，嘗曰："吾父與祖及吾伯仲，皆以儒登科，獨吾季未試而夭，能大吾家者，其在爾光顯乎？"以其遺恩奏公，調興國軍大冶縣主簿②、蘄州司法參軍、嚴州桐廬縣丞。既而從進士舉不利，慨然以應刑法，遂中其科，授江南東路提點刑獄司檢法官。入大理為評事，用薦者改右宣教郎，授淮南西路提刑司檢法官。再為大理評事，遷本寺丞，又遷正，號稱其職。擢刑部員外郎，陞郎中。

上即位，兼權大理少卿。請外，除荆湖南路提點刑獄。乾道元年，被召命，俄以郴陽盜發，例降秩。明年，復召眞為大理少卿。四年，改領右治獄，除江南西路提點刑獄，加直祕閣。未幾，又召為少卿，同詳定重修敕令。除直敷文閣、福建路提舉常平茶事，改廣南西路提點刑獄。九年，召為大理卿。淳熙改元，獄空，被詔獎。會刑部

---

① "朝奉大夫"，影印文津閣四庫全書本同，影印文淵閣四庫全書本作"中奉大夫"。
② "大冶縣"，原作"大治縣"，據影印文津閣四庫全書本改。

侍郎缺，執政猶擬公兼之，上曰："周某明習法令。"即除公權刑部侍郎，而兼詳定敕令，提領左藏庫。以獄議不合，請祠甚力。明年，除知寧國府，未赴，改廣州，充廣南東路經略安撫使。踰年，加集英殿修撰，寵拜敷文閣待制再任。而湖南東西盜相扇竊發，陳峒徂封川，瞰德、肇二府，公激厲諸將，敗之于三江，又敗之于廬田。李接繼作，狂獗尤甚，有旨命公以摧鋒軍會合。公遣將張喜迎挫之于緣務，接以竄逸，而獲于鬱林。當是時，兩路雲擾而番山中居屹然，數千里倚以為安。賊既平，公即疏論摧鋒軍既少且額猶未足，宜足之；而增募義兵四百駐于英、連，以制宜章盜賊。上賜宸翰，皆如公請。進龍圖閣待制，而以屢丐奉祠。七年十二月，移知鎮江府，又以先塋田業在焉為解，改建寧府。至則疾復作，以八年十月四日卒于治寢，享年六十有二。官至中大夫，職冠待制于龍圖閣，爵開國江山縣子，食邑五百户，贈正議大夫。

嗚呼！自古法家多刻深，而公兩為刑使之屬，再為廷尉平，四為寺長官，以至司寇貳卿之選，無秋毫慘。其治獄則先屏奸吏、躬聽斷，務得其情，編配入贓償監繫無已者悉奏蠲之。及其議獄也，大理有阿楊殺小兒案，而公以為可疑，不顧衆論爭之，引向敏中、錢若水所讞獄疑二事，欲傅中孚之義緩其死以俟小兒之獲否，然後處刑，不合竟去，蓋治心之厚如此。在廣西，請均民户身丁錢米之不實者而正其籍。嶺南號瘴地，西境尤闊遠，民病皆飲水而無藥餌，公始乞置惠民局于諸州，而州以常平錢五百緡給之市藥，俾同判或幕職專領，人賴以濟。論繫囚笞掠凍餒之罪，獄官以計分奏裁。先是，仕嶺南之貧者物故，其妻女或不能自存，至誘賣為婢妾，公奏立法禁，使得自陳，官為賙卹嫁之。然遺孤有地遠不能歸者，則置庫號接濟，計口賑錢米[①]，俾獲度嶺而北。亦倣江西轉運芮輝所請，取之公庫，而公懼其不能久也，為之措畫。凡己俸之外，舊餫有不可受且不欲驟異于衆者，積而儲之，得錢八千緡，置田三十頃，以請于朝，刻石具記，專為此費而不取于他司，不得以他用，于是遂為一道羇旅孤嫠之利，人之頌公陰德為亡窮。然公之治廣也，罷八邑豫借之賦、輸米之暗增其

① "錢米"，影印文津閣四庫全書本同，影印文淵閣四庫全書本作"粟米"。

耗者，務為寬政而用常有餘，雖監司亦疑而問其故，公笑曰：“是無他術，惟擇僚吏之賢，委而察之，使財賦不至欺隱，則用自足爾。”識者以為知言。以暇日修治學宇，創二亭，敞六齋，儲書備器用，以誘勸其來者。始廣之進士二十年無登科矣，至是預春官之第乃兩人，士風翕然大變。浚南濠以疏其惡，決渠流以通于海。嚴水軍之律，無敢盜販。治逃卒，拘之摧鋒軍，内外漸漸安靜。而公視公帑如私藏，一毫無所妄費。持己嚴潔，兩兼市舶，清譽尤著。州治有十賢堂，祀晉至唐牧守之有名者，公又集本朝潘武惠、向文簡公而下八人繼之，而士子因欲祠公像于學，以為中興以來未有久任之美如公者也，而公力謝止之。及移丹徒，邦人竟為之祠云。

初張致遠之為帥也，嘗招海寇之餘黨置海嶼曰大奚山，縻以効用之名，而實無所廩給，遇歲饑，或閒出掠魚鹽之利，言事者指為公病。上察焉，第降一秩，公恬不以辨。至建未暖席，方盡還軍食之負而戢鹺商之盜[1]，使公且壽而得盡其設施于時，其功効奚止是哉？然公之曾大父好賢樂善，推重于鄉閭，歐陽文忠與諸名公為賦萃賢亭詩。大父著文名，嘗守循州有善政，蘇文忠公以“默化”名其堂。伯父則舍人，儒學入侍，持節四方。攷其世德，厥有端緒。至公登法從，蔚然聲稱，信如舍人所期，而舍人無後，公遂以一子嗣之。曾祖妣江氏，贈碩人。祖妣趙氏，永嘉郡；俞氏，滎陽郡[2]，皆夫人。妣王氏，令人。娶徐氏，贈令人。子男四：待聘，修職郎、處州縉雲縣尉；待問，修職郎、新筠州新昌縣主簿；待舉，將仕郎，命繼舍人者；待取，承務郎。女五，壻則迪功郎、辰州敘浦縣主簿呂友直，迪功郎、新南劍州將樂縣主簿宋世本，其一早夭，二在室。孫男元老、彭老。女尚幼。淳熙九年八月壬寅，待聘等葬公于其鄉之齊山峰，立請銘。予與公同在郎省，先後為理卿，今同寓上饒，其何可辭？銘曰：

國朝議法，始亦付吏。逮我神宗，設科取士。士習于律，或嚴少恩。寬恕不苛，亦惟有人。顯顯周公，少以學文。漫然應之，則以致

---

① “鹺商”，原作“販商”，據影印文淵閣四庫全書本、影印文津閣四庫全書本改。

② “滎陽郡”，原作“榮陽郎”，據影印文津閣四庫全書本改。

身。矧厥治功，有仁有威。肅穆循和，抑為吏師。公在廷尉，出入四至。進退裕如，卒登近侍。公在番禺，偃息六年。不貪于泉，追蹤昔賢。帝曰來歸，牧我近甸。易藩之瀳，曾未再見。天不我留，逝于武夷。嶠南之民，有公是思。凡公施為，實本忠厚。明嗇其齡，宜衍其後。江郎之山，倚天巑岏。其別曰齊，公墓在焉。

祐甫墓誌銘

祐甫龐姓，謙孺其名，祐甫字也，單州武夷城人。皇祐中，有相仁宗而公于潁國謚莊敏者，其曾大父也。潁公之子朝奉大夫諱元中者，其祖也。大夫之子忠訓郎諱敏孫者，其父也。祐甫少孤，留落四方。紹興十年，季父莊孫以明堂恩奏為將仕郎。明年，監南嶽廟。丁母憂，服除，調泰州海陵縣尉。代歸，得兩浙西路提點刑獄司幹辦公事，以言者罷。居久之，得江南東路轉運司幹辦公事，以省員復罷。授鎮江府觀察推官，官為右文林郎，如是而止爾。然世之稱祐甫者，以字不以官；知祐甫者，以詩與文。而祐甫性敏悟，讀書過日輒解。為詩原于古樂府，有自得之妙；為文欲如先秦古書，雅奧而奇出；為騷詞，屈、宋以降則不學也。皆不蹈世俗畦畛，不肯以近代文士為能，以是議論輒驚人，往往憚與之交，及見其作，無不愛也。始猶有田可食，既運蹇不遇，鬻幾盡，屏居吳興山閒，屋僅數椽，妻子不勝其憂。好事者至，則典衣具酒，論文誦詩，終日不厭。親族有不能葬者，亦質田助之。旦起，蓬首曳杖，吟哦草中，田野之人識其為祐甫也。乾道三年，權監饒州景德鎮，五日而病作。既革，尚能為字以託平生所厚故人，曰：“得錢五十萬，買田以沾諸子，吾死瞑矣。”既而祐甫果死，予為遣吏獲其喪歸，且斂故人之錢，以累芮煇國瑞買田付其子，而吳興士夫又合力葬祐甫于周塘村其母夫人塋側，蓋莫不哀之。

始祐甫挾其詩文遊行都市，諸公貴人倒屣願見，未及有所薦引，已復排去，去而不復仕矣。天下之窮，有若是哉！彼富貴壽考而無祐甫之才者，獨何人耶！祐甫晚好釋氏學，每嘆曰：“吾生甚不如人，死必求所謂極樂國者。”其在村落，為念佛之社。將死，氣僅屬，囁噅誦佛不休。問以家事，不對也。祐甫歷官不再，其在海陵，不欲以捕盜受賞。邑有妖神降于尉卒女子，祐甫取其像，鞭而焚之。母夫人，宗室近屬，性嚴重。既窶甚，欲攜之依他人，祐甫拜而請，願獨居以養。其艱食盡力，閭里蓋難之。及夫人之喪，乞貸于親舊，葬祭甚備。其妻嘗歸寧，祐甫與約："吾母練祭則來。"已乃踰期，祐甫閉門謝之曰："若忘姑矣!"妻從闔中哀祈千端，竟不顧。其介然自立如此。

祐甫死時，年纔五十有一，蓋三月某日也，葬以十二月十三日。再娶林氏，子四人：師憲、師亮、師濳、師易。女二人，未嫁。有《白蘋文藁》十卷、《詩説》《西漢刊誤》《睡起錄》皆未成書。祐甫于交游寡合，而于予兄弟特善。其年有病疾，輒以其文藁屬予序，且丐銘其墓。予每謂其不祥，未嘗答也，今遂果然矣，悲夫！因收涕作銘，以成祐甫之志，而鄱陽章甫冠之為書于石。冠之昨與祐甫俱客于予，四老者也。予潁川韓元吉也。銘曰：

吁祐甫，才允良，命則窮，文有光。抑而信，道之常。奄不復，世用傷。校彼庸，孰在亡。安求旃，雪水陽。吁祐甫，永此藏。

韶州太守朝散大夫汪公墓誌銘

公諱杞，字南美，新安汪氏也。英濟王七世孫景徙于婺源縣。景生高，高生濟，濟生丕，丕生惟良，是為公曾祖，隱德不仕，翰林侍讀錢醇老嘗表其墓。惟良生叔漸，是為公祖，以子贈奉議郎。叔漸生路，登紹聖四年進士第，官至承議郎、知信州貴溪縣，是為公父，以公贈至銀青光祿大夫。宗人翰林學士彦章稱其人以比元魯山。娶萬氏，贈蘄春郡夫人；張氏，贈大寧郡夫人。寧生四子，公其仲也，舊名利國。少篤于學，方朝廷興舍法于天下，公與兄利往，俱選上舍，繼而入辟雍，解于開封府。

建炎二年，太上皇帝龍飛，策進士，始中第，授迪功郎、南康軍司法參軍。郡經李成兵火，大將韓忠武公提軍數萬過郡，趣軍食甚峻，守懼不給，至乞祠。公始仕，獨毅然畫策，請税商船，盡輸米以濟用度。檄公攝倉官應之，軍士譁不可止，公呼隊長諭之曰："券各有姓名在也，一不如律，案其名告，大帥申軍法矣。”皆噤不敢出聲。自卯漏下至五鼓乃畢，人服公可馭衆。任建州崇安縣丞，縣庫陷失緡錢踰數十千①，公聲色不為動，第責庫吏，限一月俾輸。時建守魏邦達治有威嚴，欲逮繫之，公啓曰：“是無益也，積弊至此，願聽其所為，不效則寘獄未晚。”既限滿，果盡得之。有兄弟五人訟家資，累年不能決。公列之庭下，舉唐賢韓思彦飲乳事訓之，皆感泣，遂均産。課民藝桑柘十六萬株，守及諸司競論薦，改右宣教郎②、知饒州安仁縣。縣因寇退後版籍焚逸，産税之數殆失其半，冒佃匿税餘五萬緡，民輸絹及苗役悉增于舊，公括而正之，一絹減税錢三百餘，苗米、役錢、和買十減其四，而豪户兼并所不利，相率騰訟于朝。事下漕司，委郡丞來治，謂公必有妄用，公謝曰：“一錢出入，有簿籍在，請以姓名所輸揭諸鄉，有不實者當盡訴矣。”乃無一人訴者，上下彌服。公即興縣學以誘勸其俗，略無懲治之意。貴人寓公，莫不譽歎。知建昌軍南豐縣，其治如安仁，民以孝行著者凡十九家。根正逃絶户亦萬餘，得税錢六百緡、米二千三百斛，催税之長始無償納之患。屬歲旱，發廩賑之，活數萬，鄉民為立生祠。易縣橋以石梁，以公名。有宿寇張小者，據巢穴幾二十年，公合弓兵，一戰平之。時經界始行，不擾而辦，鄰邑皆來問其法。逃户復業者四千三百，增桑柘四十萬，修水利四百餘所，由是監司以公治狀上聞，遂籍于中書。後十有五年，公赴官廣東，經南豐，百姓猶遮道送迎，頌公未忘也。知信州玉山縣，以其餘力新縣宇，葺館舍，整塗路之阻。而獻言者欲開運渠，自縣以達常山，公則拒之，曰：“是不特勞民費用，且壞人墳墓甚衆，而山徑高險皆石，亦豈能通也?”議遂格。會鄰境有惡少奪食，頑民鄭一龍亦嘯聚為應，公捕誅之，百里乂安。通判肇慶府，一日海舟數十百奄至，若有異，府洶懼失所為。公單騎走岸次，嘻笑諭之，衆皆靡去。被檄攝英州，閲再歲，有惠愛。

既還里中，則曰：“吾老矣。”築室治竹石，聚書萬卷以教子弟，

① “數十千”，原作“數千千”，據影印文淵閣四庫全書本、影印文津閣四庫全書本改。

② “右宣教郎”，影印文淵閣四庫全書本同，影印文津閣四庫全書本作“左宣教郎”。

延賓客，飲酒賦詩自適。朝命除公守韶州，竟丐祠祿，主管台州崇道觀者四、武夷山沖佑觀者一。當淳熙二年太上慶壽恩霈，以龍飛榜進秩，而徽州守臣應詔，以公年雖七十，歷官治績、精力尚强，可選監司、郡守，亦莫能起也。閒居二十年，康健燕怡，與其室黃夫人皆上壽。子孫數十侍側，澹然無聲色之娛，鄉閭敬之若父祖。歲饑，大家務閉糴，公獨發私廩，損其價以惠貧者，兩邑令至謝于門。今年正月，考妣加贈恩至，猶與族婣慶會，自以致家布衣，叨世科，雖不及養，而贈官、封邑俱至三品①，諄諄【案】此處有脱文。九十有三。官朝散大夫，賜服三品。有詩文數十餘卷藏于家。娶黃氏，同邑進士造之女，年亦八十九矣。三男子：邦俊，迪功郎、南安軍大庾縣主簿；邦直，當以遺恩受命；龜齡，舉進士，有聲。三女子，壻則進士黃欽承、黃時心，左宣義郎、簽書桂陽軍判官方正己。孫男七：詠、謙、謣、該、誼、詷、訓。孫女七，長適董爀，次黃玠，次夏朝宗，餘在室。曾孫男三，女二。

公性介直，資明敏，歷宰三邑，半刺二千石，皆以廉能稱。其治邑先教化，必更學舍，招延士子，至今安仁之學冠于諸邑。銀青公在小官，有謂之眞清者，公因以"眞清"所至榜官舍為名。其貳肇慶，為直南恩守訟事，守以厚餽為謝，力辭不受。出行屬縣，宰有以白金二百星助公修廨者，公斥，寄之軍帑，後宰以贓敗，人始服公不負于清名。當路公卿、知己，論薦亦衆，而不肯俯仰以求用。老而靜退，自營壽藏于所居之近獎山，造僧庵，築亭宇甚備，至是以十二月壬申葬焉。

予頃在信幕，公為玉山，熟其行事，往歲過其鄉，見公猶精明未衰也。今夏如宣城，再經其門，聞哭聲，則公喪既數月矣，因于其家而哀之。及葬，邦俊等來請銘，銘曰：

汪姓之原，踦能執干。自隋迄唐，盛于新安。既祀既封，我朝而王。將相文儒，顯以四方。惟婺源宗，十有五世。聯芳登名，父子以繼。嗟哉韶州，廉介特立。晚秉一麾，早製三邑。善政美才，足用有為。蘊奇于衷，曾莫究施。黃髮鬖然，世其眞清。樂于家林，壽幾百

---

① "三品"，原作"二品"，據影印文津閣四庫全書本改。

齡。有子暨孫，足大我後。天祐善人，豈惟其壽。獎山嶢嶕，自營其藏。閭里敬思，公為不亡。

朝奉大夫新知泰州宋公墓誌銘

宋姓自陳州南頓來寓上饒，築室城南而葬于德源之山，蓋左中大夫、直祕閣諱孝先者始也。祕閣生三子，其長與仲亦典州治縣有聲稱，不幸相繼以歿，獨其季以才諝聞于時。淳熙九年，由澧陽守賜對便殿，天子嘉其對①，以為才可用。在近制，既歷郡則應郎選，而公恬然，復以郡自乞，執政驚嘆曰："是何取之廉耶?"為擇近次，畀以泰州。既歸，閭里之賀客未竟，公得暑疾暴下，醫亦易之，甫數日，遂不起，向之賀者皆失聲悲咤，不特為宋氏惜也。將葬，諸子來請銘，而予之居幸為鄰，又與其兄弟往還亦舊，義不可辭。

公諱适，字叔敏，即祕閣季子也。少嘗舉進士不利，乃求為有用之學，聞其鄉先生邃于易數者，往從之遊，得其說甚富。既而補祕閣，宗祀恩，調温州支鹽食②。所隸故多亭户，讶新例裒白金以為費，至公獨不受，籍其數還之，衆服其廉，三年不敢慢易，宿弊悉除。歷饒州軍事判官，饒號劇郡，且刑獄、坑冶二使者在焉，獄訟不得自專，每有問，不以罪州則以咎幕職，公從容其間，辨析無撓。歲小歉，元夕，攝守者尚欲張燈華飾且具，公斂板爭之，屢卻不顧，卒從公議，諸司用是知薦。秩滿，改右宣義郎、知邵武軍泰寧縣。在閩為岩邑，或勸急財賦、緩民訟者，公曰："此俗吏之為也。"悉意聽決，務適其平。則修學校，迪諸生以禮義，是歲鄉貢，邑之士為多。間擢第春官，既代者將至，鄰邑伺其便，挾上官勢，欲以鹽數萬斤寄售，公拒絶之，然後以印付代者，民為立祠記其事。

得通判靖州，靖荒遠，有夷獠難馭，銓部偶許其闕。親舊謂公曰："是道傍苦李也。"公曰："吾貧仰祿，所願施為以報國家，亦何擇?"馳單車就道。既視職，俄報洞賊入寇，衆號二萬，公度主將不

---

① "嘉"，影印文津閣四庫全書本同，影印文淵閣四庫全書本作"喜"。
② "支鹽食"，《全宋文》第二一六冊卷四八〇六校勘記：食，似當作"倉"。

任事，勸其在告，以事付我，因求所以致寇之由，命鄉老往諭之。賊酋據謝曰：“吾州所為類若是，吾忍畔乎?”而官軍徼功，欲乘其怠擊之。公曰：“是吾失信也，異日有患，將若何?”遂深入其巢，撫定以還。通判臨江軍，會秋選進士，公方司試院中，郡支衣錢不逮數，譁怒不可遏，居民匿走，懼其將亂。公欲出視之，主文者謂有法禁，公笑曰：“輕重有權，此法所不載也。苟獲罪，某當任之。”乃犯門而出，徒步至通衢，呼卒伍之長，告以利害，且曰：“郡帑錢不足，當以吾廳錢足之。”衆大喜羅拜，皆歸營不敢動。公密捕其首，正其罪，帥與憲臺聞之，欲上其功。公力謝曰：“是彰守之過也。”莫不歎服。知澧州，亦有猺洞之患，公陛辭日，上嘗諭以恩信為先。公至，則宣布詔旨，凡固結其心者靡不備舉，猺人感動，時相率拜庭下。公又思所以防制之者，取四縣義勇及弓弩手，分隸于五知寨而統以都巡檢，給器仗，教以行陣，緩急皆可用，夷獠畏戢無敢犯。歲比不登，公講求荒政甚至，官廩之賑頗不充，敦勸豪右積穀之家皆使備糶，然為定升斗、均價直，雖深山窮谷，置塲以濟，故一州之民獨無流徙。歸入見，遂詳言之，反覆論奏，至于六七。時江浙旱暵，上方以州縣賑濟無實為憂，聞公言稱善，以為才者此也。

公為人敦厚儒雅，事親孝謹，奉二兄恭甚。交朋友以信義而無吝嗇，然遇事有守，不肯妄進取以徼名利。居閒治廢田為圃，藝花竹，載酒賦詩，與賓客遊從甚適。其為郡，見鄰境以發擿縣令為聲名，則歎曰：“今之官莫難于令，使其謬而不法，贓而有實，罷之何媿?責以細故，不復寬之，吾不忍也。”人用是服其長者。始葬歐陽夫人，卜地于崇孝鄉陸村，規為三竁，植萬松其上。時公年未四十，人以為蚤，公則曰：“人詎有不死，後數十寒暑，會當同歸，今力所可及也。”然公再娶向氏①，十五年前亦卒，既啓壙而納之，今公遂處其中，不謂知命也哉！公卒以七月五日，葬以十月九日，享年五十有七，官至朝奉大夫。考祕閣少年取上第，兩為都公衛卿，持節案刑，以吏能著，累贈至金紫光祿大夫。祖諱舜臣，故朝散郎、通判憲州，

① “向氏”，影印文淵閣四庫全書本同，影印文津閣四庫全書本作“勾氏”，下文亦同，不另出校記。

以祕閣贈亦至金紫光祿大夫。曾祖諱良弼，故大理寺丞，以朝散贈至朝請郎。妣劉氏、薛氏皆贈夫人。公之配歐陽氏、向氏皆封安人。子男四：世譽、世儒、世稱[①]、世求。孫五：鑑、鑄、鏞、鏗、鐙。銘曰：

獨夫腥聞覆商鼎，微歸宗周抱其皿。有氏于宋裔斯永，在漢則昌唐則璟。聲名昭垂業彪炳，逮于我朝緊國姓。惟宣暨元族之並，公家淮陽系滋盛。卿月輝輝近相暎，子皆方州季益令。承兄事親友以敬，良于效官達為政。獠夷綏和民不病，左符載更時遇聖。年不我留逝期命，猗嗟後人席餘慶。

太令人郭氏墓誌銘

夫人郭氏葬臨安府餘杭縣湖西之原十有八年矣，其仲子為福建路轉運副使，書來請曰："公碩不天，六歲而孤，當崎嶇戎馬閒，母氏提而南，蓋嘗變姓名，易藍縷，避狼虎之暴，得以全諸子也。既又教之從師友，追賢能，齒士大夫之後，僅以伯氏之恩而致封焉。壽固不為夭。然公碩冒符節，躐臺省，荷我朝光榮。諸孫繼竊科第，稍稍自振，而甘毳之養乃已不及。前日菽水酸寒，念之痛貫心膂，或達旦不寐，無以自贖也。惟追遠之義，宜有以敍其平生。説懌其善美，以慰于幽宫，信于後世。而適奉使指，留連蜀道，已後其時矣，今願有述也。君舊嘗為鄰，熟吾親之行事，其不可以辭。"嗚呼！予亦少而孤，奉母而不得終養者也，故見侍其親而安榮壽考者，則不勝凱風寒泉之思，聞悲哀思慕之言，不翅如自己出也。而夫人享年又與吾母同，況耳其話言，目其善教，與其子還往猶弟昆。今白首相望，其子之悲，亦我之悲也，顧何愛吾文。

案夫人唐汾陽王之後也，其世次不可詳攷，而家于開封。曾大父諱某為監主簿，大父諱某為縣主簿，仕不致顯。考則諱師厚，娶皇族濮王宫仲愈之女，為保義郎，而不喜出仕，優游里閭，以琴酒自適。

---

① "世稱"，影印文津閣四庫全書本同，影印文淵閣四庫全書本作"世偁"。《全宋文》第二一六冊卷四八〇六校勘記：偁，字書不見此字，疑是"偁"。

夫人天性沈静，不事華侈。雖世居輦轂下①，服飾澹然，未嘗輒徇時好，故親族内外咸知其賢。魏邸宣州觀察使為其第三子贈中散大夫諱某者聘焉。夫人既歸外家之族，而宣州子舍素多，所娶皆名家大姓，獨推夫人婦道為可則，蓋居家孝而和，奉祭祀備而潔，處用度儉而不陋，恂恂色莊而氣平，雖女功之巧，未嘗自衒己能以驕人也。遇人有不善，私面諭之，不以語于衆，善則與衆稱焉。舉族敬愛，以為不可及。中散喜交游下士，酒醴之會無虚日。夫人聞其與客對談，吟哦賦咏，必竊聽而喜，為之治具益不倦。

靖康元年，中散下世，金人之禍起。夫人攜其兒女六人，間關避地四方。閲再歲，始能渡江。所謂變姓名、易藍縷者，皆其實也。雖衣食未給，而朝夕厲其子以讀書，曰："爾父之後，不可不立也。"其長子公顒，以取應得官，至武德郎、淮南東路兵馬鈐轄。次公碩也，以紹興二十一年登進士第，則又誨之曰："學非止一第也，宜有以充之。"故二子之仕，皆有聲稱籍甚。及公碩為餘杭縣，而夫人疾不起，隆興二年十月二十有五日，葬則閏月某甲子也，享年七十有六。以公顒通朝籍，封太孺人。慈寧慶壽恩，封安人，今累贈至令人云。四男子：公顒以淳熙五年卒于官，公碩今為朝請大夫、直徽猷閣，就差知寧國府矣，其二則早世。二女子：嫁敦武郎吳泳之，從義郎李璟。諸孫九人：彦綝，成忠郎、淮南西路將領；彦縉，宣教郎、新知臨安府于潛縣；彦銓，承務郎、撫州金谿縣丞；彦絅，迪功郎、處州縉雲縣尉，三人皆登進士第者也。彦紆，迪功郎、新信州司户參軍；彦綰，將仕郎；彦紆、彦組、彦綩，尚幼。孫女三，迪功郎、汀州寧化縣尉鄒作德，進士黄準，從政郎、夔州路提點刑司獄檢法官王逸，其壻也。

噫！婦人無外事，視其相于夫者，足以知其内；視其子與孫之成立，足以知其教。況如夫人，其操行著于宗族之間，而節義立于艱難之際。士大夫聞其風、望其門而咨嗟嘆羡之不足，此詩之所以著詠、史之所以紀而不遺者也，其敢不銘。銘曰：

---

① "輦轂下"，原作"輦轂不"，據影印文淵閣四庫全書本、影印文津閣四庫全書本改。

孝而和，順而敬，是為女德之令；冰玉其清，松柏其勁，是為婦節之正。有子而賢，有孫而盛，足以見吾母道之聖。人有一其可稱，況美備而莫竝耶？餘杭之阡，湖水淵淵。史或逸言，視此其傳歟！

安人張氏墓誌銘

夫人張姓，諱法善，世為和州清曠人。伯父邵，始登進士第，為敷文閣待制，贈其祖幾至金紫光祿大夫。父祁，歷淮南轉運、知江州，寓直祕閣，終右朝散郎。妣李氏，某官文淵女也。夫人生二十四年，為右朝請郎、直祕閣、今寧國府長史韓君元龍繼室。年三十九，乾道八年九月二十四日，歿于寧國官舍。長史將葬夫人，而以書抵其弟某曰："吾之娶于張也，因子之議也。不幸已矣，其亦子為銘之。"蓋夫人之兄孝祥，妙年以文學冠多士，入中書為舍人，名聲籍甚。方其校中祕書也，某實與之遊，而夫人淑稱稔于外，江州擇其壻甚艱。長史時為縣天台，亦再娶再夭，無復婚意。舍人獨與某議，以夫人歸吾家，謂夫人性靜專且知書，能誦佛經，習于世故，舉族人人敬之，宜為長史配也。既嫁，而奉太夫人謹甚，撫兒女如己出，遇事整然有條，大小咸喜，無一不逮所聞者。嘗因小疾，太夫人躬撫摩之，夫人遽起曰："姑也而以女視婦乎？其何敢不事姑如母也！"後數年，長史官荆南，太夫人得偏痺之疾，夫人扶掖起居，凡湯劑食飲必歷其手而後進，如是踰一紀。太夫人既棄諸孤，未終喪而夫人遂哭其兄與其女弟，又重罹江州之戚，期功衰斬，殆不堪其憂，由是亦得疾，病屢作而未平，乃趣長史，俾為其子婚而嫁其長女，日夜以為言。及婦與壻將踵門，則喜甚，力治其所須急者，紉治補苴，頓忘其勞，且曰："吾畢此，死亦瞑矣！"不數月，夫人疾果甚。一日，呼其兒女婦媪悉坐牀下，告以家事，諄諄累數十語。而己生二女返麾去之，曰："是幼未有知也，徒亂人意。"命浮屠作懺度法，而侍婢擊磬，聲未絶而逝。男曰沆，女曰妙智，適左迪功郎、新饒州安仁縣主簿李景和。其二女，則曰紀，十有二歲；曰華，九歲矣。嘗生一男曰相老，未晬而夭，遂以是年十二月丁酉，葬夫人于宣城鳳凰山，介于先夫人與長史前二夫人塋之側。長史悲不克自銘，而俾某銘。始某兄弟既終喪而别也，夫人泣曰：“某已屬疾矣，叔他日來當不復見也。”嗚呼！孰謂其果然哉！銘曰：

潔身而家女之德，事姑猶親婦之職。俗澆不還世乃識，鳲鳩之儀矧如一。能齊死生緊學力，不相夫子吁可惻。兩殯之原姑之側，銘焉弗忘此其室。

榮國太夫人上官氏墓誌銘

夫人上官氏，邵武之著姓也。夫人之考以儒學奮，為左中大夫，出入顯仕，始大其門。夫人生而靜專，不妄言笑，中大夫異之，擇配甚久。故户部侍郎季公有聲太學，以上舍擢第，夫人歸焉。侍郎家處州之龍泉，蚤孤而貧，夫人不逮事其舅姑，遇歲時薦祭，稱家有無，必具以潔，與其夫均感慕，不翅如逮事者。嘗歎曰：“吾為君家婦，凡事死猶事生也。”既侍郎為辟雍直講，季氏之宗有不令者，以其上世清平里之塋山竊售于僧寺，侍郎謁告歸義贖之，禄薄素無積，將貸于人，夫人泣曰：“吾父母資送我者，以為君家助也。君松檟不自保，吾安所用焉？”盡倒其奩以贖其山，且以其餘增地甚廣，置廬舍守之，曰：“俾後世知自君得，他人無敢預也。”于是季氏之族無大小皆稱夫人之賢，且服其識，至今薪槱不敢望其墓林，曰：“此上官夫人賜也。”

侍郎以徽猷閣待制經略廣州，既三年，得請奉祠矣，未去廣而歿。諸子未冠，夫人護其喪獨行數千里，歸祔清平之塋，襄治甚備，已而慨然曰：“吾于季氏無負矣！猶欲教其子，使得齒于士君子之流。然夫家無依，盍亦依吾父母乎？”乃又挈其子，閒關居于邵武，從中大夫。時中大夫諸子皆早世，惟夫人在。夫人日侍其二親，退則躬課諸子誦習，夜分乃寐，率以為常。中大夫與其夫人年皆九十而終，夫人始去其親之舍，築室郡城，聚居十指。諸子嶷嶷，仕有能稱，相踵至于刺史二千石；諸孫十餘，間受命或預鄉薦；孫壻六七人，被服儒雅，鄉閭指為盛事①。然不幸十餘年間，三子者前卒，獨季息圭侍左

① “盛事”，原作“益事”，據影印文淵閣四庫全書本、影印文津閣四庫全書本改。

右。夫人年已八十，人亦不堪其憂，而夫人自少觀浮屠氏書，泊然無甚哀戚之累。將終之夕，僅以少疾，猶合目端坐，誦《華嚴經》滔滔無一語謬，淳熙五年二月三日也。圭將以是年十月某甲子，祔夫人于侍郎塋北之右，而來請銘。

始予家與夫子家同避寇邵武山谷閒，吾親與夫人年相若，而諸子與吾兄弟年又相若也，弦誦相鄰，閒亦同試于有司。及仕途相遠，吾親既下世，而聞夫人壽考康寧，未嘗不歎羨欽慕，以為其親之榮也。繼而知其兄弟夭折至于再三，亦未嘗不感愴嗟惜，以為其親之哀也。觀夫人所守與其自謂無負于季氏者，豈不信然哉？惟夫人少為淑女，長為賢婦，老為令母，勤儉有禮法，其處己莊而和，其治家嚴而有則，其于内外親族，睦且有義，而又達于哀樂死生之際，其可不銘？

初，夫人以侍郎貴當封碩人，而侍郎回以封其母，厥後諸子既通朝籍，始封太碩人。遇皇太子恩，加封太淑人。郊祀與慶壽典禮，歷封縉雲、文安、永寧三郡太夫人。淳熙三年，封榮國太夫人，春秋蓋八十有五。曾祖諱某。祖諱照，贈光禄大夫。考諱恢，母令人高氏。男四人：奎，承議郎、通判明州；壁，朝奉大夫、知通州；堃，朝奉郎、通判贛州，皆前卒者。圭，通直郎、福建轉運司主管文字。孫十六人：鋆、鑒、崟、鑾、鍫、萝符、銐、鎜、鑒①、鑾、鏊、釜、鋈、鏖、鍙、鐅。孫女八人：長適惠州河源縣令陳希默，次適漳州漳浦縣主簿張棐，次適贛州雩都縣主簿王窠，次適福州左司理參軍王浩，次適建寧府甌寧縣尉朱頔孫，次適隆興府新建縣尉廖敏德，次適饒州文學吳悦，次尚幼。曾孫七，曾孫女六。侍郎諱陵，字延仲云。銘曰：

女美之盛，婦德之令。其守也正，有夫而賢，有子而傳，亦謂為全。不罹于艱，不踐于難，行奚可言。既得其寧，又居其成。壽考則榮，匪生與樂，不滯而覺。道斯可學，懿躅清規。聲聞以垂，視此銘詞。

---

① “鑒”，《全宋文》第二一六冊卷四八〇六校勘記：前已有“鑒”，此又重出，當有一誤。

太恭人李氏墓誌銘

夫人姓李氏，其先蓋上黨人而家開封。七世祖諱崇矩為皇朝開國勳臣，任樞密使，贈太師，封河東王，謚元靖。高祖諱遵勉，尚太宗第八女獻穆大長公主，任鎮國軍節度使，亦贈太師，謚和文。曾祖諱端懿，任鎮國軍節度觀察留後，贈侍中。祖諱説，任感德軍節度使。考諱宗，任奉直大夫、直徽猷閣。妣王氏，封恭人，故集賢校理安國之女。夫人生世族，襲富貴，其清儉好禮出天性，而外家本儒學，見聞有典型。初適符寶郎錢端義，生一女子矣而寡。為朝請大夫、祕閣修撰韓公繼室。公名球，字美成，出入中外有名聲，而一意官事，未嘗問家有無。夫人曰："治家吾職也。"盡發其積與己資送之具以置良田，築室臨川，為寓居計。一旦有負米輸于庭者，修撰驚問之，夫人笑曰："此吾家租也。"乃謝夫人："眞助我者。"既而修撰自夔易帥荊南，不起于道，二子尚幼，或勸夫人謀地以葬，無庸歸。夫人慟曰："昔吾夫葬吾姑信州也，盍使從焉？我則無如之何。"聞者為出涕。蓋間關逾數千里，負其柩祔于太夫人鄭之側，即墓所築室廬以為僧居，買田數十畝給之，且歎曰："吾家在遠，不得朝夕此也。"故至則流連數月不忍去。夫人不逮事其舅姑，而歲時薦祭，潔嚴齋莊，不啻如奉其生。嘗聞鄭夫人欲飯浮圖氏且千萬，久而未償，夫人曰："是亦吾夫之願也。"顧不能遽集，因以田施疏山白雲僧舍，俾收歲租以為飯僧之數，凡六年而後畢。

方建炎亂離，夫人家隔絶，道經泗州僧伽塔下，炷香于頂，祈與父母相見而死，未幾家問果至。及奉直公歿，藁殯于南安甚久，夫人歸韓氏，乃舉而厝于臨川。修撰喪，迎王夫人養于家。王夫人年過八十，疾革，謂所親曰："吾生事死葬之託，一女而已，孰謂不如男乎？"奉直公嘗誦《華嚴經》，欲百部以禳兵火之厄，僅及其半。夫人誦至二百部，以酬先志。蓋夫人資孝謹，雅好佛學，嘗從其徒法眞乞名法因，又謁宗杲于徑山①，得號"安靖道人"。晚年布

① "宗杲"，原作"宗果"，據影印文淵閣四庫全書本、影印文津閣四庫全書本改。

裘飯蔬，翛然默坐，或誦佛書，意有所會，至忘食飲也。然夫人善治家，凡家事細大悉有法，貨泉穀米之用，知所均節。周旋内外親族，稱其戚疏厚薄之誼。論者以謂使為一男子，其稱能吏才大夫決矣。躬教二子以詩書，嘗撫之曰："乃翁有官業聲譽在人，若等無負之也。"既二子皆舉進士，預薦送，則喜曰："其將有傳耶?"以慶壽恩封太恭人。淳熙四年，從其長子官于行在所，得疾以逝，六月十日也，享年七十有四。以七月辛酉，合祔于上饒縣禪寂之東山修撰穴之左。二子者：長曮，從事郎、監行在雜務雜賣場門；次歷，迪功郎、監湖州新鎮市。女三，前氏出也。壻則朝散大夫、荆湖南路提點刑獄晁子健，朝散大夫、主管台州崇道觀李鄠，朝請大夫、直祕閣孟充。孫男元芝、元蓍、元葵。女孫二，其在錢氏女子，則嫁通直郎、知寧國府太平縣詹承宗。夫人之行與事，元吉以族姓知之為詳，故不辭而銘。銘曰：

惟天地義，女正乎内，柔則有位，家則有饋。去古寖邈，姆訓益亡。不組不紃，視以為常。猗嗟夫人，世有令緒。少為順婦，長為賢母。克相其良，以成其家。儉而不嗇，飾而不華。膳羞酒醴，被服在體。妾媵閨房，率有綱紀。我繩我規，左右其宜。自今視之，蔚為女師。夫人既老，復奉其親。誨其二子，施于後人。死生常理，壽夭匪貳。夫人學焉，蓋已知此。葬從于夫，亦侍其姑。鼓鐘其隅，夫人所廬。

安人盧氏墓誌銘

淳熙改元之七年，予始居南澗，有腰絰候于門而以書見者，徐姓，文卿其名，拜而泣曰："先君子幸有契也。文卿之母將葬于玉山縣安平鄉魯家原矣，願賜以銘。"予驚問之，則故攷功郎中徐公漢英之季子也，而處州趙使君文鼎嘗與俱來，道其力學習文之善。及觀其書詞，則知古義，欲以顯其親之淑于百千年陵谷遷變之後者。又其里人相與狀其夫人行事甚縟，是可述已。

蓋攷功諱人傑，字漢英，家信州玉山縣。少通《春秋》，為名進士，登巍科，鄉閭皆慕其文。與余頃同在郎舍，朝夕晤語，推為長者。既又同持節江東西，書問往來，見其家有緒有條，而敀功得悉意王事于外而無閨門之慮，知其内為之助也。今遂見其子之立而將不墮其家之傳，足以知其母之教焉。

夫人姓盧氏，世為衢人。曾祖襃，祖元達，父經，習儒業，不得仕。而其從兄驤仕至侍從，有文名，為衢之著姓。夫人性端重，不妄言笑。年十七，以嫁復州教授周君之才，有子與女三人矣。周君不幸即世，夫人提其孤，奉其柩，由數千里歸，居且十年，不忍去其姑之左右。逮終姑喪，乃若有所不容者。夫人之母徐歎曰："吾女無所託矣，必託于士之賢者，庶幾其肯從焉。"而敀功久失其配，遂以夫人歸徐氏。敀功素薄于生業，夫人治家，勤儉有法。接其姻族，和以盡禮。凡祭祀、賓客，人莫知其貧。撫其前氏二子如己出，已乃自生子文卿也。敀功既捐館舍，夫人日夜誨其子以詩書，而家事自任，不以衣食勞其子，俾求賢師友而問學焉，蓋其志尚可見如此。子三人：禹卿，迪功郎、峽州宜都縣主簿，前卒；次湯卿、文卿。孫十人，曰騏，曰駉，曰驥、駟，方預秋貢名。餘尚幼。其在周氏子則曰卬，女則適廣州番禺縣丞富桷、進士祝麓、饒州餘干縣主簿潘漢卿。夫人以敀功遇郊恩，封安人。年六十有四，終則去年三月十一日，葬則今年十二月六日也。為之銘曰：

相其夫已有家矣，又教其子而傳焉。特未享其榮與養也，是不畀其年耶。悲夫！

太宜人毛氏墓誌銘

趙氏之子將葬其母，踵門而泣曰："善突生四年而失先君子，以靖康之難，先君子亦流離四方，雖在濮屬五世而近，孑然無田舍以依，緊母氏是恃。上有兄，下有子姪，誨之學以自奮，僅列于仕矣。又誨之忠勤廉恪，俾盡力焉。今不幸而親不待也①，相與忍死以襄大事，而吾母温恭之德、潔正之行，懼于湮没無聞，君其哀之而賁以銘。"曩予守金華郡，善突猶以武爵任筦庫，好學而文，愛

① "待"，原作"侍"，據影印文津閣四庫全書本改。

其才也。既而果登進士第，而貳令于建安，予亦舊為建安宰，嘗取陸景倩事，以名丞廨一堂曰“眞清”，逮今三十年。邑人言善罙清甚，至捐其可得之俸以治其官舍，為不負于堂者。及居喪，號慕如禮法，寫佛書數萬言以為薦祭，鄉之士子敬而記之，則予可不銘以慰其思。

惟夫人蓋毛氏，世為衢之江山禮賢鎮人，左中奉大夫京之孫，左朝議大夫亨之女也，為武義郎趙君不偄之繼室。夫人幼有令聞，善女工，習詩書。武義任禮賢鎮而喪其前配王氏，有男女二人矣。夫人歸焉，主饋字孤，家人宜之。僅十年而武義即世，夫人年甫二十有七，生二男一女子，守義莫奪，躬治其田廬，以緝其生理。掩關教其子外，勤儉自頤，日課釋老氏經，刺繡其像，製為幡幢，貨其簪珥，用祈武義之福。聞其子有佳客，雖手自治饌弗憚。或不如己者來，戒使謝之，故其子孫表表甚立。淳熙之八年也，夫人生朝，方燕親族，而善罙貢名禮部、孫汝勳中取應選，郵音竝至，里巷懽呼以為榮，而夫人澹然不為動，曰：“此子弟之常也。”及在建安，而善哲、善慈官亦近地，歲時來侍，觀者以為慶，謂宜見其子孫之顯且大，而夫人益享其壽考也，而年纔五十有八以逝。向之里巷之人與聞其事者，莫不哀之，況其子孫乎？

子善哲，修武郎、福建安撫司准備將令，次未賜名而亡。女適秉義郎、郴州桂陽縣尉祝元齡，次適忠訓郎、監循州商税祝九齡，前氏出也。善慈，從義郎、監潭州南嶽廟；善罙，宣教郎、知建寧府建安縣丞。女適忠訓郎、提點廣南西路綱馬驛程江邦佐，夫人出也。而夫人撫之若一，婚嫁無異儀，人莫知其先後也。孫男七：汝勳，承節郎、監潭州南嶽廟；汝南、汝邲、汝孖、汝屾、汝用、汝辨，皆舉進士。孫女四，長適進士伍椿年，餘在室。夫人以長子陞朝列，封太安人。壽聖慶典，封太宜人。淳熙十一年九月十八日終，而葬以十二月壬申，其地則江山縣崇善鄉，其山則黄岡原，銘曰：

正以齊其家，義以迪其子。潔而不渝，儉而好禮，宜享其榮，奚遽而止。百世而下，是惟德婦之里。

墓表

左奉議郎知太平州蕪湖縣丞趙君墓表

隆興改元，予為丞大農。秋九月，有持書自外至，視其題有異，曰孤子趙而廉夫名者。視其詞益異，曰："不幸死蕪湖矣，今奉其喪歸，惟君與最厚，願具舟以行。"予大驚，是予友任卿子耶？因哭之失聲，遂告任卿所厚善侍御史周元特而下與朝士之識任卿者，莫不愕立聚歎，以謂任卿而止于此也。明年，其弟益卿既葬任卿于處州嚴水縣孝行鄉大曲之原，而來請曰："葬遽不及銘也，願有以表之。"始予官龍泉，與任卿兄弟善。後官建安，又與任卿遊加密，平生之交無一二數，固宜為此者。

蓋任卿趙氏，諱彥堪，任卿其字也。冑出秦悼王。曾祖叔昂，保寧軍觀察留後、東陽郡公。祖千之，莫州防禦使、文安侯。父公紹，承節郎。任卿與其弟自少來外家，承節君陷于京師，母夫人吳氏繼喪，相與力學取應，而任卿對策居第二，授保義郎，法當得任。歎曰："任則廢學矣！父母皆不及養，吾何可不自立？"約其弟俱奉祠以舉進士。凡五監廟南嶽，再貢于禮部，始中其科，得出身，改授太平州蕪湖縣丞，紹興丁丑歲也。任卿未登第時，嘗為建州都作院，郡守、部刺史咸以牋奏屬之，待以文士，而任卿自課其職益嚴，曰："不可以是而怠也。"及在蕪湖，歲大水，周行田閒，其下無敢秋毫取于民者。會敵犯淮甸，大軍道邑日數千人，近鄉洶洶，盜且起，令移疾不視事。任卿慨然趨縣之堂上，獨立指呼，無一不辦治。斂居民壯健者為兵，列五戍境上，命土豪主之，鼓聲相聞，盜以不發。安撫使始命屬縣團結民兵，而邑以先具告。户部侍郎劉季高按行江東，才之，委以鹿角寨。任卿曰："寨固易事。今淮既擾矣，民渡江接武，天寒無食凍餒死道路。是敵未至，而先害之也，願以常平米賑之兩月。"季高是其請，由是所全活甚衆。

明年，邊事息，任卿謁于縣，冀新縣學以起鄉閭之秀者，衆皆難之。任卿笑曰："縣官銜有天子命，以主學事為名。今名存實廢得乎？

請無藉民力，而以己力。”因相與出俸。邑之豪于財者皆來助，而學以成。今參知政事虞公為守，一見喜之，符檄下于邑者不他屬也。既虞公制置荆襄，將辟以從，而任卿已疾矣。

任卿初以盛夏受民輸縑，勞甚得疾，而醫者誤投其藥。縣民聞之，日踵門問狀。逮其亡，皆抵縑于地，號呼相弔，以為自是不可活也。夫以任卿臨政無所自私，能鈐制吏姧而得民情如此，使其致位寖高，得年且永，則其施設庸可既耶？蓋宋興，號賢宗室不過工文詞、察吏事，類能表襮自見。至任卿則衣冠笑貌，退然如寒士，識與不識，莫辨其宗室子也。其為文贍而蔚，詩敏以妙，于書無所不通，而未嘗以其所長蓋人。遇事裁決精審，優游不迫，亦不肯近為名聲。與之居，莫見其喜愠，然久而後知其益。又其人方頤而博背，敦敏重厚，可望以功名者，而官僅七品，仕止縣佐，年纔四十有三，天之祐善非耶？人之骨相抑又何可期耶？吾聞天之道，吝于與人之賢，而不吝于與人之壽，無以畀其身，必有以昌其家，則人亦徒為任卿戚戚也。娶吳氏，其母舅歸州司理參軍欽降之女。男三人：廉夫其長也，次寬夫、立夫。女六人，長前夭，餘尚幼。任卿卒以元年秋七月十九日，葬以其年十一月四日。積官自忠訓郎換左宣教郎，後以年勞加覃恩至左奉議郎云。

行狀

敷文閣直學士左朝奉郎致仕劉公行狀①

曾祖昕，贈尚書刑部侍郎。祖逢，太子中允，贈左光祿大夫。父撫，贈右太中大夫。母王氏，贈太碩人。公諱一止，字行簡，湖州歸安人。曾大父而降，世以儒學名家。伯祖述，以直道清節事神宗，為知雜御史，疏新法得罪者也。御史之子握，年十八登進士第，至龍舒

① “敷文閣直學士左朝奉郎致仕劉公行狀”，影印文淵閣四庫全書本、影印文津閣四庫全書本同，《苕溪集》卷五四《行狀》作“閣學劉公行狀”。

守。見公尚幼，趨于前，命賦詩。操牘立就，語奇出。舒州撫而嘆[①]：“此異童子，吾宗其興!”既公舉進士，又少于舒州四歲。未冠，試太學，屢先多士，聲稱籍甚。丁內外艱，跣哭就道，見者為感動。家貧，力葬無遺禮。有司欲以公應八行選，公曰：“行者，士之常也。”謝不就。

宣和三年，始獲奏名禮部，唱第廷中，少年朋游多以貴顯[②]，至公名，莫不舉笏相慶，公視之泊如也。得監秀州都酒務，人皆言公宜在文字之職。公不卑其官，事以辦給。長吏知公名，未始以常僚待之也。秩滿，為越州州學教授。時翟汝文知州事[③]，間出所為文，屬公定其藁，至以詫客曰：“頗曾見人物如此乎?”公既代去，避地于姚江。傅崧卿來攝郡政，書禮致公，即勸傅公起義以赴國家之難，至稱劉琨、祖逖同寢之事，語甚激烈，傅公感慨流涕。會李參政邴得祠過郡，見公，留語終日，密薦公人物議論宜在朝廷，蓋不使公知。建炎四年，得用為詳定一司敕令所刪定官。

紹興改元，召試館職，因對策，極言當世之故，且曰：“天下事不克濟者，患在不為，不患其難，聖人不畏多難而能圖爾。昔吳王夫差既勝齊，而子胥以為憂，曰：‘是吳命之不長也。’未幾，果滅于越。吳人侵楚及郢，楚人大懼，而令尹子西獨喜，曰：‘乃今可為矣!’而楚以不亡。是禍福倚伏，果不可料而不可不為也。如其不為而俟天命自回，人事自正，敵國自屈，盜賊自平，有此理哉?”上覽之稱善，且諭近臣：“劉某所對剴切，知治道。”欲驟用公，而執政者不懌也。除祕書省校書郎。攷試兩浙類試進士，公語同列：“科舉方變，欲文學之外通時務爾。”凡言涉浮靡者盡黜之。既皆患無其人，公袖出一軸曰：“是宜為首。”及啓號，乃張九成也。九成以行誼推重鄉里，餘多一時聞人，衆始厭服。

---

① “撫而嘆”，影印文淵閣四庫全書本、影印文津閣四庫全書本同，《苕溪集》卷五四《行狀》作“喜且嘆曰”。

② “朋遊”，原作“朋從”，據影印文津閣四庫全書本、《苕溪集》卷五四《閣學劉公行狀》改。

③ “時翟汝文知州事”後，《苕溪集》卷五四《閣學劉公行狀》多“翟公早入翰林，於流輩鮮所稱許，得公歡甚”。

是年冬，遷監察御史，即上疏論君子小人用否之辨，以謂“天下之治，衆君子成之不足，一小人敗之有餘。君子雖衆道則孤，小人雖寡勢易蔓。且引《易》五陽決一陰，其卦為夬，而《繫辭》則曰君子道長，小人道憂也。夫以五君子臨一小人，不曰道消而曰道憂，蓋上下交而志同，如泰之時，然後小人之道不行。若徒能使之憂，則將圖之而無不知矣。”朝廷行事無一定之議，公又上疏：“陛下憫宿蠹未除，念頹綱不振，政煩民困，用廣財殫，置司講究，德至渥也。曾未聞有所施行，恐以疑似之說欺陛下，曰如此將失人心矣。夫所謂失人心者，刑政之虐，賦役之多，則失百姓之心；好惡不公，賞罰不明，則失士君子之心。若無是則失者，小人之心耳。失小人心而得百姓、士君子心，何病焉？願審其利害，當罷行者斷自聖衷，勿貳勿欺[①]，則事之委靡不振者悉舉矣。”上覽奏嘉納。時庶事草創，有司法令類以人吏省記，而吏生因緣，欲與則以與例進，欲奪則以奪例陳。公曰：“法令在，姦吏猶得侮之。今一切聽其省記，欺弊可勝言？願以省記之文送敕令所，定而頒焉。”公雖未嘗任言責，而論事不一。方手詔詢中外利害，命大臣修政之日，公即具言：“宣王内修政事者，修其所謂攘四夷之政而已。如緩其所急，先後倒置，何修為哉？今不過簿書獄訟與官吏遷除、土木營建之務，未見所當急也。”又言：“人才進用太遽，而仕者或不由銓選；朝廷之士入而不出，在外者雖有異能，不見召用；執親喪，非軍事至起復為州縣官，皆僥倖之門不塞，而至公之路不開爾。”又請選近臣曉財利者，倣唐劉晏法，瀕江置司，自辟官吏，以制國用。鄉村皆置義倉，以備凶荒。增重監司，自轉運副使至提點刑獄，竝以曾任侍從官為之。及令侍從、臺諫各舉所知。當是時，雖中丞、侍御史有論，必咨公而後決。

明年秋，遷起居郎。奏事上前，上迎語曰：“卿朕親擢也。自六察遷二史，祖宗朝有幾？”公謝：“臣不足以知舊典，尚記宣和間張徵、李棁與臣實同，顧臣何以當此？”公既荷上知，其在臺察已剌口論事，至是因面對，極陳堂吏、宦臣之蠹。執政植私黨，無憂國心。翌日，遂罷為主管台州崇道觀。寓德清僧舍，杜門卻掃，自放于山

① “勿欺”，影印文淵閣四庫全書本同，影印文津閣四庫全書本作“勿疑”。

水，而詩文益清健。

閱二年，召為尚書祠部員外郎，奉神主于温州。未行，改權發遣袁州，又改浙東路提點刑獄公事，加直顯謨閣。公盡心庶獄，每行部，其株連久繫者釋，遣動數十百人，守令至瞤眙而民或畫像以祠公。然悍强冒法者未嘗故縱。越有巨姓，怙富横甚，致仇人于死，賂二三逵官，求以為受雇覬末減。公治之愈急，屬吏咸恐，公不顧，卒刑于市，一路始服公之平。會攝安撫司，即奏疏："比年帥臣權稍輕，屬郡莫能統攝[1]，調兵則不遣，移食則自占。今既罷管内安撫矣，則諸郡有得便宜指揮者，亦宜聽帥司節制，以革前日之弊。"秩滿，除權發遣常州。未赴，召入祕書為少監。既賜對，上曰："知卿久外，無為卿言者也。"公頓首稱謝。居兩月，復為起居郎，遂遷中書舍人兼侍講，賜服三品，時九年正月也。會莫將亦賜出身，除起居郎，公亟上奏："將以太府丞驟綴從班，前此未有，道路籍籍，以為將上書助和議而已。臣之誤恩，與將同制，臣若不言，人必謂臣自為地而不忠，乞併與臣罷之。"疏入，不報。

九月，遷給事中，仍兼侍講。徐偉達除知池州。偉達嘗事張邦昌為郎者也，公言："邦昌僭逆，凡仕偽之人皆知諱其官，惟偉達至今自謂郎中，豈稍有廉恥者？一郡既足惜，且無以示好惡于天下。"遂罷偉達。吕伉以大臣子除貼職，添差浙東提舉茶鹽；王存等非老病而罷從軍與差遣，公皆謂不可。至貴近之請，尤論執不避。其下雖小事悉爭之。孟忠厚乞試河南一郡，公奏："后族業文如忠厚不可多得，此例一開，有出忠厚下者，何以禦之？"汪伯彦知宣州，入覲，詔以元師府舊臣，特依現任執政給俸。公曰："伯彦誤國之罪，天下共知。節度使俸借減尚不簿，況州供給圭田之厚，以郡守而依執政，殆與異時非待制而視待制、非兩府而視兩府者類矣。"上皆為罷之。武臣王仲寶等押扈衛人馬，依康履例給料曆，公亦奏"料曆非參選不可給，一二年來，始以給奇功者。履等非奇功，而仲寶又其屬也。"廖剛時為中丞，謂其僚曰："臺當有言，皆爲劉公先矣，我輩獨無愧乎？"居瑣闥僅百許日，繳奏未已，用事者始忌公，因誣公薦士失實，又罷

① "莫能"，影印文淵閣四庫全書本同，影印文津閣四庫全書本作"莫相"。

為提舉江州太平觀。久之，除祕閣修撰。

十五年冬，除敷文閣待制。議者希用事，意謂公辭免有譏誚，遂中格，併奪修撰。二十三年，上疏請老，始復祕閣修撰致仕。九月，再除敷文閣待制。二十五年，用事者死，上更微庶政，即起公赴行在。公雖屏居鄉閭，非無意于當世者。聞上有命，不敢即辭，杖而造朝。至國門，辭曰："臣老且憊[①]，念竭力以報陛下。然足嘗趺而傷，拜伏不能如儀，惟陛下貸而歸之。"上雖思公之賢，渴欲見公，而亮其無隱，遂進公敷文閣直學士致仕以歸。紹興三十年十二月初四日，以疾終于家，享年八十有三。明年正月丁酉，葬于烏城縣澄靜鄉趙村後塢山之原。官至左朝奉郎，爵至長興縣開國伯，食邑至八百户。訃聞，贈左朝散大夫。

娶臧氏，同郡記室參軍詢之女。勤儉有禮節，閫内巨細，未嘗憂公，而勸公以游學。及公既達，不以為喜；既退，不以為蹙。先公十年卒。男二人：巒，右宣教郎、主管台州崇道觀；嶅，右承務郎、淮南東路提舉常平司幹辦公事。孫男九人：簡、符、筥、筌、篆，皆將仕郎；籀、策、籍、箴，業進士。孫女三人，適張潁、周楠，而一尚幼。

公少敏悟，七歲能屬文。既長，博極羣書，至星曆、方技、佛老之説莫不窮析要眇。為文章推本經術，出入韓、柳，不效世俗纖巧刻琢，雖演迤宏博，而關鍵嚴備。鄉人士大夫葬其父祖，得公誌墓乃以為榮。其為制誥，明白有體，麗而不佻。雖書詞塡委，一日數十，倚馬輒辦。嘗曰："人君訓告，賞善罰惡辭也，豈過情溢美、怒鄰罵坐之為哉?"故公在詞掖數月，人爭傳頌。顏魯公孫特命官，公當制偉甚，上歎賞不已，至手書之。其為詩，高處陵轢鮑、謝，下者猶足奴視温、李。然清深簡易，自成一家。吕舍人本中、陳參政與義皆號能詩，得公詩驚曰："此語不自人閒來也。"石林葉公夢得與公平生交，其論當世人物，以公為第一流。至公詩，亦曰："世久無此作矣。"有《類藁》八十卷藏于家。

公儀矩整秀，樂易長者。聞人有小善，至單詞隻句可取，率稱道

① "老且憊"，原作"死且憊"，據影印文津閣四庫全書本改。

不容口。後進經公指授，其為文必可觀。然公于文蓋無所不能，于學無所不通。自少馳聲場屋，四十始得一第。暮年僅掌書命，曾不得上玉堂為學士，其雍容獻替，已不勝忌克，擯廢于祠宮者十有七年。及上欲用公，而公已老矣。嗚呼！使公而早得用，用而不為憸人間之，既間而歸不病而至于復用，則其所立詎止是哉！公文章之餘，筆法甚工，而樂府亦盡其妙。京師市人鬻者[1]，紙為之貴，而公實沖澹寡欲，戲于翰墨。自布衣至登法從，不蓄聲色。雖飲食奉養，未之少異。閒居不妄營一錢，客或謂公宜有以遺子孫。公誦疏廣之言以對，退而誨其子則曰：“吾平生通塞聽于自然，惟機械不生，故方寸自有樂地。”年逾八十，抽思作文，不減少日。臨終之秋，豫戒其家。疾既革，無一語謬，蓋達于性命如此。予兄弟久從公遊[2]，荷公之愛為深，故知公行事為詳。而公之二子且以治命來屬，因泣而次之。

① “京師”，原作“市師”，據影印文淵閣四庫全書本、影印文津閣四庫全書本改。
② “予兄弟”，影印文淵閣四庫全書本同，影印文津閣四庫全書本作“某兄弟”。

輯　　佚

詩

南巖一名盧家巖，在信州西南

官曹簿領無時空，一春蹩躠塵埃中。溪南十里巖谷好，俗駕屢整無由窮。前時相邀雨斷道，今時不雨天亦風。乃知書生不解事，每以慳澀勤天公。興來邂逅始一往，相與縱轡隨飛鴻。野棠着子梅杏老，密葉尚帶殘花紅。崢嶸屋宇吁可怪，無乃開闢煩豐隆。却尋危徑山巉絶，俯仰曠野迷西東。涓涓寒溜滴永雪，一酌為我涼心胸[①]。山川何曾歲月計，可憐翠阜紛磨礱。人生歡笑不易得，此會幾許誰能同。春禽正喧日已暮，歎我歸期還匆匆。（《兩宋名賢小集》卷一六〇《南澗小集》）

但如王粲賦《從軍》，莫為班姬詠《團扇》。（《梅磵詩話》卷上）

詞

臨江仙酴醾

不恨綠陰桃李過，酴醾正向人開。一尊清夜月徘徊。花如人意

① “心胸”，原作“一胸”，據《輿地紀勝》卷二一《江南東路·信州》改。

好，月為此花來。　未信人間香有許，卻疑同住瑤台。紛紛殘雪墮深杯。直教攀折盡，猶勝酒醒回。（《全芳備祖》前集卷十五“酴醾門”）

南柯子玉簪

五月炎州路，千重撲地開。只疑標韻是江梅。不道薰風庭院、雪成堆。　寶髻瓊瑤綴，仙衣翡翠裁。一枝長伴荔枝來。付與玉人和笑、插鸞釵。（《全芳備祖》前集卷二十五《花部》）

醉落魄荔枝

霓裳弄月。冰肌不受人間熱。分明密露枝枝結。碧樹珊瑚，容易與君折。　玉環舊事誰能說。迢迢驛路香風徹。故人莫恨東南別。不寄梅花，千里寄紅雪。（《全芳備祖》后集卷一“荔枝門”）

水龍吟題三峯閣詠英華女子①

雨餘疊巘浮空，望中秀色仙都是。洞天未鎖，人間春老，玉妃曾墜。錦瑟繁絃，鳳簫清響，九霄歌吹。問分香舊事，劉郎去後，知誰伴、風前醉。　回首暝煙千里。但紛紛，落紅如淚②。多情易老，青鸞何許，詩成誰寄。斗轉參橫，半簾花影，一溪寒水。悵飛鳧路杳，行雲夢斷，有三峯翠。（《中興以來絕妙詞選》卷三）

好事近汴京賜宴，聞教坊樂有感

凝碧舊池頭，一聽管弦淒切。多少梨園聲在，總不堪華髮。　杏

---

① “題三峯閣詠英華女子”，《絕妙好詞》卷一作“書英華事”。

② “如淚”，《絕妙好詞》卷一作“如洗”。

花無處避春愁，也傍野煙發①。惟有御溝聲斷，似知人嗚咽。（《陽春白雪》卷四）

永遇樂為張安國賦

池館春歸，簾櫳晝靜，清漏移箭。山下孤城，水邊翠竹，鶗鴂聲千轉。記得年時，綺窗人去，尚有唾茸遺線。照珠筵、歌檀舞扇，寂寞舊家排遍。　青雲賦客，多情多病，西掖桐陰滿院。飛絮隨風，馬頭月在，翡翠帷空卷。平湖煙遠，斜橋雨暗，欲寄短書雙燕。算猶憶、蘭房畫燭，醉時共翦。（《陽春白雪》卷五）

六州歌頭桃花

東風著意。先上小桃枝。紅粉膩。嬌如醉。倚朱扉。記年時。隱映新妝。面臨水岸。春將半。雲日暖。斜橋轉。夾城西。草軟莎平跋馬，垂楊渡、玉勒爭嘶。認蛾眉凝笑，臉薄拂燕支。繡户曾窺。恨依依。　共攜手處。香如霧。紅隨步。怨春遲。銷瘦損。憑誰問。只花知。淚空垂。舊日堂前燕，和煙雨，又雙飛。人自老。春長好。夢佳期。前度劉郎，幾許風流地，花也應悲。但茫茫暮靄，目斷武陵溪。往事難追。（《陽春白雪》卷六）

水龍吟壽辛侍郎

南風五月江波，使君莫袖平戎手。燕然未勒，渡瀘聲在，宸衷懷舊。臥占湖山，樓橫百尺，詩成千首。正菖蒲葉老，芙蕖香嫩，高門瑞、人知否。　涼夜光躔牛斗。夢初回、長庚如晝。明年看取，鋒旗南下，六贏西走。功畫凌煙，萬釘寶带，百壺清酒。便留公剩馥，蟠桃分我，作歸來壽。僕賤生後一日也，故有分我蟠桃之戲。（《群書會元截江網》卷四）

---

① "野煙"，《絕妙好詞》卷一作"野花"。

驀山溪葉尚書生朝避客三洞

雙龍古洞，領略千岩秀。福地有眞仙，來一試、調元□手[①]。青春綠野，月轉最高峯，星斗潤，柳梅新，五夜收燈後。　詔飛天上，人倚經綸舊。重入輔升平，更贏得、千齡眉壽。功成未晚，歸伴赤松游，金印重，羽衣輕，會見丹砂就。（《群書會元截江網》卷四）

鵲橋仙

菊花黄後。山茶紅透。南國小春時候。蓬山高處綠雲閒，有一個、仙官誕秀。精神龜媚，骨毛鶴瘦。落落人中星斗。殷勤自折早梅芳，調一鼎、和羹為壽。（《群書會元截江網》卷五）

朝中措壽十八兄

清霜著柳夜來寒。新月印湖山。共喜今年稱壽，一尊還在長安。　人閒千載，從教鶴發，且駐朱顏。看取煙霄平步，何須九轉神丹。（《群書會元截江網》卷六）

南鄉子壽廿一弟

新筍旋成林。梅子枝頭雨更深。織就彩絲猶十日，登臨。人似江心百煉金。功業會相尋。好挹薰風和舜琴。鶴住千年丹九轉，如今。門外梧桐長翠陰。（《群書會元截江網》卷六）

鷓鴣天子雲弟生日

甲子今年甫一周。人閒聊住八千秋。依依梅蕊看如雪，恰恰蟾華

① □原無，據《全宋詞》補。

未上鉤。　分玉節，共南州。台城輦路記重遊。相期一品歸來健，宫师奉康公词云：“一品归來健”。又生日有“兄弟对举杯”之句。兄弟華顛自獻酬。（《群書會元截江網》卷六。

瑞鶴仙自壽

好山橫翠幕。更一水流煙，嫩陰成幄。薰風轉林薄。笑勞生底事，漫嗟離索。霞觴細酌。儘流年、青鏡易覺。算芙蓉、玉井香翻，不減舊階紅藥。　寂寞。草玄空老[1]，問字人稀，也勝投閣。騎鯨後約。追汗漫，記寥廓。便風帆高掛，雲濤千里，誰道蓬壺水弱。任蟠桃、滿路千花，自開自落。（《群書會元截江網》卷六）

醉落魄乙未自壽

紅蕖漾月。薰風特地生梧葉。一年風月今宵別。隱隱笙鸞，何處有炎熱。　鳳凰山下榴花發。一杯香露融春雪。幔亭有路通瑤闕。知我丹成，容我醉時節。（《群書會元截江網》卷六）

前调生日自戲

相看半百。勞生等是乾坤客。功成一笑驚頭白。惟有榴花，相對似顏色。　蓬萊水淺何曾隔。也應待得蟠桃摘。我歌欲和君須拍。風月年年，常恨酒杯窄。（《群書會元截江網》卷六）

鷓鴣天

雨歇雲如隔座屏。熏風搖動一天青。今年五十平頭過，又喜清歌洗耳聽。　浮世事，絕曾經。此生應直斗牛星。且傾田舍黃雞酒，敢望君家白玉庭。（《全宋詞補輯》引《詩淵》第二十五冊）

---

① “草玄空老”，“玄”字原脫，據《全宋詞》補。

前調

萬古光寒太白精。直宜分作兩郎星。不然安得難兄弟，先後堯蓂三莢生。　霜月冷，斗杓横。老人今夜已齊明。他年莫作郎星看，兩兩台躔拱太清。（《全宋詞補輯》引《詩淵》第二十五册）

登對錄

元吉曰：“臣願陛下志不忘虜，常如當宁受書之時；責勵群臣，俾不忘虜，常如虜使在廷之際。”上聳然嘆曰：“好議論。”（《永樂大典》卷一〇八七六引韓元吉《登對錄》）

元吉對曰：“祖宗朝，選人上殿多與改合入官，今乃於薦未改官者，陛下却自擇退，則恩怨倒置矣。獻言者實不思也。設若上殿後皆放以則，一年之間，不知幾次，豈足為異恩哉？”（《永樂大典》卷一三四九五引韓元吉《登對錄》）

跋山谷送徐隱父二詩草

聶長樂藏山谷二詩，雖屬草，筆力遒健不苟，前篇用邑令事，後用徐姓事爾。淳熙甲辰，二月既望，潁川韓某觀。（《永樂大典》卷九〇七引韓元吉《南澗集》）

文

論編敕

祖宗自建隆以至嘉祐，但以續降類為編敕。慮其未盡，不肯遽修為法，率以數年，然後差官置局，從而刪定，止號編敕。蓋類為編敕則不廢舊法，可以參照。故刪修而不能決者，許具申中書門下，命大臣僉議决之，其謹且重如此。自置敕令所以來，别設官屬，自為一局，專以修法為名，豈得皆通練明習之士，而利在進書之賞。故一司法粗畢，又修一司。間又羣臣或在要路，有所建議，他官莫敢何詰，朝廷曲徇其請，便降特旨，亦修為法。由是盡失祖宗編敕之意。乞詔修書官，自今凡有續降，止遵用祖宗故事，類以成編。遇臣僚有所建議申請者，不得便修為法，許其執奏。凡所修依舊且以編敕名之，俟其施行十年五年，别無可議，方得立為成書，次第推賞，庶合公論。其見修乾道新書，更令盡取累朝所編敕令，討論沿革，折衷至當，務使全備。遇有疑難，亦申三省、樞密院以衆裁定，不必拘以近限，稍寬歲月，使之盡善。(《宋會要輯稿》職官四之四九—五〇)

言銓量之法

銓量之法最為近古。乞自今應知州軍、知縣、縣令合銓量者，於癃老疾病之外取其履曆。若有過犯，雖不曾推鞫，已經赦宥，並令長貳酌其情理輕重。若難付以州縣之寄者，詳具别次等差遣，仍具事因申都省及關牒御史台照會。(《宋會要輯稿》職官八之三八—三九)

言捕盜之賞

捕盜之賞，非特選人改官一事，自餘條目尚有數四。若今來止將選人改官减作循資，則輕重不均。若併數降削減，則捕盜之賞驟廢。今乞正官在假而暫權者，所獲盜賞止與循資；其捕劇賊及人數多者，聽奏裁。仍令本州及提刑司指定保明，其不實者守倅、監司一例坐罪。(《宋會要輯稿》職官一〇之一二)

言分差粮料院闕

監分差鎮江府諸軍司粮料院、監分差建康府諸軍粮料院、監鄂州户部粮料院、總領四川財賦軍馬錢粮所幹辦行在分差户部利州粮料院、總領四川財賦軍馬錢粮所幹辦行在分差户部魚關粮料院窠闕，舊係堂除。昨淳熙二年二月八日，發下吏部本部申明，差注通判資序以上人①，仍不破選，亦不通差。緣通判資序以上人，自有合入通判等差遣②，多不願就。契勘行在六院官止注寔歷知縣一任人，今分差粮料院却注通判資序以上人，更不破選，輕重不均。欲將分差粮料院闕依破格通判格法，出闕滿半年，無本等人願就，許破格注第二任知縣資序人，仍不作選闕，或乞依舊堂除。（《宋會要輯稿》職官二七之五九—六〇）

賦祿之法

賦祿之法，所以待任事之有勞者。自唐至本朝，百官有分司者，號為降黜，祿不全給。神宗皇帝始置宮觀差遣，以易分司之任，當時優待耆老侍從及庶官知州資序年六十以上人，其選亦艱。數十年來，士大夫病廢窒礙，動輒請祠，而宗室自大使臣，又有逐州立定宮觀員闕，武臣久曆行陣而資序高者亦復與之。州縣間宮觀廩祿多於見任釐務之官。今京朝官在職例以二年為任，而宮觀獨以二年半為任，蓋祖宗朝在官者任皆三年，故宮觀止以二年半，號三十箇月，是不得與在官者比。至元祐員多闕少，在官者亦減作三十箇月為任，而宮觀因仍不革。紹興初，京朝官又減作二年為任矣，而宮觀失於契勘，獨用三十箇月，返優於職任之人。（《宋會要輯稿》職官五四之三九—四〇）

繳進李塾等賢良詞業

舊制，賢良詞業繳進，送兩省、侍從參考，分為三等。文理優長為上等，次優為中等，平凡為下等。考訖繳奏，次優以上召赴閣職。臣等衆參考得李塾、姜凱、鄭建德、馬萬頃詞業為次優。（《宋會要輯稿》選舉一一之三二—三三，“吏部尚書韓元吉等言”）

① “資序”後原衍一“人”字，據文意刪。
② “合入”，原作“舍入”，據文意改。

乞以宗室及第一甲應格之人許集注教官差遣

應舉宗子趙師烜乾道八年四月黄定榜勑賜進士及第第一甲十六名，依條合注教授。昨經吏部自言，緣有紹興三十二年七月之制不許。竊詳殿試第一甲，依格合注教官，即與其他宗室有出身事體合稍優。別乞以宗室及第一甲應格之人，許集注教官差遣，餘不許除注。（《宋會要輯稿》選舉一八之二五）

論前官舉狀收使

契勘依條前官已舉官而因事降黜，舉狀不經用，聽後官于次年補發。若前官復應舉官差遣在後官發奏日前者，其元舉狀許收使。若在後官發奏日後者，聽用後官狀。今來却有幹求，旋作前官未牽復之前月日發奏，爭訟不一。今措置將前官已舉過員數，不該收使後官補舉到人，其奏狀在未牽復之前到部，許行收使。若奏狀在牽復之後，雖發奏在牽復之前，亦不許收使。（《宋會要輯稿》選舉三〇之二七）

乞三務場長史侵使客人鹽錢物依牙人法斷罪

近據鹽客方訒陳論：榷貨務長史王昉等侵使過算請鹽鈔、關會、寄廊錢銀共七千四百餘貫，蓋緣從來即無立定長史侵使客人茶鹽等錢斷罪條法，今後三務場長史侵使客人鹽錢物，欲乞依牙人法斷罪。（《宋會要輯稿》食貨二七之三八，“左司郎中、提領榷貨務都茶場韓元吉等言”）

辭免知建寧府劄子

某伏准尚書省劄子，五月二十一日，三省同奉聖旨，除某直敷文閣、知建寧府，填見闕，疾速赴行在奏事訖，前去之任者。伏念某庸懦有素，昨者備數都司，蒙恩俾漕江左。罄竭駑鈍，已及替期。方欲自露誠悃，祈就閑散。敢期榮陞內閣，易典潛藩，在於愚分，實深僥倖。惟是寶儲祕列，職名過優，靖言罔功，非所當冒。兼某與福建安撫使王大資係有嫌隙，眾所共知。某昨任度支郎官，蒙其論罷。建寧正在統部，職事相干，法當迴避。欲望鈞慈，特賜敷奏，追寢進職之命，止乞陶鑄別路一州軍差遣。某誓竭犬馬之力，以明非苟免避事之意，不勝萬幸。所有省劄，已寄建康府軍資庫，未敢祇受外，恭候指揮。干冒威嚴。某下情無任惶懼之至。（《永樂大典》卷一〇九九八引韓元吉《南澗集》）

晴寒帖

元吉頓首上覆：伏奉手教，欣審晴寒台候萬福。朋樽竹萌，拜貺珍感，但頗倒置，媿甚。節中可見臨少款否？書匣偶無之，尋即為人覔去也。它須面慶，匆匆不宣。元吉頓首上覆司馬朝儀二兄台坐。（《全宋文》第二六一冊，卷四七九〇引《宋人法書》第四冊）

與司馬朝議書

元吉頓首上覆。伏奉手教，欣悉晴寒，台候萬福。朋樽竹萌，拜貺珍感，但頗倒置，愧甚。節中可見臨少款否？書匣偶無之，尋即為人覔去也。它須面慶。匆匆不宣。元吉頓首上覆。（《韓南澗年譜·韓元吉詩文輯佚》引京華出版社《中國墨迹經典大全》第十一卷）

帥到任謝侍讀啓

剖京口之魚書，秖膺成命；易秣陵之麟組，更冒除書。眷此會藩，號為劇寄。總九郡兵農之任，全藉撫綏；司一時管籥之權，必歸信謹。而某器資淺陋，業術空踈。自經憂患之餘，尤竟精神之耗。忽叨宅牧，大懼瘝官。靖惟忝切之私，端自吹噓之力。玆盖伏遇某官儒林宿望，禁路老成。瑣闈高論駁之稱，銓部著清明之効。紬圖書於石室[①]，冠講讀於金華[②]。視君如腹心，屢罄嘉猷之告；相王為左右，即聞大政之咨。衆賢咸賴於主盟，私質最叨於推轂。某初宣詔令，即見吏民。愧此齊侯，政亟成於五月；力追嚴助[③]，許可奉於三年。感幸居多，喻言奚既。（《聖宋名賢五百家播芳大全文粹》卷三〇）

賀禮部李侍郎兼侍講啓

伏審光奉綸言，歸侍經幄。久矣去國，其何以慰蒼生之心；幡然賜環，稍足以生善類之氣。蓋公論乃今而後定，殆揆路繼此而延登。側聞除書，幾至曲踊。恭惟某官統傳洙泗，秀出岷峨。聖人不生，豈在乎弟子之列；大雅既熄，當求之古人之中。盡紬金匱之藏，有光玉振之響。氣直養而無害，材何施而不宜。頃由簡知，入躋禁近。有能典朕三禮，是資寅直之誠；尚爾弼予一人，綽有論思之益。曲高難和，道大不容。納履星辰之間，把麾江湖之外。顯曹僻郡，未嘗干喜愠之懷；緗帙縹囊，初不廢校讎之課。淵乎於道而益進，淡然與世以相忘。其如治狀之上聞，不容造物之我舍。錫以芝檢，歸諸筍班。奉琳宮之緣，宛在上清虛皇之側；勸邇英之講，迪以合宫徿室之初。行將登庸，大慰僉屬。某爲品甚下，辱知獨深。墮在塵埃之中，限以雲泥之隔。伏讀贊命，喜倍等倫。郵置相望，喜連意紓辭之易達；戍瓜伊邇，將考德論業之有期。頌詠滋深，科條莫究！（《全宋文》第二一六冊卷四七九一引《啓雋類函》卷四七）

上張浚言和、戰、守三事

和固下策，然今日之和，與前日之和異。至於決戰，夫豈易言。

---

① “石室”，原作“君室”，據清抄本《聖宋名賢五百家播芳大全文粹》卷四六、影印文淵閣四庫全書本《聖宋名賢五百家播芳大全文粹》卷三〇改。

② “講讀”，清抄本《聖宋名賢五百家播芳大全文粹》卷四六同，影印文淵閣四庫全書本《聖宋名賢五百家播芳大全文粹》卷三〇作“講習”。

③ “力追”，清抄本《聖宋名賢五百家播芳大全文粹》卷四六同，影印文淵閣四庫全書本《聖宋名賢五百家播芳大全文粹》卷三〇作“追蹤”。

今舊兵憊而未蘇，新兵弱而未練，所恃者一二大將；大將之權謀智略既不外見，有前敗於尉橋矣，有近衄於順昌矣，況渡淮而北，千里而攻人哉！非韓信、樂毅不可也。若是，則守且有餘。然彼復來攻，何得不戰？戰而勝也，江淮可守；戰而不勝，江淮固在，其誰守之？故愚願朝廷以和為疑之之策，以守為自強之計，以戰為後日之圖。自亮賊之隕，彼嘗先遣使於我矣，又一再遺我書矣，其信其詐，固未可知，而在我亦當以信與詐之間待之。蓋未有夷狄欲息兵，而中國反欲用兵者。（《齊東野語》卷二《符離之師》）

題尹焞孟子解

和靖先生疾革，門人呂稽中、王時敏問遺表，先生曰："焞受詔解《孟子》未上，即遺表也。有第三篇及其某章，皆未備，宜為我足之。"稽中等泣，曰：先生經解，稽中輩安能足也？朝廷幸來取，但當以稿進爾。先生顧而頷之，明日遂歿。元吉雖游先生之門，其病也。不及見而聞於時，敏者如此。然先生既歿，是書藏於家，訖不果上也。近始傳而得之，語言嚴密，殆先生絕筆，其所謂未備者，亦可概見矣。而建安趙使君並與《論語》解刊於郡齋，因書其後，尚俾學者有考雲，乾道壬辰七月潁川韓元吉無咎謹題。（《古今圖書集成》經籍典卷二八七《孟子部匯考二》）

大戴禮記跋

《大戴禮》十三卷，總四十篇。《隋志》所載亦十三卷，而《夏小正》別為卷。《唐志》但云十三卷，而無《夏小正》之別矣。《崇文總目》則十卷，而云三十五篇，無諸本可正定也。盖自漢興，得先儒所記禮書凡二百四篇，戴德刪之為八十五篇，謂之《大戴禮》。戴聖又刪德之書為四十九篇，謂之《小戴禮》。今立之學官者，小戴書也。然《大戴》篇始三十九，終八十一，當為四十三篇。中間缺者四篇，而重出者一篇，其上不見者，猶三十八篇，復不能合於八十五篇之數，豈但當為八十一耶？其缺者或既逸，其不見者，抑聖所取者也。然《哀公問》《投壺》二篇，與小戴書無甚異，《禮察》篇與《經解》亦同，《曾子大孝篇》與《祭義》相似，則聖已取之篇，豈其文無所刪者也？《勸學》《禮三本》見於荀卿子，至"取舍"之説及《保傅》，則見於賈誼《疏》，間與經子同者，尚多有之。按：《儒林傳》，德事孝宣，嘗為信都太傅，聖則為九江太守。今德書乃題九江太守，未知何所據也？大抵漢儒所傳，皆出於七十子之徒。後之學者，僅習《小戴記》，不知大戴書多矣。其探索陰陽，窮析物理，推本性命，雜言禮樂之辨、器數之詳，必有自來，以是知聖門之學，無不備也。予家舊傳此書，嘗得范太史家一本校之，篇卷悉同，其訛缺謬誤，則不敢改益，懼其寖久而傳又加舛也，乃刊置建安郡齋，庶可考焉。（《經義考》卷一三八《禮記一》，又見於《皕宋樓藏書志》卷七《經部・大戴禮》）

跋蘇子瞻《遊鶴林招隱詩》

鶴林、招隱，皆京口勝處也，余頃遊焉。鶴林近城，猶屋数間。招隱逈在山中，屋亦無矣，况脩林哉！東坡所謂"古寺滿脩竹"也，惜其未深者，殆鶴林耶？（《輿地紀勝》卷三《鎮江府・鶴林寺》）

跋呂居仁韓子蒼曾吉甫詩

廣教仁老，既為呂、曾二公立兩賢堂矣，又得公所書數詩及韓子倉舍人酬唱，刻石置堂上，可與好事者言也。前輩文采風流，零落殆盡。其交友情誼，尚因其詩筆往來見之。淳熙七年二月丁酉，潁川韓某題。（《永樂大典》卷九〇八引韓元吉《南澗集》）

書歐陽文忠公集古録跋尾後

歐陽文忠公《集古》所録，蓋千卷也。頃嘗見其曾孫當世家尚二百本，但跋尾及一二名公題字，其石刻，謂離亂之後逸之爾。今觀此四紙，自趙德父來，則在崇寧間已散落也。不然，豈其藁耶？以校

《文集》所載，多訛舛脱略，是當爲正。而《楊君集碑》，《文集》則無，惟“中宗”作“仲宗”，“ 建武之元”作“孝武”，恐却乃筆誤也。然德父平生自編《金石録》亦二千卷，又倍於文忠公，今復安在？公所謂“君子之垂不朽，不託於事物而傳”者，真知言哉！三復歎息。淳熙九年重五日潁川韓元吉書（《晦庵先生朱文公文集》卷八二）

《跋山谷送徐隱父二詩草》

聶長樂藏山谷二詩，雖屬草筆力遒健不苟，前篇用邑令事，後用徐姓事爾，淳熙甲辰，二月既望潁川韓某觀。(《永樂大典》卷九〇七引韓元吉《南澗集》)

跋呂居仁與魏邦達昆仲詩

呂舍人久寓上饒，後葬於德源山。故其晚年詩章，多見於此。今辰州魏使君所藏五篇，蓋與其尊公侍郎及其季父邦傑、叔祖父元章者也。龍圖則張殿中彥素爾。一時文士相從之適，氣韻風流，為可槩見。雖無老成人，尚有典刑。長嘯宇宙間，高才日陵替。古之詩人類有歎耶。淳熙乙巳歲十二月，潁川韓某題。(《永樂大典》卷九〇八引韓元吉《南澗集》)

四老堂記

乾道二年秋，予自公府掾得請補外。上不忍其窮而猶以為可用也，俾漕於江東。予平生喜交游，其在中朝，所與游多天下知名士。遇退食之隙，及日之休暇，則亦持酒賦詩，細繹文史，講論古今以為樂。既驟膺使者之寄矣，賓客之至者，動以禮法相拘縶，猝猝不得款，雖强之，亦往往不肯盡其語輒去。而漕之治頗有軒亭之敞，花竹之茂，職事稍間，可以周游閑放而無前日交遊之盛與共此者，予方以為恨也。

歲十二月，予兄子雲自京口罷官，始得奉太夫人以就養。弟兄晤語，頗已自適。而友人龐祐父乃自吳中來過，得之益歡。明年春，鄱陽章冠之復從儀真來，館于一室。四人者晝夜語不休，間以吟諷論難，而談辯鋒起，笑呼之聲聞於外，向來索居之嘆若醉而醒病而愈也。蓋留連累月，其為歡且甚矣，於是盡取所謂軒亭之名相與易之，不易更書之，而二友之所舍，因名之曰“四老堂”，吾四人者，實以自況也。

夫古之君子，少而學，壯而倦，老而傳，皆禮之常也。年未七十，不可謂之老；又老者，非人子所宜稱。今吾兄弟之有親也，而與祐父年僅五十，冠之復少於予十餘歲，皆不得謂之老，而遽以老自名者，蓋皆生於羈旅而長於貧賤，容貌藹然以衰，鬢髮蒼然以華，雖未老而老態已具，故辭其名而不可得耳。又四人者志尚之侔，而臭味之相似，不特相從於此，蓋將相期老於山林之下，此堂之所以識也，然祐父牽於文章，仕而未達；冠之以詩自鳴，不肯用以求仕；而予與子雲乃僥倖為郎，以蒙上之任使。子雲既投劾以歸，予之庸且懦，每懼其不獲免也。使吾四人者幸而至於老，既老而果得自逸於山林，回視今日所以名吾堂而為之先者，豈不信而無所愧哉！則斯堂雖陋，或以吾黨之故而傳，後之來者，固賢於予，亦足以知老之可慕，而人生會合之可樂也。夫二月己卯，潁川韓元吉記。（《景定建康志》卷二一《城闕志二・堂館》、《永樂大典》卷七二三八引《景定建康志》）

膽泉銘

淳熙之八年，天子復命建安李公大正為諸道坑冶鑄錢使，時資政殿學士范成大江南東路安撫公使。

鉛山為江東屬縣，治一里所，有山曰蒣平，歲出銅以佐圜法，皆鐵化也。五金，鐵器為下，浸於水，旬日而淘汰之，舉以就火，火候齊熟，即銅。凡得為鐵觔半，旬日為銅觔二。其水世不多有，銅山視他處多有也。其味酸，其色青，其稱膽泉，蓋賁泉也。置卒千人，以執其役；官二人，以課其程。莊甫是官。

乃五月庚辰，大雨霖以震。役夫馳告，鎖山之門，雨暴水溢，力施無所也。趣命駕視之，則落而涸矣。鉛山歲課，為錢銅一觔者，十有三萬，山澤之產不與焉。三分，鉛山實居其一。計諸道所出，為鎖山者九。鎖山之不為銅，是鐘官不為緡錢者，歲萬六千六百有奇也。吏焉得無。安撫使狀其事以聞，上命李公往視焉。

六月甲子，役夫復馳告，東鎖山數十步，睹澗流可異焉。澗水常濁，至是中流有揚清者，使酌焉，果膽泉。亟募役夫，具畚鍤設築，決澗水流於南，水分為南；疏其泉於北，使就平地為溝若槽，乃椎鐵鱗布其中，如期得者也。大水時就灌矣，盍圖所以經久者。於是登山之陽，顧瞻上流曰，吾得之矣。即西去泉數百步，道小澗水自北山之污而注之江，聚石為堤，以翼蔽泉，若是其無患矣。

卒千人喜公來，各就部伍，遮道再拜，聽公指揮。識公狀貌，歎曰："是嘗為提點使，念我輩獨勞苦，而遺我飽暖者也。請以身從公"乃因之遺其掾趙善宗持錢五千萬往勞焉，且董其役。百夫大興，居無何，澗通而堤亦就。堤徑十尺，而高倍之，其長又十倍；澗深兩尋，而廣四之，其長又百倍。役以日計，凡為工一萬有奇；以口計，凡為米斗三千，緡錢三百。以九月丙戌始事，十一月己酉畢工。其泉在鎖山為溝，時以十有二。豈天地之藏，亦將待人而發耶?

蓋是泉之復，實公奉詔明日也。莊甫為前代名流，有功當世，宜有文字以告於後。如治隴水，復羊竇道，紀其休績，勒之堅珉者，若此類不可勝數也。矧夫隴西公之為是役也，水復其初，民忘其勞，是天與人交相之也，是可銘也。銘曰：

泉出於池，興自既廢。惟鉛山之利，澗別於溝。南北安流，其來無憂。靈源既復，變化神速，國用已足。鉛山之東，源源不窮，惟隴西之功。（《韓南澗年譜·韓元吉詩文輯佚》引《鉛山縣志》卷二六《文征·銘》）

江東轉運使題名記

轉運之置，雖昉於唐，然第掌水陸之輸，其黜陟按察猶別命使。至國朝，始得剌舉一道，吏之能否、民之戚休、獄訟錢穀無所不當問。慶曆中，歐陽文忠公為河北都轉運使，則又請與聞邊事，以調軍儲、察將帥。仁宗因是然之，後則重矣。

今江東亦邊也，地總九郡而治建業。天子南巡狩建業，新行幸之宫，宿重師以控江淮，餽餉繁而道里舒，故所謂轉運者，視它路為劇。元吉之濫官於此，既踰年矣，欲求前人名氏以質其居職久近，而碑志壞滅，莫可蹤跡。葢問諸故府，開寶八年，江南輿地始上於職方，以楊克讓知昇州，實兼轉運事。太平興國初，遂以使樊若水。六年，張齊賢、張去華相繼為副①，旋又充使。時踵唐開元舊制②，分江南為東西路，未幾復合。天禧四年，始定為東西。興國之三年也，諸路置轉運判官。未幾，復省。嘉祐五年，又置之。其間名卿賢大夫不能盡見。建炎以來所盡見者，則亦有其名氏而亡其官稱，或存其官稱而逸其到罷。懼益遠而不可攷，故自建炎次第録之，得四十有八人。夫以朝廷置使之重，一道將輸廉按之劇，寖失其傳，由吾不肖者而復焉。則賢者之來，其忍遽廢而不舉也。乾道三年九月戊子，潁川韓元吉記。（《景定建康志》卷二六《官守志三・轉運司》）

重刻曾肇忠孝堂記題後

曲阜文昭公，以元祐八年自彭城鎮建業，明年移河間。經建炎兵火，記刻久失之。見于廟壁，後七十有六年，得番陽章甫隸而移之石。乾道四年三月壬申，右朝散郎、直祕閣、江南東路轉運判官韓元吉題，左朝散郎、直顯謨閣、權發遣江南東路計度轉運副使公事兼本路勸農使趙彦端，左朝請郎、尚書户部員外郎、總領淮西軍馬錢糧、專一報發御前軍馬文字葉衡，左朝奉郎、充集英殿修撰、知建康軍府事、充江南東路安撫使、馬步軍都總管兼行宫留守司公事兼沿江水軍制置使史正志立石。（《景定建康志》卷四三《風土志二》）

---

① “張去華”，“張”字原脱，據影印文淵閣四庫全書本《景定建康志》改。
② “唐開元”，原作“害開元”，據影印文淵閣四庫全書本《景定建康志》改。

吏部尚書廳記

尚書漢官也，侍郎秦官也。漢置尚書，但五曹爾，而踵秦之舊，侍郎未有職，僅比四百石也。尚書以為長，侍郎以為貳，冠以六部，倣周六卿之職而首以吏部者，隋與唐制也。凡天下之官總于吏部，其上者尚書獨主之，無文武之别焉。其次别以文武侍郎分主之，而為左右選者，吾宋之制也。惟吏部繇魏晋而降，分職甚重，得以甄叙人物，進退羣吏，至唐猶以宰相或兼之。國朝於是，率有成法，曰選與注，為之長貳者，第謹視而司焉。然常恐非其人也，擇而付之，禮貌尊寵，長於六官。雖其職稍異於古，其重則猶古也。

今年春，吳興李公拜吏部尚書，乃嘆曰："法固有典常也，而法有所未明，事有所未盡，不在變而通之乎？由是詳任子之七色者而予敚之，革薦舉之敚者而防範之，請京秩之官通注縣令，以必試於民，條具目張，罔不順治。"既數月矣，聽事故有題名，碑石久闕不志，公将礲而刻焉，元吉幸為之貳也，因俾叙其然者。夫董正治官，先王之訓也。盖官治則事治，朝廷治則天下治矣。今兹職以治官者也，以其治官者治己，推而至於治天下，亦是道焉。如權之不頗於輕重，其惟無私乎？吾之属任此者也，後之人求於此者也，其私也可懼，其無私也可慕，烏在其歲月也？夫惟考其歲月而視其人之賢不肖，使慕者説而懼者勸焉，不可以不書。乾道九年八月一日。（《咸淳臨安志》卷五《六部》）

武夷精舍記

武夷在閩粤直北，其山勢雄深槃礴，自漢以來，見于祀事，閩之諸山皆後出也。其峯之最大者，豐上而斂下，巋然若巨人之戴弁，緣隙蹬道，可望而不可登。世傳避秦而仙者，蜕骨在焉。溪出其下，絶壁高峻，皆數十丈。岸則巨石林丘，磊落奇秀。好事者一日不能盡，則卧小舟，杭溪而上，號為九曲，以左右顧視。至其地或平衍，景物環會，必為之停舟曳杖，倚徙而猶不忍去。山故多王孫，鳥則白鷴、鶻鵃，聞人聲或磔磔集崖上，散漫飛走而无驚懼之態。水流有聲，其深處可泳，草木四時敷華。道士即溪之窮，僅為一廬，以待遊者之食息。往往酌酒未半，已迫曛暮而不可留矣。山距驛道纔一二里許，逆旅遙望，不憚僕夫馬足之勞，幸而至老氏之宮宿焉，明日始能裹飯命舟，而溪之長復倍於驛道之遠，促促而來，遽遽而歸，前後踵相屬也。

予旧家閩中，兩官于建安，蓋亦遽歸之一耳。吾友朱元晦居于五夫山，在武夷一舍而近，若其外圃，暇則遊焉。與其門生弟子挾書而誦，取古詩三百篇及楚人之詞，我而歌之。得酒嘯詠，留必數日。蓋山中之樂，悉為元晦之私也，予每愧焉。淳熙十年，元晦既辭使節於江東，遂賦祠官之祿，則又曰吾今營其地，果尽有山中之樂矣①。蓋其遊益數，而于其溪之五折負大石屏，規之以為精舍，取道士之廬猶半也。誅鋤草茅，僅得數畝，面勢幽清，奇石佳木，拱揖映帶，若陰相而遺我者。使弟子輩具畚鍤，集瓦竹，相率成之。元晦躬晝其處，中以為堂，旁以為齋，高以為亭，密以為室，講書肄業，琴歌酒賦莫不在是。予聞之，恍然如寐而醒，如酲而析隱，隱猶記其地之美也，且曰其為我記之。

夫元晦儒者也，方以學行其鄉，善其徒，非若畸人隱士，遁藏山谷，服氣茹芝，以慕夫道家者流也。然秦漢以來，道之不明久矣，吾夫子所謂志於道亦何事哉！夫子聖人也，其步與趍，莫不有則，至于登泰山之嶺而誦言於舞雩之下，未嘗不遊，胷中蓋自有地。而一時弟子鼓琴鏗然，春服既成之詠，乃獨為聖人所予。古之君子息焉者，豈以是拘拘乎！元晦既有以識之，試以告夫來學者，相與酬酢於精舍之下，俾或自得，其視幔亭之風，抑以為何如也？是歲八月，潁川韓无咎記。(《古今事文類聚》續集卷八)

建安縣廳題名記

自秦收閩粵，漢始縣閩。建安中，分東侯官益置建安縣，至吴永

① “山中之樂”，原作“山中之條”，據影印文淵閣四庫全書本《古今事文類聚》改。

安，因以爲建安郡。厥後郡之廢置不常，而縣名迄今猶用漢年也。蓋建安當閩之上游，地多大山，溪行石中，險峙湍駛，故其民得山水之秀者，類狎於文，而賦其厲氣者，亦悍以勁。其壤不富於田，物産瘠甚，而舛利通天下。每歲方春，摘山之夫，什倍耕者，故其俗賤農而貴賈。家有詩書，户知法律，雖三歲貢籍甲東南，而敗羣之氓，佩刀挾矢，間起而爲鬬暴，否則匿役避賦，持短長以競其私，故其居官者譽少而謗多。縣直郡之中，兩使者之台下，符檄指呼，取具無違，則用廣而賦嗇，貿遷醎鹺以佐其費。折獄蔽訟之外，斂散計量，猶大商也，故今之職尤劇。天下之縣號難者多在閩，而建安爲之最。元祐初，析地以爲甌寧，今占籍猶三萬户，不察而來，不安而去，前後踵相屬也。以元吉之不肖，亡以推上之教化，以善其風，幸而逭於謗，將遂至於更，以謂令之名氏久近，後來者所宜知也，既歲月不可考，乃斷自建炎，得而刊之，故書之左方。（《全宋文》第二一六册卷四七九九引自康熙《建寧府志》卷四三）

天台縣題名記

寓天下之治曰郡與縣，其簿書期會、獄訟米鹽之職，縣實百於郡。盖郡則有掾有曹，各司其局，而守特視其成焉。縣之官丞、主簿、尉與令為四，號為通其事。然令無按察、丞、主簿、尉掌治各有他例，不能分總縣務，其極悉萃於令。旦起鬬訟者立庭下，枚數其牒，眊焉已不勝其煩，獄之辭畢，聽而後蔽。暇則督民，賦課出納，謹帳籍，官廩、士學、戍兵、役隸，月會而須給。縣或當孔道，執券而候驛者日羅絡廡序，持文檄相恐動，赭皂之衣滿前。間有率辦，必取具於常賦之外。上官便文自安，不問所從來，民或誚語，則以咎令。又為令者，秩不過七八品，勢力卑甚，里居之豪、寓公之老，相與狙詿誤騰謗讟，脅令以營其私，不則揺撼囂譟，必使之去而後已。令之缺榜於銓曹者率數十，閲歲踰時，皆憚不敢睨。然國家之制，由選調而更京朝，必歷令而正其資，號曰親民。比歲益嚴其格，往往不得命為他官。由是士亦勉强自勵其才，以試於縣。

紹興二十五年，吾兄子雲始為令於天台，以為天台極兩浙之東南，其地富山水，玉京、金庭，俱天下勝觀，可以乘吏役之休，逃禅訪道，從隱君子遊，資禄以養親，且應夫令之名而已，則倥偬亦不暇給。既而嘆曰："縣固有劇易，事無不可為者。"因為之竭日夜之力，疏剔刮磨，不事表襮，一意而持之。未幾，吏民亦坦坦向化，始得從事於文墨之間。而縣之前令名氏漫不可考，乃訪諸塔廟之題識，推以案牘之歲月，得其可見者自鄭至道而下纔二十二人，將礱石刻於廳事之左。元吉方學邑於建安，從吾兄以問政，因書其事以為題名之始云。（《赤城集》卷四）

張郯重修儒學記

儀真為郡，表江淮之衝，東接揚、楚，西控滁、濠，天子嘗重其守臣之選。乾道二年冬，郡守闕，宰臣以前太府寺丞張郯為請，賜對便殿合上意，命乘驛赴。至郡數月，以治最聞。明年秋，郡之士來言曰："郡故有學也，公田之入，養士可四百人，在郡治之東一里而近。建炎初火于兵，紹興八年，猶寓於城南之廨，二十九年始復之。隆興二年，又殘于兵，久之，虜騎渡江，戍兵並集，則又燬焉。故學之舍以刓而壁以摧，宇陧弗支，垣敗弗塗，莽茀于庭，廟像無飾，童冠肄業，相視解體。侯下車奠謁，周覽喟瞻，不月而日，即而新之。用不取於民，役不動於公，而講習之堂，偹息之室，庖湢庫廩，悉治以整。而又繪從祀之賢，作行禮之器，凡學之須，罔不告備，吾州之民得為士而士自是安於學也。夫唯士之學有先後焉，自正其心以修其身，以齊其家，學之先也；發為文辭，見乎事業，以席廣居而蒙大利，學之後也。六經之作，所以載道，而道常著於六經未作之先；諸儒之說，所以明經，而經當求於諸儒無說之際。要將舉而措之，以躋世於堯舜之治，然後可以為學云。"（《全宋文》第二一六冊卷四七九九引自隆慶《儀徵縣志》卷一四）

祭資政殿大學士賀公文

嗟世重輕，無競惟人。匪人司之，世從而紛。徇世則遷，奚人之云。猗歟我公，挺然不群。自其少時，氣槩凌雲。視世所趨，眇如埃塵。或去而來，或屈而伸。不可坐致，矧能踈親。偉矣暮年，出逢聖神。寵以獻納，付之陶鈞。如棹傳舟，如車得輪。世則大驚，望其經綸。狂虜初張，公使其軍。逮公將老，復踐其庭。秉禮不折，勇且有仁。歸則掛冠，卧于海濱。帝實念公，當龍飛春。起執事樞，以靖我民。公不可留，是謀是詢。惟公平生，見于話言。士有一善，罔不薦論。曰此報國，晚而彌敦。嗟我兄弟，亦出公門。公不我私，我其公恩。奄不見矣，慟哭聲吞。嗚呼哀哉，死生在公，視猶朝昏。年惟上壽，德惟達尊。哀榮幾何，無愧九原。公喪既久，義不克奔。望公之堂，惸然諸孫。公其知我，骫骳之文。矢詞侑觴，公寧不聞。（《永樂大典》卷一四〇四六引韓元吉《南澗集》）

附録一

韓元吉傳

韓元吉字無咎，開封雍邱人，門下侍郎維之元孫。《書録解題》兄元龍長於治，知天台縣，除司農寺主簿，升寺丞。《要録》一百八十二。徙居信州之上饒，所居之前有澗水號南澗。《江西通志》。詞章典麗，議論通明，爲故家翹楚。周必大《玉堂類藁》。嘗赴詞科，不利。《書録解題》。以蔭爲處州龍泉縣主簿，《雙蓮堂記》。調南劍州主簿。《送連必達序》。紹興二十八年，知建安縣，用廣而賦嗇，乃懋遷鹽鹾，以佐其費。《福建通志》。二十九年，以輔臣薦，召赴行在。三十一年，除司農寺主簿。《要録》一百九十二。乾道三年，除江東轉運判官，以明道、伊川弟子所編《師説》十卷刊置漕齋。《甲乙藁·書師説》。後四年，以朝奉郎入守大理少卿《甲乙藁·崇福庵記》。權中書舍人《甲乙藁》。八年，權吏部侍郎。時朝士因言張説多去國者，元吉進故事，述太祖、太宗之訓以諫。《甲乙藁·進故事》。九年，權禮部尚書，賀金生辰使。《金史·交聘表》。凡所以覘敵者，雖駐車、乞漿、下馬盥手，遇小兒、婦女，皆以言挑之，往往得其情。使還，奏言："敵之强盛五十年矣，人心不附，必不能久，宜合謀定算，養威蓄力以俟可乘之釁，不必規小利以觸其幾。"孝宗然之。除吏部侍郎。淳熙元年，以待制知婺州，《書朔行日記後》。於郡西南隅創貢院。工築方興，明年移知建安府。《貢院記》。表率端莊，加意學校，創修郡志，以軍興調發功轉朝奉大夫。《通志》。旋召赴行在，以朝議大夫試吏部尚書，進正奉大夫，除吏部尚書。五年，乞州郡，周必大《玉堂類藁》，參《甲乙藁》。除龍圖閣學士，復知婺州。《極目亭詩序》。罷爲提舉太平興國宮。爵至潁川郡公。《甲乙藁》。嘗寓德清之慈相寺。東萊呂祖謙，其婿也，相與講讀於寺西竹林精舍。故寺中有東萊書院，嘉熙間，縣令章鑑創屋額曰“東萊讀書堂”。《西吳里語》。元吉少受業於尹和靖之門，嘗舉朱子以自代，與葉夢得、陸游、沈明遠、趙蕃、張浚相倡和。《甲乙藁》。政事、文章爲一代冠冕。《花菴詞選》。朱子稱其詩“有中原和平之舊，無南方啁哳之音”。《語類》。著有《易繫辭解》《蕉尾集》《南澗甲乙藁》。《宋史志》。（陸心源輯《宋史翼》卷十四）

附錄二

歷代題跋

《桐陰舊話》十卷

吏部尚書潁川韓元吉无咎撰。記其家世舊事，以京師第門有桐木故云。元吉，門下侍郎維之四世孫也。（《直齋書錄解題》卷七《傳記類》）

《河南師説》十卷

尚書潁川韓元吉无咎以《河南雅言》《伊川雜説》及諸家語錄，釐為十卷，以尹和靖所編為卷首。不若遺書之詳訂也。（《直齋書錄解題》卷九《儒家類》）

《南澗甲乙藁》七十卷

吏部尚書潁川韓元吉无咎撰。門下侍郎維之玄孫。與其從兄元龍子雲皆嘗試詞科不利。居廣信溪南，號南澗。（《直齋書錄解題》卷十八《別集類下》）

《焦尾集》一卷

韓元吉撰。（《直齋書錄解題》卷二十一《歌詞類》）

韓元吉《金國生辰語錄》一卷。（《宋史》卷二〇三《藝文志》）

韓元吉《愚戇錄》十卷，又《南澗甲乙藁》七十卷。（《宋史》

卷二〇八《藝文志》）

韓元吉《南澗集》七十卷。（焦竑輯《國史經籍志》卷五《集類》，明徐象橒刻本）

《南澗集》七冊全。

宋高宗朝韓元吉著，凡七十卷。（孫能傳撰《内閣藏書目録》卷三，清遲雲樓鈔本）

韓元吉《登對錄》一冊全。

元吉，宋高、孝朝人。端平中，姪孫鄞縣丞務序刻。（孫能傳撰《内閣藏書目録》卷八，清遲雲樓鈔本）

韓元吉《發封錄》一部一冊[①]。（楊士奇撰《文淵閣書目》卷一，清文淵閣四庫全書奔）

《南澗甲乙稿》二十二卷，宋韓元吉撰。聚珍板本、閩刊本、翻聚珍本。（丁仁撰《八千卷樓書目》卷十五集部）

《南澗甲乙稿》二十二卷，宋韓元吉。（繆荃孫撰《藝風堂文續集》卷四，清宣統二年刻民國二年印本）

四庫全書總目提要

《南澗甲乙稿》二十二卷（永樂大典本）

宋韓元吉撰。元吉有《桐蔭舊話》，已著録。案陳振孫《書錄解題》稱為“門下侍郎韓維元孫”，《江西通志》則以為韓維之子。考《宋史》維本傳，稱卒于元符元年。而集中《南劍道中》詩註，稱其生於戊戌，至甲子年二十七。戊戌為徽宗重和元年，上距元符元年戊寅凡二十年，安得為維之子？集中又有《高祖宮師文編序》，稱“紹聖中公謫均州”，又稱“建中靖國以來，追復原官”，與維事迹，一一相符，知《江西通志》為誤，當以陳氏為是矣。陳氏又稱其“初與從兄元龍皆試詞科不利，後官至吏部尚書”，而不詳其事迹。今據

① “發封錄”，疑作“登對錄”。

其《赴信幕》詩，知初為幕僚，據其《送連必達序》，知嘗為南劍州主簿。據其《淩風亭題名》，知嘗知建安縣。據其謝表狀劄，知在外嘗為江東轉運判官，兩知婺州，又知建寧府。在内嘗權中書舍人，守大理寺少卿，為龍圖閣學士，為待制，為吏部侍郎，中閒一使金國，兩提舉太平興國宫。及為吏部尚書，又晉封潁川郡公。而歸老于南澗，因自號南澗翁，併以名集。南澗者，一在建安城南，為鄭氏別業，見本集詩序。一在廣信溪南，見《書錄解題》。詳其《南澗新居成建醮青詞》，似乎非建安之南澗，當以廣信為是也。元吉本文獻世家，據其跋尹焞手迹，自稱門人，則距程子僅再傳。又與朱子最善，嘗舉以自代其，狀今載集中。故其學問淵源，頗為醇正。其他以詩文倡和者，如葉夢得、張浚、曾幾、曾丰、陳巖肖、龔頤正、章甫、陳亮、陸游、趙蕃諸人，皆當代勝流。故文章矩矱，亦具有師承。其壻呂祖謙，為世通儒，其子名淲字仲子者，亦清苦自持，以詩名于宋季，蓋有由矣。《朱子語類》云："无咎詩做著者儘和平，有中原之舊，無南方啁哳之音。"誠定評也。集本七十卷，又自編其詞為《焦尾集》一卷，《文獻通考》並著錄。歲久散佚。今從《永樂大典》所載，總裒為詩七卷、詞一卷，文十四卷。統觀全集，詩體文格，均有歐、蘇之遺，不在南宋諸人下。而湮没不傳，殆不可解。然沈晦數百年，忽出於世，炳然發翰墨之光。豈非精神光采，終有不可磨滅者，故靈物撝訶，得以復顯于今歟！（《四庫全書總目匯訂》卷一六〇《集部十三》）

參考文獻

（宋）陳景沂輯，程傑、王三毛點校：《全芳備祖》，浙江古籍出版社 2014 年版。

（宋）陳思：《兩宋名賢小集》，影印文淵閣四庫全書本。

（宋）陳振孫撰，徐小蠻、顧美華點校：《直齋書錄解題》，上海古籍出版社 1987 年版。

（宋）黃昇輯：《中興以來絶妙詞選》，遼寧教育出版社 1997 年版。

（宋）林錶民：《赤城集》，影印文淵閣四庫全書本。

（宋）劉一止著，龔景璺、蔡一平點校：《劉一止集》，浙江古籍出版社 2012 年版。

（宋）潛說友：《咸淳臨安志》，宋刊本。

（宋）王象之撰，李勇先點校：《輿地紀勝》，四川大學出版社 2005 年版。

（宋）魏齊賢、葉棻：《聖宋名賢五百家播芳大全文粹》，北京圖書館出版社 2006 年版；影印文淵閣四庫全書本。

（宋）佚名：《群書會元截江網》，影印文淵閣四庫全書本。

（宋）趙聞禮輯，周曉薇校點：《陽春白雪》，上海古籍出版社 1993 年版。

（宋）周密撰，張茂鵬點校《齊東野語》，中華書局 1983 年版。

（宋）周應合：《景定建康志》，宋元方志叢刊本，影印文淵閣四庫全書本。

（宋）朱熹：《晦庵先生朱文公文集》，四部叢刊初編本。

（宋）祝穆：《新編古今事文類聚》，元泰定刻本。

（元）脫脫等：《宋史》，中華書局 1976 年版。

（明）黄淮、楊士奇：《歷代名臣奏議》，上海古籍出版社 1989 年版。
（明）解縉等：《永樂大典》，中華書局 1986 年版。
（清）陳夢雷編纂，蔣廷錫校訂：《古今圖書集成》，齊魯書社 2006 年版。
（清）陸心源輯：《宋史翼》，中華書局 1991 年版。
（清）徐松輯：《宋會要輯稿》，新文豐出版公司 1976 年版。
（清）朱彝尊原著，林慶彰、蔣秋華、楊晉龍、張廣慶編審：《點校補正經義考》，“中研院”中國文哲研究所 1999 年版。
北京大學古文獻研究中心編：《全宋詩》，北京大學出版社 1998 年版。
韓酉山：《韓南澗年譜》，安徽教育出版社 2005 年版。
唐圭璋編：《全宋詞》，中華書局 2005 年版。
魏小虎編撰：《四庫全書總目彙訂》，上海古籍出版社 2012 年版。
曾棗莊、劉琳主編：《全宋文》，上海辭書出版社 2006 年版。
祝尚書：《宋人別集敘錄》，中華書局 1999 年版。

後　記

本書的整理，受益於游彪老師和《南澗甲乙稿》讀書班的諸位同門。當時游老師為了鍛煉我們一眾弟子閱讀和分析史料的能力，每周在北師大歷史系辦公室帶領我們一起閱讀《南澗甲乙稿》。包括游老師在內，每人負責數卷文淵閣四庫全書本《南澗甲乙稿》的整理，重點放在標點和注釋上。由於初次整理宋人文集，大家都沒有經驗，難免緊張，讀書班一開始場面有些冷清，除了匯報人和游老師的點評外，其他人都很少說話。慢慢地，隨著大家越來越熟悉這種形式，氣氛逐漸活躍起來。擔心我們口乾舌燥，游老師悉心地準備好茶和咖啡，於是我們經常假借沏茶和泡咖啡起身溜達一圈，偷個懶。每次讀書會結束，游老師總會請我們去學校附近的飯館吃餃子，這是我們最放鬆的時候，餃子就著二鍋頭，大家天南海北的瞎扯，十分興奮。

游老師當時讓我等《南澗甲乙稿》讀完後，收集起全部的稿子，整理統稿。由於當時閱讀進度比較慢，等到該書徹底讀完，我已經臨近畢業，整天忙於學位論文、工作等事，無暇顧及其他。游老師雖然並未因此責怪我，但我總覺得辜負了老師當年的囑託，心中一直有愧，希望找機會能夠稍微彌補一下。

等有空閒時，時間一晃已經十餘年，大家當年的手稿是否還保存著很難說，而且稿子成於眾手，統稿比較耗費時間。思前想後，我便決定先點校整理《南澗甲乙稿》，日後如有時間精力，再考慮將當年讀書班的成果匯集起來出版校注本。

在本書整理接近完成時，我意外得知韓酉山先生也在整理此書，且已經交稿。韓酉山先生研究韓元吉多年，除了撰寫年譜外，還發表過多篇研究論文，功力深厚，無疑是《南澗甲乙稿》整理的上佳人選。鑒於此，我便主動中斷了《南澗甲乙稿》的整理工作。後來韓西山先生的整理本一直未能面世，而工作單位願意資助我出版《南澗甲乙稿》整理本，我便將拙作重新修訂後交付出版社出版，算是拋磚引玉。去年我整理出版了韓元吉兒子韓淲的文集《韓淲集》（科學出版社 2021 年版，含《澗泉集》和《澗泉日記》）。至此韓元吉、韓淲父子文集均已整理出版，也算稍補前愆。

感謝中國社會科學出版社的宋燕鵬兄，他是我認識的魏晉史青年學者中長得最帥的研究馬來西亞華人史的宋史編輯。每次看到他高大帥氣、精力十足又充滿陽光的形象，都讓我感覺到做學術不一定非得如同老學究一般沉悶無趣。

電影《一代宗師》中，師父陳華順告誡七歲的葉問："一條腰帶，一口氣；上了這條腰帶就是練武之人，往後就要憑這口氣做人。"多年來承蒙師友不棄，耳提面命，惜筆者生性愚鈍，一直無法窺得進學門徑，惟不敢忘老師教誨，勉力向前，但求得"進一寸的歡喜"。

2022 年 2 月 10 日

劉雲軍于河北大學生活區